U0748727

京 唐 风 华

——首钢京唐公司投产 10 周年

(2009~2019)

首钢京唐钢铁联合有限责任公司　编著

北　京
冶 金 工 业 出 版 社
2019

内 容 提 要

本书全面反映了首钢京唐钢铁联合有限责任公司干部职工以“为有牺牲多壮志，敢教日月换新天”的精神气概，吹沙造地，精心施工，用勤劳和智慧建起了具有21世纪国际先进水平的钢铁企业的感人过程，从而展现首钢京唐人崇尚科学、精益求精、勇挑重担、攻坚克难、追求卓越的品质和精神。这是一曲讴歌中国钢铁人的赞歌。

图书在版编目(CIP)数据

京唐风华：首钢京唐公司投产10周年：2009～2019/首钢京唐钢铁联合有限责任公司编著.—北京：冶金工业出版社，2019.5

ISBN 978-7-5024-8102-5

Ⅰ.①京…　Ⅱ.①首…　Ⅲ.①首都钢铁公司—企业改革—2009—2019　Ⅳ.①F426.31

中国版本图书馆CIP数据核字(2019)第064512号

出 版 人　谭学余
地　　址　北京市东城区嵩祝院北巷39号　邮编　100009　电话　(010)64027926
网　　址　www.cnmip.com.cn　电子信箱　yjcbs@cnmip.com.cn
责任编辑　姜晓辉　美术编辑　吕欣童　版式设计　孙跃红
责任校对　王永欣　责任印制　牛晓波
ISBN 978-7-5024-8102-5
冶金工业出版社出版发行；各地新华书店经销；三河市双峰印刷装订有限公司印刷
2019年5月第1版，2019年5月第1次印刷
169mm×239mm；25.75印张；379千字；399页
56.00元

冶金工业出版社　投稿电话　(010)64027932　投稿信箱　tougao@cnmip.com.cn
冶金工业出版社营销中心　电话　(010)64044283　传真　(010)64027893
冶金工业出版社天猫旗舰店　yjgycbs.tmall.com

（本书如有印装质量问题，本社营销中心负责退换）

《京唐风华》编委会

主　　任　邱银富　曾　立

副 主 任　周少华　杨春政　杜朝辉　周　建　冷艳红
周德光　王贵阳　陈凌峰　刘国友　李金柱

委　　员　关　锴　王晓朋　张丙龙　吴宝田　董鸿斌
杨庆彬　王大川　赵继武　李　勇　段雪亮
吴礼云　王　伟　苏震霆　石韶华　于学斌
李春风　曾德辉　朱新喜　于　杰　路满兄
任全烜　张延风　王雪青　张　磊

主　　编　任全烜

副 主 编　杨　景

参编人员　李倩倩　薛贵杰　陈先才　薛超杰　张颖慧
侯振元　黄　宾　许国安　赵彬彬　韩会涛
董存亮　李玉颖　刘美丽　刘美松　魏　磊
崔佳兴　白　旭　蔡香君　李文争　尹松松
路　安　宋厚岭　魏志军　申志远　夏春学
孙子轶　李应珍　孟　艳　孙立明　耿方媛
杨立文　王婷婷　苗亚光　毕景志　李　波
王　宇　韩远波　杨志超

序

渤海之滨，京唐崛起。这铺陈在曹妃滩涂的宏伟画卷，注定起笔不凡，落墨生辉。首钢京唐公司从“山”入“海”，始终坚定航向，闯险滩、战激流，开足马力、劈波斩浪，胜利驶入崭新而宽广的天地。

志合者，不以山海为远。建厂初期，首钢京唐公司就标定了“三高”“四个一流”的目标定位。广大干部职工以“为有牺牲多壮志，敢教日月换新天”的精神气概，吹沙造地，精心施工，用勤劳和智慧建起了具有 21 世纪国际先进水平的钢铁厂。

2009 年投产以来，首钢京唐公司坚持以“建设最具世界影响力钢铁厂”的愿景为引领，崇尚科学、精细苛求，上下同心、攻坚克难，咬定“达产达标达效”目标不放松，狠抓工艺稳定、对标缩差，持续推进产品研发、降本增效，公司运营质量逐年提高。2014 年实现盈利，2015 年经受住了严峻的市场考验。随着改革发展的步伐不断加快，公司继往开来，追求卓越，坚持创新驱动，努力提升效率效益，“制造+服务”能力大幅提升，京唐品牌得到市场广泛认可，产品研发、运营管理、能源环保、经济效益等方面取得了丰硕成果，基本实现了“四个一流”目标。

党的十九大吹响了中国特色社会主义新时代的号角。站在新起点，赢得新超越。首钢京唐公司不忘初心，牢记使命，接过历史的接力棒，把握机遇、找准定位，规划公司发展未来——制定了决战决胜全面实现“四个一流”目标的行动纲领，引领公司发展向着建设最具世界影响力的钢铁厂阔步前行。

从“基本”到“全面”，交织了今昔，清晰了方位，擘画了未来，一首恢弘的交响曲正在激昂荡漾。在党的十九大精神指引下，首钢京唐公司保持战略定力，坚持强基固本、追赶先进、做优产品、促进协同，统筹协调经营生产和工程建设“双线”共进，着力提升高端产品、高端用户占比，汽车板实现为国内高端合资车企批量供货，镀锡板品牌影响力迈入国内“第一方队”，2018年公司盈利水平实现历史性突破；着力推进工程建设，实现高水平、高质量投产，一座气势磅礴的沿海钢铁大厂以崭新的面貌矗立在京津冀协同发展的最前沿。公司正朝着全面实现“四个一流”的目标大步向前。

十年薪火相传，十年筑梦远航。首钢京唐公司始终怀揣钢铁强国梦，传承和发扬首钢精神，在市场竞争的激荡中行稳致远、驶向深蓝，打造了一个绚丽多彩的“梦幻工厂”。

十年砥砺奋进，十年凯歌激昂。搬迁与发展，使首钢钢铁业产品结构发生了根本性改变，使京唐公司成为京津冀协同发展的示范、首钢转型升级的中坚力量。

忆往昔峥嵘岁月，看今朝重任在肩，赢未来雄心满怀。京唐人初心不改，砥砺前行。

十年筑梦，百年辉煌。朝着全面实现“四个一流”目标、建设最具世界影响力的钢铁厂，首钢京唐人勇担使命、接续奋斗，共筑京唐基业长青，谱写辉煌新篇章。

《京唐风华》编委会

2019年2月

目　录

十年筑梦　百年辉煌
——首钢京唐公司投产 10 周年发展纪实 …… 1

第一章　破冰之路

首钢京唐公司 1 号高炉开炉 …… 23
同心同德保投产　创新创业结硕果
——炼钢、连铸系统热负荷试车一次成功 …… 25
首钢京唐公司品种钢开发生产取得新进展 …… 29
首钢京唐公司 2 号高炉开炉 …… 32
2230 毫米冷轧第一卷镀锌板成功下线 …… 34
世界首例三工况低温多效海水淡化系统成功应用 …… 35
钢铁厂投产项目达到或接近设计指标 …… 37
热膜合璧创新路　精品海淡润钢花 …… 42
精细管理绽开娇艳的花朵
——首钢京唐公司 A 焦炉荣获“鲁班奖”纪实 …… 48
目标引领　打胜炼铁三大战役 …… 52
坚持技术创新驱动　打造洁净钢生产平台 …… 55
竖起世界钢铁新标杆
——首钢京唐公司“新一代可循环钢铁流程”达产纪实 …… 60

第二章　闯滩之战

冷轧部成功轧制 1950 毫米超宽规格汽车面板 …… 69
1580 毫米热轧生产线首次成功轧制汽车外板 …… 71

首钢京唐公司成功试制出DP780高强汽车板 …… 73
首钢京唐公司品种钢家电板生产不断迈上新台阶 …… 74
首钢京唐公司超深冲IF钢宽薄比实现新突破 …… 76
能环部浓盐水外销项目顺利完成 …… 78
首钢京唐公司首次成功轧制22毫米厚X80管线钢 …… 80
炼铁部成功实施高炉氧煤枪喷吹技术 …… 81
炼钢部实现无氟炼钢 …… 83
热轧部攻克超宽超硬材料板材轧制技术难关 …… 85
冷轧2230毫米酸轧产线成功轧制超厚规格钢 …… 87
首钢京唐公司高强汽车板新品种一次试制成功 …… 89
首钢京唐二期工程项目启动 …… 91
“钢铁航母”破浪远航
——首钢京唐公司生产水平持续攀升纪实 …… 93
齐心协力保供货
——首钢京唐公司出口汽车板合同生产纪实 …… 97
擎起“第一高炉”的人们
——记首钢京唐公司炼铁作业部张贺顺高炉氧煤枪富氧创新团队 …… 100
首钢京唐：深入市场求发展 …… 106
先行者　京津冀协同发展新篇章 …… 110
争一流　打造钢铁梦工厂 …… 117
做精产品　创优品牌
——首钢京唐公司产品开发纪实 …… 125
开拓思路　创新模式　持续推进管理体系创新
——首钢京唐公司强化管理工作纪实 …… 131
精益求精铸精品　“6S”管理谱新篇
——首钢京唐公司2015年“6S”管理纪实 …… 135
着力打造具有市场竞争力的战略产品
——首钢京唐公司2015年产品推进工作纪实 …… 139

“寒冬”中的“破冰”法宝
——首钢京唐公司开展降本增效纪实 …… 142

第三章　弄潮之旅

热轧部成功生产中俄东线天然气项目管线钢 …… 149
首钢千兆级超高强汽车板产品成功下线 …… 151
冷轧部薄规格轧制速度达到国内一流水平 …… 153
首钢京唐公司第一卷耐蚀性新镀层产品成功下线 …… 155
热轧部超薄规格品种轧制取得新突破 …… 156
炼铁作业区高炉富氧率创历史纪录 …… 158
炼钢部转炉出钢温度创国内先进水平 …… 159
冷轧部成功试制汽车发动机罩极限规格用板 …… 161
运输部自有码头创收创历史最好水平 …… 162
冷轧部成功轧制国内首卷空气硬化钢 …… 164
改革“组合拳”　激发新活力
——首钢京唐公司全面深化改革工作纪实 …… 166
持续提升管理水平　推动企业稳固发展
——首钢京唐公司全面推进风控体系建设 …… 171
抓基础严管理　增效益促发展
——首钢京唐公司强化管理工作纪实 …… 175
理念转变天地宽
——首钢京唐公司树立经营性生产理念闯市场纪实 …… 180
首钢京唐公司高端领先产品实现新突破 …… 187
走智能高效之路
——首钢京唐公司烧结智能控制改造纪实 …… 192
企业围绕市场转　产品跟着用户走
——首钢京唐公司产品开发纪实 …… 196

转型发展路子宽
——首钢京唐公司开展转型提效工作纪实 …………………………… 202
踏上“精益”征程
——首钢京唐公司全面推进精益六西格玛管理纪实 ……………… 211

第四章　扬波之行

炼铁部高炉煤比持续提升 ………………………………………………… 221
首钢京唐公司工业尾气变身合格燃料 ………………………………… 223
“雄安第一标”用上首钢板 ………………………………………………… 225
首钢京唐公司首架拆捆带机器人正式上线投入使用 ……………… 227
11 项专利撑起京唐智能物流库 ……………………………………… 229
首钢京唐公司热轧两条产线超薄规格轧制均突破设计极限 ……… 231
首秦 4300 毫米轧机牌坊顺利运抵京唐公司 ………………………… 233
谱写嘹亮的攻关凯歌
——首钢京唐公司炼钢作业部实现转炉碳氧积指标新突破纪实 ……… 235
工序革新　体验升级
——首钢京唐公司实现球团智能控制无人操作 …………………… 240
勇闯市场天地宽
——首钢京唐公司开发汽车板市场纪实 ………………………… 244
循环发展　添绿生金
——首钢京唐公司循环经济发展纪实 …………………………… 249
扬起风帆　追梦远航
——首钢京唐公司开展对标全面实现“四个一流”目标纪实 ………… 255
信息化管理“e”路向前
——首钢京唐公司构建 e-HR 下的集约化人力资源管理模式纪实 …… 261
握住“金钥匙”　开启智慧门
——首钢京唐公司深入开展职工创新工作纪实 …………………… 266

奏响质量发展主旋律
——首钢京唐公司强化质量管理纪实 …… 274
团结一心鏖战急
——首钢京唐公司工程建设现场见闻 …… 280
扎根沃土结硕果
——首钢京唐公司彩涂板产线实现盈利纪实 …… 286
释放强能量　挑战不可能
——首钢京唐公司工程建设纪实 …… 290

第五章　兴涛之音

导航领航　融入中心　向全面实现“四个一流”目标奋力迈进
——首钢京唐公司党委把方向、管大局、保落实的实践 …… 299
党建量化考核评价体系研究 …… 308
以党的政治优势不断助推企业发展新跨越
——首钢京唐公司党委创新党建工作纪实 …… 316
激励党员以学促做　立足岗位担当实干 …… 321
深入学习　勇于作为　确保“两学一做”学习教育取得实效 …… 323
“铸铁魂炼精品”的探索与实践 …… 325
党建领航打造“零距离”工程
——首钢京唐公司炼钢作业部党建品牌建设工作见闻 …… 332
星辉引路　筑梦前行
——首钢京唐公司热轧作业部党委打造“星火耀旗铸精品板材”党建品牌纪实 …… 338
旗高映港海流长
——首钢京唐公司运输部党委打造“旗帜耀港湾”党建品牌纪实 …… 343
首钢京唐公司党委实施党员“领跑计划”
——党员技改创效超7000万元 …… 348

构建和谐京唐　谱写文明华章

——首钢京唐公司精神文明创建活动纪实 …………………………… 351

以文化自信推进文化强企　为建设最具世界影响力的钢铁厂构筑

强大软实力 ……………………………………………………………… 358

讲好京唐故事　提升企业文化软实力 ………………………………… 365

走新媒体的群众路线

——首钢京唐公司利用新媒体做好宣传思想工作 ………………… 371

海阔天空万里蓝

——首秦转移职工融入京唐公司扎根实干侧记 …………………… 377

大雨里的暖意

——首钢京唐公司接收首秦停产转移职工侧记 …………………… 383

京唐公司：一座有“温度”的城 ……………………………………… 386

奋进中的京唐

——首钢京唐公司党委开启全面实现“四个一流”目标新征程纪实 … 394

十年筑梦　百年辉煌

——首钢京唐公司投产10周年发展纪实

杨立文

岁月不居，时节如流。弹指间，十载已过。在这充满激情的岁月里，首钢京唐公司迎来了纪念投产十周年的日子。十年风雨兼程，十年春华秋实。十年来，首钢京唐公司始终坚持“三高”“四个一流”的目标定位，以“建设最具世界影响力钢铁厂”的愿景为引领，崇尚科学、精细苛求，上下同欲、攻坚克难，以敢为人先、敢于担当的勇气，深入推进改革创新发展，自我砥砺，主动作为，劈波斩浪，胜利驶入崭新而宽广的天地。

立足高起点　带着梦想起航

首钢京唐公司作为首钢搬迁调整的重要载体，是党中央、国务院为调整我国钢铁产业结构、优化产业升级批准建设的具有国际先进水平的大型钢铁企业。2005年10月29日成立以来，首钢京唐公司的建设者夜以继日、全力以赴，周密组织、精心施工。物换星移，经过艰苦努力，一座现代化的大型钢铁厂犹如一颗璀璨明珠，巍然屹立在渤海之滨。

首钢京唐公司一期工程建设取得了骄人的成果：创造性地实行了生产建设一体化管理体制，建立有效的运行管控机制，狠抓工程质量、工期、投资和安全“四大控制”，仅用3年多时间就高质量完成了产能970万吨钢的世界一流钢铁厂一期项目的建设，获得25项国家和省部级优质工程奖项，其中制氧工程获化学工业优质工程奖；AB焦炉系统工程，炼铁、炼钢冶炼工程，

2250毫米热轧、2230毫米冷轧工程均获“鲁班奖”，特别是原料、冶炼和轧钢（2250毫米热轧、2230毫米冷轧）工程还荣获国家优质工程“金质奖”。

首钢京唐公司不仅成为第一个完全按照循环经济理念设计、第一个实施城市钢铁企业搬迁、第一个采用新一代可循环钢铁流程、第一个在海上吹沙造地建设的临海靠港的大型钢铁企业，而且成为钢铁人的梦工厂。面对拥有国际一流技术装备的现代化梦工厂，京唐人必须加强学习，提高自身素质，具备熟练驾驭现代化装备的技能，打造一流的软实力，才能生产出一流的产品，创出一流的效益，形成一流的竞争力。这，成为首钢京唐公司广大干部职工的共识。

2008年10月18日16时16分，1号5500立方米高炉成功点火烘炉。这一公司重要关键节点的按期完成，为实现首钢京唐公司钢铁厂顺利投产打下了坚实基础。

2009年5月21日9时20分，首钢京唐公司1号5500立方米高炉成功点火送风，22日晚9时第一炉红彤彤的铁水顺利出炉……

首钢京唐公司两座5500立方米高炉采用10大类68项新技术，集当代先进技术之大成，成为世界最先进的高炉，驾驭难度可想而知；首钢以前只有操作2500立方米高炉的经验，在没有现成经验、没有可以借鉴资料的情况下，稍有不慎，就会造成难以挽回的损失。面对压力与风险，首钢京唐公司集中精兵强将分专题进行攻关，对每项攻关措施都至少制定三个攻关方案，优中选优。为掌握5500立方米高炉的冶炼规律，首钢还成功开发特大型高炉人工智能模型，模拟炉内冶炼情况，并对高炉装料制度进行改进，进行大矿批试验，努力掌握装料新方法。在一点一滴的积累中，首钢京唐公司驾驭大型高炉的技能正日臻成熟。

炼铁工程是一个庞大复杂的系统，从原料、烧结到高炉生产每一个环节都要严细认真、一丝不苟，才能确保高炉投产达到安全顺稳。首钢京唐公司各职能部门、炼铁作业部以及项目建设的设计、施工、监理、设备制造、设备安装等单位通力合作，搞好模拟高炉生产，反复操作每一个控制点，确保高炉顺利出铁。为更好地检验设备的运行状态和岗位操作人员的培训效果，多次组织召开各系统协调专业会，制定详细的应急预案，以确保1号高炉投产稳定顺行。他们对高炉各系统进行了10个小时的模拟生产操作。从模拟高炉点火送风操作开始，炼铁作业部当班作业长正式联系高炉鼓风机房，通知其向高炉送风，高炉热风模拟高炉正式送风，风压逐步增大，顶压初步升高，高炉各工艺岗位工人按照制定好的模拟生产操作方案，听从作业长指令要求，严格按照实际生产操作要求进行每一步操作，上料主皮带模拟拉料，制粉喷煤模拟向高炉进行喷吹等。各岗位人员各司其职，按区域划分认真详细检查每一台设备的运行状态，发现问题按预案及时进行处理；相关操作岗位对高炉各区域的温度、流量、压力等检测点进行调试校正，对高炉的整个煤气系统做了一次很好的承压试验。

树高千尺，根植沃土。首钢京唐公司能够快速成长，很重要的一条经验还得益于来自各界人士、各级领导和各成员单位的大力支持。来自全国各地的院士、专家围绕首钢京唐钢铁厂项目工程建设、设备安装调试、生产准备、投产顺行等提出了建设性的宝贵意见。中国冶金行业的领军人物之一，中国工程院院士张寿荣先生十分关心首钢京唐公司这两座大高炉。已是耄耋之年的张老拄着拐杖来到高炉上。当得知两座高炉负荷稳定在5.0以上，张老鼓励大家说，干大高炉我们没有经验，但没有经验不等于不要干，现在我们的装备水平上来了，还要把先进装备的优势发挥出来。只有这样，才能产生协同效益，才称得上是真正的一流企业，中国人能干好大高炉。

2010年6月26日上午9时，首钢京唐公司2号5500立方米高炉开炉仪式在高炉出铁场平台隆重举行，2号高炉也按期顺利投产。

两座高炉投产后，首钢京唐公司由建设期正式转入生产期。面对国外技术的封锁、国内驾驭5500立方米特大型高炉经验的空白，首钢京唐公司干部职工开始了自主探索、自我研究之路。

“全三脱”和全干法除尘是两项当今世界上最先进的炼钢工艺，在炼钢生产中具有其他工艺无法比拟的优越性。“全三脱”炼钢具有冶炼周期短、钢水洁净度高、成本消耗低等优点，而全干法除尘在降低能耗、减少烟尘排放、增加煤气回收等方面具有明显的优势。此工序首要难题是提高精细化管理和操作水平，减少炼钢过程被系统自动化保护的报警、“卸爆”所打断，以保持炼钢生产的连续性。为提高精细化管理水平，首钢京唐公司干部职工与首钢国际工程公司、首自信公司等单位科技人员一起合力攻关，对生产过程中上万个控制点，逐个环节、逐道工序进行分析、计算。每出一炉钢，他们就把每炉的数据和信息详细记录下来，归纳整理后，制定出《干法除尘工艺对转炉工艺的工艺操作要求》，实现了转炉“全三脱”冶炼模式的自动化连锁控制，使两项新技术的应用日臻成熟。功夫不负有心人。通过不懈努力，京唐人逐渐掌握了这两项炼钢工艺共同应用的方法，使“卸爆率”达到了3‰以下，优于3‰的国际先进水平。

冲破险阻　奋力达产达标

2011 年是首钢京唐公司在胜利完成“十一五”建设任务之后，由生产建设期全面转入生产经营期的第一个完整年，也是广大干部职工面对前所未有的困难，不屈不挠、奋力拼搏、攻坚克难、破解发展难题的一年。这一年首钢京唐公司经历了投产以来最为艰难的过程。

在面临外部市场形势日益严峻压力的同时，1 号高炉生产出现严重波折，高炉恢复遇到重大难题，影响了生产全系统的达产达标进程，广大干部职工心急如焚。在最艰难的时刻，中央领导及时作出重要指示，国家发改委专门组织北京市、河北省及有关部门听取汇报，研究解决首钢京唐公司发展中遇到的问题。徐匡迪院士多次亲临现场，中国钢铁协会组织成立“高炉生产技术委员会”，组织专家指导攻关，中国工程院、金属学会也派出专家组，指导首钢京唐公司围绕5500立方米特大型高炉运行开展技术攻关。

各层级、各方人士对首钢京唐公司的关注，使京唐人受到极大的激励与鼓舞。他们以海一样的胸怀，变压力为动力，迅速把思想统一到学习贯彻中央领导指示精神上来，提出为荣誉而战、为尊严而战，深入讨论、查找问题、制定措施、狠抓落实。炼铁部党组织发挥党组织的文化聚力作用，“树八气”“立五风”，大力践行“以海一样的胸怀、钢铁般的意志打造精品炼铁”的京唐炼铁精神；发挥党组织的政治保证作用，开展以“亮身份、亮形象、亮承诺，比八气、比五风、比贡献”为内容的“三亮、三比”活动，在全体职工中开展“我为打胜炼铁翻身仗献计献策”活动；发挥目标引领作用，团结带领干部职工打胜了“生产翻身仗”“指标提升仗”和“指标领先仗”，扭转了高炉生产被动局面，生产经营蒸蒸日上，成为首钢京唐公司开创工作新局面的里程碑。

为了把职工的积极性充分调动和科学组织起来，首钢京唐公司结合自身实际，深入学习贯彻首钢“三创”经验交流会精神，引导各单位积极追赶先进，提高企业发展质量和竞争力。各单位紧密联系思想和工作实际，在精细化管理、技术创新攻关、建设学习型团队等方面查找出220多个问题，制定措施，进行整改。广大干部职工的思想认识和精神面貌发生了巨大转变。认识到面对严峻的市场形势，只有苦练内功、深挖潜力，提高自身的竞争力，才能在激烈的市场竞争中求得生存和发展；只有改变过去粗放式管理，真正做到精细管理、精准操作，才能生产出高端精品板材，实现低成本生产高附加值产品目标。首钢京唐团队凝聚力和战斗力明显增强，干事创业的氛围更加浓厚，讲科学、讲管理、讲业务、讲技术的意识不断提高。“三创”活动激发出职工群众极大的工作热情和创新潜能，成为公司上下奋力攻坚，生产呈现持续向好的转折点。2011年，以“全三脱”炼钢为核心的“新一代钢铁流程”12个项目顺利通过国家科技攻关项目验收，增强了公司广大职工实现达产达标的信心。

2011年12月1日，中共首钢京唐钢铁联合有限责任公司委员会、纪律检查委员会成立大会隆重举行。首钢京唐公司党委班子表示，要创建一个政治上强、团结奋斗、廉洁自律的党委班子。深入组织开展“学习贯彻落实中央领导指示精神，迅速开创京唐公司工作新局面”活动，把职工思想统一到深刻领会中央领导指示精神上来，统一到总公司党委决策指示精神上来，统一到深刻理解钢铁厂建设意义和历史使命上来。要打造一支业务上精、勇于创新、凝聚力强的高素质职工队伍。大力推进企业文化建设，培育“理念先行、崇尚科学、精细苛求、追求卓越”的企业价值观和精品板材文化，为生产高端精品板材奠定思想文化基础。要建设一个优势突出、竞争力强、和谐发展的国际一流企业。紧跟世界钢铁行业发展前沿技术，加大创新力度，狠抓基础工作，运用科学方法和手段提高精细化管理水平。同时，要建设学习型企业，加强与国际一流企业的交流，加快赶超国内外先进企业的步伐，跻身世界先进钢铁企业行列，为打造首钢服务、首钢品牌、首钢创造作出贡献。

2012年，首钢京唐公司党委提出了“认真贯彻首钢总公司党委扩大会和职代会精神，深入推进创新、创优、创业，以实现达产、达标、达效为目标，以信息化建设为支撑，以强化管理为基础，以技术产品创新为突破口，以生产安全顺稳为前提，提高精细化管理水平，增强自主创新能力，加强党建和人才工作，使各项工作实现进步、提升、跨越，为迅速提高公司的综合竞争力努力奋斗”的总体工作思路。按照工作思路，在两级公司党委的坚强领导下，首钢京唐广大干部职工奋勇争先，围绕产线达产、达标、达效，扎实苦干，成绩凸显：

——2012年6月13日，炼钢作业部3号铸机连铸11炉，连续浇钢440分钟，平均拉速1.9米/分，平均恒拉速率93.5%，这标志着首钢京唐公司炼钢板坯铸机拉速已经达到国内先进水平。

——2012年3月5日，热轧作业部1580毫米热轧生产线继2250毫米热轧生产线成功轧制高档汽车外板热轧板卷后，又首次成功轧制出规格为（3.5毫米~4.0毫米）×1270毫米的DC03汽车外板，板卷表面质量和强硬度等技术指标全部符合标准，综合成材率达到97.9%，这标志着具有自主知识产权的本条热轧生产线已具备生产汽车外板的能力。

——2012年2月28日，首钢京唐公司第一卷DC05超宽规格0.8mm×1950毫米IF钢汽车面板在冷轧作业部2230毫米冷轧连退生产线成功下线。此钢卷卷形完整，钢板表面光亮洁净，符合FC级标准，达到了国内先进水平。

——2012年3月13日，首钢京唐公司2230毫米镀锌作业区3号镀锌线首次进行SEDDQ级的超深冲压用IF钢DX56D+Z和低碳烘烤硬化高强钢H180BD+Z汽车用板试生产全部调试成功，产品表面质量、屈服强度、抗拉强度、断后延伸率等检测指标全部合格。

——2012年5月17日，首钢京唐公司成功试制出镀锌耐指纹板和全无铬钝化板两种镀锌高端家电面板新品种。

这一年，首钢京唐公司全系统各工序都实现了达产达标。

扬帆逐浪　面向市场求发展

此时，钢铁企业经历了一场前所未有的“冬季”——市场需求不足，产能过剩，钢价大跌……公司进入2013年，钢铁行业形势仍然非常严峻。这种情况下的首钢京唐公司该怎么办？

走出困境要靠自己努力！靠市场机制！只有真正面向市场，在市场中的活力与竞争力得到切实增强，才能找到生存与发展的出路。时代造就机遇，困难就是挑战。面对风雨飘摇的市场，首钢京唐公司这艘钢铁旗舰的驾驭者们坦然面对，以高度的使命感、责任感和紧迫感，带领全体职工，沉着应战。

上下同心，其利断金。首钢京唐公司上下的决心得到了事实的验证。2013年，公司提出了“抢市场、降成本、抓措施、保目标，打赢经营生产建设攻坚战”的工作主线和目标。“抢市场”，就是牢固树立市场主体意识，全员和各产线都要面向市场、研究市场，实现多种产品外销创收，摊薄高额固定费用；“降成本”，就是全流程、全系统、各环节都要精打细算、厉行节约，从降本增效、提质增效、新品增效、减损增效、服务增效各方面深入推进增收节支；“抓措施”，就是把目标建立在措施上，充分发挥技术创新、管理创新的支撑作用，以十分的措施保证任务完成。“保目标”，就是人人肩上有指标，一级保一级，确保层层不失手，增强企业的抗风险能力，实现持续健康发展。围绕确定的主要目标，首钢京唐公司把市场作为发展的主体，全员和各产线都面向市场、研究市场，力争成为市场发展的主角，在变化的市场中站稳脚跟。广大干部职工敢于创新突破转变，敢于打破旧有平衡，敢于提出更高目标，通过发挥各自优势，全流程、全系统、各环节精打细算、深挖潜力。同时，充分发挥技术创新、管理创新的支撑作用，在稳定工艺、产品开发、降本增效以及科学管理等方面齐头并进，使生产经营质量、精细化管理、市场竞争力得到不断增强。

稳定工艺。首钢京唐公司是当时生产流程最长、工序最全的钢铁联合企业，每道工序、每个岗位、每个细节都关系到最终产品的档次和质量。所以，首钢京唐公司把稳定工艺放在了工作的第一位，下大力量狠抓工艺稳定措施。为此，公司确定了全流程48项公司级关键措施，并制定颁发了《首钢京唐公司工艺稳定性评价指标管理办法》。各单位将工艺稳定指标细化分解到班组、岗位，细化成812项工艺稳定量化指标，层层狠抓落实。根据各产线特点，建立了从原燃料进厂到最终产品发运的全过程工艺稳定量化指标评价体系。分层级制定评价指标，包括重量、温度、成分和尺寸。全面剖析影响工艺稳定的问题，建立关键项目管控小组，制定措施狠抓落实。制定了各作业部主要工序的相关评价指标，各作业部把指标分解到班组、岗位，与岗位评价系统相结合，定期进行检查讲评。与此同时，各单位本着有利于加强工艺管理、提高工艺水平的原则，结合产品规模、产品特点和产品类型，建立科学、有效的工艺管理体系。围绕工艺稳定，各作业部各显神通，纷纷亮出了自己的绝招。

2.2米/分钟、2.3米/分钟……“成功啦!”2013年2月20日，炼钢作业部3号铸机拉速在这一时刻同一浇次连续刷新拉速纪录，达到了拉速设计极限，而且操作准确，设备运行平稳，所浇铸的铸坯理化指标完全达到质量要求。这么高的拉速在国内其他任何一家钢铁企业都是敢想不敢做的。它标志着首钢京唐公司的铸机拉速达到国内领先、国际先进水平。当年，炼钢作业部铸机拉速先后夺得国内同类铸机，世界同规格坯型两项“冠军”。围绕1580毫米热轧板形控制问题，热轧作业部课题攻关组从板形控制系统、优化工作辊和支撑辊辊形等方面开展攻关，板形控制能力逐步提高。自动化专业组成员针对精轧机架间浪型和精轧出口浪型等诸多板形控制问题，进行了板形模型解析、控制逻辑、精轧工作辊、支撑辊、辊型优化等方面的改进，使板形控制能力和板形控制稳定性有了明显提高。工艺组专业成员通过优化温度控制、轧机压下率分配等几十项工艺措施，使薄规格生产稳定性、板形已有较大改善。板形从手动控制到自动设定已取得突破性进展，甩尾现象减少

50%以上，粗轧头尾镰刀弯形卷从 0.61%降低到 0.44%，窄规格的马口铁宽度命中率达到了 99.7%以上。技术攻关后，热轧部的产品质量明显提升，因浪形造成的质量异议比 2012 年减少 80%。

增加品种，提升质量。2013 年 4 月 11 日，冷轧作业部又传出喜讯，宽幅 IF 钢系列汽车板 0.8 毫米×2000 毫米和 0.7 毫米×2000 毫米两个规格极限试制获得圆满成功，成材率 99.63%，FC 率 100%，产品表面级别和性能经检验检测完全达到客户需求。此次轧制宽幅 IF 钢汽车板创下了宽薄比历史之最，生产难度相当大。“你们的产品表面质量全部达到 FC 级别，各项指标优于欧洲本土钢厂的产品!”2013 年 4 月的一天，全球最大的钢铁贸易商——瑞士德高公司对首钢京唐公司生产的冷轧汽车板，发出这样的赞叹。为增加品种钢种类，夯实品种持续增效的基础，增强接单能力，首钢京唐公司与技术研究院一起加快新开发高强机械用钢、车轮钢、全无铬钝化家电板等 50 余个牌号的新产品，充实公司品种结构，形成特色产品。

管理创新。首钢京唐公司非常注重管理在企业发展过程中的助推作用，从 2011 年至 2013 年，连续三年把全年作为基础管理年。围绕提高全系统精细化控制和标准化管理水平，以 TS16949 质量管理体系的有效运行为重点，不断推进管理创新，全力夯实管理基础，进一步完善各项管理工作，打牢加快发展的基础。

从 2012 年四季度开始，首钢京唐公司就把实施六西格玛项目作为“一把手”工程，通过健全组织及人员、制定有关规章制度，为六西格玛有效推进创造条件。2013 年 2 月 18 日，第一期六西格玛项目实施正式启动，设立了 15 个黑带项目和 13 个绿带项目，包括提高铁水一级品率等项目，以更好地优化工艺流程、提高产品质量、节能降耗。

推动体系建设。首钢京唐公司建立了作业部、作业区、班组、岗位各分层级负责的组织体系，颁发了投料管理制度，设立了投料项准确率、覆盖率等量化评价指标，按月制定推进计划，建立周例会制度检查计划执行情况及对跨部门问题进行协调，使投料管理工作规范化、常态化。同时，细化管理模式，强化“以领代耗”的管理，投料管理体系打破了过去吃成本大锅饭的弊病，广大干部职工像过自己家日子一样精打细算。

2014年，首钢京唐公司按照“系统推进、全面提升、发奋努力，打胜扭亏增效攻坚战”的工作主线，践行曲线文化和尺子文化，把曲线文化和尺子文化作为管理创新、赶超国内外先进企业的重要手段，以宝钢、韩国浦项制铁等一流企业为标杆，对内深挖潜力，对外开源创收。把各个工序的工艺稳定情况绘成170多个“曲线”和“尺子”，每月在部长工作例会上发布，对照计划指标进行分析讲评。各部门用“曲线”和“尺子”所描绘的数据来深入分析，总结经验，查找不足，推动了各工序工艺稳定水平不断提高。完善设备功能精度组织体系，设备功能精度管理由保生产顺稳向保产品质量和高端产品开发转变，建立岗位评价体系，强化自励机制，用定量指标衡量一线职工的操作技能，对主产线关键设备功能精度进行筛选，梳理出设备功能管理项目259项、精度控制点286项，强化设备在线状态检测诊断，实现关键环节有效控制。全年设备功能投入率达到98.7%，精度保持率达到99.6%，故障停机时间同比减少32.4%。强化产、销、研、运高效协同体系，改进“产、销、研”产品推进组织模式。加强市场营销，不断提升服务水平，在第一时间向客户提供现场技术解决方案。建立客户评级制度，对长期给予公司支持的用户提供更好的服务。健全用户技术服务体系，推行“用户交货期管理平台”系统，组建用户技术服务团队，选派现场经验丰富、技术水准高的人员充实客服团队。推进储运一体化管理，强化运输环节衔接，健全服务体系。2014年，首钢京唐在钢铁行业低迷的情况下一举实现盈利1.23亿元，同比增利14.27亿元，比职代会提出的目标增利1.23亿元，比总公司下达的任务增利3.93亿元，实现了历史性突破。

2014年，首钢京唐公司还全面推进“6S”现场管理，并取得初步成效，共打造“6S”标准区域543个、亮点11462个。生产和定置管理得到有效落实，现场环境的可视化程度明显增强。之后，《“6S”竞赛及考核办法》《“6S”管理可视化标准手册》《“6S”管理推行手册》相继出台，确定了推进的路线图，明确竞赛评比办法与具体奖惩细则，从不同层次和角度完善制度体系，确保了“6S”管理的有效实施。

2014年，首钢京唐公司顺利通过了环保部组织的一期建设项目环保验收。获得政府环保政策资金支持580万元。当年，公司被中国钢铁工业协会授予“清洁生产环境友好企业”称号，被河北省确定为省内首家清洁生产标杆企业。

寒冬破冰　在改革中求变

在中国钢铁行业刚刚经历了水深火热的2014年后，2015年市场持续寒冬，进入冰冻期。面对外部市场的冷酷变化，首钢京唐公司扎实推进各项工作落实，努力消化外部不利因素影响，在保持盈利水平的基础上，顺势而为，确立了打赢提质增效攻坚战的工作主线。以提高经济效益为中心，以深化改革、持续创新为驱动，围绕提升“制造+服务”核心竞争力，着力增强系统保障能力，着力抓实挖潜增效措施，着力推进重点项目建设，着力强化基础管理工作。

降本增效是企业永恒的主题，承载着企业的发展与兴衰。首钢京唐公司依靠科技与管理双轮驱动，对原料、工序、消耗等每一个环节算细账，大力攻关，深挖潜力，有力地推动了降本增效工作的开展。实行成本目标管理与管理体系相融合，强化成本核算，在产、供、销、财务等各个环节加强管理，把生产成本中的原材料、辅助材料、燃料、动力、工资、制造费等项中每一项费用细化到单位产品成本中，使成本核算进入了作业区，进班组，到人头，形成了全员、全过程、全方位的成本控制格局。为确保年目标任务的全面完成，首钢京唐公司还围绕优化品种结构、加强资金运作、降低原燃材料采购成本、降低财务费用、降低修理费用以及能源、自由码头创收等方面成立了18个挖潜增效攻关组，层层分解落实目标任务，强化日常管控，深挖各方潜力，激发创新活力。优化配煤结构攻关组以稳定质量降低配煤成本为重心，通过小焦炉实验为配煤提供理论依据，在稳定焦炭质量的同时不断寻求成本最低的配煤方案。通过合理配煤降成本6123万元。优化配矿结构攻关组以高炉顺稳为中心，做好“铁、烧、球、矿”的联动，最大程度地优化资源配置，实现铁前效益的最大化。取得配矿效益9719万元。降低带出品攻关组，严格落实带出品指标，细化分解攻关目标，并细化到岗到人。针对各工序带出品重点缺陷及生产组织问题细化制定了153项攻关措施。2015年，生产带出品比上年降低42.1万吨，降低成本1.84亿元。

企业改革发展只有融入国家全面深化改革的洪流中，路子才能越走越宽。建立完善市场化经营体制、科学高效的管理运行机制，是国有企业改革的重要内容之一。为进一步激发新活力，首钢京唐公司以“瘦身整合、充实基层、调整职责、流程再造”等方式实施提效工作，打出改革“组合拳”。结合岗位实际，在充分调研分析的基础上，全面加强内部管理，坚持集中一贯、扁平化、精干高效的原则，大胆进行机构改革。将各分厂与专业管理室重叠设置的管理专业上移，专业管理室实行专业化集中管理，将与作业区重叠设置的执行工作下沉到作业区。撤销分厂、公辅分厂等实体厂处级机构，将现行的对主生产线按工厂式的管理方式，改变为按产线专业化、同质化管理，并调整整合作业区设置。

为提高管理效率，在压缩管理层级撤销分厂后，将现行的作业区按相同产线专业化管理原则调整整合为专业化作业区。同时，改变辅助系统传统的固守、巡检、联系的作业方式，调整作业区设置。深入推进扁平化管理，采取进一步优化劳动组织、扩大岗位职责、兼并岗位、操检合一、实行巡检方式优化、对标找差、追赶先进等措施，先后组织完成了11个实体作业部门机构编制重新核定批复工作，共取消分厂建制29个，核减部门领导职数8人，核减厂级领导职数53人，整合撤销作业区96个。首钢京唐公司全员实物劳产率提高了46吨/人。

新机制全方位对接市场。首钢京唐公司按照“精品+服务”的战略发展方向，构筑了一条从用户中来到用户中去，“产、销、研”反应迅速、高效协同的产品“一贯制”推进体系。战略产品结构更趋合理、产量不断增加，“制造+服务”的核心竞争力持续提升。一方面健全稳定工艺体系，狠抓稳定工艺措施，提高制造能力和产品质量；另一方面加大市场开发力度，瞄准高端市场主动出击。一切围着市场转，以“制造+服务”的经营理念，充分发挥装备优势，强化产线制造能力，加强“产销研用”一体化产品推进，创新产品体系、创新服务模式，找到了一条自身加快转型发展、奋力开拓前行之路。建立了“以市场为导向、以效益为中心、以服务为根本”的管理体制和经营机制，充分理解市场化内涵，从服从市场开发、服务于客户营销出发，从内部政策调整、制度建设和机制运行方面着手大胆进行改革。坚持市场和效益取向，调整生产组织部门——制造部管理方式和组织机构，由按专业分工管理，转变为按产品分工管理方式，成立了汽车板室、家电板室、热轧板室，实现对产品从前期介入到异议处理的全面管理。与此同时，公司成立了“镀锡板事业部”和“彩涂板事业部”，实行从产品研发到异议处理的全过程管理，真正实现从用户到用户的全方位一贯制管理，使产销环节沟通更加顺畅高效。在客户服务体系上，建立了订单兑现日跟踪机制，对订单行项目生产情况逐条按日跟踪，并实时在生产、销售人员微信群中发布、共享，对即将到交货期的订单进度进行提醒，对未完成或预计不能按期兑现的行项目进行预警，并落实责任单位。建立客户代表服务体系，选派市场经验丰富、技术水平高的技术人员作为客户代表派驻各个销售分公司，初步形成了一贯到底的快速响应机制。

一项项打破陈规适应市场的新制度的推行，最大限度地激发出职工勇闯市场、增收创效的活力。一切围绕客户需求转，一切随着开发市场变。首钢京唐公司改革创新为进一步提高闯市场能力、扩大市场份额提供了有力保障。

2015 年 7 月 4 日，《人民日报》头版头条以“首钢搬迁，里外一新”为题，报道了首钢搬迁在曹妃甸建设京唐钢铁大厂，采用 220 项国内外先进技术，建成了代表 21 世纪钢铁工业发展方向的全新的钢铁厂；立志生产首屈一指的钢，首钢产品从长材向扁平材升级，家电板、车轮钢、高强钢、集装箱用钢国内市场占有率第一；首钢人二次创业，做京津冀协同发展的先行者。

在落实国家京津冀协同发展战略的背景下，2015 年 8 月 21 日，首钢京唐公司二期工程项目全面启动。该工程是经国务院批准的《河北省钢铁产业结构调整方案》调整优化产业布局的重点项目，是京冀两地落实京津冀协同发展战略的重点项目。工程全部建成投产后，年生产能力单体钢铁厂国内最大、世界第二，产品结构更合理，品种更齐全，市场竞争力更强。产品定位不仅是高档精品板材，从小饮料罐到巨轮甲板，从家电外壳到汽车机身，从油气管线到电子器件，而且瞄准世界一流钢铁企业，生产首屈一指的钢，部分产品填补国内空白，替代进口。此举意味着首钢京唐做大做强，向着建设最具世界影响力钢铁厂又迈进了一步。

面对严峻的环保形势，首钢京唐公司以绿色、精益、环保为主攻方向，通过不断改进生产过程、优化系统管理、加大科技创新力度，严格按照节能减排的要求，在践行循环经济理念的实践中，实现了科学可持续发展。首钢京唐公司统筹兼顾，优化运行，系统中焦炉煤气持续达到零放散，高炉煤气放散率、转炉煤气CO回收指标均处于行业领先水平。2016年，“钢铁企业循环经济运营体系建设”成果获第二十二届全国企业管理现代化创新成果二等奖，经第九届中华宝钢环境奖评委会评选，并报请中华宝钢环境奖组织委员会批准，首钢京唐获得了企业环保类“中华宝钢环境优秀奖”，是国内唯一获此殊荣的钢铁企业。

2015年11月12日，中国共产党首钢京唐公司第一次代表大会召开，会上确立了首钢京唐公司今后五年发展的总体目标：到“十三五”末，建成以运营体系、改善体系、智能制造相互支撑的管理创新系统，推进生产成本领先、产品质量稳定、品种开发高效、客户服务能力再上新台阶，使体制机制更有活力，经营生产更加绿色，运营质量更加优化，企业发展更加和谐，全面实现“四个一流”目标。

咬定目标　携手共创辉煌

“十三五”开局之年的2016年，首钢京唐公司持续提升管理水平，推动企业稳固发展。

这一年，公司市场经营意识不断增强，经济效益大幅提升。销售收入216.75亿元，比上年增收31.74亿元，盈利4.33亿元；这一年，首钢京唐公司狠抓“制造+服务”，京唐品牌形象逐步树立。通过提升系统运行质量和用户服务水平，不断强化体系和能力建设，产品档次不断提升；这一年，首钢京唐公司强化基础管理，快速发展根基不断夯实。企业运行的科学化、规范化水平明显提高。风控体系建设稳步推进。安全管理体系稳定运行。

在全面推进风控体系建设过程中，首钢京唐公司落实集团公司风控体系建设总体安排，按照“战略指标化、管理制度化、制度流程化、流程表单化、表单信息化、信息可视化”的“六化”风控体系建设思想，成立了公司、部门两级风控体系建设工作组织机构，修订公司级制度59项，围绕企业风控建设的内部环境、风险评估、控制活动、信息沟通以及内部监督5个维度，坚持内部控制的全面性、重要性、制衡性、适应性、成本效益5个原则，完成了风控体系建设试点各项工作，风控体系评价被北京市国资委评为优秀。

进入2017年，首钢京唐公司积极应对外部环境变化，全面提升发展质量，坚持“抓顺稳、优结构、强经营”工作主线不动摇，保生存促发展，齐心协力攻坚克难，各项工作取得了新成绩，基本实现了“四个一流”目标。全年销售收入298.3亿元，比上年增加81.55亿元；实现利润18.31亿元。

2017年11月17日，全国精神文明建设表彰大会在北京隆重举行。在《人民日报》的光荣榜榜单上有一个钢铁企业名列其中，这就是首钢京唐钢铁联合有限责任公司。首钢京唐公司凭借着两个文明建设突出业绩和优秀创建成果，成功荣获了“全国文明单位”称号。公司始终坚持把精神文明建设贯穿于企业发展，以精神文明创建为载体，大力弘扬社会主义核心价值观，狠抓职工队伍的素质教育和思想道德建设，努力营造团结一心、积极进取的和谐氛围，为企业的快速发展提供了有力保障，实现了持续健康发展。先后荣获全国五一劳动奖状、第四届“中国工业大奖表彰奖”，在京津冀协同发展中发挥了引领示范作用。

目标引领方向，努力成就未来。2018年初，为深入贯彻党的十九大精神，推动公司高质量发展，首钢京唐公司党委以习近平新时代中国特色社会主义思想为指导，制定并发布了《全面实现“四个一流”目标三年工作安排意见》，确立了全面实现“四个一流”目标今后3年工作的行动纲领。明确了产品一流是关键，管理一流是支撑，环境一流是保证，效益一流是核心。全面实现“四个一流”目标，为建成最具世界影响力的钢铁厂奠定坚实基础。至此，首钢京唐公司开启了由基本实现“四个一流”目标向全面实现“四个一流”目标进军的新征程。

2018年，首钢京唐公司围绕“夯基础、学先进、提能力、促发展”这一工作主线，坚持党建统领、坚持深化改革、坚持创新驱动、坚持全员提素，提升系统管控能力，提升精益制造能力，提升全员创新能力，提升品牌影响力，团结一心、攻坚克难，不断提高公司发展质量。

几份与宝钢湛江钢铁的主要指标对比参数列表“飞”进了首钢京唐公司早调会会议室里。公司以“提高质量”为核心，聚焦产品技术、产线技术和节能降耗等方面的缩差，对照年初职代会确定的重点工作安排，开展“回头看”，做实对标工作。公司领导道出了追赶国内外先进水平的举措：“我们‘学先进’就是要聚焦‘对标缩差’，提高用世界眼光找准自身坐标位置的能力。要以更加开放的视野和姿态，向世界最高标准看齐，置身于世界发展趋势中思考问题并找准自己的位置。瞄准先进、确定目标、狠抓措施落地并最终实现追赶先进，这才是我们全面实现‘四个一流’目标的根本路径，也是我们推进公司健康可持续发展的动力之源。”仅仅半年时间，首钢京唐68项可比经济技术指标有26项优于标杆企业，指标优秀率为37%。通过开展对标，京唐公司各专业一个个“标杆”也树立起来：营销部门与国际先进的销售体系对标；技术研发专业与宝钢等创新先进企业的科研管理机制开展对标；生产管理系统与先进制造企业的过程控制管理对标；物资供应部门与国内外先进企业的供应链建设对标；质量监督检测部门与行业内先进单位和国内先进检测机构对标；物流运输部门与行业先进物流企业对标……

2018年7月12日，首秦公司钢铁全流程停产仪式在首秦公司举行，这标志着首秦公司顺利实现安全、稳定、经济停产，迈入搬迁转移转型发展新阶段。

首钢京唐公司作为接收单位，肩负着妥善安置首秦公司职工的重任，如何更加有效地分流安置职工，摆上了公司的议事日程。为及时保障首秦职工在新的工作岗位有热饭吃、有宿舍住、有文体活动，出现特殊困难有人管，让异地职工在岗位上安心、使家里放心，首钢京唐公司领导多次带领相关部门负责人到首秦公司，开展业务对接。同时，征求首秦公司职工的意见，尽最大力量满足首秦职工的需求。针对职工提出的问题，对分流渠道、方法、政策和实施安排进行反复探讨，最终形成了分流安置方案。为了保证首秦公司搬迁过程中的安全和有序，在每一项具体搬迁任务的制定上，公司都做到了精细到物、精准到人。2018 年 8 月 15 日是首钢京唐公司正式接收第一批首秦停产转移职工的日子。首钢京唐公司派出了十三辆大客车，而且每辆大客车上都配有一名志愿者。来自各职能部门的工作人员也进行了详细的分工，他们有负责人力资源管理的，有负责车辆协调的，有负责保卫管理的，还有负责后勤管理等工作的。为保证接收转移工作顺利完成，首钢京唐公司特意配备了专业的医生和护士来做好医疗保障。当天下午，第一批首秦转移职工顺利被接入首钢京唐公司。随着 9 月 18 日和 10 月 23 日又有两批首秦职工的注入，1765 名首秦职工全部转移至首钢京唐公司，开启了他们人生路上的新征程。海阔凭鱼跃，天高任鸟飞。这些来自首秦公司的新京唐人很快成了各岗位的新生力量。

2018 年，首钢京唐公司上下同心，积极落实供给侧结构性改革要求，立足京津冀协同发展，按照集团发展战略部署，加快推进工程建设，主动克服困难，积极创造条件，工程建设取得阶段性成果。

——2018 年 12 月 30 日，首钢京唐公司工程建设中厚板 4300 毫米产线成功实现了热试过钢；

——2018 年 12 月 31 日，随着装煤车对焦炉第一孔煤的装入，首钢京唐公司 5 号焦炉正式竣工投产；

——2018 年 12 月 31 日，首钢京唐公司烧结烟气脱硫脱硝深度治理改造工程顺利通烟投入运行……

2018 年，首钢京唐公司经济效益又一次创出历史性突破，在向全面实现“四个一流”目标阔步前行中迈出了坚实的一步。一年来，全体干部职工在两级公司党委的领导下和平台公司的支持帮助下，认真落实集团公司“两会”精神和各项工作要求，积极应对外部环境变化，生产经营和工程建设两条战线齐头并进，牢牢把握工作主线，紧盯“三大目标”，围绕打赢“五大攻坚战”，上下同心，奋力拼搏，经受住了环保限产和高炉治理双重考验，各项工作取得了可喜的成绩。全年销售收入 337.6 亿元，比上年增加 39.3 亿元，实现利润 19.5 亿元。

2018 年，全年开发新产品 66 项，其中 3 项国内首发、6 项国内领先、12 项集团首发，高端产品、高档次用户大幅增加，京唐产品走向“蓝海”迈出了坚实的一步，产品由跟随型向领先型迈进。汽车板 DP780 及以上级别超高强钢同比增加 65%。镀锡板不断优化产品结构，高端产品同比增加 25%，进入国内先进行列。新镀层产品填补首钢空白，镀铝锌实现批量稳定生产，初步形成华东、华北、华南以及出口市场布局；锌铝镁试制成功，开展宝马、长城等用户认证。中厚板通过 5 国船级社认证，成功开发复合板及高强耐候钢，京唐产品结构进一步丰富。

2019 年是中华人民共和国成立 70 周年、首钢建厂百年、首钢京唐公司投产十周年的重要时间节点，同时是首钢京唐公司工程建设投产运行、系统发挥协同效应的第一年，更是落实“十三五”规划、加快全面实现“四个一流”目标的关键一年。

站在新起点，赢得新超越。首钢京唐公司不忘初心，牢记使命，接过历史的接力棒，把握机遇、找准定位，从“基本”到“全面”，交织了今昔，清晰了方位，擘画了未来，一首恢弘的交响曲正在激昂荡漾……

肩负使命　筑梦时代未来

十年砥砺奋进，造就今朝辉煌。不忘初心，首钢京唐公司迎来了事业发展新时代。

习近平总书记指出，“坚持党的领导、加强党的建设，是我国国有企业的光荣传统，是国有企业的根和魂，是国有企业的独特优势”，将国企党建提升到了前所未有的新高度。党的十九大进一步提出新时代党的建设总要求，为全面加强党的建设提供了根本遵循。首钢京唐公司党委坚持以习近平新时代中国特色社会主义思想为指导，从“政治、经营、管理、文化”4个维度把党的领导融入企业发展各个环节，发挥企业党组织领导核心和政治核心作用，不断提高政治定力和政治能力，引领京唐公司在全面实现“四个一流”目标的进程中始终保持着正确方向和奋进态势。

——坚持目标引领。企业发展质量实现新跨越：系统整体协同、顺稳运行更加高效，公司运行质量和综合竞争力显著提升，成为首钢钢铁业转型发展的中坚力量，实物劳产率达到1400吨/(人·年)，经济效益在行业名列前茅，职工收入同步增长，为建设质量强国作出积极贡献。技术创新实现新提升：持续实施以技术领先为特征的精品开发战略，构建高效强大的工序关键技术供给体系，瞄准世界科技前沿开展铁、钢、轧前瞻性研究，冲刺国家级技术成果，为建设沿海第一大厂，全面实现“四个一流”目标提供有力的技术保障。人才队伍建设取得新成效：精准聚焦行业前沿，建设结构合理、业务精湛、富有创新精神的人才队伍，打造专业领军型、专家型、研发型高素质优秀人才集群，促进人才质量、数量不断提升，人才资源配置不断优化，为增强公司核心竞争力，实现永续发展提供强大人才支撑。制造服务能力实现新突破：充分发挥先进工艺技术和装备优势，生产高端高效精品板材，掌握关键核心技术，核心战略产品的研发、制造能力达到国际先进水平；健全完善产品一贯制技术与管理，持续提升质量稳定性和一致性，产品实物质量达到国际行业先进水平，为推动中国制造业高质量发展发挥示范引领作用。

——坚持党建统领。始终旗帜鲜明地坚持和加强党的领导，把党的政治建设摆在首位，思想建党和制度治党同向发力，为企业发展提供正确的方向指引、强大的思想力量和坚强的组织保证。持续推进党建工作创新，始终把加强党的建设、充分发挥党组织和党员队伍作用，作为促进经营生产任务圆满完成和深化改革发展的坚强保证，坚持融入中心，服务大局，以高质量党建工作引领推动企业实现高质量发展。坚持深化党委中心组理论学习，提升理论学习效果，提升从政治和全局的高度把握形势、分析问题、谋划工作的能力。着力培养忠诚干净担当的高素质干部，集聚爱企奉献的各方面优秀人才。坚定理想信念，严明纪律要求，深化党风廉政建设，层层压实全面从严治党政治责任，善于处理各种复杂矛盾，勇于战胜前进道路上的艰难险阻，营造风清气正的政治生态。

——坚持文化铸魂。从历史、实践、人文3个维度出发，沿着“内容构建”“践行融入”“人文养成”的脉络，筑牢“战略高度”“辐射广度”“故事亮度”“聚民温度”“传播热度”五个支撑，构建具有京唐特色的企业文化体系。坚持守正创新，在赓续首钢百年文化基因中开拓京唐文化新境界，深入践行包括企业目标、企业愿景、企业价值观、企业精神、企业作风和“人才理念 ”“学习理念”等11个企业理念在内的企业文化架构，筑牢文化强企的坚实基础。

——坚持以人为本。努力实现职工与企业共同发展。实施人才优先战略，以人才总量、人才质量、人才培养、人才激励、人才环境为抓手，培养造就一支素质优良、结构优化、专业配套的人才队伍。不断完善人才培养机制，将员工的自然成长与组织培养有机结合，建立协调统一、分类分层、有针对性的人力资源培养培训体系；完善人才评价机制和优秀人才选拔激励机制，加大对职工技术创新和管理创新的激励；加强校企合作，通过双向交流、挂职锻炼、项目合作等方式，为人才的成长发展提供有效的途径。

——坚持人文关怀。坚持以职工为本，着眼于更好地满足职工对美好生活的需求，把维护和服务广大职工利益作为出发点和落脚点，扎实推进普惠工作、送温暖和帮扶救助、职工疗休养和家属上岛观摩、互助保险理赔、打造心灵驿站、鹊桥红娘、女工工作和女职工特殊保护等，努力构建服务职工的工作体系，营造和谐快乐的企业氛围。

十年只不过是历史长河的一瞬。忆往昔峥嵘岁月，看今朝重任在肩，赢未来雄心满怀。首钢京唐公司始终怀揣钢铁强国梦，传承和发扬首钢精神，在市场竞争的激荡中行稳致远、驶向深蓝，打造绚丽多彩的“梦工厂”。

蓄势扬帆欲远航，乘势而上谱华章。朝着全面实现“四个一流”目标、建设最具世界影响力钢铁厂，首钢京唐人勇担使命、接续奋斗，共筑京唐基业长青，谱写辉煌新篇章。

第一章　破冰之路

首钢京唐公司一期主体工程全面竣工投产以后，2010 年习近平同志视察首钢京唐公司，勉励我们“低成本生产高附加值产品”。公司坚持以“低成本生产高附加值产品”为发展航向，广大干部职工上下同心、不屈不挠，让使命一起交融，让意志相互交织，生产逐渐趋于稳定，完成了一次破冰之路。

首钢京唐公司1号高炉开炉

2009年5月21日9时，首钢京唐公司1号5500立方米高炉开炉仪式在高炉主控室举行。9时20分，北京市经信委、河北省国资委、唐山市委、首钢总公司、河北钢铁集团主要领导同时按动送风启动按钮，1号高炉正式送风开炉。高炉开炉仪式由首钢京唐公司总经理王天义主持。

北京市国资委、经信委，唐山市政府、曹妃甸工业区，首钢总公司，河北钢铁集团及唐钢公司，首钢京唐公司等单位领导和设计、施工、设备制造单位代表共200人参加了开炉仪式。

1号高炉从2007年3月12日开始基础施工，2009年5月21日正式点火送风开炉，23日20时10分流出了火红的铁水，一路走来，广大建设者经过两年多的奋力拼搏，高质量地完成了各项施工任务，创造出了当今冶金建设史上的多项奇迹。1号高炉本体重量1.8万吨，有110毫米厚的高炉围板25带，总高度达126米。被喻为“中国冶金第一钩”的1号高炉N1通廊最后一跨炉顶段吊装总重达260吨，高度达80米，跨度达73米，实现了一次吊装成功，创造了国内冶金吊装施工中“吊装总重量最重、高度最高、跨度最大”的三项之“最”。高炉筑炉工程共用耐火砖7万多块、3000余吨，种类达到几十种，施工复杂程度实属罕见。参加筑炉的职工严格按标准精细施工，使筑炉炉底平整度达到正负1毫米，其中4层满铺碳砖平整度达到正负0.5毫米，是国内精度高、质量好的高炉砌筑工程。1号高炉共完成耐火材料砌筑35348吨、混凝土浇筑量达到148761立方米、钢筋加工和钢构制作达93000多吨、设备安装总量24346吨。

1号高炉是国内工艺最先进的特大型高炉，设计平均日产量12000吨。该高炉采用了68项国内外先进技术。其中，无料钟炉顶、顶燃式热风炉、全干法除尘等是自主研发、拥有自主知识产权的技术，全干法除尘技术是在国际上5000立方米以上特大型高炉首次使用。无料钟炉顶技术使高炉的装料效率成倍增加，布料更精确，生产更稳定，故障率更低；顶燃式热风炉技术，具有长寿、节能、高效的特点，风温可达1300摄氏度；全干法除尘技术具有除尘效果好、节能、节水、环保等特点。

为了高炉的送风点火，京唐公司工程技术人员和岗位操作人员朝着“三高、四个一流、三个示范”的企业目标努力着、奋斗着。炼铁作业部与公司各职能部门和项目建设的设计、施工、监理、设备制造、设备安装等单位通力合作，搞好模拟高炉生产，反复操作每一个控制点，确保高炉顺利出铁。公司各职能部门积极协助炼铁部做好保驾护航工作。制造部积极协调组织，密切配合，发生问题及时跟踪解决。高炉开炉前，自动化信息部专业人员对高炉自动化控制系统反复检验，做到万无一失，确保高炉自动控制系统准确无误。经过广大建设者共同努力，1号高炉成为同类型高炉中建设周期短、施工质量优、单位容积投资少、应用新技术多、自主集成和自主创新多的高炉，创下了多项新纪录。

同心同德保投产　创新创业结硕果

——炼钢、连铸系统热负荷试车一次成功

2009年3月13日，是首钢京唐公司全体干部职工值得骄傲和庆祝的日子，这一天，公司炼钢、连铸系统热负荷试车成功了！然而，为了这一时刻的到来，公司广大干部职工以及参加工程的建设者为此付出了太多的艰辛与努力。

首钢京唐公司炼钢系统的热负荷试车，成功生产出了第一炉合格钢水，并于次日凌晨实现连铸顺利开浇，生产出了第一块合格连铸板坯，这是首钢实现搬迁调整后的一次历史性突破，标志着钢铁厂冶炼系统的全线贯通，更为钢铁厂一步工程顺利投产奠定了基础。这一历史性时刻，将载入首钢史册。

全力迎战

2007年3月15日，炼钢工程开始桩基施工。炼钢作业部精心组织，积极协调，努力按照“三表合一”的工程网络计划节点要求组织各项施工。

炼钢工程系统复杂庞大，各项目衔接紧密，建设项目多、施工难度大、工艺要求高。为了保证炼钢系统各项目设备安装调试的进度和质量，炼钢作业部与公司各职能部门和参加炼钢项目建设的设计、施工、监理、设备制造、设备安装等单位通力合作，认真制定方案，积极配合外方专家、承建单位，克服重重困难，使工程建设稳步推进。在设备安装过程中面对液压、润滑、气动等管路较多、结构复杂等诸多困难，经过反复调试、校正，安装误差进一步缩小，达到了各个单体设备安装调试的高标准。炼钢项目自动化系统调试是保障全线热负荷试车的关键，公司自动化信息部协助炼钢作业部、首自

信公司和中冶京诚公司的技术人员在积极配合外方专家工作的同时，从制定自动化调试计划入手，明确各个项目自动化系统各区域负责人，合理安排技术力量，与机械设备同步调试，出色地完成了炼钢转炉、精炼炉、连铸系统自动化联动调试这一艰巨任务。

为保证炼钢系统热负荷试车一次成功，炼钢作业部还做到了“三个保障”。一是设备保障，组织了脱磷炉、脱碳炉冷态重负荷试车，转炉汽化冷却烟道“煮炉”，为炼钢工程全线热试创造条件。二是制度和措施保障，组织生产、技术、设备、材料各专业人员，详细制订了《炼钢、连铸热试车方案》，制订了7个工艺、70余个岗位作业规程；组织了多次热负荷试车模拟操作演练。三是物质保障，组织按所需铁合金、废钢、灰石等原料和能源介质的需求量进行核算，详细列出生产准备所需工具、耗品、吊具的型号、尺寸、数量等内容，为炼钢工程热负荷试车和投产提供保障。

在全体职工、参战各方的共同努力下，炼钢工程从桩基施工到热负荷试车一次成功，用了不到两年时间。两年来，共计完成混凝土施工26.05万立方米，钢筋施工2.93万吨，钢结构安装10.65万吨，钢结构制作10.72万吨，图纸施工2.8万余套。

转炉冶炼

春寒料峭，海风阵阵。2009年3月13日天刚亮，炼钢作业部的职工又把主控室、操作室、平台、地面打扫了一遍。炼钢、连铸平台栏杆上悬挂着巨大的横幅标语，地面上用白灰画出整齐的标志，干净、整洁、喜庆，因为今天是炼钢连铸系统热负荷试车的日子。

13时16分，激动人心的时刻来到了。在炼钢11.3米平台上，举行了简短的炼钢2号转炉点火仪式，LF精炼炉、1号2150毫米连铸机也开始了热试前的最后调试，炼钢系统热试开始。首钢京唐公司副总经理杨春政点燃主火炬，时任炼钢区副主任李金柱、转炉作业区作业长张新国、炼钢工徐瑞杰等8名火炬手，分别从杨春政手中引燃火炬，火炬手们在大家的欢呼声中跑向炉口，火炬在空中划出一道道美丽的弧线，投入炉膛。摇炉工张连旺站在控制台前，精心地操作着控制杆，转炉慢慢地站立起来。

17点36分外购铁水运抵现场，5罐共305吨铁水倒入300吨铁水包。19时30分，崭新的300吨铁水包在480吨天车的吊动下、在人们的注视下缓缓转动，将一道橘红色的铁流慢慢注入2号300吨脱碳转炉，人人纷纷用照相机、手机记录下这一历史时刻。在炼钢主控室内忙碌而有序，不时有公司领导来询问转炉的冶炼情况，技术人员与操作人员更是目不转睛地盯着显示屏幕观察炉内状况，对钢水的测温、取样、加铁合金等成分的调整，经过近20分钟的吹炼后，终于炼出了第一包具有标志性的钢水。顿时，炼钢热试现场沸腾了，现场的职工伴随着鞭炮声欢呼雀跃，人们永远不会忘记这一激动人心的时刻。

LF炉精炼

随后，装满了300吨钢水的钢包被小心翼翼地吊到LF精炼炉，精炼作业区作业长蒋理立刻指挥“开机队”进行操作。主控工唐未年在操作台前监控程序，精炼操作工张卫军带领操作人员紧张地进行测温、取样、加合金、喂铝线等操作。巨大的液压机械臂带动着三个粗大的石墨电极缓缓插入钢水渣层，立即吱吱的声音伴着一道道银白色的电弧光在眼前闪现，细小的钢花不时飞落。主控室电脑画面上，钢水温度、成分等各种曲线、参数不断变化。经过大家的不懈努力，终于炼出了合格的钢水。紧接着，负责连铸“热试”的副主任梁红兵不断发出指令。“开机队注意，再过十分钟，钢包进入连铸区域。各岗位再把工作确认一遍，保证开浇一次成功。”

连铸机浇钢

钢包、中间包等各组队员紧张忙碌地工作着。为了保证结晶器的精度，职工们冒着寒风，趴在地上仔细测量结晶器偏离尺寸。中间包水口要保持一定的温度，否则浇钢中会出现“卡脖”，工人们用煤气精心地烘烤浇铸水口，不时用激光测温器检测温度、调节供气量。

为了保证一次开浇成功，连铸区近期组织了近百次的模拟操作，组织岗位人员学习开机方案和事故预案。每个工序都配备精兵强将。钢包一进入工作位置，钢包浇钢工吴建河、赵铁等人立即检测液压缸，调试好机械手，为下道工序做好准备。中间包浇钢工田瑛、肖华生、安秀海等人忙着投放保护渣、调节钢水流量、捞钢中渣子。铸机主控工宋建河、罗成友、杨勇等时刻监视着电脑画面，不时用对讲机与岗位人员联系确认。作业长白健、王国瑞更是跑出跑进几乎脚不沾地……

不知谁呼喊了一声：“出坯啦！”只见在连铸拉出钢坯的引锭杆缓缓升起，经过20多分钟的焦急等待，人们终于看到了露出的暖红色板坯，慢慢展示出它宽厚的身躯，这一刻映红了无数人的脸颊，那激动人心的场景人们永远不会忘记。

首钢京唐公司品种钢开发生产取得新进展

李梦莹

首钢京唐公司加大品种钢开发力度，围绕 IF 钢 SDC04 的拉练生产，炼钢、热轧、冷轧各工序间严格遵守工序服从原则，品种钢生产水平不断提高，取得了新进展。2010 年 11 月，炼钢作业部组织了 10 个浇次、35 炉的 SDC04 的冶炼，共计 9819 吨。热轧作业部生产品种钢 18.16 万吨，其中，SDC04 轧制 4038 吨，超计划 2038 吨。冷轧作业部生产品种钢 1.67 万吨，其中，汽车板轧制 859 吨，家电板轧制 12042 吨。12 月，又组织了汽车板 IF 钢系列的最高规格 SDC06 的开发，并取得初步进展。截至 2010 年 11 月 21 日，已经组织了 6 个浇次，共 20 炉，生产钢坯 5700 多吨。

按照 2010 年公司开发品种钢的总体要求，首钢京唐公司把产、销、研有机地结合起来，加速产品结构调整，拓宽产品规格领域，形成了以汽车板、家电板、管线钢和高强钢等高端板材产品为主导的产品结构体系，努力实现以低成本生产高端产品的目标。在推进汽车板和家电板等品种钢的开发和生产过程中，公司成立了品种钢项目攻关组，相关项目技术人员开展了 RH 精炼 IF 钢深脱碳处理工艺的研究，使生产全流程具备了 IF 钢的生产能力。1 月到 11 月，热轧非低碳品种钢生产 71.64 万吨，产量比例从 2009 年的 3.31%上升到 16.24%。冷轧品种钢生产 47.92 万吨，产量比例达到 33.4%。

在组织 SDC04 的冶炼生产中，制造部与炼钢作业部密切协作，对精品废钢、取样器、覆盖剂、保护渣、无碳钢包、设备状态等生产要素做了充分准备。针对该钢种连浇炉数在提高到 5 炉之后，会给生产组织造成压力的实际，他们加强了工序间的精细化管理，一方面严守产品进、出各工序的时间，另一方面加强设备维护，减少生产周期的波动。由于SDC04对转炉冶炼、钢水精炼、铸机浇钢等各生产环节的技术要求都很高，项目攻关组通过分析钢种性能并结合设备和工艺特点，制定了控制钢水回硫、铸坯增氮、提高钢水可浇性等30多条应对措施，并将措施落实到脱硫、炼钢、连铸、精炼的相关岗位。由于该钢种对成分控制的要求很高，尤其是对碳、氮含量的控制极为严格。为此，他们通过加强转炉终点碳、磷、硫、氮、氢、氧含量和温度的控制，保持住转炉吹炼的稳定状态，使钢水中的有害元素含量保持在较低水平。他们还选用复吹效果较好的转炉进行冶炼，严把石灰、轻烧白云石、萤石等造渣剂的质量关，并对废钢成分、规格进行严格限定。精炼区提前砌筑了16个无碳钢包，每次生产前，都组织人员对RH真空槽进行涮洗，防止黏钢影响成分含量。连铸一区准备了无碳中间包覆盖剂、超低碳专用结晶器保护渣等材料，防止钢水浇注过程中“增碳”，采取加大中间包水口吹氩量，防止钢水二次氧化。采用增加RH钢水的镇静时间和渣面配加铝渣球，顶渣进一步改进，降低浇钢“套眼”的发生几率。精炼区不断优化RH抽真空操作，提高真空度，缩短抽真空时间，提高深脱碳效果，减少钢水温降。这些措施的实施明显改善了钢水的可浇性，逐步提高了连浇炉数。本次品种钢SDC04的拉练生产，为首钢京唐公司今后批量生产超低碳IF钢，提高产品成分控制水平、保持钢水洁净度、优化板坯性能和表面质量等方面工作积累了丰富的经验。

为使热轧工序为冷轧工序提供质量合格的SDC04轧制原料，制造部与热轧作业部针对该钢种具有使用方式多样、加工工艺复杂等特点，制定了以“精心、精细、精准”为生产组织原则，以过程质量控制为生产组织模式的轧制方案，全面建立和推进工序服从的管理体系，提高热轧产品的质量。他们做到精心组织，制定轧制方案，建立保证产品质量的控制体系，以轧制SDC04等品种钢为突破重点，从基础的制造单元做起，按照“制造单元对产品质量负责”的理念和“影响质量的所有要素均要受控”的原则，优化工艺流程，完善信息系统，配套相关制度，培训和锻炼队伍。他们做到精细管理，以基础管理与工序服从为蓝本，建立完善指标管理体系及激励机制。各岗位根据安排，均需填写详细工艺过程记录表，建立汽车板轧制的工艺检查标准。他们做到精准操作，严格执行质量一贯制管理制度，努力提高产品质量。建立以产品质量为中心的设备维护与确认制度，建立有效的质量控制手段，严格工艺制度，强化标准化操作。在合理组织生产排程、实现过程质量控制过程中，他们把过程参数控制作为重点，通过对产品厚度、宽度、凸度、平直度、终轧温度、卷取温度等指标的不断完善，提高了产品的质量。

冷轧工序以合格的 SDC04 热轧板卷为原料进行轧制，为生产高质量的汽车板和家电板打下良好基础。在轧制 SDC04 过程中，制造部制定了冷轧技术操作要点，冷轧作业部按照工序服从的原则，在酸洗工序段控制好酸洗工艺及酸洗质量，使酸洗工艺速度和酸槽的酸液浓度保持在最佳水平，板卷表面酸洗质量总体良好、表面银白。在轧制工序段，控制好板卷平直度、冷轧下线后的厚度精度，使酸轧产品规格指标符合轧制要求。在连退工序段，他们依据《超低碳钢 SDC04 冷轧技术操作要点》进行 SDC04 轧制。通过做好钢种生产拉练产出明细、成分控制及要求、生产工艺及性能、表面质量情况等信息的收集，为轧制合格的汽车板和家电板提供了完备的信息数据，为最终轧制合格产品提供了重要保证。

首钢京唐公司2号高炉开炉

张诗诗

2010年6月26日10时18分，首钢集团和曹妃甸工业区有关负责人共同按动启动按钮，首钢京唐公司2号高炉点火开炉。27日凌晨1时，送风14小时后，高炉风量达到5500立方米/分钟。27日10时18分，在送风24小时后，高炉顺利生产出第一炉铁水，铁水温度达1500摄氏度以上，出铁772.3吨，炉渣流动性良好，物理热充沛，标志着高炉开炉成功。

2号高炉于2008年3月1日正式施工建设。2009年3月26日高炉炉壳安装完毕；4月24日，2号高炉本体第一块碳砖开始砌筑，标志着2号高炉施工进入新的阶段；6月7日吊装完126米炉顶放散平台；7月9日下降管吊装完毕；7月24日，公司2号高炉上料系统N2-1A2段主皮带通廊成功吊装就位，至此2号高炉上料系统结构大件全部安装到位，创出了钢结构施工高速度；11月30日15时06分，2号高炉点火烘炉。经过广大建设者19个月的艰苦奋战，终于完成了这一钢铁厂二步工程的重要节点任务。

在2号高炉施工建设中，炼铁作业部与设计、施工、监理单位密切协作、艰苦奋战，出色地完成了各项施工任务。这是国内冶金行业高炉基础大体积混凝土施工的第一工程。工程工期紧、施工难度大、质量标准高，承担施工的首钢建设集团把该项目作为争夺“鲁班奖”的标杆，他们克服了许多困难，创出了当今冶金建设史上的许多建设奇迹。高炉本体筑炉施工材料首次选用国外高炉碳砖，单位体积大、单体分量重，砌筑的平整度和泥缝标准要在0.5毫米以内。在272平方米的基层上，砌筑第一层满铺碳砖是整个高炉砌筑的关键，施工人员首先要对每块2吨重的大砖进行预码，有时一块砖要预码十余次，直到码放得与其他相邻大砖没有一丝错台后方可砌筑。当他们砌完第一层共 347 块大砖后，用水平仪测量 510 个点，全部达到±1 毫米的平整度，远远超过国家标准。2 号高炉炉壳由二十五带围板组成，钢板最大厚度达到 110 毫米，钢板材质属于微合金高强钢，安装精度高、焊接难度大，施工中不仅要解决在焊接及冷却过程中的热裂、冷裂、裂纹等问题，还要满足围板组对后上口水平标高、对口错边量、钢板圈的最大直径与最小直径差，以及炉壳钢板圈相对炉底中心的偏差标准。由于作业场地地处沿海，空气潮湿，雨雪天气较多，极易产生气孔、延迟裂纹、未熔合、夹渣等焊接缺陷，受客观条件和吊装能力所限，大部分炉壳围板不能在地面组焊成型后，整带吊装到位，有相当一部分立缝，只能在高空焊接完成。面对挑战，他们采取吊装组对后调整测量、调整复测、合格后加固焊接、13 带以上地面组对整带吊装的办法，在焊接中严格执行焊前预热、焊后缓冷工艺，控制焊接步骤与程序，很好地解决了板厚引起的拘束度过大而产生裂纹的现象。同时，他们利用焊后热处理排除由于现场高湿引起的焊接质量隐患，采取防风、防雨、防雪等措施，确保了焊接和安装对接的质量要求。

2 号高炉的顺利开炉，标志着首钢京唐公司一期主体工程全面竣工投产，首钢搬迁调整工作取得阶段性成果，初步完成了党中央、国务院下达的建设任务，进一步坚定了首钢集团全面完成首钢搬迁调整任务的必胜信念。

2230毫米冷轧第一卷镀锌板成功下线

2011年1月21日9时48分，冷硬卷经清洗、退火、镀锌、光整后，2230毫米冷轧第一卷冷轧镀锌卷成功下线。该产品规格厚度为1.0毫米，宽度为1250毫米，钢种DX51D，卷形完整，表面良好，质量合格。这标志着2230毫米冷轧项目镀锌生产线热负荷试车一次成功，比计划节点工期提前3个月零10天。

2230毫米冷轧镀锌生产线于2009年3月30日破土动工，2010年1月1日开始安装退火炉工艺钢结构，2010年12月10日进行跑带冷试车，2011年1月11日点火烘炉。在工程施工和设备安装调试中，冷轧作业部精心组织，积极协调，在各部门的大力支持下，各参建单位通力合作，克服设备制造拖期、施工人员紧张、自然条件恶劣等重重困难，使工程建设稳步推进，各项目均按照工期节点提前完成。参战的冷轧作业部工程组织、专业技术人员，以及工程施工、设备安装单位员工加班加点，攻坚克难，努力工作，保质保量完成土建施工、设备安装、冷负荷试车等各项艰巨任务。

2230毫米热镀锌生产线年处理能力49.6万吨，其处理带钢的宽度为900毫米至2080毫米，带钢厚度0.4毫米至2.0毫米，主要产品为无锌花的热镀锌产品，产品定位生产高质量的汽车板，包括冷轧低碳钢、超低碳钢和高强钢系列，品种有CQ、DQ、DDQ、EDDQ、DP、BH、TRIP等。产品均按国内同类企业先进标准以及国际标准组织生产，将重点开发生产市场急需、国家紧缺、进口量大的高质量宽幅汽车用冷轧板，从而进一步提高首钢京唐公司产品的市场竞争力。

世界首例三工况低温多效海水淡化系统成功应用

2011 年 10 月 29 日，首钢京唐公司海水淡化配套 2×25 兆瓦发电机组正式并网发电，同时开始为海水淡化主体设施供应负压蒸汽，海水淡化开始满负荷生产成品水，标志着世界首例三工况低温多效海水淡化系统在公司成功应用，使公司的海水淡化成本一举降低了 45%以上。三工况低温多效海水淡化系统是首钢京唐公司循环经济、节能减排的典范之作。

首钢京唐公司共建设有 4 套低温多效海水淡化装置，单套产水量 12500 立方米/日，总产水规模 50000 立方米/日。在海水淡化配套 2×25 兆瓦发电机组投产前，海水淡化装置的动力蒸气来自于钢铁厂的蒸气管网。虽然，蒸气管网提供的蒸气是钢铁厂的富余蒸气，但该蒸气的品质较高，能量还没有得到充分利用，仍具有一定的利用价值。该蒸气条件下海水淡化运行称为“TVC 工况”。

2011 年初，首钢国际工程公司联合首钢京唐公司有关工程技术人员，创造性地在其中两套海水淡化主体装置蒸气进口前分别配置了中温中压汽轮发电机组，充分利用钢铁厂富余燃气烧锅炉产生的中温中压蒸气在汽轮机组中发电做功，进而将汽轮机末端负压排汽供给海水淡化装置制备除盐水。该模式下海水淡化运行称为“MED 工况”，该工况实现了能量的梯级利用，不仅大幅度降低了海水淡化的运行成本，还产生了额外的发电效益，更好地实现了热、电、水的联产。据测算，系统在该工况下运行，每年可以节约制水成本约 4500 万元，同时配套发电机组每年可以产生 6000 多万元的发电效益。

此外，该系统还可以在需要降低汽轮机发电负荷或中压蒸气管网蒸气富余时进行 TVC 工况和 MED 工况同时运行，该模式下海水淡化运行称为

“MED+TVC工况”。通过在实际生产中不同工况之间的切换，该系统既可确保海水淡化的产水，又可有效调节钢铁厂的燃气、蒸气、电、水平衡，充分体现了钢铁厂“循环经济、节能减排”的建厂理念。运行实践证明该系统的工艺流程、设备配置和性能指标均达到了世界先进水平。该三工况低温多效海水淡化技术是首钢国际工程公司联合首钢京唐公司在引进消化吸收国外相关单元技术的基础上进行大胆技术路线创新的结果，已被授予国家发明专利。

三工况低温多效海水淡化技术在公司的成功应用，较好地实现了能源的梯级利用，成为行业内水电联产的示范，不仅具有较好的经济效益，还具有较好的环境效益和社会效益，为世界范围内沿海钢铁厂乃至其他行业建设海水淡化工程、降低制水成本开辟了一条新路。

顺利完成建设向生产的转变

钢铁厂投产项目达到或接近设计指标

乔士坤

2009 年是首钢京唐公司具有里程碑意义的一年。这一年，公司顺利完成了工作重心由基建向生产的转移。面对严峻的国内外钢材市场形势，公司广大干部职工坚定信心，发挥优势，对标挖潜，钢铁产品产量稳步提高，品种钢研发取得突破，各项技术经济指标达到或接近设计水平，较好地完成了公司董事会交给的生产经营建设任务。

一期一步重点工程项目顺利投产达效

2009 年初，首钢京唐公司钢铁厂一期一步工程项目施工进入收尾和紧张的设备安装调试阶段。各作业部、职能部门与设计、建设、监理单位密切合作、精心组织，用科学化、规范化和制度化的手段管理工程建设，确保了重点工程项目施工和设备安装调试的进度和质量。与此同时，一期一步工程重点项目全部实现了热负荷试车一次成功，顺利投产达效，整体运行水平稳步提高。

焦化工程 A 焦炉继 2008 年投产后，B 焦炉于 2009 年 5 月 11 日顺利生产出第一炉合格焦炭；A、B 焦炉系统工程荣获国家工程建设最高奖项—— 2009 年度中国建设工程“鲁班奖”。5 月 19 日，目前世界单机处理焦炭能力最大的 260 吨/小时干熄焦系统，热负荷试车一次成功；6 月 11 日，焦化实现 100%干熄焦。9 月 1 日，充分利用干熄焦产生余热的 CDQ 发电机组成功发电，实现能源的循环利用。9月15日，C焦炉成功点火烘炉，11月28日，D焦炉成功点火烘炉，焦化项目一期工程的四座焦炉全部建设完成。

烧结1号550平方米烧结机于5月9日投入试生产，烧结矿合格率达到100%，为1号5500立方米高炉顺利送风开炉奠定了基础。2号烧结机12月13日热试成功，为2号高炉投产创造了条件。

炼铁1号5500立方米高炉于5月21日正式送风开炉，拉开了钢铁厂铁、钢、轧全线贯通的序幕。22日晚9时，1号高炉第一炉铁水顺利出炉。11月3日，2号5500立方米高炉热风炉点火烘炉。11月30日，2号5500立方米高炉正式点火烘炉。7月1日，1号高炉余压发电机组TRT成功发电，使高炉炉顶煤气余压得到充分利用，实现节能减排、降本增效目标。

3月13日，2号300吨脱碳转炉热负荷试车一次成功，生产出第一炉合格钢水。3月14日，实现连铸顺利开浇，生产出第一块合格连铸板坯。5月23日，转炉使用1号高炉生产的铁水炼钢，炼钢连铸投入试生产。5月29日，4号脱磷炉热负荷试车成功，投入试生产。5月下旬，1号CAS炼钢精炼系统投入试生产。10月下旬，RH炼钢精炼炉热试获得成功。LF炉、CAS炉、RH炉全部投入使用，标志着公司炼钢“全三脱”洁净钢冶炼工艺正式运行，为扩展品种钢生产能力、生产精品板材创造了条件。12月10日，炼钢3号脱碳转炉开炉试生产；12月19日，3号1650毫米板坯连铸机一次热试成功。

2250毫米热轧生产线，继2008年12月热试成功，生产出第一卷热轧板卷后，2009年5月21日顺利投入试生产；5月2日，2号加热炉点火烘炉。8月，2250毫米热轧项目举行最终接收签字仪式，标志着该项目的基本功能达到设计要求。

3月28日，1700毫米冷轧酸轧生产线热负荷试车成功，第一卷酸轧卷成功下线。5月21日，酸轧生产线成功轧制出0.25毫米薄板。8月28日，冷轧连退线热试生产出第一卷合格产品。9月3日，冷轧1号连续镀锌线热试成功，生产出第一卷冷轧镀锌商品卷。11月3日，冷轧2号连续镀锌线热试成功。

生产实现顺稳　各项技术经济指标稳步攀升

首钢京唐钢铁厂自2009年5月21日投产以来，各作业部针对一步工程施工、设备安装调试、主工艺流程热试过程中出现的问题，不断总结完善，逐渐使试生产顺稳运行，各项技术经济指标不断攀升。

焦化作业部在稳定生产的前提下，以“大型焦炉高效能源转换技术研究”课题为依托，消化吸收大型焦炉设备的先进工艺和技术，着力研究相关高效能源转换利用技术、大型干熄焦改善焦炭质量技术，使焦炭质量逐步提高，各项技术经济指标不断攀升。截至2009年12月底，冶金焦计划产量125.8万吨，实际完成129.9万吨。焦炭（干熄焦）抗碎强度（M40）设计指标大于89%，12月达到90.9%，耐磨强度（M10）设计指标小于6.0%，12月达到5.9%；冶金焦灰分设计指标11.5%，全年平均指标实现11.67%；硫分设计指标0.6%，全年平均指标实现0.645%，12月达到0.6%。

烧结分厂应用先进的技术和工艺，在生产技术管理上，坚持技术引进和技术创新相结合，先后引用环冷机废气余热回收等十三项新技术，进行了烧结机台车和环冷机台车加宽技术等十余项技术创新。该部精心打造国际一流的烧结智能闭环控制系统，实现烧结生产过程的自动化、智能化，提高了烧结矿的产量和质量。烧结矿转鼓指数设计指标不小于78%，12月达到80.5%；烧结矿一级品率全年平均82.87%，12月达到87.78%；烧结矿品位全年平均指标57.06%，12月实现指标57.1%。

炼铁作业部瞄准设计指标，以炼钢所需铁水量定产，稳步提高产铁量；强化冶炼，逐步提高高炉利用系数；生产实际中，采取适时提高富氧量、提高风温、降低焦比、降低燃料比等措施，保证了高炉炉况的长期稳定顺行，各项技术经济指标基本实现了设计要求，达到了国内外先进水平。高炉利用系数设计指标2.3，12月达到了2.308；入炉焦比设计指标290千克/吨，12月达到了288.3千克/吨；喷煤比设计指标200千克/吨，12月达到148.7千克/吨；燃料比设计指标490千克/吨，12月达到437千克/吨。

炼钢作业部根据实际确定了10项重点科技攻关项目并取得实效。他们通过理顺“一罐到底”生产流程，攻克干法除尘工艺和操作关，积极组织“全三脱”洁净钢冶炼工艺攻关，提高LF炉、CAS炉、RH炉三种精炼工艺处理能力，加强铸机系统的新技术、新功能开发，为提高钢水质量、扩展高端品种钢生产能力、提高铸机生产率和板坯质量打下坚实基础。2009年，炼钢钢铁料消耗设计指标1076千克/吨，全年平均指标实现1104.5千克/吨；转炉钢工序单位能耗全年平均指标实现62.6千克/吨，12月达到57.9千克/吨；连铸坯合格率全年平均指标实现99.5%，12月达到99.8%。

热轧作业部在保障产品产量不断攀升的同时，始终注重经济效益的提高。他们不断增强工作的系统性、预见性、科学性，精心筹划，制定措施，加强计划管理，减少推废、轧废、氧化烧损，提高热装率和直装率，使全年综合成材率和合格率稳步提高。2250毫米热轧生产线热卷综合成材率设计指标97%，12月达到97.1%。全年热卷合格率计划指标96%，实际完成99.3%，12月达到99.5%。电耗指标设计指标105千瓦时/吨，12月达到84.9千瓦时/吨。

冷轧作业部始终坚持技术的高起点，坚持可持续发展战略和循环经济理念，采用国际先进的自动化控制技术，狠抓精细化操作，不断提升各项技术经济指标，酸轧卷成材率设计指标95.97%，12月达到96.4%；合格率达到99.9%；连退卷成材率设计指标96.9%，12月达到98.7%，合格率达到99.2%；镀锌成材率设计指标98.1%，12月实现91%，合格率实现92.8%。

品种钢开发生产取得突破性进展

首钢京唐公司始终坚持“以低成本生产高端产品”生产经营方针，在稳步提高普通钢产量的同时，加大高端产品开发生产力度，品种钢的研发和生产取得了突破性进展。

针对品种钢研发生产，公司相关部门加强技术攻关，把搞好国家“十一五”科技支撑计划——“新一代可循环钢铁流程工艺技术”对接和实施作为技术攻关的重要平台，坚持产研结合，加强技术质量一体化管理，充分发挥设备和工艺优势，加快生产节奏，抓住冶炼关键环节，把好轧制关口，使品种钢的产量和质量不断提高。从5月21日钢铁厂投产以来，已经批量生产和试冶炼、试轧制低碳钢SPHC，石油套管J55、H40，船板D/D32/D36，汽车大梁钢510L、S610L，石油管线钢X60、X65、X70，工程机械用钢SQ460MCC，汽车车轮用钢380CL、集装箱用耐候钢SPA-H，搅拌罐用钢SG520JJ，桥梁用钢Q345qd等，共9个系列17个品种，产量达到34万吨。特别是X70管线钢试轧一次成功。在冶炼过程中，炼钢作业部充分发挥设备优势，严格按工艺要求对铁水全量采用“全三脱”和LF、RH精炼等技术工艺，连铸采用全过程保护浇钢，产品各项主要理化性能全部符合标准要求，实现了管线钢制造技术的一次飞跃，为冶炼更高级别管线钢奠定了基础。

回眸过去信心倍增，展望未来任重道远。2009年，首钢京唐公司的工作重心实现了由基建向生产的转移，生产产量、钢材品种研发、各项技术经济指标稳步提高。2010年公司面临的任务十分艰巨，一方面已投产的项目生产要更加顺稳，进一步加大降本增效、品种钢开发力度；另一方面二期工程项目实现按期投产，尽快达到设计水平。广大干部职工将以更昂扬的斗志，扎扎实实做好各项工作，全面完成全年各项生产经营建设任务，创出新的更加辉煌的业绩。

热膜合璧创新路　精品海淡润钢花

吴礼云　朱文鑫

2009年3月22日，对于所有首钢京唐公司的海水淡化建设者来说是个大喜的日子，海水淡化1号装置成功地产出合格的淡水！

2010年8月19日，首钢自主设计、自主建造的4号海水淡化装置竣工投产，生产出高品质淡水。

首钢京唐公司钢铁厂像一条钢铁巨轮，因海而生，"水"赋予它鲜活生命。海水淡化为钢铁厂的发展不断注入新鲜的血液，让它从这里起航，奔向世界。

然而，这一项目从设计施工到调试成功再到达产达效，遇到了无数的艰难险阻，倾注了众多领导的悉心关怀和职工们艰辛的汗水……

困难重重的建设期

2007年9月20日，海水淡化项目施工正式开始，当时工程施工的困难重重：施工现场环境差，风沙大，往地下挖不了多深就是海水，对混凝土结构的腐蚀性大；技术难点多，施工工艺涵盖了多个领域和专业；设计工艺先进，设备安装量大，技术含量高，施工难点多。针对种种困难，能源部组织施工单位在施工前做出了周密的计划和应急措施，然而这一切都不足以抵挡环境造成的突如其来的阻挠和打击。

由于流沙层和地下水的影响，2007年11月16日工程总包单位在进行主体设备基础桩位复测时，发现32根基础桩均有较大偏差，最大偏差为30毫米，施工因此停止。直到2007年12月14日进行了工程变更，增加两个基础阀板，取消八道基础梁，24个基础柱均有不规则的变化，桩基偏移以及后续的工程变更。为了保证施工进度，施工人员不畏严寒和风沙，蒙着头巾不分昼夜地奋战。

海水淡化一步工程共两套主体蒸发器，每套由三件组成，分别为160吨、205吨和200吨。主蒸发器生产周期长，制作精密，运输及吊装工作不能有任何闪失。

设备的运输工作从2008年6月1日，自广东省中山港的第1台蒸发器的装船工作就已开始，直至6月9日运至曹妃甸首钢京唐公司码头。1号蒸发器到货时京唐公司正处于紧张的建设期，由于蒸发器本体的庞大体积和巨大重量，以及运输所用轴线车的固有特点，包括道路、线杆等一系列设施给陆运工作带来了巨大的困难，仅道路考察工作就进行了10遍，进行了3条运输线路的选择，在最终方案中仍需进行17项排障措施，启用了巡逻车、挑升车等协运车辆，公司领导更是亲自护航。在各单位工作人员的积极努力之下，历时2天，终于顺利完成了1号蒸发器的运送工作。

为了确保吊装工作的万无一失，早在设备到场一个月前，能源部就组织施工单位制定详细的吊装方案。方案采用德国进口500吨履带吊进行作业，相关专业技术人员反复推敲制定后，由甲方、监理、外方专家审核，方案前后修改20余次最后定稿。设备到场后，按照预定方案技术小组对设备尺寸进行复核，一切准备就绪时天色已暗。为保证吊装安全，施工单位利用半个小时提高照明条件，请外方专家现场确认后，才继续吊装工作。蒸发器设备安装精度要求非常高，偏差要求在3毫米以内，吊装过程中设备的位置和水平差是最难控制的。技术小组反复测量，将偏差控制在要求以内。负责测量的同志三人一组，一人打手电、一人观测、一人扶尺，扶尺的人最辛苦，要长时间保持一个动作不变。4个小时后，第一件设备吊装才彻底吊装完毕。第二天天还未亮，工作就又开始了。经过一天的紧张忙碌，克服了种种困难，才终于完成了剩余两件设备的运输和吊装。

安装工作量最大的是管道及步道安装工作。其中，单套装置碳钢管道300

米、玻璃钢管道700米、不锈钢管道350米。顶部金属管道及步道安装属于高空作业及密集型施工，面对安装中不时出现的材料、构件欠缺或制作偏差大等问题，项目部在与制作厂家沟通的同时尽力进行自己解决，争取将对工期的影响减至最小。蒸发器底部管道密集，且玻璃钢制管道粘接难度大，受天气影响大，在下雨及大风天期间，无法进行露天工作。为保证进度，施工人员不得不搭建临时帐篷并架灯烘烤以保证施工质量。

艰难的调试

海水淡化1号蒸发器的调试工作自2008年12月底开始。这是一个知难而上的过程，一个考验和锻炼海水淡化队伍的过程，更是一个熟悉和掌握设备结构、原理和操作方法的过程。所以，调试小组的每一个人都没有丝毫的懈怠，时刻准备着迎接各种各样的困难和挑战。

海水淡化系统自海水取水、预处理、提升至向主体供水，从主体海水系统建立到装置真空建立，从蒸气负荷的投入到产品水的供出几个分过程，由于环境和设备条件不可预测，经验丰富的专家们制订了详细的计划和调试方案。

鉴于海水对钢制管道有严重的腐蚀性，系统中的海水管道全部选用玻璃钢材质。但是，玻璃钢法兰均为平板法兰，不带密封水线，而且玻璃钢法兰在制造时无法保证法兰断面的绝对平整，加之玻璃钢材质脆性较大，即使安装时加装厚垫片，不能过力紧固螺栓，只能将漏水情况减至最小。在起泵加压调试过程中，对于突如其来的法兰漏水和管道破裂，为了避免迸出的水流冲溅到电机上，现场调试人员多次用自己的身体挡住飞出的水流，保证了带电设备的完好无损，而自己却被冰冷的海水浇成了“冰人”。像这种为了保护设备而献身的精神在整个的调试工作中到处展现。

带压供水管道最重要的就是管道排气工作，而海水管道排气均为小管径玻璃管道，多数此类小管道在首次通水后均出现冻冰现象，这对管道安全运行带来一定隐患。更为严重的是，淡化装置就地仪表在实际运行中突然停止动作，尤其是在系统仍处于冷循环的过程时，会直接导致装置处于无监控状态运行，原因就是仪表导液管的结冰。在这种恶劣的条件下加热工作就成了海水淡化装置调试过程中的一个主题，包括电气焊、引蒸气等方式均投入使用，大量的人力物力进行管道的加热除冰工作。为了避免这种情况，现场调试人员不厌其烦，进行连续和重复作业，保证了所有管道的畅通。

调试过程遇到最大的外界阻力就是蒸气的供应，因为钢铁厂初期的蒸气汽源紧张，海水淡化装置的调试工作始终受蒸气供应的影响，甚至不得不在气量严重不足的情况下进行调试，对装置也是对调试人员的极大考验。即使在钢铁厂蒸气源供应量满足装置调试的时期，由于蒸气源及用户的不稳定性，也对海水淡化装置调试及运行造成了非常大的影响。因为，蒸气负荷的变化直接导致系统内部温度的明显变化，从而造成系统热平衡的破坏，而热平衡的重建是一个非常缓慢的过程，其操作过程中需注意大量的参数，同时还受一系列保护联锁的制约，使得操作过程必须严格小心。加之该过程现场手动操作较多，就算是一个很小的阀门都可能影响整套系统平衡的建立。所以，对操作人员的基础知识、操作水平和应变能力提出了极高的要求。

顽强的海淡工程建设者终于靠着自己惊人的毅力和体力，始终秉持着艰苦奋斗的精神克服了重重考验，取得了大会战的胜利。他们连续一百多天始终的坚守于调试一线，没有一个人因为苦和累而中途退缩，所有的同志都是半个多月才能回一次宿舍洗个澡、睡个觉。连续24小时工作已是常事，48小时的奋战也早已司空见惯，在调试暂停的间隙，他们靠墙闭上眼就能睡着。但是，只要对讲机一响，他们就立即抖擞精神继续投入到战斗中去。大家从没有抱怨过，有的只是顽强的坚持和奉献。

2009年3月22日，对于所有的建设者来说是个大喜的日子，海水淡化1号装置成功地产出合格的淡水！

这正是：

万吨海淡产水，恰惊起碧海鸥鹭。引水进汽，千锤百炼，肌骨重塑。水电联产，热膜合璧，水源新路。梦随钢花舞，遥看天际，千帆竞、争相渡。

此刻开怀畅饮，赛水晶、琼浆甘露。晶莹剔透，端详审视，清纯顿悟。千日光阴，三载奋战，肝胆相护。望征途，灿灿朝阳，留得笑颜常驻。

自主创新凯歌奏响

2007年5月1日，国务院总理温家宝与首钢京唐公司建设者共度“五一”劳动节。他提出，要把钢铁厂建设成为科学发展、自主创新、循环经济的示范工厂。海水淡化项目作为钢铁厂循环经济的重要载体，必须走自主创新之路。

2008年3月，首钢总公司要求首钢京唐公司、首钢国际工程技术有限公司、首钢机械厂组成海水淡化项目自主集成小组，由吴礼云同志担任组长，探讨一期二步U3、U4机组首钢制造的可能性。

当时，公司海水淡化U1及U2机组正在广东山峰公司制造，国内没有任何一家单位有过低温多效海水淡化设备设计经验。项目小组从零做起，他们多次到黄骅电厂、大港电厂、法国SIDEM公司、广东山峰公司等单位考察学习，翻阅了大量的技术资料，有时一边查阅技术资料，一边在U1及U2机组旁从头到尾一个部件一个部件反复观摩。经历了一天天的风吹日晒，度过了一个个的不眠之夜，他们终于掌握了热力计算、系统参数、设备材质、加工制造规范等关键技术数据。

项目小组对设计制作海水淡化设施还没达到胸有成竹，就胆识过人胸有成竹地向首钢总公司提出了京唐公司海水淡化二步工程U3及U4机组由北京首钢国际工程技术有限公司与首钢机电公司机械厂联合设计、供货及安装调试的报告，得到了公司领导的批准。

海水淡化机组安排在首钢机电公司机械厂迁安基地加工制造，但有一个难点问题摆在项目小组面前，就是高10米、长30米、上百吨重的机组如何从迁安运到曹妃甸，通过铁路运输就连迁曹铁路大桥都过不去，通过公路运输困难更大。项目小组经过反复讨论，最后确定了在迁安基地加工零部件，再到曹妃甸现场组装的方案。

在蒸发器制造过程中，项目小组聘请设备监造人员对每一个部件、每一项工艺都进行严格的质检。第一批双相不锈钢板钻孔时，由于操作人员的疏忽，孔的直径略大于标准尺寸，项目小组当即拍板，钻孔有误差的钢板全部报废，重新采购加工。U4 机组胀管时，由于胀管器老化，一些铜管内部出现毛刺处理起来有难度，有的技术人员认为这个问题对蒸发器性能影响极小，就不进行处理了。吴礼云斩钉截铁地说："不允许任何质量问题在海水淡化的设备上出现，必须全部更换。"为了保证海水淡化机组安装质量，他们把现场组装场地全部硬化，周围搭上 10 余米高的围挡，防止风沙进入。

8 月 18 日，海水淡化 U4 机组开始联合试车，8 月 19 日凌晨 5 点 10 分，U4 机组一次试车成功，产出合格成品水，电导率 5 微西门子/厘米，远远优于设计指标。

精诚所至，金石为开。首钢京唐公司 U4 机组作为我国第一套自主集成的海水淡化设施，在首钢京唐公司、北京首钢国际工程技术有限公司和首钢机电公司机械厂的共同努力下诞生了。他们演奏的自主集成创新的凯歌在曹妃甸这片热土上唱响。

精细管理绽开娇艳的花朵

——首钢京唐公司A焦炉荣获“鲁班奖”纪实

胡海育

2009年公司A、B焦炉工程项目双双荣获中国建筑业的最高荣誉——“鲁班奖”。这是继15年前宝钢焦化工程之后，中国焦化工程建筑史上获此殊荣的第二个工程。

回眸A焦炉的建设历程，不仅凝聚了公司工程部、焦化作业部和中冶京唐炉窑公司集体的心血与智慧，承载了比寻常更多的艰辛和汗水，更是上下一心持续提高工程质量、管理水平的体现。

瞄准最高目标

A焦炉炭化室高7.63米，共有70孔，是目前世界上技术先进、功能齐全的大型焦炉。A焦炉工程建设伊始就确定了争取“鲁班奖”的目标，公司工程部、焦化作业部和中冶京唐公司把它作为一项光荣而神圣的历史使命去完成。中冶京唐炉窑公司调集最富经验的管理人员、优秀的施工队伍、精良的设备进驻施工现场，全力以赴搞好工程施工。

为使A焦炉工程建设达到高品质、高标准，中冶京唐炉窑公司一切施工管理活动都按打造精品工程的标准进行。一方面，他们从基础工作入手，编制创优工程施工规划，组织施工管理人员参加培训班，系统学习“鲁班奖”创建要求，规范各项工作步骤，使其从理论上对创建“鲁班奖”有清晰的认识和理解；另一方面，抽调专人对兖矿、马钢、太钢等在建或已建成的7.63

米焦炉参观考察，借鉴各兄弟单位的施工方法、施工质量过程控制，为高质量地开展工作打下了坚实基础。为了进一步夯实创“鲁班奖”的基础，该公司迅速建立项目管理的各种体系和制度，严格按照管理程序高效运行，并且投入精力严格地对到场的施工人员及外协队伍进行技能培训与考核，精选一批技术专家组成精英团队，为工程的顺利开展提供了强大的技术后盾。

坚持精细管理

中冶京唐炉窑公司把 A 焦炉工程争取“鲁班奖”作为不可撼动的目标，加大质量管理的力度和深度，精细管理，精心施工。

在炭化室砌筑和设备安装中，该公司对德国标准无明确规定的项目按照国家标准提高 20%执行，确保 A 焦炉工程施工质量达到“鲁班奖”的质量要求。他们严格下喷管的安装质量要求，抛弃以往 6 米以下焦炉下喷管标高和纵横中心距后两项均为±3 毫米的标准，将安装误差严格控制在了±1 毫米之内。他们对每一步、每一个环节都严格按照规范科学施工，从方案制定、工序控制、原材料控制等每一道重要工序都组织工程技术人员和监理人员事先分析影响质量的各种因素，采取相应措施进行重点控制，绝不因任何因素降低工程的质量，把问题消灭在萌芽状态。

为了进一步提升工程内在品质，该公司在每一分项工程施工过程中，始终坚持环环相扣，做到精细管理。他们建立创优工作小组，组织 QC 攻关小组，对工程质量进行全方位、全过程控制。坚持自检、互检、交接检的“三检”制度和工序卡交接制度，根据工程工序的重要程度不同，把工序划分为“特殊工序”和“关键工序”，确保工程实体质量。采取综合性检查、现场监督检查和随机抽样检查相结合的方法，将放线控制、跟踪测量、逐点检查等控制措施运用得淋漓尽致。

该公司不断延伸质量控制有机管理链条，在加强全员、全过程质量监督管理的同时，时刻保持与鞍山焦耐院和德国伍德公司技术专家的沟通，对图纸仔细核对，通过图纸自审和会审，消除图纸翻译误差，有效避免反复施工。

对施工中遇到的问题与技术专家组多次会诊，反复实验，对症下药，寻求改良，使工程质量达到一级水准。在首钢质量监督站以及冶金质量监督总站的多次施工质量检查中，A焦炉的砌筑质量均受到好评。特别是在由项目部质检站、监理、设计、甲方、德国专家、首钢质量监督站六方参加的部位联合验收中，所有已验收部位的实测实量的数据都符合创优规划所确定的质量标准，点合格率、一次验收合格率都达到了100%。耐火材料砌筑横平竖直，灰浆饱满，炭化室底标高、垂直度精度在2毫米以内，优于国内标准要求，指标达到目前国际焦炉先进水平。

以创新为助力

A焦炉作为特大型焦炉，应用的新材料、新工艺之多，是过去从未遇过的，仅各种型号、形状的耐火砖就达1000多种。要把这些形状各异的耐火砖按图纸和德国专家的要求拼砌起来，不仅工艺技术要求高，而且质量要求也十分严格。其中，炉体整体平移滑动、炭化室设有上中下三个燃烧喷口等高新技术在国内焦炉中还是首次应用。面对这些困难，该公司注重技术创新，采取了一系列新工艺、新方法、新措施，突破工程建设的各种难题。

炭化室砌筑是焦炉施工的核心，A焦炉工程砌筑量高达34000余吨，砖型1000余种。为了保质保量地完成任务，他们在相关部门的指导帮助下，使用先进计算机耐材管理系统，优化耐材管理，通过对耐材有效保护、及时供应，材料倒运损耗率高水平地控制在了1%以下，确保了炭化室砌筑施工的优质、高效。在焦炉施工中，他们执行高等级的砌筑标准，提高施工精度控制等级，使用高精度等级的全站仪、水平仪。全程不间断精密跟踪控制，不仅节省了大量的竖、横标杆搭设等施工准备工序，更有效地克服了传统施工中的弊端。

A焦炉斜道较长，他们使用先进的检测设备光学摄像头，采用新型负压清洁技术和阶段性控制方法，改进和提高清洁程度；在蓄热室焦侧采用焦侧小烟道衬套、机侧煤气调节孔座安装技术，使炉头与小烟道衬套镶嵌，有效阻隔高温，提高蓄热室密封性；在管砖砌筑过程中研制出煤气管砖校正器提高施工精准度。他们特别配置了大功率工业吸尘器，并安装了吸尘系统管道，首次尝试并实现了负压清扫，即用真空吸尘系统替代传统的压缩空气对焦炉的各部位进行清扫，这样既避免了压缩空气对砌体的损害、提高了清扫质量，又减少了粉尘的排放、改善了职工的作业环境。

验收数据证明，A 焦炉的定位几何尺寸和本体相关控制尺寸精度平均比国家标准提高了 1.5 毫米，清洁等级超过了德国标准的控制等级。因此，A 焦炉不仅是一项响当当的优质工程，更是一项科技含量高的大型精品工程。

目标引领　打胜炼铁三大战役

任全炬

首钢京唐公司炼铁部注重发挥目标引领作用，在“打造精品炼铁”共同愿景的统领下抓好各阶段目标的制定与实施工作，将实现各阶段目标的过程作为炼铁人追求卓越的具体实践。

2011年6月初，炼铁部制定了“6月打基础、7月上台阶、8月打胜炼铁翻身仗”的规划。8月中旬作出了2011年打胜“炼铁三大战役”的部署，第一战役是8月打胜炼铁翻身仗，第二战役是9~10月打胜炼铁指标提升仗，第三战役是11~12月打胜炼铁领先仗。

通过目标引领，在闯关克难中实现目标、追求卓越。在实现炼铁三大战役第一战役目标时炼铁人遇到了巨大的困难，经历了三次考验。第一个考验是要做出一个艰难的抉择。2011年7月下旬，1号高炉在低谷徘徊已经进入第13个月，严峻的生产局面似乎暗示着1号高炉只能从零开始，降料面喷涂成为唯一的出路。炼铁人面临着巨大的压力和艰难的抉择。经过科学、细致、充分地论证，炼铁部向公司提出了：降料面喷涂暂缓实施，给炼铁部一个月的时间打胜炼铁翻身仗。第二个考验是抓住一个难得的机遇。8月上旬1号高炉日产量保持在7800吨的水平，8月12日1号高炉负荷达到了3.22，开始喷煤，但仍在艰难爬坡中苦苦寻找调整方向。8月16日召开的大高炉委员会为我们带来了转机，我们抓住与专家、同行学习交流这一难得的机会，虚心学习、潜心研究同行的实践成果，认识到采取中心加焦的布料方式比较适宜1号高炉当时的状况。随后，我们坚定不移地走中心加焦的路子恢复1号高炉。第三个考验是咬定一个目标。2号高炉8月前期顺行局面较好，负荷最高达到了4.68，日产量保持在1.1万吨的水平，弥补了1号高炉的部分欠产。两座高炉日产维持在19000吨的水平，与计划产量差距较小，为后期追赶欠产创造了条件。8月9日，2号高炉自身操作没有适应好干熄焦比例大幅下调这一变化，炉内出现波动，产量持续下滑，形势急转直下，从2号高炉弥补1号高炉部分欠产，变为2号高炉自身计划都难以完成。到8月21日，两座高炉欠产达到了7437吨，形势危急，但炼铁部上下一心，咬紧牙关，到26日追回了前期欠产，最终8月完成生铁产量61.2878万吨，超计划12878吨，比7月增加生铁产量77563吨。高炉14个月以来首次完成生铁产量任务，在闯关克难中炼铁人打胜了炼铁翻身仗。

通过目标引领，在突破担当中实现目标、追求卓越。打胜炼铁翻身仗，高炉生产取得了难得的进步。2011年9月2号高炉焦炭负荷达到了5.0，但是1号高炉焦炭负荷还在4.5左右徘徊，而打胜炼铁指标提升仗的主要标志是两座高炉焦炭负荷达到并稳定在5.0。焦炭负荷从4.5到5.0，从数字上看是跨越0.5的距离，但就是提升0.5的负荷，却需要以极大的勇气去突破、去担当。1号高炉在提高负荷过程中遇到了风压与顶压之间的压差高、炉内关系紧、炉温难提、管道气流频出等很多困难，而前进中的主要障碍就是压差高。按以往经验，压差高就不能提风温，不能加煤粉，因此也就不能上矿批、加负荷，高炉生产只能原地不动，在低水平徘徊。炼铁部组织大家系统分析和论证，大家认识到5500立方米级的高炉全国只此一家，没有现成的经验和数据可以参考，只能自己摸索适合高炉自身实际的操作规律，只能在勇于担当中科学实践、寻求突破。大家形成了共识，炼铁人上上下下同舟共济，与高炉共同承受压力。每提高10摄氏度风温，每增加1吨煤粉，每上一步负荷，高炉的压差都处于高位运行，炼铁人心里承受着巨大的压力。炼铁部干部职工在最艰难的时刻发扬敢于担当的精神，主要领导日夜值守在值班室的计算机旁，每调整一次风温，每增加一步负荷都与大家一起紧紧盯住曲线的变化，每一次波折都与大家风雨同舟、共渡难关。1号高炉一次次突破极限，一步步向上攀登。10月11日，1号高炉负荷达到4.6。此后，经过9次加负荷，27日负荷达到5.15。两座高炉焦炭负荷双双登上5.0的台阶，在突破担当中炼铁人打胜了指标提升仗。

通过目标引领，在锐意进取中实现目标、追求卓越。打胜炼铁指标提升仗，炼铁生产走出了低谷，彻底扭转了被动局面。张寿荣院士评价说，首钢京唐公司两座高炉已接近国际上同类型高炉的日常运行水平。成绩面前，我们没有止步不前，随即向既定目标打胜炼铁第三战役发起冲击。2011 年 10 月 25 日 2 号高炉开始大矿批试验后，遇到了高炉炉内气流不稳、布料偏尺等困难。困难面前，炼铁人不退反进，矿批批重一路走高，到 11 月 10 日由试验初期的 157 吨增加到 168 吨，达到国内领先水平。炼铁人以打胜炼铁第三战役为目标，在大矿批试验取得成功的基础上，积极进取，不断提高冶炼水平。2 号高炉焦炭负荷不断加重，历经 5. 09、5. 2、5. 35 之后，于 12 月 30 日达到了 5. 53，创出 2 号高炉开炉以来的最高记录。与此同时，1 号高炉焦炭负荷在不断攀升中也达到了 5. 3。2011 年 12 月，京唐两座高炉生铁产量完成 76. 4017 万吨，焦比 289. 7 千克/吨，煤比 171. 3 千克/吨，燃料比 492. 7 千克/吨，均创出双炉生产以来的最好水平。炼铁生产在首钢京唐公司生产流程中发挥了龙头作用，为首钢京唐公司开创生产经营新局面发挥了强有力的带动作用。在锐意进取中炼铁人打胜了炼铁领先仗。至此，波澜壮阔的炼铁三大战役胜利完成。

坚持技术创新驱动
打造洁净钢生产平台

2011年11月6日，依托首钢京唐公司研发的国家“十一五”科技支撑计划——新一代可循环钢铁流程工艺技术项目课题之一的高效化、低成本“全三脱”生产洁净钢水的工艺技术成果通过验收和鉴定。在公司炼钢系统设计、建设和生产中，炼钢作业部坚持以技术创新为驱动，所采用的“全三脱”炼钢工艺不仅是在国内钢铁行业首创，也是目前世界上采用这一先进工艺产能最大的炼钢厂。

炼钢“全三脱”冶炼工艺，是指在炼钢脱碳前，对铁水进行“脱硫、脱磷、脱硅”预处理，最大限度地降低钢水中硫、磷的含量，在冶炼品种钢，特别是冶炼低铝、低碳、超低碳系列等品种钢时优势明显。目前，首钢京唐公司使用的品种范围不断扩大，产品质量不断提升。品种钢数量已经从投产初期的6个扩展到15大系列、210个牌号，品种钢占总产量的50%以上。

不断优化技术工艺　建设“全三脱”炼钢厂

炼钢作业部对当今世界炼钢工艺的现状进行了广泛调研，对未来世界炼钢工艺的发展趋势进行了认真分析，对世界著名的钢铁企业的核心设备和工艺进行了对比考察。通过反复论证，他们采用了“一罐到底”“干法除尘”“全三脱”等56项国内外先进的工艺技术，建成了生产高品质低成本洁净钢的平台。在保证生产规模的基础上，炼钢部大胆创新，把来自“东洋”的“全三脱”炼钢工艺，和来自“西洋”的“干法除尘”工艺集成在一起，这在世界钢厂中尚属首创。

随着炼钢工艺的不断发展，炼钢炉的功能逐步分解细化，一些过去由炼钢炉承担的功能，改由脱硫、精炼承担。这样加快了生产节奏，提高了冶炼效果，满足了高速铸机的钢水供应。"全三脱"炼钢工艺就是根据这种原理，将原来同一转炉完成的脱磷、脱碳、脱硅等功能，单独设立脱磷转炉，进行脱硅和脱磷冶炼，将铁水冶炼成"半钢"，脱碳转炉以"半钢"为原料再进行二次冶炼。与常规炼钢相比，"全三脱"炼钢具有冶炼周期短、钢水洁净度高、成本消耗低等优势。然而，驾驭这一高新工艺，同样要克服许多困难。

实施技术工艺和管理创新　勇闯三道难关

首先，勇闯"全三脱"工艺试验关。"全三脱"冶炼试验初期，他们遇到了一道又一道难题。首先是工艺难题，脱磷效果不好。经过脱磷的"半钢"含磷量仍在0.040以上。为攻克脱磷操作关，他们成立了"全三脱"冶炼攻关组，对"全三脱"冶炼进行全程跟踪，逐炉分析350多组数据和工序参数，不断摸索"全三脱"冶炼的规律。经过100多炉的对比，他们很快摸清了脱磷的工艺条件：一是造好渣，适当增加渣量，保证炉渣碱度；二是大氧，弱吹；三是加强转炉底吹搅拌。他们针对设备和操作上存在的问题，一一采取措施逐个化解。先后对脱磷炉氧枪喷头、底吹管道阀门进行优化改进，对造渣、供氧等操作进行优化，使得脱磷率迅速提高，平均达到了62.2%，满足了目前品种钢的生产要求。

磷脱下来了，新的问题又出现了。由于铁水中的碳元素十分活跃，在脱磷过程中碳氧也急速反应，碳含量减少了，造成脱碳转炉热量不足，氧枪打不着火，影响正常的冶炼。围绕"脱磷保碳"，他们又开始了新一轮攻关。通过不断摸索总结，他们根据铁水温度和条件，调整辅原料的配比，改善主要造渣料石灰的质量和粒度，提高炉渣碱度，优化岗位操作，达到了"脱磷保碳"的效果。在脱磷炉终点磷降低到0.04%以下的同时，终点碳保持在3.4%以上，"半钢"终点温度达到1360摄氏度以上，解决了脱碳炉热量不足问题。

第二道难题解决了，又遇到了第三道难题——底吹砖寿命与转炉炉役不同步的问题。保证良好的底吹效果，是保证冶炼效果和冶炼周期的基本条件。然而，到了炉役后期，底吹管路容易发生堵塞，造成底吹流量低、搅拌能力不够、化渣不好、炉渣碱度低、吹炼前期废钢不易熔化，影响脱磷效果。而且，造成终点炉渣氧化性强，渣子发“泡”，需要先倒前渣后出钢，使冶炼周期延长。他们集思广益，采取了一系列措施。规范操作，加强炉底维护，避免补炉时底吹管堵塞；使用小粒石灰代替普通石灰作为造渣剂，提高辅原料熔化率和炉渣碱度；终点拉碳后使用顶部吹氮气，底部大流量底吹搅拌，降低炉渣氧化性。这些措施收到明显效果，实现了底吹寿命与炉龄同步，消除了“泡沫渣”，省去了倒前渣，冶炼周期缩短了 3 分钟，“半钢”平均终点磷最好月份达到 0.022%。

其次，闯过“全三脱”生产关。第一，设备创新，缩短冶炼周期。炼钢过程主要是铁水中的碳、硅、锰、磷、硫等元素发生氧化反应。吹氧时间一般占整个冶炼周期的 30%~50%，提高供氧强度，可以加快氧化反应的过程，缩短冶炼周期。但是，由于 300 吨转炉体积大，炉形属于“矮胖”形，炼钢投产初期，吹炼时容易发生喷溅。为防止氧枪沾渣，他们一直采用高枪位供氧，这样影响了供氧强度，造成吹炼周期较长。为此，他们对其他钢厂的氧枪设备进行了调研，把目光锁定了目前还处于试验阶段的“锥形”氧枪。经过与设备厂家多次攻关，终于开发出了适用于公司 300 吨转炉的“锥形”氧枪。经过反复摸索优化，他们实现了氧枪系统的自动化控制。氧枪枪型和控制系统的改进，对推进“全三脱”攻关产生了巨大作用。转炉供氧强度由原来的 2.2 标准立方米/分钟，提高到目前的 3 标准立方米/分钟。由于“锥形”氧枪不容易“沾粗”，可以适当降低枪位吹炼，整个吹炼周期由前期的 10 分钟，降低到目前的 6 分钟。同时，氧枪寿命也由原来的 500 炉/支，提高到目前的 2000 炉/支。第二，设备工艺是基础，精细管理是保证。一是加强目标管理。他们根据实际情况，把“全三脱”比例设为三个台阶，2010 年上半年达到 30%以上，下半年达到 60%以上，2011 年上半年达到 80%以上，下半年通过国家科技攻关项目验收。他们每周分析生产情况，解决存在问题，对于重复发生的问题落实考核。二是建立完善工序服从体系。高比例、快节奏地进行“全三脱”生产，几乎涉及所有工序，任何一个环节出了问题都可能影响整个流程的节奏。该部从连铸开始，采用“倒推”方式，下道工序向上道工序提出明确要求。他们共提出工序服从条件33项，仅连铸工序向上道的精炼工序就提出了钢包、中间包、出站钢水3大类13条具体量化的要求，各工序100%满足下道工序的要求。KR脱硫是生产的第一道工序。他们加强生产组织，缩短处理周期，并通过改进脱硫剂配比、优化扒渣、捞渣操作、动态调整搅拌头插入铁水的深度和转速等措施，使半钢冶炼的“回硫率”从过去的平均0.010%，降低到现在的平均0.006%。三是加强过程控制。大力推进工艺服从制度，组织各工序分析研究，确定本工序控制的内容和标准，并向上道工序提出明确要求。他们分工序确定240个控制点，并制定了管理办法和考核标准。2010年，共脱硫铁水508.83万吨，脱前硫平均0.035%，脱后硫平均0.002%；平均脱硫率达到95.5%，终点硫目标的命中率达到98.87%；脱硫周期小于35分钟，比设计值降低5分钟；脱硫剂消耗平均7千克/吨，比设计值降低3千克/吨；主要技术经济指标已经达到国内先进水平。四是推行精细化管理，充分利用先进设备功能。炼钢作业部转炉系统集成了“一键式”全自动炼钢、干法除尘、烟气分析、下渣监测等先进技术。5座300吨转炉，全部采用计算机自动控制，是目前国内最大最先进的转炉。但事物都有两面性，设备的自动化程度越高，对操作技能、管理水平的要求也就更高。炼钢系统的转炉、氧枪、供水、除尘等设备之间的连锁条件众多，仅转炉与干法除尘设备之间的连锁点就达100多个。炼钢主控室的电脑操作界面全部采用英文标识，常用的界面10多个，主要参数多达几百个。哪一项条件达不到要求，都不能炼钢。为加强设备管理，他们把原来隶属设备工程室的专业人员，按专业“下放”到各生产区域，使管理重心下移，提前介入，超前管理。推行设备“包机到人”制度。构建设备操作、设备点检、专业管理的三层管理网络。加强日常巡检是保证设备正常运行的基础。为防止个别人不按时巡检，他们推行了“电子巡检”制度，在主体设备和主要部位设置“打卡机”，巡检人员必须按规定的时间、路线进行工作。通过精细化管理，主体设备的运行逐步平稳。目前，炼钢、精炼、连铸的主体设备设计功能，已经全部投入运行，90%的设备工艺指标已经达到或接近设计能力，炼钢系统的全自动炼钢、干法除尘、烟气分析、下渣监测等设备利用率接近100%。

通过这些措施，公司“全三脱”生产比例由2010年的平均34%，提高到2011年的85%，一些时段达到90%以上，已经从前期的试验阶段，过渡到大规模生产阶段，为生产高端品种钢创造了条件。

第三，闯过“全三脱”成本关。“全三脱”炼钢工艺的优势主要体现在三个方面，一是加快生产节奏，提高转炉利用率；二是大幅度提高钢水质量，为后道热轧、冷轧提供优质的铸坯；三是降低工序消耗和成本，实现低成本生产高端高附加值产品。他们闯过“全三脱”生产难关、完成了量的积累以后，又集中精力，抓质的突破。

建立覆盖作业部整个生产流程的“投料管理”体系。从2010年初开始进行设计，3月投入试运行，重点对脱硫、炼钢、精炼、连铸等主要工序每天投入的钢铁料、合金料、辅原料、耐材等固体物料进行统计审核，实现日清月结。单班工序共统计8种表格，227个大项内容。其中，炼钢区要统计铁水、钢水、合金等74个项目。经过不断的升级和完善，目前这套系统已经比较成熟，95%的消耗数据实现了计算机自动采集、累积、对比、分析，保证了数据的真实性、时效性。不仅实现了对作业部投料消耗全过程监控，而且基本实现了与供应部、计财部的信息对接、闭路循环，为加强消耗和成本管理提供了有力手段。2011年前5个月，公司的板坯成本比2010年同期降低了100元/吨。

发挥“全三脱”工艺的优势，降低工序消耗。他们充分利用脱磷转炉炉渣温度低、含氧低的优势，减少铁水、废钢发生剧烈反应出现喷渣、溢渣，在脱磷转炉实行100%的“留渣”冶炼，大幅度降低“半钢”的带渣量，降低钢铁料消耗和造渣料消耗。同时，积极组织脱磷转炉回吃脱碳炉渣，通过“渣中淘金”降低消耗。据测算，目前采用“全三脱”工艺生产的钢水，可以比常规冶炼降低钢铁料消耗8.97千克/吨，降低成本21.93元/吨；可以降低石灰、萤石等辅原料成本4.73元/吨；降低补炉料、炉衬砖等耐材成本3.12元/吨。

竖起世界钢铁新标杆

——首钢京唐公司“新一代可循环钢铁流程”达产纪实

陶　琳　吴建新　刘加军　刘　娜

两座5500立方米高炉日产生铁2.6326万吨，超设计水平1026吨；炼钢作业部板坯合格率达到100%，日产达到设计水平；21.4毫米X80卷板填补国内空白，在管线钢方面取得领先；工业新水、煤气消耗、电耗等指标都优于设计值……

在2010年6月26日首钢京唐公司一期主体工程全面竣工投产之后仅一年多，首钢京唐“新一代可循环钢铁流程”项目全面达产。

2月14日，首钢总公司副总经理、京唐公司总经理王毅对中外媒体说：“这样一个民族自强项目，在如此短的时间内即达产、顺产，体现了中国钢铁的实力，是民族的骄傲。她的达产，树立了世界钢铁的新标杆。”

大高炉印证中国钢铁实力

“入炉矿品位低于浦项同级别高炉1个百分点；焦炭粒级是25毫米，浦项是45毫米，而且我们的焦炭灰分要高0.5个百分点……原料条件不如别人，但是我们只用一年时间就超过设计水平，进入世界领先行列。”首钢京唐公司炼铁部领导介绍说。

首钢京唐有两座5500立方米高炉，是中国第一批此级别的大高炉。面对国外技术的封锁、国内驾驭经验的空白，首钢京唐炼铁职工开始了自主研发、探索、追求之路。首钢京唐高炉采用10大类68项新技术：首次使用了首钢自行研发的、拥有自主知识产权的并罐无料钟炉顶技术；首次在特大型高炉上使用自行设计的高炉煤气全干法除尘，每小时节水几百立方米；首次采用高炉铁水“一包到底”铁钢联合运输技术等。

集当代先进技术之大成，成为世界先进水平的高炉，其驾驭难度可想而知。

面对压力与风险，首钢京唐职工发扬“创新、创优、创业”的精神，集中精兵强将分专题进行攻关，对每项攻关措施，都至少制订3个攻关方案，优中选优。为掌握5500立方米高炉的冶炼规律，首钢还开发成功特大型高炉人工智能模型，模拟炉内冶炼情况，并对高炉装料制度进行改进，进行大矿批试验，努力掌握装料新方法。例如，为了打破高炉高产的“瓶颈”，他们改变了“矿-焦”上料模式，首创了“矿-矿-焦”的装料模式，既满足了高炉对大矿批的要求，又可以使高炉高产得到保证。

首钢京唐高炉煤气全干法除尘技术是亮点，但也是一块难啃的“骨头”。全干法除尘系统运行有一定的“极限”条件，因为煤气中不仅含有粉尘，而且还含有水分，煤气温度高且变化较大，当系统工况不稳定时，会造成除尘器中的布袋结露非正常爆裂，俗称“卸爆”。“卸爆”后粉尘浓度升高，如不及时采取措施，将导致炉顶煤气压差发电或者热风炉系统不能稳定运行。同时，高炉煤气毒性很大，一旦投入运行很难随时停止，不易进行实时检修。

首钢京唐炼铁作业部职工通过精准控制高炉炉内压力差，以控制煤气的温度和粉尘含量；通过加装盲板阀，将吹扫煤气时间减少了50%。大胆的想法获得了大效益：加装盲板阀后，TRT压差发电量达到了47.5千瓦时/吨(生铁)，高于设计的45千瓦时/吨；炼铁区域的压差发电除满足区域自身需要外，每月还可外送电量600万千瓦时。

除此之外，他们还进行了大胆的尝试，采用加压煤气作为单一气力输灰气源，同时采用定压差脉冲反吹操作模式，大大降低了氮气消耗量，达到1520立方米/小时。高炉煤气干法除尘煤气含尘量降低到5毫克/立方米以下，煤气温度提高约100摄氏度，且不含机械水，煤气热值提高约210千焦/立方米，提高炉顶余压发电35%以上。在烧结生产环节，他们采用智能闭环控制系统，融合了人工智能理论和信息技术，形成从配料到成品整体生产流程的多个控制子系统，实现了烧结生产智能控制，为“无人化”操作创造了条件。

2011年底，中国工程院院士张寿荣在考察了首钢京唐1号高炉之后说，现在1号高炉已经非常好了，相信未来还会更好。富氧、高风温、大矿批、高产、稳产，达产时间短，一系列新的操作制度和新的技术经济水平，1号高炉见证了首钢力量，印证了中国钢铁的实力。

自主创新建设典范工厂

中国工程院院士徐匡迪表示，先进钢铁企业的典型，20世纪七十年代看新日铁的君津和大分厂，八九十年代看韩国的浦项光阳厂，而现在要看首钢京唐。首钢京唐既是先进的，同时是代表中国钢铁科技实力的自主创新典范工厂。

“按重量百分比，国产化率达到92%；按投资比例，国产化率占到74%，可以说基本自主完成，并充分体现了21世纪世界钢铁工业科技发展水平。”王毅介绍说。

2011年，依托首钢京唐公司研发的国家“十一五”科技支撑计划新一代可循环钢铁流程工艺技术项目课题之一的高效化、低成本“全三脱”生产洁净钢水的工艺技术成果通过验收。“全三脱”工艺带来了什么？脱硫工序按100%“深脱硫”处理，脱硫不大于0.002%的达到90.43%。脱磷工序通过大氧量吹炼、优化氧枪控制保证底吹搅拌效果，同时加强白灰质量管理，减少白灰粒度，保证化渣效果及炉渣碱度，成品材磷含量可降至0.003%，并且成分控制的稳定性远高于日本钢企。

“‘全三脱’和全干法除尘是两项当今世界上最先进的炼钢工艺，在炼钢生产中具有其他工艺无法比拟的优越性，‘全三脱’炼钢具有冶炼周期短、钢水洁净度高、成本消耗低等优点，而全干法除尘在降低能耗、减少烟尘排放、增加煤气回收等方面具有明显的优势。”首钢京唐公司炼钢部领导介绍说。

首钢京唐还因地制宜自主开发了海水淡化技术，通过低热值余热蒸气气体蒸发海水，每日可生产低成本淡水5万吨，每年节约淡水2000万吨，满足生产50%以上的用水需求，同时还可以为化工企业输送浓盐水。首钢京唐发电站采用海水直流冷却，年可节水1070万吨。

据统计，首钢京唐公司坚持自主研发与引进、消化吸收再创新相结合，广泛采用新工艺、新技术、新设备、新材料进行系统集成，共采用了220项国内外先进技术，三分之二属于自主技术。

自主创新项目的实际效果如何？首钢京唐公司炼钢部一位工程师举了个例子："京唐公司共有4台连铸机，其中3台是引进的，一台是首钢自主集成的，效果对比如何？自主集成的连铸机使用、操作和维护更加方便，更加耐用，而且整体水平要更高一些。"

努力实现效益一流

作为新一代的钢铁流程，首钢京唐具备了一流的技术和装备，那么能否实现效益一流？这个也是不少人的疑问。

"作为低成本、高效率、大批量生产洁净钢的平台，我们不但要做到产品一流，管理一流，环境一流，更要做到效益一流。"王毅对此充满信心。

在成本控制方面，首钢京唐公司一是努力降低原燃料的采购价格，包括与山焦集团、神华集团、阳煤集团建立稳定的战略合作关系，发挥秘鲁铁矿等稳定的海外矿石资源优势，降低原燃料采购成本；二是充分发挥30万吨矿石码头和万吨火车直接进厂的物流成本优势，充分挖掘物流潜力；三是努力降低过程成本，按照新一代钢铁流程的要求，把能控制的成本做到极致。目前，首钢京唐公司虽然大部分工序成本已经属于国内最先进水平，但是还有部分工序成本仍有进一步降低的空间。

"需要的时候，澳大利亚的优质块矿甚至可以从船上直接进入高炉。"时任首钢京唐公司党委副书记梁宗平介绍说："但是，实现效益一流，还是要实现产品结构优化，把附加值高的产品做出来。”

2011年，首钢京唐公司2230毫米冷轧4号镀锌线生产高端家电面板，产品质量得到用户认可，与海尔等“实力派”集团签署了供货协议；2011年1月，21.4毫米X80管线钢卷板填补国内空白，首钢京唐管线钢产品迈上了新的台阶；日前，首钢京唐公司与北汽有限公司合作，由京唐公司汽车板制作的“域胜007”整车白车身成功下线，标志着首钢京唐公司具备了汽车板整车供货能力……投产以来，首钢京唐公司充分发挥设备和工艺优势，品种钢开发不断取得新进展，先后开发热轧产品14大类94个品种、冷轧产品4大类36个品种。管线钢已经系列化，批量供应西气东输二期工程，船板通过九国船级社认证，等等。

“新产品出来后，我们的目标是努力缩小与先进企业的同类产品价格差，使得效益不断增加，实现‘效益一流’目标。”梁宗平表示。

此外，按照循环经济模式，首钢京唐公司实现了余热、余压、余气、废水、含铁物质和固体废弃物充分循环利用，基本实现了废水、固废零排放。自发电比例超过94%，吨钢耗新水仅为2.72吨，吨钢综合能耗为649千克标煤，“三干”工艺节能减排效果显著，首钢京唐项目成为“绿色钢铁”的示范。

不久前，中国工程院院士徐匡迪在新一代可循环钢铁工艺流程会议上说，新一代可循环钢铁工艺流程技术，是国内外钢铁技术的集成，对钢铁行业的发展将起到示范作用，现在作出的努力及取得的成就，必将为我国钢铁行业工艺技术的全面升级作出贡献。

2011年，整个钢铁行业的销售利润率只有2.4%。如何过“冬”？对大部分中国钢铁企业来说，夯实企业管理的基础，强身健体练好内功，是不变的选择。但除了内抓管理、外抓销售之外，企业需要跳出企业自身，研究一下行业形势将如何变化，从而对企业的战略选择作出相应的调整。

首钢京唐作为低成本、高效率生产洁净钢的新一代钢铁流程示范企业，代表了世界钢铁工业发展的潮流，代表了我国钢铁工业转型发展的方向。经济发展虽然有其周期性，但是钢铁行业结构调整的步伐不能停，产业升级的速度不能慢，不能因为生产经营形势的不利而放慢结构调整的步伐，这是一种战略的眼光。首钢京唐的达产、顺产正是代表了这样一种战略眼光。钢铁企业只有加快调整、加快升级，积极应对各种挑战，努力练好内功，才能收获更加美好的未来。

（本文刊载于2012年2月28日《中国冶金报》）

第二章　闯滩之战

首钢京唐公司整体生产稳定后，针对先进装备优势发挥不足、行业市场经营形势严峻、“制造＋服务”体系有待完善等问题，瞄准“达产达标达效”目标，狠抓工艺稳定、对标缩差，持续推进产品研发、降本增效，公司运营质量逐年提高。2014 年实现盈利，2015 年经受住了严峻的市场考验。

冷轧部成功轧制1950毫米超宽规格汽车面板

王婷婷

2012年2月28日，首钢京唐公司第一卷DC05超宽规格0.8×1950毫米IF钢汽车面板在冷轧作业部2230毫米冷轧连退生产线成功下线。此钢卷卷形完整，钢板表面光亮洁净，符合FC级标准，达到了国内先进水平，完全能够满足客户的要求。

2230毫米冷轧生产线自投产以来，该部一直在努力总结汽车板轧制经验，调整轧制参数，进行了各种汽车板的生产调试。去年，该部成功生产出了宽度达1800毫米的超宽汽车板，填补了首钢在超宽汽车板领域的空白。为了应对当前钢铁市场的严峻形势，发挥设备优势，提高产品的附加值，他们决心向1950毫米的超宽汽车板发起冲击。由于超低碳IF钢的深冲性能、表面质量等要求极高，生产难度非常大，尤其是宽度较大的IF钢板。因为缺乏超宽规格钢板的生产经验，生产线的温度控制、速度匹配、张力设置等关键的过程工艺参数都要从零开始，他们自己摸索，风险极大，稍有不慎，就将导致钢带在炉内瓢曲，甚至断带，造成严重的停产事故。为做好这次试制，2230毫米冷轧生产线连退作业区高度重视此次汽车板的生产，把工作做好、做细，各项措施落到实处。26日，他们对现场设备的工况逐一确认，相关问题进行了一一排除，并制定了严格的工艺控制要点和严谨的试制方案。27日，他们再一次组织机械、电气、工艺及操作人员召开了生产前的准备会，对之前准备的生产方案进行补充完善，对不合理的地方及时协商解决，对可能发生的问题制定应急预案，各区域安排专人进行监控，确保此次汽车板的生产万无一失。2月28日下午，各方面准备工作全部到位，钢卷经过带钢入口、焊接、清洗、退火炉等工序。在炉区终冷段时，他们解决了带钢表面轻微瓢曲问题，连退生产线成功生产出第一卷 DC05 超宽规格 0.8×1950 毫米 IF 钢汽车面板。经检验，全部达到汽车板质量要求。

走精品板材之路　打造高端热轧产品集群

1580毫米热轧生产线首次成功轧制汽车外板

陶哲亮

2012年3月5日，热轧作业部1580毫米热轧生产线继2250毫米热轧生产线成功轧制高档汽车外板热轧板卷后，又首次成功轧制出规格为3.5毫米~4.0毫米×1270毫米的DC03汽车外板，板卷表面质量和强硬度等技术指标全部符合标准，综合成材率达到97.9%。这标志着具有自主知识产权的本条热轧生产线已具备生产汽车外板的能力。

2012年初，热轧部明确工作思路，走精品板材之路，以达产、达标和达效为目标，不断拓宽高强钢、厚规格管线钢、汽车板等精品板材的轧制领域，提升产品的市场竞争力。1月13日，他们在国内率先试制成功21.4毫米厚度规格X80管线钢，拉伸、冷弯、硬度、夹杂等各项性能指标均优异，为中石油西气东输天然气管线建设提供了优质产品。2月15日，他们又为湖南中钢首次轧制并圆满完成了600吨，厚度规格为5毫米、7毫米、8毫米和14毫米的SQ700MCD高强工程机械用钢的合同生产任务。

围绕精品板材生产，热轧部解放思想，统一认识。在生产管理上，他们眼睛向内、放下架子、扑下身子对照先进企业找差距、挖潜力，决心每一个季度上一个台阶，年底实现“追宝钢、超迁钢”的目标。他们首先明确阶段目标，强化自身责任，充分发挥主观能动性和创造性，针对生产薄弱环节，制定措施，狠抓落实。在生产岗位，严格执行SOP操作制度，有效减少了非计划停机时间，提高了轧机的作业率。在优化品种结构上，瞄准汽车板市场，狠抓产能和品种开发工作，开展了1580毫米热轧生产线轧制汽车面板的工艺技术攻关，专业技术人员针对DC03钢的性能特点，深入操作现场，反复核对轧制要点，加强生产一体化排程，终于在短时间内一举攻克了汽车外板的轧制难关。

首钢京唐公司成功试制出 DP780 高强汽车板

王　平

2012 年 11 月 22 日，首钢京唐公司成功生产出了 4 卷 DP780 高强汽车钢，产品工艺参数控制精确、抗拉强度达到 810 兆帕，这是该公司生产出的强度最高的汽车用钢冷轧板，标志着首钢京唐公司正式跻身于先进汽车板生产厂商的行列。

DP780 属于双相钢中的一种，具备低屈强比、高初始加工硬化速率、良好的强度和冲压性配合等特点，在使用上具有良好的抗撞击性、成形性，被广泛应用于高档汽车外板、结构用板。此次首钢生产的 DP780 高强汽车板将供应上汽通用五菱，其生产难点在于焊接难、轧制过程易断带、退火过程需使用高氢等。

针对焊接难的问题，首钢京唐酸轧、连退机组在生产前利用检修时间进行了试焊，把得到的数据维护到二级中，保证了正常生产时的顺利焊接。针对轧制过程断带问题，首钢京唐二冷轧厂首先从过渡料选择上下工夫，采取钢种逐级过渡的方法，并采用 H340LA 与 DP780 焊接，避免了轧制时张力波动较大易造成断带。为更好的控制终轧板形，该厂酸轧产线创造性地在轧制过程中对压下率分配进行了重新调节，在过渡卷 H340LA 生产开始时，采取了低速爬行板形调整，为连退工序平稳生产创造了条件。在退火过程中，首钢京唐首次在没有外方专家监护下使用了高氢模式，顺利通过了高氢准备模式的安全测试，克服了闪冷段板温急降带来的跑偏问题。

（本文刊载于 2012 年 12 月 13 日《中国冶金报》）

首钢京唐公司品种钢家电板生产不断迈上新台阶

首钢京唐公司冷轧作业部面对恶劣的市场形势，狠抓技术质量攻关、新产品开发、强化用户服务、设备功能精度管理和增收节支等重点工作，品种钢家电板生产不断迈上新台阶。2012 年，品种钢总量完成 208.85 万吨，超计划 53.86 万吨；家电板产量完成 160.23 万吨，满足了市场需求。

冷轧作业部积极开展“达产达标达效”活动，各专业认真梳理过去在产量、技术经济指标、设备功能精度、成本管理等方面的数据，召开专门会议进行分析研究，找出存在的难点和薄弱环节，制定有针对性的攻关措施。通过优化排产规则，生产计划的编排更趋合理，确保了生产顺稳；通过开展技术质量攻关，产品质量明显改善，用户不满意度大幅降低；通过强化设备点检和日常检修质量，设备故障停机逐步降低；通过制定和实施工艺点检标准，强化品种钢的生产准备工作，确保了品种钢试生产的一次成功率，缩短了品种钢开发的进程；通过细化分解各项技术经济指标到岗到人，强化指标预测和日常监控，指标水平稳中有升，促进了增收节支工作的开展。

稳步推进新产品开发，接单能力得到拓展，市场竞争能力得到加强。按照京唐公司 2012 年产品结构调整推进方案，成立了汽车板推进组、家电板推进组、板形组，从产品设计、工艺路线制定、生产计划编排、现场实施和最终产品质量、用户使用情况等方面进行全方位跟踪，及时总结经验和不足，加以纠正和改进。同时，派驻技术研究院人员做好汽车板用户订单跟踪，多次派领导和技术人员对用户进行跟踪走访，邀请用户到公司进行实地考察，与用户增进了沟通和了解，对开拓市场起到了重要作用。

家电板品种规格进一步拓展，个性化需求不断得到满足。完成珠海格力、苏州三星、富士康、海尔、美的、海信、夏普、松下等24个家电客户、9个品种的认证；开发了邦迪管系列的SHG1、SHG2，用于精密电子支架钢产品的SLED1、SLED2，还开发了具有个性化要求的海尔、美的产品，以及全无铬钝化、耐指纹板等高端产品；品种规格得到进一步拓展，规格厚度最薄扩展至0.35毫米、最厚扩展至2.5毫米，宽度最窄达到860毫米、最宽达到2050毫米，窄薄料接单能力达到0.35×1100毫米，薄宽料接单能力达到0.3×1270毫米，宽厚料达到2.0×2000毫米、2.5×1650毫米。厚度0.5毫米以下薄规格家电板累计供货25万吨；0.4毫米以下极薄规格产品累计供货4.8万吨；最薄规格达到0.3毫米，并且具备小批量供货条件。

（本文刊载于2013年2月17日《首钢日报》）

首钢京唐公司超深冲 IF 钢宽薄比实现新突破

董晓明　许国安

2013年6月3日，首钢京唐公司成功试制规格为0.7×1980毫米DC06宽幅超深冲IF钢汽车板，此规格创造了国内该钢种宽薄比之最，为公司打开宽幅超深冲IF钢汽车板市场奠定了坚实基础，对公司今后汽车板开发具有十分重要的意义。

超深冲IF钢种，钢质软、要求退火温度高、冷却速度快，具有良好的冲压和成型性能，被广泛应用到汽车外板及冲压零件中，尤其宽幅超深冲IF钢在国内外鲜有厂家具备生产能力，具有广阔的市场前景和极佳的盈利能力。此次试制带钢宽薄比非常之大，高达2828：1，加之钢质较软，板形极难控制，在退火过程中也极易发生瓢曲事故，生产难度相当大，到目前为止国内诸多大型钢铁厂家先进产线都没有生产此类型带钢的先例。

激烈的市场竞争，使首钢京唐公司全体干部职工始终树立打造钢铁旗舰理想信念，加快高端产品开发进程，打造超强、超厚、超宽、超薄产品。先后成功试制DC04钢种0.7×2000毫米规格、DC03钢种0.8×2000毫米规格，积累了丰富的宽幅IF钢汽车板生产经验。在此基础上，再接再厉，发扬首钢要为首的大无畏精神，在宽幅超深冲IF钢汽车板征途中继续深入探索，研究摸索该钢种生产工艺特点，掌握生产要领，在汽车板开发道路上砥砺前行。

高效协同、严密组织。各部门通力合作、层层把关，严控工艺过程控制。生产准备会上，制造部、冷轧部、生产工艺技术人员参加讨论活动，并专门研究制定了《0.7×1980毫米规格IF钢生产试制方案》，对生产计划安排、过程工艺参数控制、产品性能检测要求都做出了明细规定。生产试制过程中，产线作业长临阵指挥，协调各单位做好突发事故应急准备；专业技术人员全程跟踪，现场监控工艺参数变化，实时对工艺波动做出积极反应。

大胆创新，勇于突破。冷轧部酸轧产线在板形控制上首次尝试了不同板形目标控制曲线，通过增加前道机架负荷，稳定机架间张力，控制了带钢板形，杜绝了后道工序中跑偏现象。连退产线在退火过程中，不断摸索工艺参数控制，减小后道工艺降温负荷。针对宽薄 IF 钢最易发生冷瓢曲特点，通过减小时效段温差和终冷段张力、关闭终冷段风机、升高终冷段控制温度等措施，有效防止了冷瓢曲，成功实现宽幅超深冲 IF 钢汽车板轧制。

能环部浓盐水外销项目顺利完成

张希斌

2013年6月28日20时30分，随着海水淡化区域内浓盐水管道阀门的缓缓开启，标志着外送三友公司的浓盐水顺利投产，也标志着首钢京唐公司循环经济的又一典范项目顺利完成，预计每年可增加收入300余万元。

能源产品外销是能环与环境部实施创效的重要手段。2013年，他们在大力推进上网售电、液体外销、稀有气体外销等多项能源介质创收的基础上，不断开拓新的创收途径，为实现能源效益最大化添砖加瓦。

浓盐水是海水淡化过程中产生的含盐量较高的浓缩海水，其中钠、钙、镁等离子含量有较高，对化工企业制造纯碱等产品有极大的益处。为此，能环部大力开展业务拓展工作，与南堡三友集团沟通联系，并形成了业务对接。但要成功实现外送，首要任务就是要完成外送管道的铺设。开工之前，能环部主管部长召开各专业及施工单位参加的动员会，明确了各专业的职责；设备工程处成立以主管处长为组长的项目小组，每天召开工程例会，明确日计划，整体推进，做到小事不过夜，大事不过天；技术处安排专人负责施工图纸的催办及解决施工中存在的技术问题，能源运行中心作为业主单位，专人监督工程进度、质量、安全等工作。

浓盐水外送管线单线全长约3800米，实行双线铺设，起点位于海水淡化区域，终点位于纬五路北明渠北侧，全线使用DN900的PE管道。为减少管道敷设投资，此工程需穿越三冷轧、经一路、纬五路等21处主要道路和4处铁路，均需要断路施工。其中，在终点接点处需要横跨24米宽北明渠。由于施工沿线地下管网错综复杂，而且都在正常运行中，涉及的各类井室86座，施工难度超出了想象，管道施工之时也是三冷轧工程的最后冲刺阶段，工序交叉，协调的难度也是前所未有的。但面对困难，能环部的职工没有退缩，而是创造性地开展工作。原图纸设计中有将近 600 米的管道在电缆通廊下施工，由于高度限制，只能人工开挖，严重影响施工进度。能环部专业人员看在眼里，急在心上。能不能更改原设计，把管道移出来了呢？他们深入现场，亲自进行测量放线，确定施工线路。经过认真测量，他们发现通廊外仅能安装一条管道的区域，这样的话，工期就可从计划的 10 天变成 3 天。但施工风险很大，稍有不慎就会破坏周围的运行管道，影响正常的生产。面对风险，专业人员敢于承担，和施工单位制定了详细的施工方案，并全程现场指导施工，只用 2 天半时间就完成施工，为早日通水创造了有利条件。

自 4 月 26 日正式开工，设备工程处专业与参建单位密切配合，只用了 62 天就完成了施工任务，为加快实现浓盐水外送、推进降本增效做出了贡献。

首钢京唐公司首次成功轧制22毫米厚X80管线钢

王 平 陶哲亮

2013年8月14日，热轧部充分发挥2250毫米热轧生产线层冷区冷却速率强和层冷区长的特点，成功轧制出22毫米厚X80管线钢，其表面质量、板形和强硬度等指标都符合规定。首次轧制出此种超厚规格高强钢种，有力地提升了公司超硬热轧产品的竞争力。

X80是高强度管线钢的分类型号，其最小屈服值（兆帕）为551，具有较高的强度和韧性，主要应用于大压力和大管径输油和气管道输送，生产难度极大。生产厚规格超硬钢种一直以来都是公司提升产品价格和竞争力的重点目标。热轧部响应公司职代会和首钢“三创”大会暨半年工作会精神，积极优化轧材品种结构，增强产品市场抗风险能力，提高公司经济效益。热轧部在年初就在年轻人中选拔技术攻关人员研发22毫米厚X80管线钢等超硬产品的生产工艺和轧制难点，决心用6个月的时间轧制出22毫米厚X80管线钢，程政、金钊、张敏和陈一等年轻的工程师勇担重任，在班中和业余时间潜心研究、查阅资料，在计算机上编制程序模拟高强轧钢，反复核对轧制要点，尤其是建立冷却模型，使冷却的均匀和快速化。他们将这些数据提供给现场，现场操作人员精准操作，每一步都按规程落实，经过的热轧的集体攻关和群策群力，终于在短时间内攻克了22毫米厚X80管线钢轧制技术难关，共轧制22毫米厚X80管线钢12卷，合计357吨。本次22毫米厚X80管线钢成功下线标志着热轧部产品研发、工艺技术、设备维护、生产操作和管理跃上了一个新台阶。

炼铁部成功实施高炉氧煤枪喷吹技术

刘　杰

首钢京唐公司炼铁作业部通过长期的探索和尝试，于2013年8月在1号高炉成功实施了氧煤枪喷吹技术。试运行以来，高炉炉况运行稳定，这标志着首钢京唐炼铁氧煤枪喷吹技术取得质的飞跃，此项技术填补了国内技术空白。

1992年，德国蒂森1号高炉开始采用氧煤枪喷吹工艺。随后，日本钢管公司、韩国浦项钢铁公司等相继投用了高炉氧煤枪喷吹技术。一直以来，国外对氧煤枪喷吹工艺技术极端保密，国内各大钢铁企业尽管做了大量的探索和尝试，至今尚无一家成功投用。采用氧煤枪喷吹，一方面有利于煤粉在风口回旋区充分燃烧，提高冶炼强度，增加铁水产量；另一方面可以提高煤比，降低焦比，从而实现大幅降低炼铁成本。

面对严峻的钢铁市场形势，炼铁部以打赢经营生产建设攻坚战为己任，深入探索大高炉冶炼技术。进入2013年，该部将氧煤枪喷吹工艺技术攻关作为重点攻关项目，积极组织推进。

投用氧煤枪喷吹工艺存在极大的风险，氧气与煤粉混合比例不当、管道中存在杂质、气体压力波动等一系列因素都会造成爆炸。为此，炼铁作业部决定采取分阶段逐步提高氧气比例的方式，稳步推进氧煤枪喷吹工艺技术攻关项目。

氧气、氮气压力波动一直是制约氧煤枪喷吹工艺投用的瓶颈，为此炼铁作业部组织成立了氧煤枪喷吹攻关小组。他们同首钢设计院的技术人员细致研究，深入分析，决定在原设计氧气管道和氮气管道的基础上，分别增加一台调节阀和一台储气罐，同时对氧气、氮气管道进行改造，以确保氮气、氧气稳定供应。炼铁作业部立即组织相关单位进行施工，仅用了两个月，就完成了氧气、氮气管道改造。随后，攻关小组立即投入到氧煤枪喷吹设备调试中。他们一个项目一个项目的完成，一台设备一台设备的调试。攻关小组成员对氧煤枪进行拆解检查时，发现氧煤枪冷却管道中存有少量煤粉。这一情况立即引起了攻关小组的注意：氧煤枪在喷吹的过程中往氧煤枪冷却管中返煤，如果贸然投入氧气，极有可能导致氧气管路爆炸。为此，攻关小组成员召开了专题研讨会，与首钢设计院、氧煤枪厂家共同商讨这一问题。经过反复的研究和探索，终于解决了喷枪返煤的难题。

经过长达五个月的努力和探索，炼铁一高炉氧煤枪喷吹系统通过了河北省唐山市特检所验收。紧接着，炼铁部生产、设备、安全专业技术人员共同商讨，制定了一高炉氧煤枪兑氧方案。在攻关小组人员的共同努力下，炼铁一高炉成功兑入5%的氧气。而后经过两次加大氧气配加量，氧气兑入量达到20%，氧煤枪喷吹技术攻关第一阶段工作成功完成。

（本文刊载于2013年10月10日《首钢日报》）

炼钢部实现无氟炼钢

王少军　李　勇

首钢京唐炼钢作业部重点增收节支项目之一的无氟化炼钢攻关取得重大突破。2014 年前两个月共炼钢 4077 炉，冶炼钢水 145.80 万吨，萤石消耗由 2013 年的平均 0.7 千克/吨钢降低为零，仅此一项两个月降低冶炼成本 180.79 万元。

加大无氟化炼钢的推进力度。萤石是转炉炼钢常用的一种辅原料，其主要作用是降低炉渣熔点，加快转炉化渣反应的速度，改善钢水的流动性，缩短冶炼周期，同时加快夹杂物的上浮，提高钢水洁净度。由于首钢京唐炼钢节奏快、品种多、低温少渣的“全三脱”冶炼占较大比例，以前 50%以上钢种需要使用萤石促进化渣，平均每炉加入萤石 300~800 千克。萤石的主要成分为氟化钙，不仅容易侵蚀炉衬砖，增加补炉的作业量和成本，而且在与高温钢水发生化学反应的过程中，一些氟离子会发散到空气中，污染环境，不利于职工健康。因此，推广无氟化炼钢是炼钢工艺发展的必然趋势。炼钢区成立了由主任助理袁天祥、作业长王建斌和四班炼钢工组成的课题攻关组，从 2013 年第四季度开始，加大攻关力度，逐步摸索出一套适合首钢京唐炼钢工艺升级方案。

创新工艺化解难题。业内人员常说“炼钢就是‘炼渣’”，早化渣、化好渣、控制炉渣中的氧化钙、氧化镁、全铁含量，防止炉渣返干是炼钢造渣的关键。减少萤石加入量以后，炼钢操作中遇到了炉渣发黏、脱磷困难、氧枪容易沾粗、炉衬容易“结瘤”等一系列难题。攻关组人员收集了 300 多炉钢水的数据，分析不同铁水条件，不同造渣料冶炼反应的规律，有针对性地制订措施，一一化解难题。炉渣发黏是制约攻关的“瓶颈”，容易引发炉渣“喷溅”、氧枪沾粗、成分波动等许多问题。王建斌和炼钢工陈香等同志双管齐下，一方面优化氧枪参数，根据碳氧反应初期、中期、后期的不同情况，动态调整枪位，供氧强化，防止炉渣返干；另一方面，调整造渣料配比和入炉时机，将以前一次加料，细化为小批量、多批次加料，化解了工艺难题。

提高岗位操作技能。首钢京唐炼钢推广无氟化炼钢工艺，比其他钢厂的难度更大：转炉冶炼要“常规”和“全三脱”两种模式，而且经常穿插冶炼；品种钢种类多，多个品种经常交叉冶炼；炉型较大，供氧强度大，给炉况判断造成困难。在攻克了工艺关以后，更重要的是要攻克操作关，让岗位职工掌握新的技能。炼钢区组成服务组，深入四班进行现场服务。对一助手、二助手等重点岗位人员进行“一对一”的培训。“留渣”炼钢是降低成本的主要措施。然而，“留渣”量的多少直接关系着冶炼操作的稳定性，“留渣”量少起不到降成本的作用；“留渣”量过多，容易造成成分异常波动，甚至引起炉渣喷溅。目前，判断“留渣”量是否合适，主要是凭借岗位人员的经验，这些都增大了无氟化炼钢的推广难度。高宠光、王建斌等服务组人员不断总结操作经验，对重点岗位的操作进行了优化、固化。同时，炼钢区制定一系列的奖励机制，有力地调动了职工的积极性。从2013年10月开始，萤石加入量逐步降低。2013年11月无氟炼钢比例为70%，12月提高90%。2014年1月达到100%，比作业部原定的攻关时限提前了2个月。由于取消了萤石消耗，炼钢成本平均降低1.24元/吨，全年预计降本增效1097万元。

热轧部攻克超宽超硬材料板材轧制技术难关

陶哲亮

2014年以来，首钢京唐公司热轧作业部主动加压，积极开展技术攻关活动，充分发挥2250毫米热轧生产线轧制稳定和板形控制能力强的特点，成功轧制出1900毫米超宽X52管线钢产品，并在短时间内技术转化，其表面质量、板形和强硬度等指标均符合行业标准和中油天宝公司特殊的技术要求，有力地提升了公司热轧家电板产品的竞争力。

由于材料超宽和硬度大，所以轧制时板形很难控制，且超宽规格产品板形控制技术一直是轧钢界研究的课题。该部迎难而上，以满足用户需求和市场需求为导向，致力于开发热轧高端新品的研发，生产技术室黄爽、张敏、陈一、王俊银和富晓航等品种研发工程师主动承担了超宽规格产品板形控制的研发工作。为了能摸清楚超宽超硬规格板材的轧制工艺，他们用业余时间到图书馆查阅资料，向其他钢厂的同学请教，找到了温度均匀性控制和轧制负荷分配等轧制难点，根据难点一遍一遍的制定和修改轧制工艺，并在线下模拟轧制，查找未考虑到的因素。温度均匀性控制工艺是开发此种产品的关键，在轧制过程中，如果中间坯横向和纵向温度不均匀，有较大温差，会产生镰刀弯等缺陷，或直接导致堆钢等事故。张敏和黄爽等人在总结经验的基础上，在MATLAB环境下用C语言编写了温度场模型，尤其是温度均匀性控制技术和方案，采用先进的温度模型算法，全面真实的反应了现场的各类工况，计算出了温度控制工艺。经过2个月的潜心开发，周密考虑，从板坯入炉、加热制度、轧机负荷分配、冷却制度和卷曲温度，到操作时的具体方法和注意事项，不放过每一个环节的技术要点，尤其是轧材的温度场控制。在试轧前，他们又亲自检查了除磷喷嘴的角度和压力等，保证温度均匀性，终于在 4 月轧制出了公司的 1900 毫米超宽 X52 管线钢产品，表面质量和性能全部合格。

冷轧 2230 毫米酸轧产线成功轧制超厚规格钢

李春满　朱文鑫　许国安

2015 年 10 月 22 日，首钢京唐公司冷轧部 2230 毫米酸轧产线通过优化工艺参数控制，精细生产组织，成功轧制出极限规格 45 号钢，填补了首钢京唐公司冷轧没有轧制过超厚高碳钢种的空白。

45 号钢为优质碳素结构用钢，这种钢的力学性能很好，主要用于汽车刹车片和压缩机、泵等运动零件中，在机械制造中使用广泛。然而，由于此钢种含碳量高，脆性大，生产难度也较高。加之此次生产品种厚度规格达到 2. 5 毫米，属于超厚规格，无形当中加大了生产难度，此次生产成功在国内同行业尚属首次。

冷轧部 2230 毫米酸轧产线技术人员高度重视 45 号钢的生产试制工作，提前召开生产准备会，针对钢种性能特点并且结合产线实际制定了《45 号钢生产作业指导书》，特别对原料、备辊、排产、轧制、质量检查等各个环节做出了特别规定和说明。为了确保轧制成功，提前对焊接工艺参数和轧制参数进行模拟预调，焊接参数主要是优化了后退火功率值和 GAP 值，轧制参数主要是调整了张力和压下分配，通过提前优化和配比，保证了生产过程工艺稳定。

在生产试制过程中，产线人员对工艺参数进行了精细控制，技术人员全程跟踪，现场指导参数调整；操作人员精准操控，在工艺参数发生波动时积极进行手动干预，生产时现场调整了乳化液浓度、拉矫延伸率等工艺参数，确保生产过程稳定。此次试制的最难环节为焊接和轧制。焊接时由于该钢种和前后原料含碳量差别较大，焊缝融合度较差，经常发生开裂、质量不合格情况，技术人员及时对焊接参数进行了调整和优化，增大了后退火功率，确保了焊缝质量优良。由于该钢种脆性较大，轧制时板形控制也较难，厚度波动和浪形极易产生。生产时产线人员根据实际情况及时优化轧制表，调整负荷分配，手动调整各机架弯辊力，匹配各机架间张力设定值，最终保证了产品板形控制正常。成品下线后经离线检查，带钢表面质量和板形波动均属优良。

2230毫米酸轧产线试制超厚规格45号钢成功，拓宽了产线接单能力，丰富了产品品种，培育了新的盈利增长点，对首钢京唐冷轧产品开发具有重要意义。

（本文刊载于2015年4月15日《首钢日报》）

首钢京唐公司高强汽车板新品种一次试制成功

毕景志　张丽艳　许国安

2015 年 11 月 2 日，首钢京唐公司冷轧部 2230 毫米产线镀锌 4 号线试制出口高强汽车板新品种 DP980 一次性成功，各项技术指标和性能全部达到标准要求，标志着公司具备了出口高强度汽车板的生产能力。

DP980 是公司双相钢品种开发中抗拉强度级别最高的钢种，具有焊接难、性能和表面质量把控难等诸多难点，在国内鲜有镀锌产线具备这样的生产能力。DP980 的成功试制极大地拓展了公司冷轧产线的生产制造能力，提高了产线盈利能力，尤其在当前严峻的市场形势下，为公司冷轧品种钢开发工作注入了新的活力。

为了加快研制 DP980，首钢技术研究院和首钢京唐公司技术人员历时 8 个月，经过充分品种研发论证，克服了诸多难题。DP980 的带钢强度超过了公司镀锌 4 号产线工艺设计能力，而且属首次生产，没有成功的经验可以参考和借鉴，完全是产线自己“摸着石头过河”。它的一次试制成功离不开前期周密的策划和准备，凝聚了各专业的力量。研发过程中，专业技术人员根据 DP980 钢种成分特点和工艺性能编制了技术通知单。他们根据具体情况制定 DP980 生产操作要点，下发到班组组织操作人员培训学习。分厂组织作业区管理人员和技术人员召开专题生产准备会，讨论生产组织、过程质量工艺控制及产品检验注意事项，并编发成文件下发班组执行。

生产过程中，首钢京唐公司相关部门有力配合，产线设备、工艺技术人员和操作人员精心准备，分工明确，各司其职，过程组织有条不紊。焊机操作人员利用检修时间提前调整焊接参数，为一次焊接成功提供保障，生产过程中紧盯焊接曲线，焊样下线后立即组织杯凸实验，实验合格方才放行。清洗段工程师严把带钢清洗质量，及时调节清洗参数，有效去除DP钢表面残留物，确保清洗效果，免进入炉区后出现亮点等质量缺陷。炉区工艺工程师及操作人员为精准控制氧含量，提前关闭了炉内加湿系统，实时调节炉鼻子加湿等工艺参数，并考虑到退火温度对DP980钢种抗拉强度的影响性，及时手动调节预热、加热、均热等各个工序的烧嘴功率，保障表面颜色一致。

（本文刊载于2015年11月6日《首钢日报》）

首钢京唐二期工程项目启动

李春满　杨立文

在首钢京唐一期建设与运行成功的基础上，在落实国家京津冀协同发展战略的背景下，2015 年 8 月 21 日，首钢京唐二期工程项目启动，北京（曹妃甸）现代产业发展示范区 8 个重点项目同时签约。

河北省、北京市、中国农业银行、北京市经信委、河北省工信厅、河北省国土资源厅、中国钢铁工业协会、唐山市、曹妃甸区相关领导及国家发改委、工信部、中国国际工程咨询公司有关负责同志；北京市发改委、国资委有关负责同志；河北省发改委、环保厅、交通厅有关负责同志；中国建设银行、国家开发银行、中国工商银行、中国银行等有关负责同志；首钢总公司、京唐公司领导、干部职工共同见证了首钢京唐二期工程项目启动。

首钢京唐公司二期工程是经国务院批准的《河北省钢铁产业结构调整方案》调整优化产业布局的重点项目，是京冀两地落实京津冀协同发展战略的重点项目，也是首钢京唐做大做强、建设最具世界影响力钢铁厂的重要举措。京唐二期工程项目分两步建设。二期工程建成投产后，首钢京唐公司年生产能力单体钢铁厂国内最大，产品结构更合理，品种更齐全，市场竞争力更强。

首钢京唐二期项目的正式启动，对落实《京津冀协同发展规划纲要》、推进曹妃甸协同发展示范区建设具有重大意义。首钢将坚决贯彻中央决策部署，全力以赴推进首钢京唐二期工程建设。一是牢记使命，发挥好示范带动作用。二是协同创新，实现产产融合、产城融合。三是坚定信心，科学组织好首钢京唐二期建设和运营。在京津冀协同发展的大背景下，首钢将在国家、北京市和河北省大力支持下，牢牢抓住历史性机遇，加速推进首钢京唐二期工程建设，加快转型发展步伐，早日建设成为具有世界影响力的综合性大型企业集团，为京津冀协同发展做出新的更大贡献。

首钢京唐二期工程正式启动建设，标志着京津冀协同发展正在以前所未有的力度和速度深入推进，这对于落实北京城市发展战略定位，大力疏解非首都功能，加快推动区域经济社会发展和我国钢铁行业结构调整都具有十分重要的意义。首钢将全力以赴把二期项目建设好、运营好，更加自觉地融入到京津冀区域经济社会发展之中，促进京津冀协同发展、协调发展、共同发展，继续发挥好示范引领作用，并带动北京更多的现代制造企业落户曹妃甸。

上午10时许，首钢京唐二期工程项目启动。

（本文刊载于2015年8月24日《首钢日报》）

“钢铁航母” 破浪远航

——首钢京唐公司生产水平持续攀升纪实

关呈军

2012 年 2 月 28 日，首钢京唐公司冷轧作业部连退作业区成功生产出超宽规格 IF 钢汽车面板，产品厚度规格为 0. 8 毫米，板面宽度为 1950 毫米。第一卷钢卷卷形完整，钢板表面光亮洁净，表面质量达到了 FC 级，可作为汽车面板用钢。经检测，钢卷各种性能均符合标准，达到客户满意标准。

全线投产仅仅不到 2 年的时间里，首钢京唐公司铁、钢、轧全线贯通，首钢京唐公司生产经营迈出了坚实的一步。数字的背后，记录的是首钢京唐驾驭现代化大型设备，掌握世界先进生产工艺，敢于担当、追求卓越的艰辛。

驾驭特大型高炉

首钢京唐公司 5500 立方米高炉，是中国第一座此级别的大高炉，面对国外技术封锁、国内驾驭经验的空白，首钢京唐炼铁职工坚持走自主研发、探索、追求之路。

首钢京唐高炉采用 10 大类 68 项新技术，集当代先进技术之大成，成为世界先进水平的高炉，驾驭难度可想而知；首钢以前只有操作 2500 立方米高炉的经验，在没有现成经验、没有可以借鉴资料的情况下，稍有不慎，就会造成难以挽回的损失。面对压力与风险，首钢京唐职工没有盲目行动，他们集中精兵强将分专题进行攻关，对每项攻关措施都至少制定三个攻关方案，优中选优。

为掌握5500立方米高炉的冶炼规律，首钢还开发成功特大型高炉人工智能模型，模拟炉内冶炼状况，并对高炉装料制度进行改进，进行大矿批试验，努力掌握装料新方法。在一点一滴的积累中，他们驾驭大型高炉的技能正日臻成熟。当今中国冶金行业的领军人物之一，中国工程院院士张寿荣先生十分关心这两座大高炉的建设。已是耄耋之年的张老拄着拐杖来到高炉上。当得知两座高炉负荷稳定在5.0以上，张老鼓励地说，干大高炉我们没有经验，但没有经验不等于不要干，现在我们的装备水平上来了，还要把先进装备的优势发挥出来，只有这样，才能产生协同效益，才称得上是真正的一流企业。中国人能干好大高炉。

"钢花"朵朵开

"日前，依托首钢京唐公司研发的国家'十一五'科技支撑计划新一代可循环钢铁流程工艺技术项目课题之一的高效化、低成本'全三脱'生产洁净钢水的工艺技术成果通过验收。鉴定结果认为，该课题研究开发的各项技术、经济指标整体达到国际先进水平，部分指标达到国际领先水平。"媒体告知了人们又一个振奋人心的消息。

首钢京唐炼钢部职工从原料把关、物料计量、品种钢冶炼、成分控制、责任划分五个方面入手，确定了主要工序的56个质量控制点，制定了140多条具体措施。脱硫工序按100%"深脱硫"处理，将脱硫率由按百分比计算改为按百万分比计算。10月，脱硫不大于0.002%的达到90.43%。脱磷工序通过大氧量吹炼、优化氧枪控制保证底吹搅拌效果，同时加强白灰质量管理，减少白灰粒度，保证化渣效果及炉渣碱度，不断提高"半钢"的脱磷效果。

"全三脱"和全干法除尘是两项当今世界上最先进的炼钢工艺，在炼钢生产中具有其他工艺无法比拟的优越性。"全三脱"炼钢具有冶炼周期短、钢水洁净度高、成本消耗低等优点，而全干法除尘在降低能耗、减少烟尘排放、增加煤气回收等方面具有明显的优势。此工序首要难题是提高精细化管理和操作水平，减少炼钢过程被系统自动化保护的报警、“卸爆”所打断，以保持炼钢生产的连续性。为提高精细化管理水平，首钢京唐炼钢作业部干部职工与首钢国际工程公司、首自信公司等单位科技人员一起合力攻关，对生产过程中上万个控制点，逐个环节、逐道工序进行分析、计算；把每一炉的数据和信息详细记录下来，归纳整理后，制定出《干法除尘工艺对转炉工艺的工艺操作要求》，实现了转炉“全三脱”冶炼模式的自动化连锁控制，使两项新技术的应用日臻成熟。目前，同行业单独使用干法除尘的“卸爆率”，国际先进水平是千分之三，而首钢京唐公司与“全三脱”技术并用后的“卸爆率”已达到万分之三以下。

板材——向高端发起冲击

2011 年，首钢京唐公司 2230 毫米冷轧 4 号镀锌线生产高端家电面板，产品质量得到用户认可，与海尔等“实力派”集团签署了供货协议。

为保证产品质量，拓宽 2230 毫米冷轧的轧制品种，提高高端家电面板的轧制水平，占领高端市场，冷轧作业部成立了技术攻关小组，针对产品质量缺陷展开攻关。他们共提出 12 项技术攻关课题，并细化为 60 项小课题，具体落实到机械、电气、工艺、操作等各相关岗位，确保按时完成目标。

2011 年 7 月 21 日，X80 管线钢产品鉴定会在曹妃甸首钢渤海会议中心举行，会议主办方中国石油天然气集团组织行业专家、教授对首钢京唐试制的天然气输送用 X80 钢级热轧板卷新产品进行鉴定，会上通过了首钢京唐厚度 15.3 毫米 X80 钢级热轧板卷的千吨级试制鉴定，同意转入批量生产。中国工程院院士李鹤林担任鉴定委员会主任，西安石油管材研究院、渤海石油装备制造有限公司、北京科技大学等单位的领导、专家、教授参加了鉴定会，这是一个里程碑，首钢京唐管线钢产品迈上了新的舞台。

好设备离不开好的管理、维护。首钢京唐热轧作业部 1580 毫米和 2250 毫米两条热轧生产线为冷轧工序提供强有力的原料支撑，每年为冷轧提供近千万吨热轧板卷。他们加强设备精细化管理，保证设备稳定运行。建立“小神探”点检和巡检制度，负责点检和巡检人员每天把巡检内容传到ERP中，设备管理人员能及时准确了解设备运行状况、存在隐患、处理是否及时等情况，确保设备安全稳定运行。

（本文刊载于2012年4月10日《中国冶金报》）

齐心协力保供货

——首钢京唐公司出口汽车板合同生产纪实

2012年6月，首钢京唐公司接到生产6850吨的出口汽车板合同，这批合同是以低碳铝镇静钢、IF钢及部分高强钢材质组成，是为德国专用汽车板用户供货。为此，首钢京唐公司高度重视，迅速行动，动员制造部及研发部门的计划、生产、工艺、技术、服务等各方力量，齐心协力，确保万无一失。

首钢京唐公司一直注重汽车板的研发、生产工作，先后试制成功了以低碳铝镇静钢、IF钢为主的深冲钢种，低合金高强钢种等系列高强钢、高等级镀锌等汽车专用板，但批量生产出口汽车板还是第一次。接到首钢国际贸易工程公司、首钢技术研究院汽车板推进处承揽的德国专用汽车板供货任务后，京唐公司安排汽车板项目组负责这次生产任务的全程组织工作。组内的研发小组、产品认证小组、生产小组、服务小组的技术人员各司其职，小组成员个个摩拳擦掌，精心准备。

国外汽车用板对产品的机械性能、表面质量和板形要求相当高，而且这批汽车板的规格也很杂，900~2000毫米多个尺寸的宽度不等，而且厚度规格多，交货周期仅为45天。保证从炼钢、热轧到冷轧等环节的一次命中率是实现订单的首要原则。面对产品要求高、时间紧、任务重的情况，项目组成员对于产品的设计、质量控制和生产准备等环节进行了周密的安排并确保生产跟踪、控制到位。

为确保本次出口产品质量，首钢京唐公司从产品计划的下达开始就进行周详的布置。制造部采取全程跟踪订单生产，确保产品高质量交付客户。制造部生产计划统计处负责炼钢、热轧、冷轧环节的几名技术人员，放弃休息时间，做好生产计划。负责炼钢的计划员林忠，结合冶炼，合理进行浇次组合，根据炼钢铸机状态，设置冶炼参数，提前做好冶炼准备工作。10月，热轧的品种量较多，给汽车板辊期安排带来了影响。热轧生产计划员李国强密切关注汽车板备料情况，针对汽车板辊期要求严格的现状，采取少量多次的安排方法，确保设备工况；同时，关注专库环节，及时解决专库过程中出现的问题。订单计划员柏加元，每天一大早就来到班中，他要根据订单规格，合理安排组合浇次。

汽车板项目组人员由制造部以及基层作业部多名技术人员组成，他们围绕出口汽车板的生产全过程展开了深入、细致的工作。他们在生产准备时就开始实行全流程工况确认制，从设备功能精度到工艺参数优化都进行了全流程的组织和安排，落实责任人，明确目标。同时，他们组织操作、机械、电气等相关人员进行工况确认，对可能影响产品质量的设备问题进行了整改，及时解决了焊机、切边剪压块机衬板硬度低造成的无法连续切边、平整液残留等问题，确保将生产每一环节都做到完美，每一个产品都是精品。组织生产过程中，用户又提出了更严格的要求：连退设备上用的压延油不能跟生产普通板材用油相同，需要专用高档汽车板压延油。而首钢京唐公司重新采购压延油从计划、审批、采购各个环节下来需要一个月的时间。针对这种情况，他们及时与设备专业部门联系，得到了大力支持，共同克服困难，联系压延油生产厂家，很快就解决了问题，保证了出口汽车板生产的顺行。

针对汽车板的生产特点及用户各种需求，研发小组超前安排，从尺寸、板形、表面、性能等方面入手，针对清洗效果、平整工艺、退火工艺等影响产品质量的关键工艺参数及过程进行了技术监督与协作，确保产品性能、表面设计合理。生产小组成员及时深入生产第一线，围绕改造设备缺陷，优化工艺参数，规范岗位操作，全过程的生产跟踪。从炼钢工艺开始每道工序他们都紧紧地盯住不放，生怕出现问题，影响质量。同时，他们还对岗位操作人员进行强化培训，提高操作水平和质量意识。在这批出口汽车板中，有一些H340LAD的高强钢，这个强度要求质量非常高，而且焊接的厚度有严格的要求，冷轧作业部的谭锦锋早就注意到了订单上的这种材质，他提早就进行从酸轧到连退过度料的排程，提前组织好了剪切、轧辊等准备工作，剪切过程中守在现场，把住这几道关键环节，使每道工序都有条不紊地进行。为保证板坯质量，负责产品计划的陈华祥在生产现场全面跟踪板坯质量的检验，根据品种规格以及表面质量要求针对酸轧过程可能出现的夹杂、色差、平整液的质量缺陷，逐项分析产品在生产过程中的状况，确保合同的兑现。

在一线汽车板生产现场，冷轧作业部的广大干部职工针对这项重点生产项目特别重视，抽调精干人员积极与专业部门通力合作，严格执行工序服从，按照排产计划，组织岗位人员精细操作。冷轧作业部技术室主任助理周欢、技术员张郢等人发挥自己的技术特长，从接到任务开始就积极协调组织好各个工序的操作与衔接，对设备工况、工艺参数提前做好控制准备，协调操作与技术之间可能出现的问题。严把原料关，对板形、表面及各过程关键工艺参数进行全程跟踪，实时掌控，及时修正，决不让板材带有瑕疵。每次生产过后，他们还及时总结经验和教训，优化操作，为下次生产奠定基础。

经过各生产单位干部职工的共同努力，10 月 30 日，首钢京唐公司共完成出口汽车板 6850 吨，达到发货条件。截至 11 月 10 日，此批汽车板已全部集港装船抵达目的地，比计划提前 5 天完成。

（本文刊载于 2012 年 12 月 18 日《中国冶金报》、2013 年 1 月 23 日《首钢日报》）

擎起“第一高炉”的人们

——记首钢京唐公司炼铁作业部张贺顺高炉氧煤枪富氧创新团队

李春满

提升产品质量、降低成本、节约能源、实现可持续发展，已成为国内钢铁企业的共同选择。

作为钢铁生产的龙头，高炉炼铁是钢铁行业的“晴雨表”，同时也是绿色可持续发展的关键工序。200年前的第一次工业革命以后，高炉炼铁工艺得到不断发展完善。到21世纪的今天，由于受到自然资源短缺、能源供给不足及环境保护等诸多因素的制约，高炉炼铁如何实现可持续发展，是炼铁工作者普遍关注的热点问题。随着装备制造、计算机信息化和新材料等相关产业的快速发展，世界范围的高炉大型化进程不断加快。高炉炼铁正朝着高效集约、节能减排、低耗环保的大型化方向发展。

顺应这一发展趋势，在渤海湾畔的曹妃甸，首钢京唐公司两座5500立方米特大型高炉巍然耸立，因其工艺、设备和理念先进而备受瞩目。首钢京唐公司炼铁作业部的张贺顺高炉氧煤枪富氧创新团队作为大高炉运行管理的中坚力量，通过攻克我国首例使用氧煤枪向高炉内富氧的技术难题，显著提高了风口煤粉的燃烧效率，提高了产量，降低了焦比。这个团队还进行了大矿批技术研究与应用、超大型高炉高效低耗技术集成等多个项目的实践与应用，先后获得国家授权专利9项，北京市科学技术奖3项、冶金科学技术奖4项、首钢科学技术奖20余项，多个项目成果鉴定为国内领先水平，使我国首座5500立方米特大型高炉优势逐步显现。

张贺顺高炉氧煤枪富氧创新团队凭借敢为人先的精神，不断探索改进大高炉冶炼新技术，为我国钢铁工业由世界钢铁大国向世界钢铁强国迈进努力着，团队成员决心要做提升钢铁企业品质、引领冶金技术进步的实践者、推动者。

敢创新　迸发强动力

"'身高'128 米，采用 10 大类 68 项全新技术，是世界最先进的高炉之一。面对两座 5500 立方米的'大块头'，没有创新发展的意识，是万万驾驭不了的，更何况还要在冷酷的市场环境中发挥出一流装备的优势和水平，赢得市场的认可。"作为团队带头人、首钢京唐公司炼铁部部长张贺顺把创新意识看得很重。提起氧煤枪富氧喷吹工艺技术的改造，他情有独钟，因为炼铁成本占到钢铁企业生产成本的七成，炼铁安全、顺稳、高效运行对企业提高市场竞争力具有基础支撑作用，而提高高炉富氧率是高炉顺稳高产、降低成本的前提。

"国外对氧煤枪喷吹技术极端保密，国内各大钢铁企业尽管做了大量探索和尝试，但没有一家成功投用。"张贺顺说，一次，本来联系好了要到国外钢铁企业学习氧煤枪喷吹技术，却突然接到对方电话，被告知正在检修不便接受参观。后来才知道，国外这家钢铁企业已把自己列入了"黑名单"，对于关键技术是不向他人展示的。

没有经验借鉴，技术攻关也得要开展，越是困难越向前，这是首钢人、京唐人的特点。张贺顺带领团队成员，与首钢设计技术单位充分交流，提出在原有的设计基础上进行改造，采取分阶段逐步提高氧气比例的方式。

"看着简单，做起来难。"创新团队成员之一、京唐公司炼铁部副部长任立军说，氧气、氮气管道就在煤枪边上，但不是简单接个管子就能正常使用的。国家对氧气的使用有着严格的规定，一旦对压力、流速等参数掌握不好，就有可能造成严重后果。为此，创新团队向专业气体产品公司进行咨询，进行了大量的试验。

创新团队在一次对氧煤枪进行拆解检查时，发现氧煤枪冷却管道中存有少量煤粉，遇到高温极易引起爆燃。“当时所有在场的人都不能理解。”任立军回忆说，氧气、氮气都有压力，为什么煤枪后端会有煤粉？一座高炉42根煤枪，每根都有这种现象。经过20多天的拆解、研究，大家认为是氧气等气体压力的波动，引起煤粉的瞬时倒流。

找到问题，更要想出解决办法。创新团队成员经过反复研究和探索，在氧气管道和氮气管道上分别增加调节阀，同时对氧气、氮气管道进行进一步改造，确保稳定供应，终于解决了喷枪返煤的难题。

任立军表示，氧煤枪富氧喷吹技术应用后，高炉炉况运行稳定，一项指标可以表明应用后的效果，就是除尘灰中的含碳率，目前这个指标较以前至少下降5%。与德国的设计理念相比更灵活适用，实现了可根据喷煤量的大小进行相应调节。

“氧煤枪喷吹工艺技术的成功应用，不仅开创了国内此项技术的先河，也为以后相关技术的发展提供了借鉴。”张贺顺说：“能做对企业、对行业有益的事，再多的付出也值得。”

敢担当　扛起大责任

“团队成员大部分是从首钢北京老厂区来到曹妃甸的，以前只有操作2500立方米高炉的经验。5500立方米高炉的冶炼操作与其完全不同，在没有现成经验、没有可以借鉴资料的情况下，稍有不慎，就会产生难以挽回的损失。”当被问及对两座大高炉实施多项前所未有的技术改造哪里来的信心时，有着26年炼铁生产管理工作经验的张贺顺告诉记者，首先来自对高炉的了解。炼铁高炉有普遍性，但每座高炉又有自己的“脾气秉性”，要把它们当作朋友去对待；其次就是担当，每次对高炉的调整、对新技术的应用都有很多不确定性，有时弄不好就很有可能带来很大的损失。但是不前进，就意味着后退。面对重大责任，我们创新团队要用自己的肩膀顶住压力，承担起这个重任，在一次又一次惊险而大胆的尝试中走了过来。

"前期所有准备工作被一再核实了好几次，没有一个人说话，每个人都各就各位坚守在自己的岗位上紧盯着相关参数，虽然现场来了比平时更多的人，但安静的像空气都凝固住了。"氧煤枪投入使用那天的情景还深深印在张贺顺的脑海里。他说，大家都明白，一旦出现闪失，氧气就会烧出来，氧煤枪就会烧毁，从而耽误整个生产任务。

"手心儿攥出了汗，心都提到了嗓子眼儿。操作必须精准，设备动向随时汇报。"当时作为现场总指挥的任立军说，所有相关的人员都来了，虽然经过了反复计算、反复演练，但真正氧气用多少，流速多少，压力多大，当时并不能确定，我们是硬着头皮在上。

"各项数据正常。"随着氧气量逐渐上升，分兵把守在各个岗位上的职工不断传来好消息，大家悬着的心终于落了地。

"团队中每一名成员都有一种责任感，强大的团队力量为我们敢于担当提供了保证。"团队成员郭艳永博士说："每次技术改造，都要结合行业数据进行分析对比，做好预案，紧密跟踪，进行分析总结，为方案的实施提供理论数据支撑。"提起团队取消中心加焦技术的探索经历，郭艳永对攻克难关的经历透露出自豪。

有一段时间，高炉在生产过程中会出现炉温突然下降的现象。经过分析，大家认为是中心焦影响了煤气的利用，造成了煤气利用率差，生产成本高。

"挪，面对的是很大的风险，可能导致高炉出现重大生产事故；不挪，问题就得不到解决。"张贺顺说，当时高炉炉况刚刚稳定顺行，很多人提出了反对意见，认为中心布焦技术运用成熟，擅自改变风险较大。

"我们用实际数据说话，风险是有，但我们绝不蛮干。"团队成员利用高炉停风的时机，对高炉料面进行观察，通过增加炉内边缘两档的焦炭布料圈数，调整冷却水温及水量，保证了边缘煤气流的开放，逐步形成合理的操作炉型，为取消中心加焦奠定基础。与此同时，他们通过采用下斜风口改善送风制度，更换炉芯死焦柱、活跃炉缸的方法，保证炉料中心的透气性。他们还突破料罐容积限制，大胆采用两罐矿一罐焦的装料模式，进行多次实验，并总结经验，终于使大矿批在 2 号高炉形成了稳定中心的焦柱，在稳定高炉炉内煤气、提高煤气利用率的同时，高炉抵抗原燃料质量变化的能力也大幅提高。在此基础上，不断平衡炉料平台边缘和中心的焦炭比例，在炉况接受的情况下，逐步减少中心焦使用量。团队成员的不懈探索和实践，使两座高炉相继成功取消了中心加焦，并于次月实现高炉燃料比达474.8千克/吨，居行业领先水平，每月可节约成本466万元。

甘奉献 饱含深感情

“手机里占存储空间最多的是和孩子一起欢笑的视频。”创新团队里一位年轻的爸爸每次赶上高炉不顺需要及时处理、不能回家陪孩子时，就在工作间隙拿出手机看看视频，感受一下家的温馨。他告诉记者，团队每名成员都和他一样，付出了很多，但他们说：值得！

“与高炉为伴，对我来说是一种乐趣。”张贺顺说，就像和朋友相处，每座高炉都有自己的“性格”，每个时段都有不同的“心情”，要时刻掌握着它的“脾气”。对于这种“痴迷”状态，家里人也都能理解、支持。

一次，高炉一处设备突然出现故障，周五刚刚开车回到北京的张贺顺，周六早五点接到单位电话立即往回返。爱人担心路上边开车边想问题出危险，执意要开车一起前往曹妃甸。

“爱人对我很支持，我也经常把高炉生产过程的经历、感受讲给她听，时间长了，她也成了半个专家。有时候高炉遇到困难，她也总是安慰、鼓励我。”张贺顺说，平时我们两口子开起玩笑来都是高炉上的专业术语。

“能够与先进的大高炉为伴，我们感到自豪，生产中的不便，就是我们的研究方向。”这是创新团队成员共同的感想。

炼铁部一位生产技术人员说：“高炉冶炼需要不断减少焦炭用量，降低吨铁成本，进而需要不断地深入探索大高炉冶炼规律，掌握炼铁核心技术。”创新团队成员为了实现大高炉安全、稳定、高效地运行，每天同高炉为伴，他们有人将高炉比作自己的爱人，要呵护她、理解她。在开展大矿批技术攻关初期，炉内出现压差高、关系紧的不利情况，团队成员24小时紧盯不放松，就连吃饭、喝水的时间都是坐在电脑前，其中一人在与家人聊天时调侃道：大家一起讨论、交流，时间过得特别快，也就是去卫生间才会挪挪屁股，一天下来坐的太久了，晚上睡觉屁股都疼。近期，这个团队的攻关项目——一种高炉中心加焦布料技术方法，再次获得国家专利。

（本文刊载于 2015 年 1 月 6 日《首钢日报》）

首钢京唐：深入市场求发展

2013年，面对严峻的市场形势，首钢京唐公司直面挑战，以市场为导向，以效益为核心组织生产，优化产品结构，增加高端、领先产品比例，提高产品的研发、制造水平。2013年上半年，公司品种钢完成129.31万吨，同比增加28.74万吨。其中，汽车板完成28.67万吨，同比增加17.42万吨；累计实现增收5.35亿，超计划2.46亿元。

首钢京唐公司充分发挥“全三脱”洁净钢生产平台的优势和专业项目组的作用，形成了公司产品的核心竞争力。2013年上半年，成功开发了防爆钢、高强钢、烘烤硬化汽车板、无铬钝化家电板等新品种，以及高铝双相FE600DPF汽车板。在国内首次开发生产出0.8毫米厚、1950毫米宽汽车面板，并成为唯一通过西安管材研究所X90管线钢样品检测的钢铁企业。

狠抓工艺稳定保质量

首钢京唐公司把工艺运行稳定作为保证产品质量的基础，建立重点稳定工艺评价体系，针对影响产品质量和产线顺行生产的薄弱环节，制定稳定工艺关键措施46项，强化设备功能精度管理，狠抓各项基础管理措施，带动整体工艺控制稳定性不断提高。

高铝双相汽车板FE600DPF钢，是制造汽车框架的专用材料，对强度、韧性、焊接性能等要求极高，目前国内只有两家老牌钢厂能够小规模生产。京唐公司与首钢总公司技术研究院等单位协同作战，一举攻破了铝控制难度大，精炼和浇注工序容易出现铝烧损、保护渣容易被氧化，导致浇钢过程中黏结报警两大难题，实现了顺利浇注。其间，许多同志奋战在生产一线。课题组组长赵长亮家住唐山，儿子刚出生几个月，却经常十天半个月不能回家，每天工作到深夜一两点钟，他主持开发的炼钢超低氮冶炼模式，提高了终点成分命中率。在大家的共同努力下，双相汽车板一次试制成功，炼成率由70%提高到75%，连浇炉数由2炉提高到4炉，达到国际先进水平。

优化产品结构占高端

产品结构是企业竞争力的核心，也是提高经济增长质量，转变增长方式的根本途径。在首钢京唐公司产品制造领域，流行着4个“更”：更薄——热轧薄规格高强钢扩展至1.5毫米；更厚——管线钢X65极厚规格扩展至24毫米；更宽——冷轧汽车板最宽达到2010毫米；更强——热轧高强钢强度级别达到960兆帕。

首钢京唐公司为抢占高端产品市场，以出口汽车板生产为抓手，加快高端汽车板研发和用户认证工作。在产品和市场开发上，热轧类稳定管线钢、汽车结构用钢、集装箱板等现有市场，冷轧类重点开发镀锌汽车板，提高IF钢、高强汽车板比例。

在得知中石油本次项目将采用X90管线钢的消息后，立即组织研发中心的技术力量按产品要求进行设计及工艺攻关。为便于调控轧制工艺参数，工艺技术人员及相关骨干夜以继日在现场监控、调整各项数据，最终及时地完成了X90管线钢的生产试制，并成为唯一通过西管所X90管线钢样品检测的钢铁企业。

首钢京唐公司汽车板重点加强高强钢品种的开发、试制和批量生产。2013年上半年，公司共组织含磷高强钢系列、低合金高强钢系列、双相钢系列、CQ高强钢系列以及镀锌高强钢IF钢系列、低合金高强钢系列等43个品种汽车板的生产，品种钢、高端领先产品、汽车板的产量和比例均取得了大幅上涨。成功开发试制了以21.4毫米厚规格X80管线钢、1.5毫米薄规格700兆帕级高强钢、管线钢X90M、低成本MnTi体系大梁钢等为代表的热系品种；冷系产品汽车板实现批量出口，780兆帕级别完成了五菱的冲压认证，宽幅汽车板达到2010毫米。

与此同时，京唐公司组织了北汽福田、华泰汽车、长城汽车、长安汽车、上汽大众、海南宇傲、通用汽车、标志、上海福然德等26家车企约600个零件的认证。

提升服务能力拓市场

当前市场环境下，特别强调经营模式由制造型向服务型转变。全方位提升为用户服务的质量，才能真正赢得生存发展的空间。

首钢京唐公司主动关注市场、研究市场，处理好供销业务依托总公司与市场主体地位的关系，加强与相关部门的信息沟通和协同配合，着力提高市场预判和快速反应能力，推行以“产销研运”为支撑、各部门密切配合协同的产品推进组织模式，千方百计抢占市场。建立重点合同订单追踪体系，建设交货期管理系统，实现订单全流程动态跟踪，确保合同兑现率95%以上。深入了解客户个性化要求，提高技术服务能力，缩短高端品种的市场推广期。建立销售物流综合服务体系，提供产品发送“一站式”服务。

首钢京唐公司高层领导亲自带队走市场，了解客户需求，与客户展开深度合作，积极延伸产业链，实现互惠共赢。专业部门围绕提升“产线接单能力、产品制造能力、用户服务能力”，广开途径，开发新品种、占领新用户、拓展新市场。在开拓海外新市场过程中，与德国、瑞士等国建立了稳定的出口汽车板渠道，促进了产品推进的跨越式发展。同时，通过PSI一体化排程信息系统，将炼钢、热轧、冷轧三大关键工序有机集成，相互关联，实现连铸、热轧和冷轧整体过程的订单自动计算和核对，缩短生产周期，提高交货率，合同兑现率逐步提升。通用五菱提出St37-2G型用钢紧急交货订单，首钢京唐公司立刻组织计划、生产、工艺、技术、服务等各方力量，携手努力，制定生产及发运时刻表，在规定时限内保证了订单交付，得到了客户认可，订货量也由之前的月均5800吨大幅增加到16000吨。

2013年上半年，首钢京唐公司整体合同兑现率完成96%，比2012年提高2%。目前，首钢京唐公司已为意大利菲亚特、大众斯柯达、帕萨特、晶锐、Polo、途观、西班牙大众工厂西亚特等高端客户车型提供汽车外板等8大类产品3.5万吨，并得到这些用户良好的评价。

（本文刊载于2013年8月3日《中国冶金报》）

先行者 京津冀协同发展新篇章

从10年前开始，首钢开始将钢铁主业的部分生产体系逐步迁往河北秦皇岛、迁安和曹妃甸等地。自那时起，首都功能纾解的大幕正式拉开。

作为先行者的首钢，其在产业转移、员工安置、发展循环经济、节能环保以及与当地企业联动发展等方面的探索在历经艰辛之后终于获得成功，不仅使首钢自身获得了生存和发展的空间，也有力地促进了地方经济的发展，探索出了一条协同发展的路径。

今天，伴随着京津冀协同发展上升为国家战略，其发展的步伐不断加快，首钢的示范引领作用也日趋凸显。

未来，首钢也将在新的战略中找到属于自己的位置和新的发展空间。

一项重大国家战略

1亿多人口，21.6万平方千米土地。这里承载的不仅是首都经济圈的经济职能，更是中国政治中心、文化中心未来的发展方向。中国近1/3的钢铁产能从这里出发。这片土地不仅是中国钢铁工业的“热土”，还承载着首钢这样拥有近百年历史的钢铁企业。京津冀，这片地缘相接、人缘相亲、地域一体、文化一脉的土地，正成为当下中国最受关注的区域。

2月26日，2014年全国两会前一周，中共中央总书记、国家主席、中央军委主席习近平在北京主持召开京津冀协同发展专题座谈会时正式提出：京津冀协同发展意义重大，是一项重大国家战略。

在这次座谈会上，习近平详细阐述了京津冀协同发展的意义——实现京津冀协同发展，是面向未来打造新的首都经济圈、推进区域发展体制机制创新的需要，是探索完善城市群布局和形态、为优化开发区域发展提供示范和样板的需要，是探索生态文明建设有效路径、促进人口经济资源环境相协调的需要，是实现京津冀优势互补、促进环渤海经济区发展、带动北方腹地发展的需要。

事实上，习近平一直十分关心京津冀协同发展问题。2013 年 5 月，他在天津调研时就提出，要谱写新时期社会主义现代化的京津“双城记”；2013 年 8 月，他在北戴河主持研究河北发展问题时，又提出要推动京津冀协同发展。此后，习近平多次就京津冀协同发展作出重要指示，强调解决好北京发展问题，必须纳入京津冀和环渤海经济区的战略空间加以考量，以打通发展的大动脉，更有力地彰显北京优势，更广泛地激活北京要素资源，同时天津、河北要实现更好发展也需要连同北京发展一起来考虑。

对于如何使京津冀协同发展建立起科学长效的机制，真正实现 1 加 1 大于 2、1 加 2 大于 3 的效果，在对三地进行调研的基础上，习近平专门主持召开了这次座谈会进行研究和推动。正是从这一天开始，京津冀协同发展正式上升为国家战略。这一天之后，推动京津冀协同发展的步伐不断加快。

一次先行者的探索

虽然京津冀协同发展是一个 2014 年才逐渐热起来的词。但实际上，作为京津冀协同发展的先行者，早在 10 多年前，首钢的探索就已经开始了。

成立于 2002 年 12 月 18 日的首钢迁安钢铁公司，记录着首钢最初的尝试。随后，于 2005 年 2 月启动的那次为了首都环保的工业大搬迁，更是详细地记录了首钢的艰辛探索。

2014 年，习近平总书记在视察北京市时指出，首钢搬迁到曹妃甸就是具体行动，要继续坚定不移地做下去。这无疑是对首钢搬迁的最大认可。

开辟一片新天地。作为京津冀协同发展的先行者，首钢先后将钢铁产业的生产部分迁往河北秦皇岛、迁安和曹妃甸等地，只留下非钢产业在北京发展；8 平方千米的老厂区用来打造高端产业综合服务区。在这个过程中，首钢以其精准的布局体现了京津冀协同发展的定位，而其在填海造地、人员安置、交通运输、环保以及与当地企业协同发展等方面作出的有益探索，也为后续企业提供了可供借鉴的宝贵经验。

例如，首钢在将新址选定在曹妃甸之后，填海造地成为其必须完成的第一项艰难的工程。2005年，曹妃甸开始吹沙造地。到2006年底，5万工人用了整整1年时间，填平了11.9平方千米的海面，“吹”出了一片新的土地，使曹妃甸的土地面积扩大了3倍，不仅满足了首钢京唐建设用地的需要，也满足了曹妃甸进一步发展工业园区的需要。据了解，曹妃甸是当时世界上单体吹填面积最大的围海造地工程。

安置6万多富余职工。从选址、造地，到曹妃甸首钢京唐的建设，再到首钢老区压缩产量，直至停产，这个过程共花了5年多的时间。2005~2010年，首钢北京地区从压缩钢产量到全部停产，共有6.47万名富余人员须要分流安置。对这部分富余职工，首钢牢牢把握人性化原则，采用了多种安置途径。如除了通过新建钢铁项目在企业内进行安置外，对于那些年龄偏大、技能单一的职工，实行企业内部退岗；有部分人员的安置问题通过社会就业、退休等方式加以解决。

而在首钢京唐公司的所在地曹妃甸，为了解决员工的住宿问题，除了建设单身宿舍楼外，首钢还与当地政府协商，以成本价为员工团购住房。针对公司4500多名职工要在北京、曹妃甸两地跑的实际情况，首钢京唐还调整了班制，原先职工要上12天班才可以回北京休息4天，现在职工可以上5天班回北京休息3天。这样一来，很大程度上为职工解决了实际困难，有效稳定了职工队伍。

京津冀协同发展战略提出后，关于河北承接京津产业转移时饱受争议的部分污染企业的环保问题，首钢也早就没有了后顾之忧。在最初规划的时候，首钢京唐公司就考虑到了环保问题。而在首钢京唐公司的一期建设中，就有约76亿元被用作环境投资，占首钢京唐一期工程全部投入的11.2%。而在生产过程中，首钢京唐公司在炼钢过程中产生的焦煤、高炉煤气、转炉煤气也都用来发电，产生的电力占到整个公司用电量的43%。如今，首钢京唐公司各个生产环节产生的废气都可以用来发电，生产中产生的工业废渣也会作为水泥的原材料再次得以利用。

曹妃甸虽然临海，却缺乏支撑钢铁生产的淡水。为了克服这个先天难题，首钢京唐自己建设了海水淡化设备，并在国内首次应用热法低温多效海水淡化技术，建成了日产 5 万吨淡水的海水淡化工厂，节省了大量淡水资源。目前，公司生产用水中 50%的淡水来自海水淡化，成本比购买河水的价格每吨便宜了 1/3。同时，遵循能源梯级利用原则，实现了汽-电-水的大循环，年发电量达到 3.4 亿千瓦时，是循环经济的最好体现。不仅如此，以海水淡化催生的海水综合利用产业链也已经初步形成——首钢京唐公司将浓盐水供给附近的三友化工企业，实现了与当地企业的协同联动发展。

促进京冀协同发展。在与河北省当地企业的联动方面，首钢京唐在疏解首都非核心功能过程中和在曹妃甸建设发展过程中的示范引领作用也逐步凸显了出来。首钢京唐公司的建设带动了北京的生产性服务业转移到曹妃甸，原来为北京钢铁业服务的设备维检、备件加工制作、自动化、信息化系统运行维护等一批企业到曹妃甸建立基地，为首钢京唐和周边企业服务，共安置首钢北京地区停产职工 8000 多人，招收河北高校毕业生 4000 多人，带动相关服务业 1.2 万人就业。

首钢还与秦皇岛港务局、京唐港、河北省建投、唐钢合资建设了曹妃甸 30 万吨矿石码头，与开滦集团合资建设了煤焦油深加工项目，与冀东水泥公司合资建设了水渣细磨项目，向三友化工公司供应海水淡化浓盐水等，与钢铁业下游形成产业链，带动了地方建筑、房地产、交通运输、加工制造、服务等行业的发展；与曹妃甸地区携手推进精神文明建设，举办了一系列大型文化活动。

通过以上种种措施，首钢京唐公司在自身得到发展的同时，也有力地促进了地方经济社会的发展，在京冀协同发展中起到了有效的示范引领作用。

新战略下的机遇

无论过去摸着石头过河却始终坚定不移地推进搬迁调整，还是如今在已经上升为重大国家战略的京津冀协同发展战略下的新机遇和新挑战，对于首钢来说，唯有融入京津冀协同发展的趋势之中，继续发挥自身的带动作用和示范作用，并同步实现自身的更好发展。

京津冀协同发展，从制造业的角度来看，会带来以下几方面的影响。

更大规模、更深层次的产业转移。京津冀协同发展，意味着三地产业结构的调整和转移将加快。在北京、天津、河北三省市的定位当中，北京市的思路是，原则上不再发展一般制造业，做大节能环保产业，加快发展新能源汽车产业，用互联网思维改造提升传统产业；天津立足加快发展先进制造业和现代服务业，加快发展现代都市型农业，加快提升科技创新水平；河北产业结构调整的重点有5点，即坚决化解过剩产能、加快推进工业转型升级、提升服务业规模和水平、实施创新驱动发展战略和促进农业增效农民增收。

从钢铁行业来看，以首钢搬迁调整为代表的产业转移已经基本完成，但与钢铁相关的下游制造业的转移才刚刚开始。尤其是以首钢京唐公司为核心的曹妃甸产业园区的发展仍在推进当中。

京津冀协同发展重点看京冀，京冀协同重点看京唐（北京和唐山），京唐协同重点看京曹（北京和曹妃甸）。曹妃甸一直被认为是京津冀地区最有发展潜力的增长极之一。目前，曹妃甸已经在原本工业区的基础上，撤销唐海县并整合唐山湾生态城、南堡开发区等，成为唐山市曹妃甸区。在此基础上，曹妃甸区用循环经济理念对产业进行细分，重点打造了港口物流园区、钢铁电力园区、化学工业园区、装备制造园区、综合保税区、新兴产业园区、中日生态工业园7个园区。这些产业集群与钢铁工业的关联性大、互动性强，将成为下一轮承接产业转移的重点，也将给钢铁企业的发展带来新的空间和机会。

据悉，曹妃甸已经联合首钢集团共同建设北京（曹妃甸）产业园，用于吸引其他生产功能外迁的北京企业，企业可在首钢石景山原厂区建设总部，在曹妃甸建设生产基地。未来，首钢将把打造北京园区与曹妃甸园区结合起来，联动招商、协同发展、实现共赢，从根本上解决长期以来北京企业未能在河北集聚化发展的难题；将企业的总部和研发实体落户在北京园区，形成创新驱动的承载平台，把生产制造环节放在曹妃甸园区，形成产业结构优化升级的辐射基地。

更加严格的环保标准。京津冀协同发展，首先要考虑的就是联合三地之力共同治理大气污染。京津冀协同发展首先要实现环保一体化。实际上，去年底，环保部、国家发展改革委等多部门就联合发布《京津冀及周边地区落实大气污染防治行动计划实施细则》，明确提出到2017年底，北京市要调整退出高污染企业1200家，天津市钢铁、水泥产能分别控制在2000万吨和500万吨以内，河北省钢铁产能压缩淘汰6000万吨以上。

在京津冀协同发展上升为国家重大战略之后，大气污染防治随之也将被放在国家战略层面重新审视。可以预见，在不久的将来，环保标准的统一、污染治理的统一行动、绿色产业的协同发展等，都将成为值得期待的进展。从钢铁行业的发展来看，河北省是压减过剩钢铁产能的主战场，面临着6000万吨的压减任务，环保必然将成为压减过剩产能的标准和抓手。

作为钢铁行业清洁生产绿色工厂的典范，首钢京唐公司给河北钢铁业带来了新的形象和可能。一方面，在河北省制订的化解产能过剩实施方案中，首钢京唐公司作为河北省两个特大型钢铁集团之一被赋予了重要的地位，将在河北钢铁工业的调整过程中发挥巨大的作用。另一方面，首钢京唐公司作为清洁生产示范工厂，其清洁生产技术值得在河北省钢铁工业转型升级的过程中大力推广，为提高河北钢铁工业整体的清洁生产水平作出贡献。

三地经济更深层次的融合。随着京津冀协同发展战略的逐渐开展，三地之间的经济交流将更加频繁和深入。与此相应，三地之间在共同市场、基础设施、劳动力、税收、统计等方面的合作甚至是融合发展都将加速。目前，包括市长联席会议、税收政策执行统一口径等事项正在推进。而首钢作为一家在河北发展的北京企业，必然将从这种融合当中受益。

综合来看，京津冀协同发展，给华北地区钢铁行业带来的将是更加高效、开放的资源配置和更加公平、协同的市场环境，这无疑给区域内的优势钢铁企业创造了更加良好的发展空间。而首钢，必将在京津冀协同发展的战略之下继续发挥示范引领的作用。正如首钢总公司党委书记、董事长靳伟所说："新形势下，京津冀协同发展已成为国家战略，为首钢的发展提供了千载难逢的机遇。作为一个国有企业，首钢应在区域协同发展上有所作为，更应在区域环境治理上有所作为。首钢将全力推进转型发展的各项工作，在京津冀协同发展上作出新的贡献。"

（本文刊载于2014年8月21日《中国冶金报》）

争一流　打造钢铁梦工厂

2014 年 5 月，首钢京唐钢铁联合有限责任公司（简称“首钢京唐公司”）首次实现扭亏为盈，6~7 月生产经营持续向好。从 2010 年一期主体工程全面竣工投产至今，在钢铁行业持续不景气的大环境下，首钢京唐公司之所以能取得如此成绩，得益于公司的先进的工艺技术水平、强大的产品创新实力、严格的环保要求和企业软实力的培养。首钢京唐公司，这个被中国钢铁业寄予厚望的沿海大厂，厚积薄发，向着“四个一流（产品一流、管理一流、环境一流、效益一流）”的目标大步迈进。

技术优势奠定强企之基

在首钢京唐公司建设之初，建设具有国际先进水平的钢铁联合企业就已经成为其追求的目标。顶层设计对钢厂建设很重要，没有一个好的设计理念，就不可能干成未来有竞争力的企业。

临港靠海，布局紧凑。作为我国第一个真正意义上临海靠港的千万吨级钢铁企业，公司从原料场、焦化、烧结、炼铁、炼钢、热轧、冷轧到成品码头，实现了紧密衔接，最大限度地发挥港口优势，缩短物流运距，实现了布局合理，流程紧凑。

在首钢京唐公司，我们看到，其原料场选择了离码头最近的区域，而成品库则直接设在了成品码头的后方陆域，最大限度地减少了原料进厂和成品发送的运输距离，降低了运营的成本。首钢京唐公司也是首个在大型高炉—转炉界面采用自主集成的“一包到底”技术的钢厂，高炉到炼钢的运输距离只有 900 米，成为运距最短的大型炼钢厂。转炉到热轧实现了工艺零距离衔接，1580 毫米热轧成品库到 1700 毫米冷轧原料库只隔一条马路。吨钢占地面积0.9平方米，达到国际先进水平。整个钢铁厂从功能序、空间序、时间序等方面都处于国际先进行列，被业内国际专家评价为“目前世界上大型钢铁企业最佳流程”。

发挥大型化设备的先进性。在首钢京唐公司的设计过程中，采用多大的高炉曾是被专家们反复论证的问题。在当时，全世界超过5000立方米的高炉只有13座，而建设5500立方米的高炉，在我国还是首例。

经过多次讨论，首钢京唐公司最终定下了建设两座5500立方米高炉的方案，与之配套的，是当时亚洲最大的7.63米特大型焦炉，每座焦炉年产焦炭105万吨，还有300吨脱磷转炉、300吨顶底复吹转炉、300吨RH真空脱气精炼装置等，此外还有550平方米烧结机、2250毫米热轧生产线、2230毫米冷轧生产线、7.5万立方米制氧机等。这些装备构成了首钢京唐公司高效率、低成本的生产运行系统。

据介绍，首钢京唐公司采用了220余项国内外先进技术，自主创新和集成创新达到了三分之二。仅在高炉上，就采用10大类68项新技术，集当代先进技术之大成。

建成新一代可循环流程示范钢厂。首钢京唐公司依托国家科技支撑计划“新一代可循环钢铁流程工艺技术”项目，采用了新一代钢铁生产流程，其基本特征就是优化冶金单元操作，即把过去在一个反应器里进行多个反应的功能按照热力学、动力学等条件分开。与常规工艺相比，采用新工艺的总渣料和钢铁料消耗明显降低，且能大大提高转炉作业率。

首钢京唐公司炼钢厂是国内首家采用“全三脱”工艺，世界首家同时集成“全三脱”炼钢和全干法除尘两大高新工艺的炼钢厂。在一无资料、二无经验的情况下，炼钢部干部职工持续组织攻关，先后解决了“脱磷保碳”、脱磷炉“泡沫渣”、脱碳炉少渣冶炼等10多项工艺难题，并且开发出具有首钢京唐公司特色的“一键式自动冶炼”技术，满足了“常规”和“半钢”两种冶炼模式需求。“全三脱”炼钢比例最高达到85%以上，成为冶炼高端洁净钢的“杀手锏”。2011年，以“全三脱”炼钢为核心的“新一代可循环钢铁流程工艺技术”项目顺利通过国家科技攻关项目验收。

正如中国工程院院士殷瑞钰所说，首钢京唐公司是完全按照新一代可循环钢铁流程的构想建设的，从设计、施工到运行都体现着国家冶金行业的综合实力水平。

首钢京唐公司的先进工艺技术也获得了国际钢铁界的肯定，安赛乐米塔尔集团执行副总裁皮艾尔参观首钢京唐钢铁厂后说：“你们将成为最有竞争力的钢铁企业之一。”

“产品一流”践行发展蓝图

“产品一流”是首钢京唐公司的发展目标之一。为实现这一目标，首钢京唐人作出了不懈的努力。

技术研发提高竞争力。作为首钢搬迁的载体，首钢京唐公司的产品定位于高档次精品板材。为了品种钢的开发和研制，首钢京唐的研发技术人员和岗位操作人员付出了大量的心血和汗水。

由于每一种品种钢的冶炼轧制特点不尽相同，其生产要点也有差异。在新品种开发过程中，当生产遇到质量问题时，相关科技人员都要马上进行解决，胡子拉碴、眼睛里面布满血丝一度成为现场技术人员的“标配”。

多渠道开发市场。首钢京唐公司销售部按照“品种钢比例、直供比例同步提升”的原则，加快推进高端品种进入高端市场。他们加强直供用户开发，不断优化销售渠道，提高产品直供比例。在维护和巩固原渠道的基础上，形成汽车板、家电板高端用户群。针对重点用户和战略用户提供“绿色通道”，由销售管理部牵头，排程、生产、检验、运输各环节通力协作，确保了战略用户特殊订单的如期交货。

产品结构定位高端。目前，首钢京唐公司已经能够生产管线、汽车、家电、造船、桥梁、锅炉、工程机械、建筑等行业需要的冷轧、热轧产品。热轧可生产15个钢种、147个牌号，形成高强钢、管线钢、薄规格集装箱板、汽车结构用钢等特色产品系列。冷轧可生产16个钢种、136个牌号，包括汽车板、家电板、专用板、普通板四大类，在窄薄、窄厚、宽薄与宽厚规格方面取得了明显进步。

其中，厚规格管线钢产品填补了国内空白，首钢京唐公司已成功开发出 21.4 毫米 X80、X90、X100 管线钢，批量供应西气东输二线、三线和中亚 C 线、中缅线等工程，并和中石油华油钢管公司建立了牢固的合作伙伴关系。

此外，首钢京唐公司自主集成的 1580 毫米生产线已经实现了 1.66 毫米~6 毫米集装箱板全规格覆盖、马口铁全规格覆盖，并且在轧制技术上取得了突破。目前，1580 毫米热轧生产线已实现薄规格产品规模化生产，月轧制 1.6 毫米超薄规格集装箱板在万吨以上。

首钢京唐公司生产的家电板实现了产品品种全覆盖，市场占全国的 23%，能满足不同用户对产品性能的需求。

汽车板已经具备了整车供货能力，DP 系列双线钢、IF 系列无间隙原子钢和热轧酸洗板等产品已应用于各大汽车制造商。

产品质量的提高以及多品种产品的研制吸引了国内外企业的青睐。“你们的产品表面质量全部达到 FC 级别，各项指标优于欧洲本土钢厂的产品！”全球最大的钢铁贸易商——瑞士德高公司对首钢京唐公司冷轧部生产的冷轧汽车板发出这样的赞叹。目前，首钢京唐公司已经为德高公司提供了五大类 3.45 万吨高端汽车板，马自达、雪铁龙、一汽大众等知名品牌，也都表示出对首钢京唐产品的兴趣。

首钢京唐公司通过在国内首次应用热法低温多效海水淡化技术，建成日产 5 万吨淡水的海水淡化工厂，以海水淡化催生的海水综合利用产业链初步形成。

绿色梦想照亮钢城未来

首钢京唐公司项目决策和实施的背景之一就是要解决首都北京的环境问题，但是钢厂的搬迁并不意味着污染源的转移，而是为首钢这样一个有着百年历史的老钢厂实现绿色钢铁梦想提供了一个全新的平台。首钢京唐公司环保投资 75.96 亿元，占工程总投资的 11.21%。

2010年，首钢京唐公司被列入第一批钢铁行业资源节约型、环境友好型企业创建试点名单；2012年10月通过了德国莱茵公司ISO14001环境管理体系认证审核；2013年6月，被评为唐山市环保达标建设暨百家示范企业。2013年，首钢京唐公司吨钢烟粉尘排放量为0.418千克，吨钢二氧化硫排放量为0.398千克，大气环境质量SO_2指标平均为24微克/立方米，优于国家二级标准年均值60微克/立方米，人工监测降尘为15.8吨/平方千米·月。

首钢环保产业化的思路是实现首钢内部环保资源的综合利用。当前，首钢京唐公司已建成投产的生产设施均按“三同时”要求配套建设了环保设施，建成废气处理设施128台、废水处理设施8套。为加强对污染源的监控，首钢京唐公司于2012年投资2959万元建设了环境在线监测系统。目前，首钢京唐公司的自备电厂、烧结脱硫、高炉出铁场除尘、炼钢二次除尘等14个烟气在线监测系统已与唐山市环保局联网。

首钢京唐公司能源与环境部一直按照安全、稳定、经济、清洁、服务、创新的能源工作方针，立志让高耗能企业走出一条绿色循环发展之路。公司按照循环经济构建的全流程能源转换体系，实现了余热、余压的高效能源转换，构成了循环经济产业链，正在发挥出显著的经济效益和社会效益。

海水淡化，催生海水综合利用产业链。首钢京唐公司充分利用钢铁厂回收的低品质蒸气（压力大于0.3个大气压），建设了4套1.25万立方米/天海水淡化设施，日产淡水5万吨，每年可减少使用地表水资源1734万吨。当前，首钢京唐公司水循环利用率达到97.5%，基本实现“零”排放。

与此同时，首钢京唐公司遵循“能源梯级利用”原则，实现了汽-电-水的大循环，年发电量为3.4亿千瓦时，热量利用率达到82.23%。

此外，海水淡化与下游制盐产业形成产业链。首钢京唐公司将浓盐水供给附近的唐山三友化工股份有限公司，日送浓盐水量4.8万立方米。

高效能源转化系统，推动能源产业化。首钢京唐公司焦炉建设了目前世界上最大的260吨/小时干熄焦装置，配备2×30兆瓦发电机组。干熄焦装置通过吸收焦炭的显热，配置高温高压自然循环的余热锅炉产生9.5兆帕、540摄氏度高温高压蒸气用来发电，吨焦发电量达到112千瓦时。与此同时，首钢京唐公司首先在国内5000立方米以上大型高炉采用了自主研发的煤气全干法除尘TRT发电新工艺技术，TRT发电能力提高30%。正是这些余热余能高效能源转换系统，推动了公司海水淡化、大型煤气柜群、300兆瓦煤-煤气混烧机组、大型制氧机组、能源运行中心等多个项目。

不仅如此，首钢京唐公司能源与环境部还将回收生产过程中产生的余热资源作为产品全面推向市场。目前，公司已实现向唐山曹妃甸港务实业有限公司等企业供应采暖水，实现了氧气、氮气、氩气、氢气外销；50余种能源产品已有20种外销。

固体废弃物资源化利用。首钢京唐公司以减量化、再利用、资源化为原则，以低消耗、低排放、高效率为特征，对生产过程中的固体废弃物充分循环利用。通过对全流程废渣、尘泥等固体废弃物高效回收、再资源化和产品化技术集成，公司实现了固体废弃物的零排放，并通过深加工增加固废再资源化产品的价值。2013年，首钢京唐公司共产生高炉水渣、钢渣、粉煤灰、除尘灰、轧钢氧化铁皮等各类固体废弃物约467万吨，实现了100%循环利用。

人文软实力撑起钢铁硬指标

2005年2月，国务院批复首钢搬迁调整方案以来，首钢京唐公司已走过了9个年头。新旧炼钢厂的巨变，正是首钢加速发展最具体、最形象的注脚：过去30吨小转炉，现在300吨大转炉；过去一炉浇8支4吨模铸小锭，现在一炉10块2150大板坯；过去看碳花，甩钢钎，凭经验，拼体力，现在“一键式”炼钢，用电脑，点鼠标；过去主要生产“面条”“裤腰带”，现在20大系列，160多个品牌的高端板材，中标国家重点工程，远销欧洲……首钢京唐公司的建成投产，标志着首钢告别了铁色记忆，插上了腾飞的“蓝色之翼”，实现了跨越式发展。

打造世界一流钢铁企业，是几代首钢人的梦想。在首钢人逐梦的过程中，文化是企业的灵魂，更是企业发展的软实力。

铸梦之路，风雨兼程。首钢京唐公司在继承发扬首钢优良文化传统的同时，也逐步形成了具有自身特色的企业文化。

2005年，围海造地20多平方千米工程开工，建设者们肩负着首钢搬迁调整的历史使命，在茫茫大海上吹沙造地，艰苦创业。短短两年时间，首钢京唐人真正实现了沧海变桑田的人间奇迹。

首钢京唐人秉承首钢“敢为人先”的优良传统，牢记“高起点、高标准、高要求”和“产品一流、管理一流、环境一流、效益一流”的目标定位，勇于探索、开拓创新，不畏艰难、不负重托，终于在茫茫大海上建起一座壮阔雄伟、具有世界先进水平的现代化钢城。

首钢京唐公司由建设期转变为生产期后，坚持理念先行、崇尚科学、精细苛求、追求卓越，干部职工团结一心、攻坚克难，在探索与积累中不断成长。

首钢京唐公司炼铁部把铸就新时期炼铁之魂作为思想文化建设的中心任务，分步实施“铸铁魂、炼精品”工程，形成了以“八气”“五风”和“9个炼铁理念”为支撑的炼铁文化内容体系。

2011年12月1日，首钢京唐公司党委成立后，以开放的视野、系统的思考、丰富的活动、学习型组织和有效的平台推进企业文化建设。

用曲线和尺子描绘现代钢城。首钢京唐公司倡导两种企业文化，一种是尺子文化，一种是曲线文化。尺子文化，就是将企业现在的水平和国内的先进水平对比，在同一时间，用尺子来衡量共性问题；曲线文化，就是与企业的历史最好水平对比，在同一个指标上，用曲线来评价自己的进步。

首钢京唐公司不但强调向现在和未来学习，也注重向过去和传统学习。首钢90多年的文化积淀和优良传统，是首钢京唐文化的根与魂。在首钢京唐公司电视专题栏目中可以看到《石景山——铁色记忆》《情系首钢》《首钢厂东门》等反映首钢历史文化的专题片；对公司新入厂职工讲授首钢企业文化的内容，安排他们到首钢老厂区参观学习；把《首钢企业文化》一书发给干部职工学习，积极组织“首钢精神大讨论”，在《首钢京唐通讯》上设专栏刊发与首钢历史有关的文章等。

以人文关怀守护京唐之梦。首钢京唐公司着力加强企业文化干部队伍建设，在炼铁作业部等11个单位成立了二级党委，组建了66个党支部，对公司团委和基层团干部进行了公开招聘，按照职工总数1.2%的比例配备政工干部。

在人才培养方面，首钢京唐公司组织了汽车板系列培训、测量管理体系培训、内训师培训、处级后备干部培训等多层面多形式培训，积极推进学习积分管理，成立作业长研修会、QC活动小组、职工创新室等学习型组织，创办《学习与交流》《来自一线的创新》刊物，在职工中营造了“人人都要创新、人人都能创新、人人都会创新、人人都出成果”的浓厚学习创新氛围。

在业余活动方面，迎春联欢晚会、京唐大讲堂、首钢集团的乒乓球比赛、CBA冠军队进京唐、青年歌手大赛、企地青年联谊活动、“海誓山盟·京唐之恋”青年集体婚礼……各种丰富多彩活动的开展，为公司营造了良好的文化氛围。

“家园”工程解决后顾之忧。首钢京唐公司通过推进自建职工住宅渤海家园小区配套幼儿园建设，解决了职工子女入托的后顾之忧。公司不仅与当地政府协商，让职工可以按优惠价团购当地的房子，使广大职工能够在曹妃甸安居乐业；还建设厂前区候车大厅、厂区候车亭、人行便道和绿化地形景观，努力为职工创造良好的生产生活环境。

“菜园”工程倡导健康生活。首钢京唐利用厂前区海边滩涂开荒造田，划分出一块块的“自留地”，分给各个基层单位，种植蔬菜庄稼，倡导积极、健康、快乐的生活方式。

针对有4500多名职工要在北京—曹妃甸两地跑的实际情况，公司调整了班制，原先职工要上12天班才可以回北京休息4天，现在职工可以上5天班回北京休息3天。这样在很大程度上为职工解决了实际困难，稳定了职工队伍。

“作为一名首钢京唐人，我真心为自己能在这样一个崇尚梦想、凝聚梦想、追求梦想的企业工作感到荣幸，为能在京唐梦的感召下拼搏成长感到幸运，为能在这样的企业实现自己的价值感到自豪。”首钢京唐公司冷轧部一名普通职工在自己的文章中这样写道。

（本文刊载于2014年8月22日《中国冶金报》）

做精产品 创优品牌

——首钢京唐公司产品开发纪实

杨立文 李梦莹

做精产品、创优品牌，是企业不断发展壮大的根本途径，更是企业提高经济效益和竞争能力的重要手段。2014 年，首钢京唐公司面对瞬息万变的市场，从容应对，以全新的经营理念和市场观念为基础，充分发挥科技优势，不断加快产品创新步伐，为企业实现可持续发展注入了新鲜血液和勃勃生机。

——2014 年，首钢京唐公司推进产品完成 520 万吨，同比增加 76 万吨。

——2014 年，首钢京唐公司共计出口钢材 127.2 万吨，实现销售收入约 46.2 亿元。

——2014 年，首钢京唐公司累计新增产品牌号 49 个。截至目前，热轧产品达到了 14 大类，26 个类别，153 个牌号；冷轧产品达到了 6 大类，18 个类别，144 个牌号。

——2014 年，首钢京唐公司全年开展了 65 个认证项目，超计划 22 个。

——2014 年，首钢京唐公司推进产品增收完成 15.1 亿元，超年计划 2.1 亿元。

提高产线接单能力和产品制造能力

2014 年初，首钢京唐公司进一步强化市场主体地位，以实现公司效益最大化为核心，围绕市场预判、生产消耗、营销模式等工作，持续改善经营手段，充分利用有数据支撑的尺子、曲线文化，用数据说话的思维模式，提高了生产经营水平。在研究市场、寻找与先进企业之间差距的同时，也对自身进行了全面深刻的剖析。很快，“坚持稳中求进、改革创新，做精产品，创优品牌，稳定工艺，强化营销”的战略定位确立了，并在全体职工中得到了广泛认同和积极支持。

在生产方面，首钢京唐公司认真分析，审时度势，不断创新，优化产品结构，开发新产品，形成不同的产品结构，使产品市场逐步扩大。生产主体单位结合市场需求和各条生产线的生产能力，将资源优先配置到效益较好的生产线，确保效益产品产能的充分释放。负责全公司生产组织部门的制造部本着“先算再干，干中再算”的原则，以实现优化产品结构增利为目标，重点围绕产品开发、产品结构优化开展产品推进工作。他们结合产品的盈利能力和市场情况，测算产品结构增利情况，指导推进产品月计划的编制。根据市场情况和月计划要求，组织合同。对重点合同的生产、交货进行重点组织和跟踪，确保合同兑现率完成总公司计划。热轧作业部在稳定生产工艺的基础上，生产技术室、2250毫米热轧厂和1580毫热轧分厂主动破解粗轧“3+3”轧制的瓶颈，进一步提升粗轧“3+3”轧制比例，释放热轧产能。组织对现有2250毫米生产线轧后部工序进行升级改造，增加超快冷装置获得成功，提高了热轧板带在同等合金成分条件下的强度指标，提高了产线生产能力。他们还积极进行技术攻关，研究和优化了材料刚度模型、精轧机轧辊配置模型和辊系配置模型，逐步摸索出了薄规格板形控制的规律，使1580毫米热轧生产线能稳定轧制各品种的薄带钢，破解了1580毫米热轧生产线接单的瓶颈，攻克了汽车用高强IF钢技术难题。冷轧作业部通过强化对两个酸轧的优化产线分工，大大提高产品生产能力。他们在降低事故率，提高设备稳定性基础上，对产线进行提速，使两条酸轧线产能得到大幅度提高。他们还以机组产能最大化和直线物流为原则，梳理订单，优化产线特别是三套轧机的分工，统筹兼顾连退、镀锌等后处理线的交叉物流。围绕用户个性化要求，他们积极组织生产，以每5天为一个服务周期，极大地满足了不同用户的不同需求。同时，连退、镀锌线设备稳定，产能也得到了最大释放，为生产优质汽车板奠定了基础。

发挥市场主体作用 加大内外市场开发力度

首钢京唐公司努力挖掘市场需求，提高产品的销售比重，培育稳定的销售渠道和客户群体。

为了稳定出口订单量，拓展销售渠道，发挥公司临海优势，京唐公司积极与中首公司与技术研究院共同开发新市场，发展新客户，共接待50余家外商客户，其中17家已在公司订货。与此同时，公司相关部门不断提高服务水平，通过提前合理安排船期、加快办理出国手续等措施，以最快的速度实现人员到位跟踪，及时了解现场情况，反馈信息，对不完善的地方尽快进行调整。

2014年，首钢京唐公司产品结构进一步优化。热轧产品形成了以管线钢、集装箱用钢、汽车结构钢、高强钢为主的产品结构。其中，薄规格产品集装箱较2013年增加了10万吨，同比增长38%；出口套管钢较2013年增加15万吨，同比增长近一倍。

——结合沙特海水淡化项目，开展了极限规格管线钢X65的试制并实现批量稳定生产3.5万吨。

——与“电科院”及北京科技大学合作开发了新型耐候钢；成功开展了冷轧高强集装箱板、高强车厢板的工业试制。

——成功开发了目前国内最高级别车轮轮辋用钢S600CL，并通过兴民车轮公司认证。

——采用低锰微铌的成分体系，成功实现适用于超载重卡专用轮辐钢的系列化开发，吨钢降成本30元，累计供货3.6万吨。

冷轧形成以汽车板、家电板、专用板和镀锡板为主的产品结构。汽车板产量同比超21万吨。家电专用板直供户供货量比例也得到了大幅提高。2014年，出口汽车板订单量同比增加了6.6万吨。涉及菲亚特、西班牙Gonvarri、意大利CLN等。同时，加强了LG、格力、禾盛、美的等十余家家电专用板重点直供户的走访和攻关，直供比较2013年提高了4%。在家电、专用板开发上，开发出了南京LG洗衣机电机端盖用全无铬钝化板、江苏立霸供三星洗衣机彩涂用板、供帅康热水器内胆用搪瓷钢以及低硫焊丝钢等产品。

最值得一提的是，2014年首钢京唐公司共开展了24家车企共469个零件的认证，分别超计划20%和76%，有11家已经实现了供货。通常，合资品牌车企的认证需要经历体系、材料、零件、涂装认证等阶段，正常的周期也需要2~5年的时间，且任何一个环节存在不合格，都要重新认证，周期就会更长。因此，要想缩短认证周期最直接有效的方法就是——绝对保证产品质量。2013年1月，首钢京唐公司正式启动了长安福特汽车板认证。为此，认证技术人员付出了艰辛的努力，通过整合长安福特对汽车板产品的技术要求与首钢京唐现有的生产实际，制定出符合长安福特要求的生产工艺，并通过严格执行工艺制度，保证了产品的质量。并在随后的认证过程，认证人员更是加班加点跟踪在福特测试现场，保证了各项认证工序顺利进行，得到了用户的认可与赞赏。短短1年半的时间，经过体系审查、材料认证、零件试模、涂装认证，小批量认证、主供应商审查等6个阶段的考核，首钢京唐公司的产品质量、生产运输系统流程优势等得到长安福特的高度认可，顺利通过了认证审查，打开了向合资品牌车企供货的大门。2014年8月，首钢京唐公司正式向长安福特进行批量供货。此举对首钢京唐公司优化产品结构、提高汽车板产量和效益具有重要意义。截至目前，首钢京唐公司已经通过长安福特、神龙、四川现代、起亚等多家合资车企的认证并实现了供货，这标志着公司的汽车板工艺技术实现了重要突破，达到国内先进水平。

2014年，首钢京唐公司还着力践行着“制造+服务”的经营理念，不断加大高端领先产品比例，主要产品的国内市场占有率迅速提升。结合公司产线的特点和优势，瞄准国内外饮料罐、食品罐等高端产品应用领域，加大高端产品的研发力度，不断扩大高端产品的市场占有率和高端用户的供货比例。经过深度市场调研、市场分析和走访用户等工作，赢得了市场份额，与奥瑞金包装、中粮包装、苏州华源、上海艻隆、天津物产、临沂圣亚、远洋制罐、漳州闽达等20余家公司签订了生产供货合同，涉及多个高端品种。

目前，首钢京唐公司家电板、车轮钢、热轧高强钢、集装箱钢分别占国内市场的23%、30.1%、16.8%、14.3%。管线钢、汽车板努力拓展国内和国际两个市场，管线钢已批量销往中东地区，冷轧高档汽车板已出口到欧洲知名车企。

强化产、销、研、运高效协同体系

为强化市场营销，增加盈利产品销量，首钢京唐公司改进“产、销、研”产品推进组织模式，发挥协同作战能力，共同搏击市场风浪。

2014年，首钢京唐公司进一步完善和强化产品推进组织模式。由公司级领导统筹领导指挥产品推进工作。各作业部、专业职能部门及产品推进组共同参与，促进产品推进工作。

以“效益优先，优化结构，提高能力”的原则，借助汽车板“产线制造能力、技术营销、产品研发、大数据应用开发平台、客户服务”五大体系建设，健全强化产、销、研、运高效协同体系，全面提升交货期准确性和产品质量稳定性。将家电板组和冷轧专用板组整合为家电——专用板组，增加冷轧建筑用钢组，成立汽车板研发团队，力争在第一时间向客户提供现场技术解决方案。同时，致力于“合同评审和认证管理信息化系统”的开发，提高了产品研发管理能力。深入推进TS16949管理等体系运行，加快实施产品生产全流程质量管控体系建设。在此基础上，合理落实产线分工，形成了专线化精品板材生产体系。与此同时，首钢京唐公司加快小冷轧调试、达产进度，在产品特色和专业化上做文章，形成了建筑用板的市场竞争力。

2014年，首钢京唐公司还大力推进产品研发信息化管理系统开发。“在线合同评审系统”完成了所提全部业务需求和系统技术方案的确认，包括评审功能的6个主要功能模块确认、交货期预测功能等，形成了《在线合同评审交货期评审规则确认》文档并作为系统开发基础文档。完成了产品盈利能力预测、成熟产品档案、实时查询合同评审历史记录等系统功能和所有物料主数据维护规则的评估。产品认证系统方便了认证物料的跟踪管理，缩短了认证备料周期。经过3个月的开发，2014年3月产品认证系统正式投入测试运行。系统实现了全流程认证订单物料跟踪管理。

2014年，首钢京唐公司还充分结合重点品种深化体系管理。制定了用户需求模板，按照用户需求确定重要产品特性。为满足汽车板用户要求，制定了质量保证方案，建立了生产保障、运输保障及应急预案，实现从掌握用户需求开始到产品运输到用户的全流程管控体系。根据质量管理体系对关键管理人员组织了“过程审核和产品审核员”“五大工具-FMEA”“五大工具-SPC”“QC新旧七种工具”培训班。结合重点品种深化体系管理，开展产品开发工作。

2014年，首钢京唐公司还严格实行产成品发运集中管理，整合发运机构，保证了产品发运过程中的质量控制。

（本文刊载于2015年2月28日《首钢日报》）

开拓思路　创新模式
持续推进管理体系创新

——首钢京唐公司强化管理工作纪实

杨立文　毕景志

管理是企业永恒的主题，是企业发展的基石。首钢京唐公司一直把“管理一流”作为追求的目标，围绕生产不断推行、完善管理手段，有力促进了生产经营水平的提升。

2014年，首钢京唐公司拓展工作的深度和广度，树立与现代化钢铁企业生产经营相适应、与现代企业管理相适应、与市场经济相适应的先进的管理理念，强化工艺稳定、精细化管理，在产、供、销、财务等各个环节加强管理。

加强工艺稳定基础管理，提高制造能力和产品质量。工艺技术是核心竞争力，是重要的生产力，是产品质量、进度、成本重要的基础和保证。首钢京唐公司以建设最具世界影响力的钢铁厂为愿景，不断探索现代化大型装备和先进工艺运行规律，生产水平、工艺控制能力和技术经济指标快速提高。

2014年，首钢京唐公司进一步修订了《工艺稳定性评价指标管理办法》，公司级工艺稳定指标由81项增加至100项，涉及部门由11个增加至13个，新增加生产类、销售类工艺稳定指标。各工序根据自身特点建立支撑性工艺稳定评价指标总计266项，其中包含公司级重点工艺稳定性评价指标100项，作业部级支撑性工艺稳定评价指标166项。通过工艺稳定攻关，工序的稳定性逐步提高。炼铁作业部积极优化高炉上料制度与送风制度，确保高炉生产稳定顺行。烧结、球团、矿选分厂技术人员系统攻关，不断优化工艺参数，加大设备技术攻关力度，提升烧结矿、球团矿、精矿粉的质量，为高炉稳定顺行提供了保障。炼钢钢渣间的大颚破生产线于10月15日正式试生产，实现了含铁钢渣100%的自循环。从11月开始炼钢部不再往渣铁料场送大块渣头，为渣铁料场每月减少了3000吨渣钢的处理负荷，钢渣深加工的设备和工艺达到了业内领先水平。热轧部从提高设备功能精度入手，提高设备的稳定性和精准度，各生产工序努力实现误操作和责任事故为零的目标，提高轧制效率，保证产量和质量。为进一步挖掘热轧2250毫米生产线潜能，热轧部组织对现有2250毫米生产线轧后部工序进行升级改造，增加超快冷装置获得成功，提高了热轧板带在同等合金成分条件下的强度指标，既降低了生产成本，又提高了产线生产能力。冷轧部为降低带出品率，成立了产品性能、表面、尺寸、板形4个攻关组，通过落实清洁生产、辊子管理、溶液管理以及功能精度管理四大法宝的完善执行，将带出品率纳入到了绩效考核，取得了实际效果。

大力推进精细化管理，提高管理的科学化规范化水平。当今，推行精细化管理已经成为企业严控成本、提升效益的必由之路。因此，2014年首钢京唐公司以精益六西格玛二期项目和“6S”现场管理为抓手，大力推进精细化管理。

在首钢京唐公司每月月初的部长例会上，六西格玛项目进展情况是必须汇报的一项。精益六西格玛管理理念和方法已经融入公司日常工作，逐步形成了文化，有力推进了降低成本、稳定工艺、提高质量、改善环境等各方面工作迈上新台阶，增强各单元和系统持续改善的行为自觉和创新活力。热轧作业部把2250毫米热轧生产线小时卷数和1580毫米生产线日历作业率分别作为两条产线提升其产能的突破口，将其确立为二期六西格玛黑带项目。“2250”轧制节奏项目组，采用绘制价值流图的方法寻找瓶颈点，通过“鱼骨图”寻找影响瓶颈的所有因子，还应用FMEA的方法，寻找影响瓶颈的最主要的因子，最后筛选出4个关键的因子。通过改善因子，使2250毫米热轧生产线机时卷数从27.7卷/小时，提高到30卷/小时，提高分厂的产能。按吨钢固定费用 51 元计算，年降低成本 2108 万元。“1580” 项目组想方设法提高轧机作业率，通过缩短换辊步骤，换辊操作由 5950 分钟缩短到 5242 分钟，作业率提高 1.77%。冷轧锌耗约占总加工费的 70%左右，为了降低锌耗，冷轧作业部通过改善捞渣工具、加强锌锭管理制度以及严格执行六西格玛项目《降低锌层附加率》等一系列的措施，锌耗超标率由 23.62%降到了 22.53%，仅此一项，可使镀锌产品吨钢成本降低 5 元。

2014 年初，首钢京唐公司“6S” 精益管理正式启动，各基层单位领导签订“6S” 推进承诺书，下定决心，义无反顾地承担起本单位推进重任。一个由公司领导以及各单位领导为成员的“6S” 推进领导小组及“6S” 推进办公室相应成立。自此，首钢京唐从公司到部室，从各作业区到班组，形成了自上而下、分片负责、层层落实的责任体系。从 2 月中旬开始，9 大样板区开始了热火朝天的“三天一层楼”“6S” 打造活动。各样板区干部职工发挥主观能动性，加大整理、整顿和清扫力度，现场环境一天一个样。在持续推进“6S” 管理活动中，首钢京唐公司把日常管理中的重点、难点、焦点问题作为活动切入点，及时导入针对现场问题点的“红牌作战” 活动，并由此辐射至全公司，全年累计发出红牌 5498 张，各位根据这些需要治理的“红牌”，发动职工通过小改小革创造效益的形式，自己动手制作工具架、备件架，积极改善设备、工艺不合理之处，或利用个人创新工作室，共同探讨改进方法。一时间，各岗位集思广益、创新创效益的氛围蔚然成风。紧接着，《“6S” 竞赛及考核办法》《“6S” 管理可视化标准手册》《“6S” 管理推行手册》也相继出台。各班组又进一步导入看板管理，规范班前会内容与方式，将“6S” 工作日常化，促使职工以良好的精神面貌投身到工作中。在全面推进阶段，京唐公司共计打造亮点 11462 个。

构建完善综合管理体系，提升企业综合竞争能力。管理提升既需要通过创新寻求突破，实现管理升级，也需要通过秉承管理精髓，巩固管理优势。首钢京唐公司按照“管理一流” 的目标，不断总结提炼完善形成的管理体系和管理方式，推动管理水平持续提升。

围绕质量管理体系，2014 年，首钢京唐公司从强化工序服从，提高产品质量入手，进一步完善质量管理组织机构、岗位与职责，以“四标合一”的质量管理体系，开展技术质量攻关、改进服务促进用户满意等。通过设置质量控制点、过程控制指标，抓好原料、炼铁、炼钢、热轧、冷轧全流程、全品种的质量控制和分析改进工作。在原辅料质量、设备状态和能源介质达到控制要求的基础上，全流程严格按照控制要求组织生产，实施过程管理。加强统计分析和质量改进，构建科学、完善、高效的质量保证体系，从而提高全员质量意识，实现全面质量管理和全线质量控制，提升了公司的竞争力。与此同时，还深入开展贯标工作，认真抓好质量管理目标和方案的落实，强化过程控制与持续改进，通过转变管理理念，更新管理方法，推动产品结构优化升级和创品牌工作。

在推进管理创新过程中，首钢京唐公司以形成有效的规章制度、清晰的岗位职责、健全的标准体系以及严格的绩效管理为目标，按照系统管理的思想和方法，有效整合企业管理资源和管理对象，搭建起了集质量、环境、职业健康安全、能源等多个管理体系为一体的综合管理体系。能源体系认证是公司的一项重要工作，首钢京唐公司建立了覆盖钢铁生产全流程的65项能源消耗基准、标杆、目标指标管理体系，提出198项控制措施，并将跟踪落实情况在能源月度分析中落实。为了进一步提高能源管理水平，促进节约能源工作的有效开展，于2014年6月又开始实施了能源管理体系转版工作，11月顺利通过能源管理体系转版认证。新的能源管理体系标准有利于提升公司的能源管理水平，提高能源的利用效率，为企业能源管理提供科学、系统、标准化的管理平台。

2014年，首钢京唐公司推进体系建设与信息化建设的有效融合。结合公司ERP系统，完善现有标准化信息平台的功能，提高了效率。完善计量设备功能，提高了计量精度，为公司提供了准确可靠的计量数据；利用信息化固化流程，实现储运一体化，方便了发货计划以及库存通过系统查询；建立了统一、顺畅、全覆盖、多功能的信息支撑系统，为体系深入运行和持续改进提供有力的支撑。

精益求精铸精品　“6S”管理谱新篇

——首钢京唐公司2015年“6S”管理纪实

毕景志　赵世杰

2015年，钢铁行业步入严冬“冰冻”期，面对更加严峻的市场形势，首钢京唐公司始终坚定不移地推行“6S”管理，持续夯实基础管理，助推打赢“提质增效”攻坚战，广大干部职工以精益求精的精神和认真扎实的态度，用实际行动续写着“6S”现场管理的新篇章。

2015年年初，首钢京唐公司根据各单位实际，有针对性地制定了年度工作推进方案，从“前期成果巩固、精品车间打造、班组自主管理、全员素养提升、粉尘油水治理、检修现场提升”6个方面，全力打造零浪费无污染生产现场。修订并出台了《“6S”竞赛管理办法》，延续红黄旗月度评比的同时，纳入了专项工作评比，导入“改善亮点、重点提案、班前会评比”等机制，并建立相应的奖励措施，激励职工充分开动脑筋，动手改善现场。4月，首钢京唐公司聘请了具有多年现场指导经验的韩国专家，对公司生产现场进行全面诊断及精益管理交流，通过对标，使公司干部职工进一步认识到了自身精益管理水平与国际先进水平存在的差距，极大地激发了大家将“6S”推行到底的斗志，也为今后深入推进“6S”管理指明了方向。

精品车间打造，以“操作精细、产品精品、维护精心、环境精品”为思路，以循环改善为指导思想，全年选定并打造了包括炼铁部2号高炉出铁平台、炼钢部脱碳转炉平台等区域在内的29个精品车间，积极发动员工，全员参与改善，树立了由粗放向精细逐步转变的鲜活实例。在炼铁部2号高炉出铁平台精品车间打造中，通过对出铁口摆动设备摆动极限进行可视化打造，有效避免了过度摆动造成的设备伤害；通过图解安全管理规定，使得安全注意事项更加直观明了；这一系列改善，逐步改变了设备操作依靠员工经验的传统习惯，颠覆了安全管理规定单纯采用文字表达的旧模式。炼钢部转炉平台职工通过自主研发的转炉全干法喷补设备，有效提高了转炉出钢口两侧死角部位的补护准确性，降低了岗位劳动强度，使职工体验了自我成长的过程，每年可节约补炉料费用 90 余万元。全年，各部门共计提报改善亮点 13671 个，改善提案 684 件，其中一般提案 427 件，重点提案 257 件。同时，公司每季度定期组织优秀提案发表会，使更多区域借鉴学习优秀提案，开阔思路，引导现场点滴改善。

班组自主管理的目的就是让“6S”管理逐步转化为职工自觉行为，培养职工自主管理意识。各单位对分厂及作业区进行小组划分，形成 122 个“6S”自主管理单元。各单元制定活动目标及计划，以“6S”自主管理看板为载体，以各自所属区域现场为对象，引导员工自主改善现场不合理事项，全年，各小组共挖掘现场不合理事项 24319 项，实施改善 22689 项。过程中，运用 OPL 点滴教育的工具，为小组成员提供自主学习平台，分享优秀改善事例，解决职工疑问点，全年共形成 OPL 点滴教育 4659 份，逐步形成了班组自主管理氛围。7 月开始，公司组织实施了由作业部、公司推进办、公司领导构成的“6S 班组自主管理”三级诊断工作，通过诊断的形式及过程，对小组成员进行“6S”理念再宣贯。

职工素养是展现职工精神风貌的窗口。从 2015 年 2 月开始，一场以规范着装、规范出行、文明就餐、岗位作业、盥洗清洁为主题的全员素养提升活动拉开序幕。活动前期，先后编制了《“6S”素养宣传手册》《职工文明行为规范》，通过定点宣传、视频传播、标语展板等方式进行宣传发动，使得素养提升工作深入人心。推进阶段，公司逐步建立了专业检查组每日巡查、作业部每周检查、公司每月联查的督导检查机制，开展“6S”素养竞赛评比，多角度提升职工素养：规范职工停车，对现场所有机动车、自行车停车位实施了可视化标准打造，清理生活区“僵尸车”142 辆；优化就餐环境，为食堂配备文明就餐提示语、就餐隔离带、安全帽挂钩、营养膳食宣传画，引导员工形成文明、健康、有序的就餐习惯；改善职工如厕环境，对 297 处卫生间进行了修缮，实施精品打造；提升职工素养观念，推进办、人力资源部、宣传部组织开展了“素养提升”征文比赛及演讲比赛，传播正能量，影响身边人。通过一系列针对性措施的实施，目前，职工着装规范和统一程度明显提高，就餐秩序和环境进一步提升，职工如厕环境大幅改善，交通出行尤其是停车规范变化显著。

随着“6S”管理工作的深入推进，现场粉尘、油水泄漏成为制约现场环境改善的关键因素。2015 年年初，安全管理部、能源与环境部、设备部分别制定专项治理计划，引导员工动脑动手，以小改小革的方式对粉尘油水泄漏实施治理。通过现象调研、样板先行、过程督导，全年共计治理粉尘泄漏样板点 66 处，漏油点 6681 项，完成水汽泄漏源可视化打造 692 项，泄漏点治理 194 项。粉尘治理方面，以炼铁部球团分厂 PD-2 皮带通廊为例，通过皮带底部安装挡板、增加管路、增加喷淋装置等措施，利用皮带通廊自然落差，使皮带上的粉尘随水流冲入排水沟，形成自动清扫模式，减少粉尘外溢的同时降低了职工劳动强度。漏油治理通过现场可视化管理，规范油品存储及加油器具管理，确定易损备件更换周期等途径实现，最大限度的杜绝油品跑冒滴漏；水汽泄漏治理，通过泄漏源的可视化打造，实现了全公司蒸汽疏水和煤气排水器统一化，有效避免了误操作，达到了部分冷凝水回收的效果。通过各专项治理工作的开展，全年全公司日常润滑油品消耗较去年下降 10%，水汽泄露点发生率较 2014 年降低了 65%，现场设备环境有了大幅度改观。

为提升产线检修现场标准化水平，提高检修质量，2015 年，首钢京唐公司以热轧部为试点，全力推进检修现场标准化工作。通过前期调研，制定了“三不落地、三不见天、三条直线、三项要求”的检修现场管理标准，同时对维检单位组织了相应培训，并在 1580 毫米热轧生产线年修过程中率先实施。通过对标准执行情况进行过程把控及检修后及时总结，2250 毫米热轧生产线年修扬长避短，合理规划功能区，优化备件倒运，细化责任分工，检修现场标准化水平有了较大提高，促进了检修质量的提升，为检修现场标准化后续推广奠定了基础。

在公司生产现场如火如荼开展各项工作的同时，公司办公系统的“6S”管理也在稳步推进，并取得了良好效果。在保持月度红黄旗评价的基础上，办公系统积极谋划常态化管理措施，于 6 月出台并实施了《办公室“6S”管理达标评比办法》，以季度为节点，组织对累计 3 个月评比得分为满分的办公房间实施挂牌，对抽查结果不合格办公房间进行摘牌，以激励促管理。全年共 47 间办公室被授予了“6S”达标办公室牌匾。伴随着各条战线的推进攻关，京唐电视新闻、首钢报、京唐报、微信平台以及 OA 系统等媒体同步对各单位工作亮点、典型经验进行宣传报道，将优秀案例、先进事迹推而广之，为“6S”管理的推进营造了浓厚的舆论氛围。

首钢京唐公司将持续以 6S/QTI 设备及现场精益管理为重要抓手，将精益管理理念融入京唐血液，助推公司早日实现建设最具世界影响力的钢铁厂的宏伟目标。

着力打造具有市场竞争力的战略产品

——首钢京唐公司2015年产品推进工作纪实

李 波 何道娟

2015年，是钢铁市场的“冰冻”期，也是“十二五”的收官之年，作为技术装备具有世界一流水平的首钢京唐公司，打造具有市场竞争力的战略产品更显得尤为紧迫。面对国内外“冷酷”的钢铁市场压力，首钢京唐公司以改革的思维、改革的举措落实“交账”意识，层层传导压力，不断焕发内生动力，顶住压力，迎难而进。按照2015年职代会提出的计划任务目标，首钢京唐公司牢固树立“制造+服务”的理念，强化产、销、研、运高效协同模式，不断完善体系建设，有力推进产品品种的结构优化，着力打造汽车板、镀锡板等具有行业竞争力的战略产品。

以用户需求为导向　完善产品推进体系

以经济效益为中心、以用户需求为导向，进一步强化产、销、研、运高效协同模式，不断完善产品推进体系建设。2015年3月，首钢京唐公司成立了汽车板处、热轧板处、家电板处、彩涂板事业部、镀锡板事业部五个产品一贯制管理部门，进一步调整优化产品推进的组织模式。首钢京唐公司围绕总公司汽车板“产线制造能力、技术营销、产品研发、大数据应用平台、客户服务”五大体系建设工作，参与了14项总公司级项目的推进工作，初步形成了“用户需求、合同评审、产品设计、质量管控、抱怨处理、持续改进”的产品一贯制管理模式。

产品一贯制管理模式的顺利运行，使产销衔接、合同组织、合同兑现的力度进一步加大，加快了推进、高端、领先产品的研发速度。据统计，2015年，首钢京唐公司推进产品比例占到全部产品的 67%，比 2014 年提高了 4%。其中，高端、领先产品产量比 2014 年提高了 34 万吨；比例占全部推进产品的 25%，比 2014 年提高了 6%。

目前，首钢京唐公司可生产产品的牌号已达到：热轧产品 14 大类，26 个类别，185 个牌号；冷轧产品 6 大类，18 个类别，165 个牌号。其中，热轧管线钢成功开发了高级别 X70 管线钢出口国外；车轮钢成功实现向国外厂家大批量供货，打开车轮钢海外市场。据了解，首钢京唐公司车轮钢国内市场占有率达到 32%，稳居前列。同时，产品认证工作也取得较大进展。目前，合资厂家、国外厂家认证占总认证厂家的 41%，用户认证档次显著提升。

加大技术攻关力度　提高产品制造水平

2015 年，首钢京唐公司围绕汽车板、镀锡板等具有市场竞争力战略产品，加大技术攻关力度，在焦化、炼铁、炼钢、热轧、冷轧、镀锡和制造部重点开展了 15 项公司级重点工艺技术攻关项目，每个攻关项目制定了详细的目标、措施和负责人，并明确完成期限。产线稳定控制水平、产品质量不断提高，新产品研发制造工作稳步推进。

汽车镀锌外板技术攻关效果良好，生产各工序均达到攻关目标，汽车板产量和质量实现大幅度提升。2015 年，汽车板产量比 2014 年增加了 32%。其中，连退、热镀锌产品实现了 780 兆帕以下级别品种的全覆盖。镀锌汽车板、高强汽车板、汽车外板的比例比 2014 年均增长 5%以上。同时，汽车板还成功试制出超过产线设计能力并出口欧洲的 980 兆帕级别的双相钢镀锌汽车板，实现了向国内外知名品牌车企用户供货的目标。

镀锡板核心生产工艺的研发和攻关效果显著，轧机生产的控制能力逐步提高，有效保证了镀锡板的表面质量，产品的合格率增加到 99%，已经达到国内先进水平。2015 年，镀锡板实现了大批量生产，达到 17 万吨。镀锡产品累计开发了 15 个钢种，最薄规格可以达到 0.14 毫米，产品广泛用于食品、化工、电子、机械等包装用途，首钢京唐公司先后与中粮、奥瑞金等多家国内知名品牌用户建立稳定的供货关系。与此同时，轮辋钢、高强钢、焊丝钢等 40 项新产品研发完成 45 项，实现了向国内用户批量供货的目标。此外，家电、专用板开发出液晶电视机背板用钢、高强度彩涂家电板用钢，并与国内知名厂家供应商签订批量供货协议。

践行制造+服务理念　实现提质增效目标

2015 年，首钢京唐公司产品推进工作始终坚持以用户需求为导向，牢固树立“产品是领导，用户是最大领导”的理念，开展前瞻性市场研究和技术储备，按照“制造+服务”的要求打造产品推进管理体系，逐步实现了从专业管理向产品管理的转变。这一年，通过开展新产品开发，加强用户走访，重点对产品板形存在的质量异议成立攻关组严格控制同类型质量异议发生。通过加强质量异议分析和管理，质量异议比年计划降低了 20%，同时还拓展了新用户和销售渠道，新增用户增量 68.44 万吨，全年实现增利 1.65 亿元。

首钢京唐公司持续提升“制造+服务”的能力，组建了用户服务团队，制定了外派服务人员工作标准，完善了用户抱怨、质量异议处理、用户走访等业务流程，初步建立起了用户服务体系。同时，还围绕汽车板、镀锡板等具有行业竞争力的战略产品，还开展了多项产品工艺技术攻关，针对降低产品的带出品率、提高产品的合同兑现率，完成 FD 表面级别汽车板的生产进行拉练，完善自动化三、四级系统提高产品制造信息化水平等制约产品推进工作的问题采取行之有效的一系列有力措施，进一步提升了京唐公司产品的制造能力。

2016 年，是“十三五”开局之年。首钢京唐公司产品推进工作将继续以效益为中心，进一步完善“制造+服务”体系建设。“制造”将继续推进质量管理体系运行，以专业管理部门为支撑提高产线制造能力，加强产品质量保障；“服务”也将继续强化用户服务团队建设，规范用户服务管理，不断拓展用户服务的广度和深度，不断打造具有行业竞争力的战略产品。

“寒冬”中的“破冰”法宝

——首钢京唐公司开展降本增效纪实

杨立文

如何应对严峻的钢铁市场形势，如何使企业在凛冽的“寒冬”中实现健康持续发展，首钢京唐公司把降本增效作为法宝之一，狠练内功，节能降耗，成立18个降本增效攻关组，围绕加强工艺稳定、促进技术进步、优化资源配置等方面大做文章，采取一系列有效举措，在市场寒冬中打造了一缕春天的绿意。2015年，首钢京唐公司铁水成本比上年降低62.38元/吨，创投产以来最好水平。炼钢工序成本比上年降低60.50元/吨。能源成本比上年降低27元/吨，降成本2.35亿元。

加强工艺稳定——降本增效的基础

实践证明，只有牵住工艺稳定这个“牛鼻子”，才能保证产品质量，降低生产成本，完成产量计划，才能把先进装备优势转化为产品竞争力优势，在严酷的市场竞争中杀出企业生存发展之路。首钢京唐公司投产以来，始终把工艺稳定作为降本增效的突破口，通过优化工艺流程，优化设备运行方式，优化工艺指标等措施，使生产成本持续降低。

2015年，首钢京唐公司坚持抓工艺稳定措施，组织各工序根据自身特点建立支撑性工艺稳定评价指标总计276项。其中，包含公司级重点工艺稳定性评价指标97项，作业部级支撑性工艺稳定评价指标179项，各产线不断顺稳。

首钢京唐公司生产工序复杂，生产控制环节多，各工序产品控制既受到上游工序影响，又对其下游工序产生制约。负责全公司生产组织的制造部从各工序产品特点出发，梳理出各个工序的主要工艺参数，将往年各工序指标统计情况作为标尺，结合指标发展趋势进行调整，提出逐项打分办法，按照各项指标年年要有进步的要求，调整完善 2015 年工艺稳定评价体系，实现全流程覆盖。紧接着，完善作业部层面支撑性评价指标，细化分解到班组、岗位，实现持续改进。围绕提升精益制造水平，京唐公司针对薄弱环节制定措施开展专项攻关，补齐“短板”，提高全系统工艺稳定性。高炉稳定顺行是降低燃料比的前提，炼铁作业部始终将保持高炉稳定顺行作为工作的重中之重，制定了高炉负荷 5.3 是起步，5.5 是常态的工作目标。为了达到这一目标，技术人员集中优势力量对两座高炉数据进行科学的分析，查找高炉运行规律，制定调整措施，经过持续调整和优化，高炉煤气利用率达到 49%以上，两座高炉实现了稳定运行，高炉负荷均保持在 5.5 以上，实现了历史性突破。热轧作业部围绕工艺稳定修订了《热轧部工艺稳定性评价指标管理办法》，针对涉及稳定工艺的重点指标，制定相应的支撑指标体系，并将管理办法细化成各处室分厂的职责和任务，使热轧稳定工艺工作形成一盘棋，共同进步。同时，他们还针对影响工艺稳定的重点环节和关键点，确立了提高机时卷数、提高轧机作业率等 12 项工艺稳定项目，开展了 103 项攻关措施，取得了实效，全年 2250 毫米热轧生产线机时卷数稳定在 30 卷/小时，1580 毫米热轧生产线 29.3 卷/小时，创出好水平。冷轧作业部将工艺稳定指标与技术攻关项目相结合，做到指标提升对症下药，运用 CPK（制程能力指数）等科学的评价方法，使指标评价更具科学性和通用性，同时将工艺稳定性评价指标分为“重点工艺稳定评价指标”和“支撑工艺稳定评价指标”两类，逐级细化分解。他们还认真梳理制约产品质量提升的关键环节，大力推进技术攻关项目，特别是在平整机、光整机走二级及相关参数优化、1700 毫米酸轧轧机跑偏断带攻关等项目中加大投入力度，明确目标、狠抓落实，保证产品品质达到最好水平。2015 年冷轧各产线工艺稳定综合得分逐月上升，全年提高成材率累计增利 5855.43 万元。

促进科技创新——降本增效的渠道

科技创新是第一生产力。首钢京唐公司将科技创新作为降本增效的有效渠道，依托技术改造和创新，奏响“科技强企”的最强音。首钢京唐公司把控制各类经济技术指标，提高降本增效的技术含量作为工作的重点，作为实现降本增效的突破点，通过开展技术进步和创新、采用合理化建议等手段来提高系统安全经济运行能力，以达到降本增效的目的。

围绕技术进步和创新工作，首钢京唐公司转变观念、提高认识，以战略产品为抓手，打造优势产品集群，提高制造加服务能力。积极探索创新机制，激发全员创新活力，努力形成“万众创新”“人人创新”的新常态。围绕汽车板、镀锡板等具有市场竞争力战略产品，加大技术攻关力度，在焦化、炼铁、炼钢、热轧、冷轧、镀锡和制造部重点开展了15项公司级重点工艺技术攻关项目，新产品研发制造工作稳步推进。2015年，首钢京唐公司以用户需求为导向，牢固树立“产品是领导，用户是最大领导”的理念，开展新产品开发，加强用户走访，强化质量异议分析和管理，质量异议比年计划降低了20%，同时还拓展了新用户和销售渠道，新增用户增量68.44万吨，全年实现增利1.65亿元。焦化部坚持以科技创新驱动企业高效发展，让科技成为促进企业发展的“永动机”。采用一键式智能炼焦操作以来，基本实现了四大机车的计划性管理和自动化运行，焦炭生产正点出焦率达到100%，稳定了焦炭质量，有效满足了大高炉对高质量焦炭的需求。他们还针对焦炉四大机车、干熄焦系统、化工煤气鼓风机及脱硫解析4个主要工艺流程54个模块开发了模拟生产操作系统、模拟事故处理培训、智能操作指导及评价系统等软件，并成功上线。目前，该部已获得5项发明专利，7个课题获得首钢科学技术奖。其中，京唐焦化酚氰废水深度处理工艺研究课题获得唐山市科学技术三等奖，与首钢技术研究院合作的适应5500立方米大高炉要求的7.63米焦炉配煤技术研究获得冶金科技二等奖。炼钢作业部以创新为动力，在管线钢质量、冷轧产品质量、高效生产等方面实现了突破。通过推广“异钢种插铁板连浇”

“中间包快速更换”等技术，将2~3个“短浇次”合并成一个长浇次，提高了效率。利用热模拟试验，根据不同钢种进行“二冷水弱冷试验”，并通过板坯质检、轧制质量跟踪，提高铸机精度、减少弯曲矫直过程中的机械应力等措施，降低了角横裂发生率。通过优化“一键式快降拉速自动换水口”程序，接痕坯位置控制在600毫米至700毫米之间，减少了板坯切下量，提高了金属收得率。通过钢砂铝替代铝铁、高碳锰铁替代中碳锰铁、LF炉用铝渣替代铝粒、钢种成分优化等措施，全年降低成本2487万元。

在科技创新过程中，首钢京唐公司还充分发挥职工聪明才智，深入推进合理化建议活动，搭建了合理化建议信息化管理平台。为提高职工参与提合理化建议的覆盖面，增设合理化建议提案奖。各基层单位采取“点、面”相结合的方法，开辟多种途径收集合理化建议。将合理化建议作为评定员工创新方面的一项指标，2015年，广大职工共提合理化建议3445条，实施见效1587条，已取得效益1.57亿元。

优化资源配置——降本增效的良策

严峻的市场形势下，企业经营管理需要打破传统模式，以科学的管理为基础，努力降低成本，提高效益。2015年，首钢京唐公司以零缺陷的低成本战略为目标，追求最优的配置、最低的成本和最大的价值理念，严控各项费用，调整优化生产布局，拓宽经济效益增长点。克服困难，深挖内部潜力，抓好开源节流，千方百计降本增效。

首钢京唐公司充分发挥18个挖潜增效攻关组的作用，围绕优化配煤、配矿结构、降低带出品、降低能源消耗、降低库存资金占用、降低采购成本等内容大力降成本。优化配煤结构攻关组以稳定质量降低配煤成本为重心，通过小焦炉实验为配煤提供理论依据，在稳定焦炭质量的同时不断寻求成本最低的配煤方案。2015年开展300千克小焦炉实验70余次，结合煤种进行配煤调整，在稳定焦炭冷强度和粒级的同时降低了成本。同时，他们及时调整配煤方案，保证焦炭质量稳定。在现有基础上不断开发新煤源，降低了配煤成本。他们还通过适时采购低价优质的进口煤降低原料价格。2015年，配煤攻关组在稳定焦炭质量、保证高炉用料的基础上，通过合理配煤降成本6123万元。优化配矿结构攻关组以高炉顺稳为中心，做好铁、烧、球、矿的联动，最大程度地实现资源配置，实现铁前效益的最大化。他们从铁矿石资源的入场到中间环节如烧结矿、球团矿再到炉料结构配置，对整个流程逐一梳理，不断整合铁前资源信息，有效提高资源利用效率，持续降低铁水成本。他们结合每月铁矿石市场行情，分析普氏指数变化的拐点，积极调整配矿思路，实现从经济用料向精细用料的转变。与技术研究院合作开发了配矿软件，对矿石、矿粉进行定量分析，结合全铁品位、有害元素、氧化钙含量、返矿成本等全方位考虑，进行性价比排序，并根据性价比排序每月出具全月用料平衡安排，制定最科学、最经济的配矿结构方案，在精料与效益间寻求最佳平衡点，达到先算后干，算好经济账的目标。2015年全年取得配矿效益9719万元。降低带出品攻关组，严格落实带出品指标，细化分解攻关目标，并细化到岗到人。针对各工序带出品重点缺陷及生产组织问题细化制定了153项攻关措施。2015年，全年累计生产带出品比上年降低42.1万吨，降低成本1.84亿元。

首钢京唐公司牢牢把握“节能减排、循环经济”发展的命脉，把“以节能减排为核心、以降低成本为导向”的管理思路，作为稳定、提质、增效的切入点，持续提升系统节能减排水平。能源与环境部充分利用SIS系统，将发电量、发电标煤耗、煤气掺烧比、厂用电率及生产运行中的重要参数，细化分解到岗位班组，引导鼓励职工多发电、多创效。2015年，300兆瓦机组平均发电功率达595兆瓦，发电量完成45.32亿千瓦时。通过加强300兆瓦发电机组安全隐患排查，实施了真空查漏攻关、多级水封改造、合理调配两台机组煤气用量等多项措施。2015年两台机组连续稳定受控运行，机组全年预计利用小时数为8246小时，超行业同类型机组平均利用小时数50%，创历史最好水平。他们还通过减少外购电量比上年节支1.2亿元。加强氧气系统产、用平衡，优化制氧机组运行方式，2015年氧气放散率同比降低5%，创效约1200万元。

第三章　弄潮之旅

首钢京唐公司深入贯彻新发展理念，积极适应经济发展趋势，以“保生存、促发展”为主基调，以“抓顺稳、优结构、强经营”为工作主线，努力提升效率效益和发展质量，“制造＋服务”能力大幅提升，京唐品牌得到市场广泛认可。

热轧部成功生产中俄东线天然气项目管线钢

陈　一　王俊银

2017年6月，首钢京唐公司热轧作业部2250毫米热轧生产线成功完成了中俄东线21.4毫米X80M管线钢订单生产，并已顺利交付使用。此厚度的X80M管线钢批量生产尚属首次。

中俄东线天然气管道是我国口径最大、压力最高的长距离天然气输送管道，对管线钢的厚度及性能要求极高，客户对此次供货产品提出了相当高的要求，厚度规格为21.40毫米，同时低温落锤试验温度降低5摄氏度。相比以往的X80M管线钢生产，此次厚度高轧制难度更大，工艺控制窗口更窄，工艺要求更严。

为了保证订单的顺利交付，热轧作业部主动出击，与制造部、炼钢部等部门成立攻关组，共同研究以往管线钢的生产经验，从钢坯加热、轧制工艺、冷却方法和卷取模式上制定出了一整套X80M管线钢的生产工艺。先后组织了10多个批次的生产。热轧部组织专业技术人员，不断优化加热工艺，开发轧制稳定性，稳定了终轧和卷取温度。同时，对卷取机各项功能参数进行评估和优化，结合热轧工艺独特的卸卷工艺，实现了卷取机的有效分配，提高非强力卷取机的使用效率，提高了生产效率，为每一次生产保驾护航。

目前，首钢京唐公司管线钢实现了从B级到X80M全级别覆盖，高级别管线钢已成为公司的品牌产品，获得冶金科技进步奖二等奖，唐山市科技进步奖二等奖、河北省科技进步奖三等奖。所生产管线钢产品广泛应用于西气东输二线、西气东输三线、中缅原油、陕京四线等国内重点管道工程，产品出口到土耳其、沙特、巴基斯坦、韩国、立陶宛、印度、西班牙、希腊等国家。

此次成功批量生产21.4毫米X80M管线钢，标志着首钢京唐公司大壁厚、高钢级管线钢的生产水平再上一个新台阶。

首钢千兆级超高强汽车板产品成功下线

胡冀平

2017年10月19日，首钢最高强度冷成形汽车板HC820/1180DP在首钢京唐公司成功下线，标志着首钢超高强汽车板产品全面进入千兆级阵营，首钢成为目前世界上为数不多的超高强汽车板供应商。

汽车车身结构轻量化、高强化，以及降低能耗、减少排放、提高乘员安全性，是汽车行业发展的主攻方向。要达到这一目的，使用薄规格超高强钢是最佳解决途径。国内汽车行业对良好成形性的超高强钢汽车板需求逐年增加，但1000兆帕及以上强度级别的汽车板仍需进口。能否提供1000兆帕级以上的先进超高强钢产品，成为衡量钢铁企业研发制造水平的重要标志。

2017年开始，首钢技术研究院“高强汽车板团队”在首席专家邝霜博士的带领下，牵头积极拓展千兆帕级别的超高强汽车板市场，并结合用户需求展开定制化的产品开发，助力首钢产品结构升级。这次新开发的HC820/1180DP双相钢产品，订单来自世界知名汽车品牌企业在华合资工厂，目标是切换欧洲进口钢板以实现材料本土化。在全面解剖使用该材料的车身部件，分析变形特性、焊接特性等需求的基础上，攻关组科研人员组织开展中试研发，重点攻关超高强度下的延性恶化问题，通过对目标显微组织的精细设计，展开合金体系匹配和轧制退火工艺开发。研发材料的实际屈服强度和抗拉强度分别达到1000兆帕和1300兆帕，对设备的自动化控制能力和操作人员的经验水平有着相当高的要求。为了圆满完成订单生产，首钢技术研究院科研人员联合首钢京唐公司技术人员对炉温控制模型进一步优化，对带钢洁净度、炉内气氛等关键环节进行深入把控。经过反复试验攻关，不断优化改进工艺，有效地保证了产品性能、板形精度、表面光洁度等。该产品的成功下线，对提高首钢超高强汽车板品牌影响力奠定了坚实基础。

（本文刊载于2017年11月7日《首钢日报》）

冷轧部薄规格轧制速度达到国内一流水平

杨立文　许国安

2017年2月13日，首钢京唐公司冷轧部2230毫米酸轧产线技术操作人员通力协作，严密组织生产，精心操作，攻克薄规格高强钢单位轧制力大、轧制边裂、动态变规格断带等技术难题，在轧制0.8毫米薄规格超高强度双相钢DP980中，最高轧制速度创新高，技术控制达到国内一流水平。

现在汽车都讲究轻量化，需要汽车板产品具有高强度、高塑性、易加工等特点，但高强度与高塑性很难同时实现。由于DP系列高强钢兼顾高强度和一定塑性成形，所以是汽车制造厂家的首选材料。国内各家钢铁企业都在大力开发高强度DP钢，来满足汽车制造厂家的需求。

DP980属于首钢京唐公司开发的高强钢产品之一，生产难度相当大。为了顺利稳定生产薄规格DP980，冷轧作业部组织轧制模型组团队以及工艺、设备专业员进行了多次技术讨论，制定详细的生产方案，从原料到最终产品，每一个细节都做了充分准备，尽最大力量保证此钢种的稳定生产。受制于此钢种屈服强度极高，各机架的单位轧制力达到了最高值，生产时面临的最主要难题是轧制力接近极限值，从而带来带钢跑偏、板形厚度难控制和动态变规格断带等一系列后续生产隐患。产线技术人员迎难而上，在充分进行技术论证的前提下，优化轧制参数配比和工艺控制，完善过程生产控制，从而保证了轧制过程的稳定性。为了解决轧制力接近极限值的难题，技术人员安排1~4机架使用小辊径轧制，一级程序中增加轧制力限制功能，修改动态变规格断带连锁条件，同时根据带钢屈服强度调整了机架间张力，重新分配了各个机架的压下率，手动修正各个机架的弯辊设定值，并提高乳化液润滑浓度。通过这些措施有效避免了各机架轧制达到极限值。

高速轧制过程中很容易发生跑偏断带。为此，技术人员敢于技术突破和工艺控制创新，采取了弯辊力增加手动修正值控制策略，并且开发了张力偏差自动降速功能。通过这些措施的有效保障，满足了带钢的高速生产。规格顺稳过渡是此次生产遇到的另一大难题，由于此钢种的屈服强度非常高，所以要想找到合适的过渡料非常困难。没有合适的过渡料会导致动态变规格相对辊缝变化量增加，过渡过程中机架间张力波动剧烈，很容易导致断带发生。为保证前后钢种的顺稳过渡，模型组团队大胆采用了抬辊缝的办法，调整动态变规格张力死区，选择合适过渡料，通过多种综合控制手段，最终产品厚度差、表面、板形等指标均达到技术要求。这批极限规格超高强度 DP980 的成功生产，进一步增强了首钢京唐公司高端产品的行业竞争力，为今后拓展市场、提升产品盈利能力奠定坚实基础。

（本文刊载于 2017 年 2 月 22 日《首钢日报》）

首钢京唐公司第一卷耐蚀性新镀层产品成功下线

李　蒙

2016年12月15日，首钢京唐公司彩涂板事业部第一卷耐蚀性新镀层产品成功下线，标志着公司产品结构向高端领先的目标又迈出了坚实的一步。

与普通镀锌产品相比，耐蚀性新镀层产品表面光泽度优良，耐大气腐蚀的能力是普通镀锌板的2~6倍，在300摄氏度的高温下不发生任何变色，被广泛应用于建筑、家电和汽车等行业。同时，耐蚀性新镀层产品生产成本低，仅减少锌锭用量就能节省近35%成本。此类产品生产工艺复杂，操作控制点多，国内能够生产出高质量耐蚀性新镀层产品的企业凤毛麟角。为此，彩涂板事业部先后多次组织技术、操作人员去知名企业考察学习，并与专家进行技术交流，解决诸多难题，日夜奋战确保此类产品项目如期完成。

在试制过程中，彩涂板事业部严密生产组织，从合同评审、生产排产、设备维护到操作人员培训均详细了解进度，及时协调解决存在的问题。组织各部门提前对生产系统进行模拟试验，力争各环节科学合理，各工序衔接顺畅，将所有可能影响耐蚀性新镀层产品生产的问题解决在萌芽状态。围绕工艺，生产技术室联合首钢技术研究院、外方专家的力量，设定最优的退火温度、工艺速度、产线张力等工艺参数，并编制完善操作要点。试制过程中，作业区人员严格按照操作要点执行，避免出现操作失误。经过技术人员和操作人员的共同努力，一举获得了成功。

（本文刊载于2017年1月22日《首钢日报》）

热轧部超薄规格品种轧制取得新突破

杨立文　吴秀鹏　宋贝贝

2016年以来，首钢京唐公司热轧部瞄准更高目标、更高标准、更高水平，加快市场拓展步伐，紧盯超薄规格、高附加值精品板材生产，从工艺技术、设备功能精度和操作等方面入手，扩大品种生产，大幅提升产品市场竞争力。两年内，热轧部数次突破薄规格产品轧制极限，先后实现了1.55毫米和1.52毫米厚规格带钢的批量生产，并成功轧制1.2毫米超薄热轧产品，达到产线设计极限，创造了热轧部轧制薄规格产品新纪录。

为了保证轧制的稳定，热轧部抽调了专门技术人员成立了技术攻关小组，多次召开论证会，研究制定工艺方案，缩减换辊时间，对每一道次的轧制力、电机负载能力进行详细校核、反复验算，确保发挥出每一道次轧机的能力，提高轧制效率。他们提出调整了多项技术参数，并针对生产中暴露出的一些问题进行了技改优化，确保了轧线稳定。与此同时，推进有序生产的管控，加强各工序的有效控制和衔接，加强作业长计划审核的实效性。加强计划沟通，减少计划不合理造成的影响。通过与自动化、机械专业结合，优化剪切，减少切损，优化取样规则，减少取样切损。加强表面及板形的质量控制，减少非计划平整卷的生产，加强平整质量攻关，减少马口铁等钢种的挫伤切损。他们还围绕工艺技术，细化《控制措施及应急预案》。围绕市场，他们制定符合客户需求的新钢种，并对新钢种进行试制，跟踪客户使用情况，达到进一步拓展热轧接单能力的目的。经过努力，该部突破了轧制极限，成功攻克了1.2毫米超薄规格产品轧制技术难关，为客户大大降低了集装箱原料成本费，受到了厂家领导和技术人员的好评。

生产技术室高文刚、张敏、刘靖群、周旬和夏银峰等人是该项工艺技术攻关小组的重要成员。针对生产过程中超薄规格产品轧机出口薄带速度控制难度大的问题，他们从各区轧制模型入手，一个环节一个环节地突破，利用业余时间，他们先后优化了材料刚度模型、精轧机轧辊配置模型、轧机负荷分配和辊系配置模型，逐步摸索出了薄规格板形控制的规律，并成功应用于实践，其板形控制能力逐步增强。他们大胆完成了辊系凸度分配，更改了磨辊凸度，新辊上线后明显改善了轧薄板形控制能力，提高了轧制效率。他们还在轧机负荷分配上下功夫，尤其是合理分配后几架精轧的轧制力和减薄量，在工艺上做到万无一失。

为了确保设备工况以及功能精度满足薄规格轧制的需要，热轧部充分发挥设备攻关组优势，工艺技术人员充分利用检修时间测量设备功能精度和轧机刚度等指标。设备专业人员在执行全员设备包机制的基础上，加大设备故障易发点的点巡检力度，及时处理工艺专业提出的设备功能精度存在的各类问题，确保设备的高质量运行。生产操作人员作为设备使用的第一责任人，主动加强钢坯通道的板道检查，发现设备隐患及时反馈处理。为提高岗位人员操作水平，成立了由生产骨干组成的虚拟技术攻关团队，对产线各班操作工开展专题培训，持续提升操作人员业务水平，为超薄规格产品的稳定轧制提供了保障。

（本文刊载于 2017 年 2 月 10 日《首钢日报》）

炼铁作业区高炉富氧率创历史纪录

杨 景 谷端跃

2017年3月，首钢京唐公司炼铁部认真按照“实施富氧大喷吹”的要求，潜心探索，勇于突破，两座高炉富氧率稳定在6.0%，创公司投产以来最好纪录，其他主要指标保持高水平状态。

富氧率是指高炉富氧后鼓风中氧气含量的百分比。富氧率的提高，对增加铁水产量、提高风口前理燃温度、提高喷煤置换比、降低焦比等都有显著作用。但对于5500立方米的特大型高炉而言，富氧率的提升每提高0.1%都不是一件易事，就如同百米赛跑的纪录，每提高1秒就需要付出无数的艰辛。

“牵一发而动全身”，诸多因素的制约和继续提高的艰难，并没有让炼铁人气馁。高炉技术和操作人员严格按照“坚持一个中心、两手抓”的方针，以高炉炉况稳定为宗旨，狠抓操作和管理，在稳定中寻求进步和突破。一方面紧密围绕公司生产经营任务，科学规划，积极与能环部、设备部等部门沟通交流，先后协调解决了氧气供应、运输、设备改造等问题，为提高富氧使用量打下了基础。另一方面，高炉技术人员不断探寻大高炉冶炼规律，总结归纳投产以来两座高炉在不同富氧率水平下的操作制度，制定炼铁高炉料序管理规定，严格管理入炉料料序，保证高炉精确布料。

在逐步提高富氧率的过程中，高炉技术人员不分昼夜，驻守在高炉生产第一线，时刻关注着高炉运行状况，观察每一个冶炼参数的变化，及时做出相应调整，同时多次召开专题会议讨论分析，总结制定下一步计划和方案。随着富氧率的持续攀升，技术人员适时提高焦炭负荷，调整装料制度，调节煤气分布，稳定炉况运行，两座高炉的风量和产量达成有效统一，生产顺稳运行。

炼钢部转炉出钢温度创国内先进水平

王　劲

首钢京唐公司炼钢作业部坚持创新驱动、注重效率效益，大力开展降低转炉出钢温度攻关并取得显著成效。2017 年以来，转炉平均出钢温度降至 1663 摄氏度，创国内先进水平。

聚焦系统化管理。转炉出钢温度的高低直接影响到钢铁料、合金料、耐材消耗等多项指标，决定着炼钢成本的高低，综合体现出一个钢厂的技术、设备和管理水平的高低。2017 年，炼钢部确定了部内 14 项重点提升技术指标，明确负责人，每天通过炼钢部早调会平台“亮”出与先进企业的差距，完善措施并大力攻关。降低转炉出钢温度就是其中重要的一项，针对该项指标，炼钢部首先打出了“系统化管理”重拳。成立了由部领导挂帅的攻关团队，团队成员每周组织会议分析阶段降温工作存在的问题并制定针对性强的攻关措施，每天发布温度监控日报，对温度控制异常的炉次逐炉分析，对操作明显存在问题的炉次进行通报考核。炼钢部还打出了“因地制宜”的特色拳。如 3 号脱碳炉炉役后出钢温降明显小于其他转炉，同样的出钢温度，其他转炉冶炼的炉次精炼进站温度可能正合适，但 3 号脱碳炉冶炼的炉次进站温度就会偏高，被迫调废钢降温。攻关组成员通过追踪每一炉数据，优化了温度控制方案，将 3 号脱碳炉与其他转炉区别对待，降低 3 号脱碳炉出钢温度 3 摄氏度，使整体温度降低约 0.8 摄氏度。

聚焦工艺技术优化。炼钢部坚持创新驱动，发力工艺技术优化，形成以钢包加盖项目为依托，以 RH-SVDC 技术、RH 单工位生产、铸机提速为主线的四大技术支撑框架。一是全面推进钢包加盖项目。在炼钢部工艺技术人员、设备人员、操作人员的协同攻坚下，钢包加盖后钢包内衬温度提高 200 摄氏度以上，出钢过程及物流过程温度损失明显降低，出钢温度降低约9摄氏度。二是推广超低碳钢RH-SVDC工艺。自RH-SVDC工艺推广以来，应用比例逐渐提升，2017年2月达到64.7%。通过工艺优化，脱碳时间由18~23分钟缩短至15分钟，RH处理温降平均为33.1摄氏度，较自然脱碳工艺降低了3.2摄氏度。三是大力开展单工位生产组织模式。采用RH单工位生产模式可以有效降低真空槽空置时间，提高真空槽内衬温度，降低处理过程钢水温降。炼钢部通过加强生产管控，逐步提高单工位生产炉次比例。2017年2月份单工位生产炉次比例达到16.4%。LCAK钢种及低碳马口铁钢种实际转炉终点温度降低约4摄氏度。四是铸机提速加快生产节奏。2017年2月低碳钢浇次在原拉速基础上提高0.1米/分钟，提速后低碳钢平均浇铸周期40.1分钟。通过采取缩短转炉兑铁加废钢时间、提高转炉供氧强度、缩短溅渣时间等举措，转炉常规冶炼周期降低至41.3分钟，较之前降低约3.7分钟，节奏加快减少了转炉炉衬温度及钢水物流温度损失。与铸机提速之前相比，普通低碳钢非镇静工艺出钢温度降低4摄氏度，镇静工艺出钢温度降低3.1摄氏度。

聚焦精准化操作。提高岗位职工的精准化操作水平是降低转炉出钢温度的关键。炼钢部坚持“硬举措”“软实力”双轮驱动。一方面在“硬举措”上下工夫。为便于转炉操作工及时掌握精炼进站温度及调温情况，自主开发了精炼进站温度查询系统。操作工可通过此系统及时掌握进站情况，并根据前一炉进站温度情况动态调整后续出钢温度，严格做好工序服从，助力转炉出钢温度的进一步降低。另一方面在“软实力”上下工夫。转炉四班操作工温度控制水平差异较大，个别操作工为防止出现温低吹氧升温及改炼等情况，出钢温度控制采取“宁高勿低”的原则，温度控制明显高于其他班组。攻关组孟德伟、李勇等成员采取“双管齐下”措施进行控制。一是强化岗位职工温度控制意识，阶段性按炉座分析四班温度控制情况，并及时在微信群里发布，营造“比、学、赶、超”的氛围；二是提高岗位职工的操作水平。对温度控制较高的操作工采取一对一培训，班中指导操作并加深岗位降低出钢温度的意识，消除他们的顾虑，不断增强软实力。

（本文刊载于2017年5月9日《首钢日报》）

冷轧部成功试制汽车发动机罩极限规格用板

许国安

2017年6月1日，首钢京唐公司冷轧部镀锌产线成功试制出0.55×1806毫米规格汽车发动机罩用板，此品种薄宽比达到1∶3284，此举为进一步拓展公司产品品种奠定了坚实基础。

针对这次新品种试制，冷轧作高度重视，提前召开生产准备会，针对订单要求的镀层厚度、涂油、粗糙度及性能等技术参数，进行充分讨论，专门制定了退火温度、锌锅温度、光整延伸率等工艺控制操作要点。运行稳定是保产品性能和表面质量的前提，为确保炉区速度稳定，他们提出了“运行第一、性能第二、表面第三”的生产策略，制定了24项工艺控制点措施，对工艺控制点的参数目标值及控制范围、控制要求、异常情况应对措施、操作盯岗安排做出了具体详细安排，针对入口原料检查、焊接、炉区工艺速度控制、张力、光整板形、钝化、卷取七项做了重点操作提醒，形成了完备生产方案，指导产线具体生产。

在生产过程中，机电、工艺、操作三方紧密结合，密切关注带钢表面情况。薄宽比大的产品最容易发生的问题就是瓢曲，为此他们对带钢运行速度、退火温度、张力工艺参数进行了严格控制，避免因工艺波动造成运行不稳定从而影响到最终产品质量。成品下线后，操作人员手动打磨检查带钢表面质量，取样进行性能检测，并目测了成品卷的板形，确保成品达到客户要求。

运输部自有码头创收创历史最好水平

岳海辉

首钢京唐公司运输部坚持以“打造钢材专业化码头”为目标，全力提升自有码头盈利创效能力、对外服务能力和综合竞争力，钢材发运量创历史新高。2017年，运输部自有码头创收超计划1495万元，发运量完成687.3万吨，同比增长167.7万吨，创历史最好水平。

强化服务意识，提升服务水平。该部在重点开发钢材货源市场的同时，不断提升港口经营的服务能力。定期组织业务人员前往国内大型港口进行学习，对标找差距，不断完善。安排专人到浙江物产、中航矿产、杭钢国贸等公司进行走访，了解客户的需求，掌握发运过程中存在的问题，积极制定相应措施，提高客户的满意度。同时实施大客户代表制，做到专人专责，为客户需求及时提供帮助，维护客户权益；健全客户档案，收集和分析市场数据，强化市场开发渠道管理，提升业务能力和服务质量，增强客户合作信心。通过强化与终端客户的业务衔接，打造精品服务平台，给自有码头战略用户、重点用户提供全方位贴身服务，实现客户需求快速响应。

开辟精品航线，提高钢材发运量。通过打造江阴、泉州、福州等精品航线，有效缩短了运输周期，降低了运输费用。依靠这些精品航线来吸引更多的客户和资源，从而提高创收钢材的发运量。2017年，该部在已开通的江阴、泉州等精品航线基础上，深化与天津闽捷公司合作，于11月新开通了福州马尾港的直达航线，涵盖了曹妃甸地区福州流向的主要货源，对资源的整合具有绝对优势，目前月均发运水平达到5万吨，为自有码头提供又一稳定的货源基础；通过与广州龙沙码头达成协议，协同天津中运公司正式开通了广州直达航线，目前正处于资源整合阶段，后期将实现逐步增量。2017 年，江阴流向社会钢材共计发运 127 万吨，占社会钢材总量的 42%；泉州流向钢材共计发运 54 万吨，占社会钢材总发运量的 18%。运输部精品航线的开通，已成为自有码头最稳定、最具竞争优势的航线，为社会钢材发运提供了稳定的货源支撑，吸引和开发了本地区中小钢材客户，有效带动和整合了零散资源，打造成具有首钢京唐特色的精品海运航线。

开发新客户，增强创效竞争力。2017 年，运输部在稳固和发展现有大客户的基础上，利用自身作为钢厂，熟悉生产、销售、运输全流程服务的优势，不断开发中、小客户，采取“走出去、请进来”的方法，变坐商为行商，联络货源钢厂，拓展终端客户，相继引进了辽宁成大钢铁贸易公司、大连信风物流、唐钢物流公司、唐山言鼎海运有限公司、浙江物产物流公司、秦皇岛裕盛达 6 家新客户，并与其中 3 家公司确定了长期稳定的合作关系，实现了钢材增量 3 万吨/月。

冷轧部成功轧制国内首卷空气硬化钢

许国安

2017年12月11日，首钢京唐公司冷轧部2230毫米酸轧产线成功轧制国内首卷空气硬化钢，达到极高强度级别，厚度规格2.0毫米，为适应市场需求打下了基础。

为适应节约资源、降低成本、轻量化和提高安全性的市场要求，目前汽车零件大量采用高强度和超高强度钢板。空气硬化钢通过优化成分所具有的高淬透性，使得钢质具有空气淬硬特性，从而减少了工艺淬火需要，降低了生产成本。空气硬化钢由于其较低的工艺处理成本和卓越的高塑性、抗撞击和高安全性能优势，目前在欧洲市场被广泛应用于奔驰等高端厂家，具有极佳的市场前景。但此种厚规格高强钢在板形控制、轧制稳定性方面生产难度极大，而且客户对此产品性能、表面质量要求较高。

冷轧部高度重视，提前召开生产准备会，生产作业区、工艺技术员、设备保障人员针对品种特点展开详细讨论，对排产、酸洗、轧机控制、质量检查重要工艺控制环节做出明确安排。模型专业组专门制定《空气硬化钢技术通知单》，对轧制力超限、带钢跑偏、焊接质量等问题细化24项具体措施，针对可能出现的异常情况制定应急预案，明确了32项工艺确认项目，确保试制过程整体生产顺稳。在试制过程中，空气硬化钢由于屈服强度极高，轧制时各机架的最大轧制力几乎达到极限值，板形厚度控制难度大，容易出现轧制跑偏、动态变规格断带问题。为此，专业技术人员现场指导，多专业通力协作。操作人员严密监控轧机各项参数，特别关注1号机架前后张力、张力偏差及轧制力偏差，在工艺波动异常时手动干预稳定轧制。为了解决轧制力接近极限值难题，通过提高乳化液润滑浓度、增加机架间张力、合理调节弯辊、窜辊量等各种工艺控制手段降低轧制力。针对带钢轧制跑偏难题，采取调整轧机负荷分配和张力设定、控制轧制力偏差等多项技术改进措施，有效避免带钢跑偏。规格顺稳过渡是这次生产遇到的另一大难题，为保证钢种的顺稳过渡，模型组团队经过先期热模拟试验，掌握原料卷性能参数，并据此优化了动态变规格参数，最终保证了前后钢卷的顺利过渡。通过多种生产控制手段，最终成品厚度、表面、板形等指标均达到订单要求，试制取得圆满成功。

改革“组合拳” 激发新活力

——首钢京唐公司全面深化改革工作纪实

杨立文

首钢京唐公司不断深化组织机构和管理方式改革，在提高劳动效率工作中做了大量深入细致的工作，极大地促进了生产经营不断迈上新台阶。通过建立“岗位设置科学、人员配置合理、绩效管理规范”的管理新模式，内生驱动发生了积极变化，畅通了员工职业发展通道，构建了人才公平竞争平台，进一步增强了发展活力，形成了层层传导压力、层层履职尽责的科学管理格局，广大职工对进一步深化改革充满了期望。

优化组织机构 增强内生活力

改革是推动发展的制胜法宝。一个企业只要找准市场，把资金、技术、管理等各方面要素配置好，把各类人才使用好，就完全可以在优胜劣汰的激烈竞争中建立自己的优势。

首钢京唐公司从2016年年初开始就确定了不断深化改革，提高劳动生产效率的工作思路，首钢京唐公司一届四次职代会提出的“两大核心目标”其中之一就是提高劳动生产率20%。“我们必须以锐意改革的勇气，调整组织结构、优化岗位配置、提高职工素质、提升工作效率！”公司领导班子形成了这样的共识。

围绕生产经营，首钢京唐公司充分结合岗位实际，在充分调研分析的基础上，以“瘦身整合、充实基层、调整职责、流程再造”等方式逐步实施提效工作。深入推进扁平化管理，在各个作业部推行压缩管理层级、取消分厂建制改革。采取进一步优化劳动组织、扩大岗位职责、兼并岗位、操检合一、实行巡检方式优化、对标找差、追赶先进等措施，先后组织完成了11个实体作业部门机构编制重新核定批复工作。期间人力资源部多次与炼铁、炼钢、冷轧等实体作业部门沟通协商，做深入调研工作，形成了合理的机构定员方案并下达到各相关单位贯彻执行。通过努力，取消分厂建制29个，核减部门领导职数8人，核减厂级领导职数53人，整合撤销作业区96个。重新核定批复11个实体作业部门的定员编制合计6696人。

首钢京唐公司从优化管理流程入手，将相邻、相近、相似的业务进行合并，减少管理界面，提高管理效率。将各项管理权限和管理业务集中在公司管理层，基层不再设置专业管理机构和岗位人员。实行作业区指标、责任、考核三位一体管理，实现基层组织由行政指令管理向指标引领、制度约束、导向激励的学习型组织转变。实行复合型、大工种岗位设置。专业技术类形成层级划分清楚、责任分工明确的纵向阶梯型、技能晋升型的专业技术岗位体系；生产操作类打破传统工种、岗位的分工界限，广泛推行多能工、区域工，促进岗位作业人员多技能发展，具备多岗位操作能力。将财务业务与物流业务紧密集成，实现资金流、物流、信息流三流同步和一级核算。能环部能源中心运用先进的自动化、信息化手段，对电力系统、动力系统、给排水系统等数据实行集中监控和管理，实现从能源数据采集—过程监控—能源介质消耗分析—能耗管理全过程自动化、高效化、科学化管理，使能源管理与生产、使用的全过程有机结合，提升能源管理的整体水平。

首钢京唐公司把加强设备维检体系建设作为设备系统稳定健康运行的重要保障，在进行专项调研和讨论的基础上，决定对维检体系进行体制改革。通过实地调研，打破各区域各自为战的思维定式，提出了实施检修工单制、各作业部运保与检修分开、点检员区域集中、精干中夜班运行维护力量、建立保驾队伍等措施，形成了维检人员压缩改革总体方案。在热轧和冷轧区域，充分发挥自有维检人员能动性，将维检人员插入到自有队伍中，实行插入式管理，大幅减少人员数和维检人工费用。在供料区域，打破供料部现有维检模式，将供料部维检重新划分为机电、自动化、专业维检三大板块。规划辅助生产作业岗位，设置专人承担生产配合工作。通过调整，维修资源配置更加合理，维检单位数量由7家减至4家，维检费用由273.23万元/月降至253.57万元/月，维检人员由767人降至545人。

创新管理体系　强化竞争活力

企业创新管理机制的目的之一是使企业上下成为一体，它既显示出企业的“精神”气质，同时又显示出企业的“文化”精髓。

面对严峻的市场形势，首钢京唐公司遵循先进性、科学性和可执行性原则，通过大胆创新，广泛采用现代化管理手段和方法，构建了精干高效的集中“一贯制”管理体系，最大限度地减少了用工数量，提高了劳动生产率，降低了人工成本。

首钢京唐公司以提升“制造+服务”核心竞争力为核心，将实行产品制造体系改革作为深化改革、增添发展活力的重要举措，认真分析现有生产制造专业管理方式的利弊，由按专业分工管理模式转变为按产品分工管理，实现对产品纵向一管到底。这一改革，通过产品的纵向管理，使横向的专业工作更能够落到实处，紧贴用户、紧贴产线，增强了系统保障能力、提升了服务用户的水平，以及生产经营组织管理水平。在实施“一贯制”管理过程中，首钢京唐公司将生产制造管理体系由按照专业分工管理，转换为按产品分工管理，成立了汽车板处、家电板处、热轧板处，实现对产品从前期介入、认证、合同评审、技术质量标准制定，到售后服务跟踪、异议处理的全过程管理。同时，成立技术管理处和产品推进管理处，加强产线共性技术管理、体系管理，以及与总公司产销研团队实现高效对接。他们还成立镀锡板事业部和彩涂板事业部，实行产品研发、技术标准、生产组织、市场营销、用户服务、异议处理为一体的事业部管理方式，在京唐公司内部真正实现从用户到用户的一贯制管理。

实施产品制造管理体系改革后，产销环节沟通更加顺畅高效。就拿镀锡板事业部来说，镀锡板订单评审周期由原来的2个工作日缩短到目前的1个工作日。遇有用户需求提报不够明确的情况，生产、销售和研发人员共同走访用户，了解需求、指导选材，增强了对合同组织的技术支撑。通过“一贯制”管理模式，2016年首钢京唐公司的带出品率、质量异议分别比上年降低0.47%、48.9%；整体合同兑现率同比提高0.34%。首钢京唐公司还充分利用六西格玛科学管理工具，建立起TS16949标准运行情况的评价指标体系，进一步强化过程控制管理。结合G8D质量改进和汽车行业五大工具的应用，加强质量持续改进的闭环管控。

提高人员素质　激发队伍活力

企业的发展离不开活力，企业的活力来源于全体职工。首钢京唐公司抓住增强企业活力，提高企业效益这一中心环节，紧紧依靠广大干部群众，眼睛向外抓市场，眼睛向内靠主人，广泛深入地开展全员提素，通过持续开展形式多样的活动，极大地激发了职工群体的创造精神，使生产经营步入良性循环的轨道。

职工队伍的素质与能力决定着公司竞争能力和发展潜力。随着压缩管理层级机构改革、用工方式调整，势必对职工的综合素质、复合能力提出更高的要求。“彻底打破过去‘一人一岗、一人一摊、各干一行’的格局，实现岗位相互兼容、人员相互融合、工作相互协调”。按照这个思路，对人员进行合理配置和组合，努力发挥他们的专长和才能，做到事得其人，人尽其才，才尽其用。为此，首钢京唐公司把职工个人素质与能力的提高与公司的发展紧密结合起来，增强责任感和紧迫感，培养职工终身学习的习惯。结合岗位要求和工作特点，深入开展差异化培训。努力培养岗位操作人员多技能、专业管理人员多专业培训工作。与此同时，运用互联网技术，持续创新培训方式，提高培训的效果和质量。2016年上半年，累计组织各类培训1191期次，培训计划兑现率96%，人均培训48学时。

首钢京唐公司立足生产现场实际问题，针对一线岗位年轻人员多经验不足的短板，大力开展作业规程、质量控制、标准化操作、专题交流、问题诊断、品种钢操作要点、事故案例等岗位技能实战培训。2016 年，累计组织培训 845 期次，培训 3.97 万人次。首钢京唐公司选择试点单位探索“微课程”培训、班前会培训等新的培训方式方法。以焦化部、能环部、热轧部为试点，结合岗位实际，针对作业规程所涉及的专业知识与操作要点，以及日常岗位实践中的典型事例进行梳理和提炼，编写成简短、精炼的微课，并通过手机微信公众平台进行发布，组织岗位人员利用各种零碎时间进行学习和交流研讨。以炼铁部、质监部为试点探索利用班前会开展岗位技能培训的可行性，以解决开展长课时、集中脱产培训难以组织的问题。目前，两项试点工作已取得阶段性成果，后期将进一步加大推进力度，争取尽快形成经验做法在全公司进行推广，有效缓解工学矛盾，提高培训工作效果。

开展技能竞赛是推动员工素质提升的重要工作，首钢京唐公司领导对此高度重视，要求每项竞赛工作都要坚持高起点、高标准、精细化原则，坚持“周密筹备、科学组织、严格管理”的工作方针，公司各级、各部门紧密配合，配套联动，成立了技能竞赛工作组。“我们部门与部门之间，专业与专业之间、个人与个人之间加强协调沟通，相互支持，心往一处想、劲往一处使，保证各项竞赛圆满成功。”人力资源部负责人说。他们组织制定了《京唐公司 2016 年技能竞赛实施方案》，确定 35 个公司级竞赛工种，5 月全面启动了京唐公司技能竞赛组工作。截至目前，35 个工作的初（复）赛已经全部组织完成，参赛人员达 4291 人。

通过广泛深入地组织技能竞赛，进一步激发了广大职工岗位成才的工作热情，促使各岗位人员奋发拼搏，努力学习先进的生产技能和管理方法，为各级人才搭建了成长的平台。

（本文刊载于 2016 年 7 月 29 日《首钢日报》）

持续提升管理水平
推动企业稳固发展

——首钢京唐公司全面推进风控体系建设

刘坤明

2016年8月27日，以风险防控为主题的首钢“创新创优创业”交流会圆满闭幕。至此，首钢京唐公司风控体系建设工作同时也取得了阶段性成果。按照“战略指标化、管理制度化、制度流程化、流程表单化、表单信息化、信息可视化”的“六化”风控体系建设思想，围绕企业风控建设的内部环境、风险评估、控制活动、信息沟通以及内部监督五个维度，坚持内部控制的全面性、重要性、制衡性、适应性、成本效益五个原则，为风控体系建设完成并投入运行打下坚实基础。

统一思想　凝聚共识　深刻认识风控体系建设的重要意义

当前，国内国际经济发展形势严峻，中国钢铁行业供给侧矛盾突出，今后相当一个时期，企业发展将面临极其复杂的外部环境，经营压力加大，各种风险骤出，迫切要求企业强基固本，实现规范、稳健、高效发展。虽然首钢京唐公司成立十年来从治理模式、组织架构、管理层级等各个层面在不断学习、调整和改进，但还从来没有系统、科学地从管理流程和规避风险角度来梳理和建设内部流程控制体系。可以说，风控体系建设对首钢京唐公司来说是新生事物，各级领导和员工在知识层面几乎都是空白状态。

为了迅速统一思想，凝聚共识，让广大干部职工认识到风控体系建设的重要意义。首钢京唐公司成立了以纪委书记邵文策为组长，人力资源部部长、制造部有关领导为副组长，各专业行政正职领导、党群系统主要负责人为成员的风控体系建设工作小组；抽调制造部、办公室、设备部、人力资源部、信息计量部等主要职能部门6名骨干人员，组建风控体系建设工作办公室；公司28个二级单位，分别成立由部门行政正职或党群系统主要负责人任组长，处级以上领导任副组长，专业人员任联络员，以及熟悉业务流程及信息化流程的人员任成员的风控体系建设部门工作小组，共计140人。

4月19日，公司召开风控体系建设启动大会，德勤公司郭松波结合案例从为什么要开展风控体系建设、风控体系建设要解决什么问题、如何开展风控体系建设等4个方面对风控体系建设知识进行了讲解。邵文策宣读了《首钢京唐公司风控体系建设实施方案》，公司党委副书记王相禹对风控体系建设工作提出6个方面的要求，一是要提高思想认识，切实加强组织领导。二是时间紧、任务重，要确保按时高质量完成任务。三是要抓好顶层设计、立足实际，建立健全风控体系。四是要采取得力措施，确保建成的风控体系有效执行。五是要不断完善评价机制，促进风控体系持续改进与优化。六是要虚心学习，主动参与。干部职工深刻认识到风控体系建设是首钢全面深化改革的落地与深入，是集团总部管控体系改革的深化和延续，是集团大力推进管理能力建设的重要抓手，为风控体系建设工作的顺利开展打下了良好的思想基础。

领导超前谋划、高度重视，机构和人员配置到位，相关培训有序开展，后勤保障完善有力，首钢京唐公司干部职工迅速投入到风控体系建设工作中。

深度参与　扎实工作　全面推进风控体系建设

风控体系建设总体方案分为业务内控体系建设和信息系统内控体系建设两部分，时间周期分3个阶段：第一阶段从4月18日~6月17日，主要输出包括业务及系统内控诊断清单、业务及系统流程手册和内控评价手册，内控体系建设中的信息系统部分同时开始。第二阶段 6 月 20 日 ~7 月 1 日，咨询公司提出制度编制与修订意见。第三阶段 7 月 4 日 ~8 月底，开展自评工作，迎接北京市国资委评估，参加首钢“三创”交流会。

德勤顾问在入驻京唐公司的第一周就与公司风控体系建设工作小组办公室组成了风控联合项目组，开始了对公司领导和部门的访谈工作，内容涉及各部门的业务流程、职责、关键管控点、管理权限、制度规定等方面。访谈期间，公司总经理王涛、纪委书记邵文策、副总经理杜朝辉和总工程师朱国森接受德勤高端访谈，鼓励大家大胆工作、实事求是、敢于挑战、按时完成任务。各部门密切合作，精心组织，计财部负责人每天下午 5 点后组织部内工作小组联络员开展风控工作，专门请顾问团队和风控办公室专家、同事进行分专业培训。德勤顾问团队白天访谈、晚上总结，撰写访谈提纲，常因为一个局部问题多次往返于部门之间，共访谈 118 人，涉及 4 位公司高管和 21 个部门。这段时间，项目组共收集制度 430 份，查找出流程诊断缺陷 54 个。其中，涉及制度设计类缺陷 42 个，执行缺陷 12 个，诊断缺陷涉及公司 21 个一级流程。针对设计类缺陷，德勤顾问提出 59 项（新制定 32 项、修订 27 项）制度的整改建议，各部门确认缺陷后，积极落实整改，并在 2016 年 8 月初完成制度整改，并正式下发。

风控体系建设中重要的一环就是流程框架的搭建和内控、评价手册的编写，流程框架是风控体系建设大纲，既要保证管理高效化，又要能够处理各种风险。在充分与相关部门沟通的基础上，风控联合办公室完成了风控流程体系框架搭建，共 30 个一级流程、128 个二级流程、355 个三级流程和 838 个关键控制点，建设了 355 个风控矩阵，形成了首钢京唐公司内控流程手册与内控评价手册，对内部控制评价体系、内部控制评价内容和方法、内部控制评价的程序、内部控制缺陷的认定、内部控制评价报告、内部控制评价工作底稿管理、附则及相关附件等内容进行了详细描述。

全体人员利用国资委评审机会“以评促建”，深度参与，扎实工作，经过两次内部自评，顺利完成了国资委检查，推动了公司制度体系、业务流程和信息化建设，全面提高了管理效率和管理能力。

巩固成果　继往开来　严格确保风控体系建设取得实效

此次风控体系建设，通过梳理管理流程，查找整改缺陷，公司由上至下普遍提高了风险管理意识，提升了风险管理水平，培养锻炼了一大批风险控制和流程建设骨干，掌握了以“六化”管理思想为核心的科学方法和工具，风险控制意识和文化初步形成。

但是，风控体系的初步建立只是整个工作的开始，真正有效运行，实现全面风险管控，还有很多工作要做。下一步，要把风控体系建设工作摆在重要位置，直面问题，与风险共舞，向先进学习，改变传统思维模式，从“经验型”升级走向“专业型”，不断向“价值型”转变，突出体系制度的有效性，防止走过场、形式化、一阵风，让风控体系建设成为职工的自觉行动。狠抓风控体系的基础管理工作，通过信息化手段展示公司的制度、流程、分工和责任；适时开展内控体系评价工作，通过体系的建立、运行、评价、改善，实现风控体系常态化管理、闭环管理，做到控制优化，形成常态化、规范化、制度化，促进全面风险管理不断向纵深发展。要巩固实践成果，将风控体系建设与完成好全年目标任务结合起来，推动各项工作再上新台阶。

（本文刊载于2016年9月21日《首钢日报》）

抓基础严管理　增效益促发展

——首钢京唐公司强化管理工作纪实

杨立文

制度建设、标准体系、绩效考核……管理提升的本质就是向管理要效益、以管理促发展。在京唐公司“夯实基础、管理创新、对标一流、注重实效”每年都会出现在职代会报告里，已成为广大职工耳熟能详的关键词，记录着首钢京唐公司抓基础、严管理、增效益、促发展，不断探索的足迹。

强基固本——夯实发展基础

制度是提高管理水平的基石，制度的完善与否、科学与否，直接决定着企业管理工作的运行质量和效果。

首钢京唐公司把制度建设作为发展的重中之重，以制度为工作标准，全面开展规章制度梳理、修订，完善专业管理流程。按照制度整合要求，组织各专业管理部门全面整合修订制度。截至目前，共梳理规章制度文件342个。由公司法律专业、管理体系文件管理部门以及风控顾问建立了规章制度的联合审核机制，强化规章制度制定的审核把关，进一步保证规章制度的合法性、合规性、规范性。印发了《关于全面系统提升规章制度制发质量和效率的通知》，提升规章制度管理人员的基础能力，整合优化规章制度审核流程，提高规章制度的内在质量和运行效率。同时，建立了规章制度定期梳理、分析常态化机制，对规章制度规范状况、存在问题及下步工作按月梳理分析。为保证制度的有效合理性，还按照风控要求，在完善制度清单及文本的基础上，建立起按月更新规章制度清单的工作机制，为公司管理体系建设、风控体系建设等各项工作提供保障。

制度的执行是提高管理效果的关键。首钢京唐公司始终把抓好规章制度执行作为一项常态化工作，坚持抓早、抓小，严格管理，严肃追责，形成了“检查-分析-整改-考核”的闭环管理。公司领导亲自带队，深入现场检查规章制度以及劳动纪律的执行情况。谈到制度管理，公司领导感受颇深：“规章制度是企业管理的一个重要组成部分，也是提高劳动效率、完成经营目标的一个重要支撑。要不断运用先进科学的管理工具和方法，把‘精、准、细、实’落实到管理工作的每个环节，不断提高公司整体管理水平。”的确，围绕着“加强企业管理，夯实发展基础，提升管理水平”，广大职工付出了坚持不懈的努力。

在首钢京唐公司多个作业部的作业岗位上，都有一个长方形的有机玻璃箱子格外引人注目，箱子里面整齐地摆放着一部部手机。职工上班的第一件事就是自觉地把手机上交存放到箱子里。大家都知道，这不是一件小事。钢铁行业生产具有高强度、高风险、连续性，稍有闪失都会出大问题。如果因为玩手机游戏、看新闻分心影响生产，后果是不堪设想的。为此，这些作业部都制定下发了“职工班中手机集中管理规定”，明确了手机集中存放、保管与使用的一系列管理要求。既解决了操作岗职工无序使用手机带来的安全操作隐患，又消除了职工无处存放手机的安全顾虑。看似一件小事，却反映了严格执行制度与人性化管理的有机结合。

负责全公司设备管理的设备部，围绕基础管理的提升做了深入细致的工作。他们从建立设备功能精度组织体系、点检体系、检修体系、检测体系、润滑体系、带出品分析管理等方面着手，推进设备功能精度体系建设，保障设备功能精度相关制度、标准能有效执行。对设备功能精度标准开展动态管理、及时更新，确保纳入功能精度管理的项目与产品质量密切相关，摸索建立设备精度检查、测量周期数据标准，确保周期合理，项目可控。同时，建立了设备功能精度管理信息化平台，通过信息化手段，提高各产线设备功能精度管控力度和深度，缩短异常问题处理的响应时间。2016年1~9月，设备部通过狠抓规章制度以及各项措施的落实，设备专业费用同比降低5519万元，库存资金占用比2015年年底降低8958万元。

管理创新——增添发展动力

管理创新是企业提高发展质量的重要途径，也是提升效益和效率的动力源泉。

制度、管理、考核环环相扣，首钢京唐公司建立了统一的管理制度、统一的考核模式、统一的信息平台，实现了绩效管理的全覆盖，管理水平迈上新台阶。在管理提升过程中，明确提出了管理体系的具体目标。在“十三五”期间建成运营体系、改善体系、智能制造相互支撑的管理创新系统。这归根结底就是要使基础管理明显加强、管理现代化水平明显提高、管理创新机制明显完善、综合绩效水平明显提高。

对于专业技术人员来说，充分利用现代化的通信工具开展信息交流互通互助，提高管理效能，也是必不可少的。在热轧部，他们充分利用微信等互联网信息平台，分层级建立了领导干部管理、生产运行、设备运行3个信息平台，及时发布生产、设备和管理信息，将现场信息第一时间传递给相关职工，既能信息共享，又能迅速响应。在制造部，有个“汽车板微信群”，在这个群里，从炼钢、热轧、冷轧，到营销服务，所有专业人员的信息都是敞开的，单位之间、专业技术之间、工序之间每个环节出现新情况、新信息，第一时间就会发布到群里，涉及的人员第一时间做出响应。相互之间的沟通更为方便、快捷、高效，快速有效解决各类问题，提高了工作效率。

管理提升既需要通过创新寻求突破，实现管理升级，也需要通过秉承管理精髓，巩固管理优势。京唐公司通过构建完善综合管理体系，来提升企业综合竞争能力。围绕“四标合一”质量管理体系，转变管理理念，更新管理方法，从进一步完善质量管理组织机构、岗位职责入手，强化工序服从，改进用户服务，开展技术质量攻关，提高产品质量。通过设置质量控制点，抓好原料、炼铁、炼钢、热轧、冷轧全流程、全品种的质量控制和分析改进工作。实现了全面质量管理和全线质量控制体系认证更加完善，顺利通过了“四标合一”体系认证。围绕生产过程控制，优化过程控制指标，强化过程控制与持续改进，通过转变管理理念，更新管理方法，推动产品结构优化升级和创品牌工作。围绕标准体系认证，按照系统管理的思想和方法，有效整合企业管理资源和管理对象，搭建起了集质量、环境、职业健康安全、能源等多个管理体系为一体的综合管理体系。

首钢京唐公司还创新体系建设与信息化建设的有效融合方式。结合公司ERP系统，完善现有标准化信息平台的功能，提高了效率；完善计量设备功能，提高了计量精度，为公司提供了准确可靠的计量数据；利用信息化固化流程，实现储运一体化，方便了发货计划以及库存通过系统查询；建立了统一、顺畅、全覆盖、多功能的信息支撑系统，为各单元和系统创新提供了支撑。

全面落实——提升发展水平

一分耕耘，一分收获。这些年，首钢京唐公司一直把“管理一流”作为追求的目标，拓展工作的深度和广度，树立与现代化钢铁企业生产经营相适应、与现代企业管理相适应、与市场经济相适应的先进的管理理念，从强基固本到锐意创新，切切实实尝到了管理的“甜头”。

首钢京唐公司在推进管理创新中，强化各项管理举措的全面落实，形成了有效的规章制度、清晰的岗位职责、健全的标准体系以及严格的绩效管理，有力促进了生产经营目标的实现。在公司的部长例会上，六西格玛项目进展情况是必须汇报的一项。公司上下把精益六西格玛管理理念和方法融入日常工作中，并逐步形成了精益文化，有力推进了降低成本、稳定工艺、提高质量、改善环境等各方面工作迈上新台阶。

制造能力和产品质量稳步提高。通过工艺稳定攻关，工序的稳定性逐步提高。采用精益六西格玛管理工具对重点质量缺陷开展课题攻关，持续推进工艺过程稳定性评价分析，不断提升质量保障能力。同时，建立合同一次通过率和订单到货兑现率指标管理体系，强化交货保障能力。2016 年 1~9 月，高端领先产品比上年增加 54.14 万吨；战略产品比上年增加 28.1 万吨。生产带出品率比上年降低 0.48%；整单合同兑现率比上年提高 0.23%。实施第四期精益六西格玛项目 140 个，经专家评审优良率达到 70%，特别是设计类项目普遍完成较好，为管理流程设计和产品开发奠定了基础。同时，推进 6S/QTI 设备及现场精益管理，开展设备初期清扫实践活动，促进了现场和设备管理水平提升。

产品结构得到优化。通过建立月度跟踪分析例会机制，及时掌握重点产品开发认证情况，推进计划任务落地。2016 年 1~9 月完成 DP980 等产品开发 26 项、产品认证 66 项。其中，汽车板完成 16 家车企 337 个零件的认证。镀锡板完成超薄 SR 材等新产品研发，高锡铁 K 板产品性能达到国内先进水平，实现批量供货。

用户服务能力得到加强。选拔了一线技术骨干、引进下游用户技术人员充实用户服务团队，进一步完善组织架构，规范服务工作标准，对典型、重大质量抱怨、质量异议实现闭环控制。2016 年，通过客户代表反馈现场协调解决问题 394 项。1~9 月，质量异议比 2015 年水平减少 153 件，质量异议处理周期较 2015 年水平缩短 10 天。

建立了覆盖钢铁生产全流程的 65 项能源消耗基准、标杆、目标指标管理体系，提出 198 项控制措施，并将跟踪落实情况在能源月度分析中落实。2014 年 11 月顺利通过了能源管理体系转版认证，新的能源管理体系标准有力提升了京唐公司的能源管理水平，提高了能源利用效率，实现了能源管理工作的规范化、标准化、系统化，形成全过程、全方位、全员参与的能源管理格局，形成良好的 PDCA 闭环管理机制，促进能源绩效持续改进，为公司赢得良好的社会声誉，树立了绿色制造形象。

理念转变天地宽

——首钢京唐公司树立经营性生产理念闯市场纪实

杨立文

日历翻到 2016 年 2 月初，首钢京唐公司职代会提出，结合市场形势树立经营性生产理念　以解放思想、改革创新为驱动，坚持品牌发展战略，增强产品综合竞争力。在全年的经营生产岁月里，经营性生产理念产生出强大效应，推动着“制造+服务”能力不断提升。一组组数据说明一切。2016 年，首钢京唐公司完成了 56 项高端、领先产品开发。其中，汽车板重点产品实现高端用户批量供货，汽车板总量比上年增加 27 万吨。家电板重点用户合计供货比上年增加 15. 6 万吨。镀锡板产量比上年增加 17. 19 万吨。京唐公司汽车板、家电板、车轮钢、高强钢市场占有率分别达到了 7. 2%、24%、31%、15%。2016 年，京唐公司石油天然气输送管用热轧宽钢带、汽车用高强度冷轧钢板双相钢还荣获中国钢铁工业协会授予的冶金实物“特优质量奖”。

创新经营理念　抢抓市场先机

生产服从经营，经营服从市场。这是钢铁企业在激烈竞争中保生存、促发展的必然选择。“效益是从市场来的！作为制造企业，我们必须从满足客户需求、提升竞争力出发，抢抓市场机遇，实现价值增值。”公司领导如是说。

首钢京唐公司将保合同兑现作为重中之重来抓，建立了订单兑现日跟踪机制，对订单行项目生产情况逐条按日跟踪，并实时在生产、销售人员微信群中发布、共享，对即将到交货期的订单进行提醒，对未完成或预计不能按期兑现的行项目进行预警，并落实责任单位。为实现销售合同全流程、全过程的管控跟踪，满足客户订单到货期要求，摒弃了出库即交货的观念，将到货兑现率指标在所有钢材客户中推行。还开发并完善了“京唐产成品物流信息一体化系统”，逐步由重点用户推广到所有钢材产品客户。与此同时，做细运输环节管理，强化 CRM 系统管理，提高数据录入的准确性和及时性，严格控制货物的运输周期，对特殊交货期合同重点监控，确保及时交货。为加强产销研信息沟通，首钢京唐公司还与首钢销售公司等单位建立了周视频例会制度，重点围绕合同组织、订单交货、品种开发、物流运输等方面进行信息沟通，及时解答、解决问题。通过建立合同一次通过率和订单到货兑现率管理体系，重点客户整单合同兑现率达到 91.5%以上。围绕国内外两个市场，首钢京唐公司与首钢销售公司、中首公司等单位，共同加强价格的分析测算，特别是针对国外每笔订单，认真做好与国内价格对比工作，对出口价格较低的订单，要求中首公司继续与客户洽谈，提高出口售价。为提高出口价格水平及销售收入，京唐公司每月还根据国内及出口价格的高低，通过调整出口合同组织数量，实现高价格高流向合同组织。

企业发展过程中要想跑得快，就要学会给自己“紧鞋带”，盯住市场干别人干不了的，想方设法比竞争对手干得好。2016 年 11 月，针对高强钢订单量猛增的现状，首钢京唐公司迎难而上，制定了高强钢生产方案，全力开展高强钢技术攻关。优化轧制策略和工艺，优化张力偏差调整倾斜技术，优化板形预设定参数，调整轧机参数及功能……经过努力，高强钢生产中的跑偏、断带和厚度波动等一道道难关被攻克了，实现了微合金高强钢 DP780、TRIP590 批量稳定轧制。围绕热轧产品，公司还从工艺技术、设备功能精度和操作等方面入手，扩大品种生产，提高产品竞争力。制定了符合客户需求的新钢种，并对新钢种进行试制，跟踪客户使用情况，达到进一步拓展热轧接单能力的目的。热轧产品一举突破了轧制极限，攻克了 1.5 毫米以下超薄规格产品轧制技术难关。该产品和 1.6 毫米产品相比较，可为客户节省 2%的集装箱原料成本费，受到了厂家领导和技术人员的好评。“紧鞋带”让首钢京唐公司在抢抓市场机遇中脚步更轻盈。

为抢抓机遇，首钢京唐公司围绕优化物流管理。公司根据销售物流一体化的整体部署，海运加强其他地区过驳管理，减少驳船拼货等待时间，缩短运输周期1.4天；火运加强物流货代管理，保证重点用户订单发运。同时，加强与热、冷产品销售室的沟通配合，加快对客户需求的反应速率，与运输部配合提高自有码头装船作业效率，到货兑现率由年初的85.5%，提高到目前的95.1%，创历史最好水平。

树立品牌理念　运营精益高效

要想产品卖得好，持续提升产品制造能力和质量是根本。首钢京唐公司牢固树立品牌理念，围绕产品质量，提高产线制造能力；强化体系建设，不断增强产品综合竞争力。

细节决定成败。提高生产各环节的精准控制，是创造价值的最有效手段。首钢京唐公司着眼生产全流程，从原料入厂，到产品，再到用户，抓住关键控制环节，持续进行过程管理。强化质量管理体系运行，确保体系文件整改工作取得实效，结合新版标准的解读及实施、二方认证、五大工具的推广使用，进一步做实TS16949质量管理体系，提高体系运行水平。以减少批量缺陷和重复发生的典型质量问题为突破点，加大工艺技术攻关力度，狠抓过程质量控制，提高过程管控能力和产品实物质量。持续推进工艺稳定攻关，增加工序间界面指标与工序内瓶颈指标，与国内外先进企业对标缩差，持续提高工艺稳定水平。

首钢京唐公司将生产制造管理体系由按照专业分工管理，转换为按产品分工管理，实现了专项产品的全过程管控。同时，成立了技术管理室和产品推进管理室，加强产线共性技术管理、体系管理。在首钢技术研究院、销售公司、中首公司等单位的大力支持下，实行产品研发、技术标准、生产组织、市场营销、用户服务、异议处理为一体的管理方式，通过提升产、销、研一体化水平，增强科技创新能力，抢占高端产品市场。逐步形成了从用户先期介入、质量设计、质量管控、物流跟踪、质量异议处理、持续改进、用户技术服务等业务的一贯制管理模式。

在严把产品质量过程中，京唐公司还积极引入“六西格玛”先进管理方法，来完成产品的研发。以炼钢连铸、热轧精轧和冷轧镀锌工序为样板，利用六西格玛科学管理工具，初步建立起首钢京唐公司TS16949标准运行评价指标体系，进一步强化过程控制管理。结合G8D质量改进和汽车行业五大工具的应用，加强质量持续改进的闭环管控。在生产过程中，围绕市场制定了符合客户需求的新钢种生产方案，对新钢种进行试制，跟踪客户使用情况，达到进一步拓展接单能力的目的。针对轧制冷轧产品，每月根据合同特点召开生产准备会，每次生产都要进行检修中—生产前—生产过程中的工况确认制度，把汽车板开发、认证、订单评审、生产准备会等程序化，建立了冷轧品种的技术体系，实现镀锌汽车板生产的流程化、规范化。为降低带出品损失，京唐公司通过采取原单超发、贴单改挂、非计划品协商、组织库存坯合同等措施多方面开展工作，2016年降低带出品20余万吨。

高强度双相钢广泛用于汽车结构用钢，具有钢质硬、抗拉强度高、重量轻等优质特性，在减轻汽车车身重量、降低油耗、提高汽车结构件强度方面起着重要作用，产品附加值高，是汽车用高强钢中的热门品种，国内外各大知名钢厂均已着手开发并实现工业化生产。首钢京唐公司持续提升生产制造和新品种开发能力，看准时机抓住市场机遇，推进超高强钢开发。新增了3个冷轧牌号，实现了镀锌980兆帕级双相钢高低屈服强度牌号全覆盖及正式供货，拓展了极限规格产品。其中，镀锌DP980+Z实现首钢集团成功首发，产品性能及表面质量达到了国内先进水平。高强钢产品还顺利通过了意大利菲亚特汽车及国内部分高端合资车型的零部件认证，2016年，高强钢订单比上年增长了128%，实现了高强双相钢生产经营的重大突破，进一步巩固了公司的高强钢市场竞争地位。

首钢京唐公司不断跟踪研究高端产品市场的发展趋势，结合公司产线的特点和优势，瞄准国内外镀锡产品高端应用领域，加大高端产品的研发力度，不断扩大高端产品的市场占有率和高端用户的供货比例。形成了从研发、生产到销售服务的完整工作链条。把订单量的提升作为稳产、增产、保利润的先决要素，在 2016 年与奥瑞金、中粮、华源和昇兴等多家重点用户签订年度协议订货量的基础上，瞄准下一年用户订货量，加快战略客户认证步伐。截至目前，首钢京唐公司红牛铁、DR 材、K 板、奶粉罐以及蛋白高抗硫五大高端产品订单量同比增加 4.56 万吨，增长比达到 104%，高端产品制造能力大幅提升。供昇兴集团蛋白高抗硫高端用铁，从年初小批量认证，相继完成了产品试用、解决硬度稳定问题、缩短交货、定运输方案等工作项目，达到客户满意，并顺利签署年度供货协议。自 2016 年 9 月起订单量逐月增加，目前月订单量稳定在 5000 吨。

增强服务意识　诚信铸就品牌

制造业服务化，是企业发展的必然趋势。一个优秀的企业只有真诚守信，一切以客户为中心，以客户需求为导向，以客户满意为准绳，才能够最终得到用户的认可，赢得市场的青睐，获得更大的发展。多年的实践经验使公司在提供优质服务上力求精益求精。“诚实守信，真诚服务”成了首钢京唐公司赢得市场的“秘籍”。

首钢京唐公司狠抓用户服务体系建设，不断提升用户技术服务能力。树立“产品是领导，用户是最大领导”的理念，强化技术服务、用户技术研究能力建设，整合现有客户服务力量，抽调有丰富现场经验和较高技术水平的人员充实服务团队，完善客户经理、客户代表、驻厂代表服务体系，形成一管到底的快速响应机制。实施《客户走访制度》，公司领导带队走访用户，及时了解用户的个性化需求，解决用户生产过程中的问题。借助首钢销售公司及中首公司的市场前沿力量，发挥集团产品研发整体优势，成立产、销、研一体化团队，共同推进市场开发。2016 年，为适应产品推进工作的需要，进一步完善用户服务团队的组织架构，下发了《首钢京唐钢铁联合有限责任公司客户代表管理规定》，扩大客户代表团队，规范用户服务工作标准，建立客户代表管理体系，针对不同地域、不同产品设立客户代表，将服务进一步延伸到用户。

在用户服务过程中，首钢京唐公司强化用户沟通和渠道建设，以顾客为导向，加强了用户走访和调研，2016 年共走访 316 家客户。通过客户走访，了解用户需求，为用户解决了实际问题，建立了良好的沟通渠道。公司每个月都制定走访计划进行走访，对于走访出现的情况和问题及时总结，事后认真分析，制定整改措施落实改进，并跟踪改善效果。通过走访加强了公司与用户的联系，建立了长期合作关系，做到了快速响应客户的需求。

为快速、高效开发高端汽车用钢，技术开发人员将用户的要求转化为设计标准，严格按照 ISO/TS16949 体系开发流程，制定详细的技术研发准备和生产组织计划。组织由首钢技术研究院、各相关作业部以及质检监督部参与的攻关团队，建立了完善的汽车板标准质量控制体系。为了准确识别用户潜在质量需求，组织整理个性化质量评审记录 200 余份、客户走访报告和质量需求调研报告 280 余份，梳理、固化用户需求 120 余项。在某高端合资品牌汽车认证过程中，用户要求某一钢种金相无带状组织。针对这一特殊需求，首钢京唐公司制造部汽车板室、首钢技术研究院以及炼钢部、热轧部、冷轧部等专业技术人员组成了专项技术攻关小组。他们经过内部充分讨论后，一方面组织技术人员多次赴用户进行技术交流摸清需求，另一方面在摸清京唐公司该钢种带状组织控制情况基础上，积极制定措施。经过研究，他们根据产线装备特点，通过调整炼钢过热度、拉速，调整热轧终轧温度、冷却模式、卷取温度以及冷轧退火温度等关键工艺参数，先后进行了 6 次试制，制取带状组织金相试样 280 余个。功夫不负有心人，最终摸索出了改善该钢种带状组织的全流程生产方案，一举攻克了难题，顺利通过该钢种认证。他们以此为契机，与用户建立了定期技术交流机制，为继续拓展其他钢种认证，提高市场份额打下了良好基础。

首钢京唐公司的镀锡板事业部和彩涂板事业部向重点客户和区域派驻研发人员，负责从市场调研接触客户、建立沟通渠道，再到材料认证使用跟踪、质量持续改进的全程服务工作。他们从产品质量设计阶段就针对客户需求制定工艺，将客户所提问题和需求第一时间反馈到生产现场，提高了响应效率。一次，北京一家公司提出 20 吨的紧急订货需要，要求 10 天交货。彩涂板事业部产销密切协同、急事急办，在保质保量的前提下，将原本需要20天完成的任务只用了8天就完成了，得到了客户的高度认可。

首钢京唐公司创新经营理念，靠实力做实自己，出实招，招招制胜，开启了一道道通往广阔市场的“芝麻之门”。

（本文刊载于2017年2月15日《中国冶金报》、2017年3月28日《首钢日报》）

把“抓顺稳、优结构、强经营”主线贯穿全年始终

首钢京唐公司高端领先产品实现新突破

杨立文 何道娟

2017年，首钢京唐公司不断强化经营性生产理念，坚持以经济效益为中心，加大产品开发力度，满足用户个性化需求，提升“制造+服务”能力，高端领先产品生产持续实现新突破。一季度，高端领先产品同比增加17.3万吨，创历史好水平。

品牌战略引领 全方位提升制造能力

思路决定出路。首钢京唐公司从加强产品推进管理工作入手，进一步整合生产资源、技术资源、销售资源及用户服务资源，形成“产、销、研、用”一体化的产品开发体系，积极推进汽车板、家电板、管线钢、高强钢、车轮钢和专用板项目研发工作，在钢种、钢级、牌号、规格、用途上实现全面覆盖热轧产品，覆盖大部分冷轧产品。

产品开发中，首钢京唐公司坚持以市场为导向，从服从市场、服务用户为出发点，充分发挥专业组织部门的分工职责作用，制造部的汽车板室、家电板室、热轧板室等相关单位，从用户先期介入到异议处理实施全面管理。与此同时，发挥镀锡板事业部和彩涂板事业部两个事业部作用，实行从产品研发到异议处理的全过程管理，真正把全方位“一贯制”管理落到实处，使

产销环节沟通更加顺畅高效。热轧产品推进团队通过先期调研，得知热轧双相车轮用钢DP600市场需求量大，于是联系用钢厂家开展了这种高端热轧钢的试制工作。试制过程中，为了保证轧制过程和关键控制点稳定，公司组织技术人员多次讨论分析技术数据和完善生产方案，对影响热轧双相钢DP600生产的系列问题进行了明确和细化，对板形控制、轧辊制度、温度控制等进行多方面周密布置，形成了完备的生产预案，顺利轧制出该产品，得到了用户认可并订货。首钢京唐公司业务人员及时到现场跟踪用户试用情况，厂家试制中，冲压成型过程稳定，无开裂现象，外径、中心孔高度等尺寸符合标准。抽检车轮进行疲劳测试为148万次，远超过该型号要求的疲劳寿命30万次，顺利通过寿命测试，达到了用户满意，开始批量订货。镀铝锌钢板是一种重要的合金材料，以其良好的耐热性和耐腐蚀性，广泛应用于建材、汽车、家电、机械、环保、船舶等诸多领域。通过前期调研，公司了解到这种特殊钢市场前景非常广阔后，领导决策组织试制。镀铝锌生产工艺复杂，操作控制点多，国内能够生产出高质量的镀铝锌产品企业凤毛麟角。为此，首钢京唐公司彩涂板事业部先后多次组织技术、操作人员去知名企业考察学习，并与专家进行技术交流，解决诸多难题。在调试过程中，他们严密生产组织，从合同评审、生产排产、设备维护到操作人员培训均详细了解进度，及时协调解决存在的问题。围绕工艺，联合首钢技术研究院、镀铝锌外方专家的力量，设定最优的退火温度、工艺速度、产线张力等工艺参数，并编制完善镀铝锌操作要点。试制过程中，作业区人员严格按照操作要点执行，避免出现操作失误。经过技术人员和操作人员的共同努力，公司第一卷镀铝锌产品成功下线。这项新产品填补了首钢镀铝锌产品领域的空白，标志着首钢京唐公司产品结构向高端领先的目标又迈出了坚实的一步。

2017年一季度，首钢京唐公司共开展了60项新产品开发认证工作。其中BH钢已达到该牌号最高强度级别、DP钢达到了980兆帕强度级别的开发，低合金高强钢实现了该品种最高强度级别550兆帕的开发，并实现了3.0毫米厚度的极限规格拓展。汽车板开展了11家车企204个零件的认证，涉及5家合资车企产线、材料及零件认证工作，合资品牌车企的认证力度不断加大。

全面质量管控　多层次构建保障体系

质量是企业的生命。首钢京唐公司树立质量第一的强烈意识，层层分解产品质量职责，细化落实到岗到人。

首钢京唐公司按照质量管理体系架构，全面落实质量目标和过程绩效指标，持续推进 ISO9001 和 IATF16949 质量管理体系再造。开展与先进企业全面对标，健全完善对标管理制度和工作机制，建立一贯制管理、用户管理、过程管理、重点指标四合一对标体系。以用户需求为标准，建立健全全流程产品质量评价体系和过程指标量化评价体系，提高产品一贯制过程控制能力。通过设置质量控制点、过程控制指标，抓好原料、炼铁、炼钢、热轧、冷轧全流程、全品种的质量控制和分析改进工作。在原辅料质量、设备状态和能源介质达到控制要求的基础上，全流程严格按照控制要求组织生产，实施过程管理。加强统计分析和质量改进，构建科学、完善、高效的质量保证体系，从而提高全员质量意识，实现全面质量管理和全线质量控制。

首钢京唐公司以炼钢连铸、热轧精轧和冷轧镀锌工序为样板，利用六西格玛科学管理工具，围绕“首钢京唐公司 TS16949 标准运行评价指标体系”，进一步强化过程控制管理。结合 G8D 质量改进和汽车行业五大工具的应用，加强质量持续改进的闭环管控。冷轧部持续执行对带出品和质量异议动态管理，采取“日监管、周分析、月总结”的方式，实现动态监控，将所有预判为带出品的未终判卷和客户质量抱怨纳入日常监控，提前预警并从中获取质量改善信息。为严把质检关，他们在生产运行管理系统中建立质量事故模块，对质量事故实施问题导向、整改闭环管理，推进运用“5WHY”分析方法和思路解决问题，并编制质量事故案例组织职工宣贯、培训，定期抽查学习效果。镀锡板事业部结合产线的特点和优势，围绕“一贯制”质量管理开展各项工作，以工艺联络单、生产控制计划为抓手，加强过程管控，保证产品质量。目前，该部实现了一次材 T1 到 T5 钢种的薄规格全覆盖，最薄的达到了 0.16 毫米，达到行业领先水平。二次冷轧材的技术攻关实现了 MRDR-9CA 强度级别的批量稳定供货。

DP980属于首钢京唐公司开发的高强钢产品之一，生产难度相当大。产线技术人员迎难而上，从优化轧制参数配比和工艺控制入手，完善过程生产质量控制。由于此钢种的屈服强度非常高，所以要想找到合适的过渡料非常困难。没有合适的过渡料会导致相对辊缝变化量增加，过渡过程中机架间张力波动剧烈，很容易导致断带发生。为保证前后钢种的顺稳过渡，模型组团队大胆采用了抬辊缝的办法，调整动态变规格张力死区，选择合适过渡料，通过多种综合控制手段，最终产品厚度差、表面、板形等指标均达到了技术要求。这批极限规格超高强度DP980的成功生产，进一步增强了公司高端产品的行业竞争力，为今后拓展市场、提升产品盈利能力奠定坚实基础。

用户贴身服务　进一步拓宽市场空间

用心服务是“用户至上”的必然要求。首钢京唐公司牢固树立“用户至上”的理念，为用户提供一站式贴身服务，实施“重点用户+重点区域”派驻与专家团队技术支持相结合的服务模式，及时解决产品认证和批量供货中的问题。推进重点用户互访，增进公司与客户的互信。2017年一季度，共走访客户102家，通过走访了解行业发展动态，寻求合作机会，快速解决客户提出的问题7项。公司还通过EVI先期介入，积极介入用户的选料，充分了解用户对原材料性能的要求，为客户提供更高性能的材料和个性化的服务。2017年，重点针对汽车板、镀锡板、冷轧专用板和热轧卷板4大类产品开展了EVI服务。

为将用户服务做到极致，首钢京唐公司精心选拔了一线技术骨干、引进下游用户技术人员充实到用户服务团队，对典型、重大质量抱怨、质量异议实现闭环控制。及时受理质量异议，缩短质量异议处理周期。镀锡板是首钢三大战略产品之一，也是首钢京唐公司生产的重要产品。为此，镀锡板事业部成立了大客户组、国内区域营销组、海外市场开发组以及现货销售组。以大客户小组为重点，专门负责重要客户的认证和销售，并与技术团队密切配合，达到信息共享，带动国内各区域订单量稳步提升。为了增加市场占有率，提高首钢镀锡产品的影响力，他们对重点用户或区域都派驻了研发人员，从市场调研到材料认证、质量改进等全程跟踪服务，将用户所提问题和需求第一时间反馈到生产现场。成立的用户服务组，专职处理客户异议，并组织生产操作人员走访用户，参与异议处理。对中高端用户进行细分，制定了走访计划，定期由主管领导带队走访用户进行交流，解决从技术到商务中存在的一些问题，使“红牛铁”、DR 材、K 板、奶粉罐及蛋白高抗硫五大高端产品订单量持续增长。

2017 年年初，重庆武中商贸公司争取到了为长安福特某款车型供应零件的机会，此款车型是长安福特的战略车型，预计 2018 年 8 月量产。而此次武中商贸要为其供应 194 个零件，其中有 132 个零件需要首钢京唐公司备料生产。由于该款车型选点较晚，重庆武中商贸公司春节前才将用户需求正式发给首钢京唐公司，最早一批 31 个规格的货物要求 2 月中旬必须全部到达重庆，生产时间还不到 20 天。接到客户需求后，首钢京唐公司快速响应，立即组建了 45 人的春节保产团队，组织制造部汽车板室、生产计划室以及炼钢、热轧、冷轧、质检、运输等多个生产部门，全力保证用户需求。经过保产团队的日夜拼搏，不仅所有材料在长安福特规定的时间内都提前运到，而且在各个供应钢厂中率先到达，获得了长安福特的高度赞扬。2017 年 3 月初，重庆武中商贸发展有限公司特地给首钢京唐公司发来感谢信，对其高效优质完成长安福特认证备料生产，全力满足客户需求表示衷心感谢。急用户之所急、想用户之所想，及时、高效地完成了客户要求，再次彰显了首钢京唐公司打造首钢品牌、树立首钢产品良好市场形象的强烈责任感。

首钢京唐公司还充分利用合同评审信息化系统，建立了合同一次通过率和订单到货兑现率指标管理体系，不断强化交货保障能力。每日通报重点品种和重点合同生产安排，并安排专人跟踪生产情况。从 2017 年 1 月开始，针对结转合同生产安排进行攻关，制定了结转合同生产管控流程，进一步加强结转合同的生产组织杜绝跨月结转。通过各项工作的深入开展，稳定了合同兑现率。2017 年一季度，首钢京唐公司整体合同兑现率完成 97.8%，创出了高水平。

（本文刊载于 2017 年 5 月 26 日《首钢日报》）

走智能高效之路

——首钢京唐公司烧结智能控制改造纪实

杨立文　杨　景

在首钢京唐公司炼铁部烧结作业区烧结机作业现场，烧结机载着暗红色平整的矿料匀速稳定地运行。这里，看不到任何一个操作人员，绿色的人行通道清晰明亮。在整洁的控制室里，电脑屏幕清楚地显现着生产现场景象和一些数据图，四名职工时而看看现场画面，时而查看电脑上的数据变化并在记录本上做记录……他们在控制着整个烧结生产。

首钢京唐公司拥有两台具有先进水平的550平方米大型烧结机。自2008年投产运行以来，炼铁部烧结生产在充分利用装备技术特点的基础上，不断优化生产工艺操作技术，不仅达到或超过设计指标，还取得了显著的节能减排效果，创造了良好的经济效益和社会效益。但随着烧结技术的不断进步，原有的工艺控制系统也需要优化升级。经过充分的实地调研后，公司决定实施烧结机智能控制无人操作项目。

运筹帷幄　规划先行

智能改造说起来容易，做起来绝非易事。烧结生产具有复杂性、非线性和不确定性，而做到智能控制，等于是取消人工控制，使控制系统形成一个完整的体系，不仅实现自动采样、分析，还能自动判断生产情况，对配料、混料、烧结、冷却、破碎、筛分等所有生产工序及时准确进行调整和处理，让烧结生产保持和处于最佳状态。

长期以来，首钢京唐公司十分注重环境、质量、管理、创新，自创业以来就一直以做强企业为己任，始终坚持从企业、社会、环境 3 个方面来把握“发展、协调、持续”的相互统一，为顾客创造价值，为员工创造机会，为社会分担责任。“我们京唐公司是完全按照循环经济理念设计建设的具有国际先进水平的大型钢铁项目，任何的技术改造都不能离开智能高效！”炼铁部领导坚定地说。就这样，由公司炼铁部、信息计量部、制造部、设备部及首自信研究所等单位成立了共同开发烧结智能控制无人操作项目组。炼铁部高度重视，成立了以部领导牵头，烧结作业区为主要实施单位，生产技术室、设备工程室等骨干成员组成的研究团队，同时设备部、信息计量部、制造部及首钢自动化研究所等单位人员积极配合。团队明确了项目目标和责任分工，制定了详细的工作步骤，并明确了该项目要充分应用工业互联网与智能控制系统的先进技术降低烧结生产成本和劳动强度，取消生产过程中人工操作和人工干预，并实现智能系统的自适应、自诊断、自修复和远程协助等功能，促使产品和设备都成为一个网络终端与人进行互联，实现彼此之间数据交换让工厂自行运转。本着项目投入少、见效快的原则，烧结智能控制无人操作项目按实施难度由易至难、由主至辅的顺序开展，其中主体控制主要是对烧结过程控制系统优化与应用，针对生产运行中的自动化控制存在的问题、其他单位可借鉴的控制思路以及目前烧结技术发展中的新思路或新技术，将对烧结目前自动化系统模块完善 3 个、模块提升 4 个、模块创新 3 个。智能化改造一切项目准备工作都在有条不紊地进行着。

统筹协调　精准控制

2016 年 4 月，烧结智能控制无人操作改造项目正式启动。该项目依托烧结过程数学模型与人工智能的思想，进行生产操作的控制判断，从而减少生产过程中的人工干预，实现操作人员在主控室对全区设备的监控和精准控制。

项目组团队成员各司其职，按照分工开始实施。为了不影响生产，他们在保证实施进度过程中，全程协调各专业，有序配合处理各类问题，同时加强与岗位人员的沟通，发现问题及时解决。按周组织召开项目总结会，按月召开技术交流会，与设备部、制造部、信息计量部及首钢设计院专业人员进行深入讨论分析。项目调试、备件安装以及测试验收……所有人员通力协作，各相关部门大力支持，保证了项目实施期间的生产稳定运行，产品质量稳定。

在这次烧结智能控制无人操作项目实施过程中，团队遇到的最大的难题就是如何通过自动系统实现对设备最精准的控制，并将实际生产工艺中繁多的参数与自动程序有效融合。对此，他们对项目功能设计了两个部分，第一部分是信息化平台和三大智能控制系统，主要有智能过程控制系统、智能设备控制系统、智能公辅控制系统。第二部分是人、设备、产品互联，通过工业互联网将工厂内智能控制系统中人的要求、设备信息、产品信息连接在一起实现物理信息融合。这么多环节、这么多的点位都要达到协调控制，难度可想而知。团队成员充分发挥各自的特长，他们对初步方案进行了多次修改和完善，针对烧结生产要处理的数据量大、工作量大的问题，大家围绕着编程开动脑筋，想办法。其间，还运用了六西格玛的先进方法和工具进行分析计算、建立数学模型……他们总结近年来烧结生产的规律，优化生产工艺。功夫不负有心人，经过团队成员的不懈努力，在不到9个月的时间里完成了烧结智能控制无人操作系统的开发、安装、调试、功能考核等工作。

经论证，烧结智能控制无人操作项目的投入，取得了实实在在的效果，烧结矿质量、能耗、过程控制稳定率等指标均有较大改善。烧结矿碱度稳定率达到98%以上，FeO稳定率达到99%以上，返矿率降低至2.78%。而且，烧结生产的控制参数稳定性和烧结机机速稳定率明显提高。在这项智能控制改造中，他们还及时总结提炼了多项技术创新点，申报了7项专利技术。其中，3项获授权，4项正在受理中。

稳定高效　可靠实用

烧结智能控制无人操作改造项目通过智能加水控制、均匀一致性、总料量控制、智能烧结终点控制、点火节能控制、脱硫和主抽风机联合控制、智能配碳、智能配料等10个功能模块的开发，扩大了现场控制由“自控”替代“人控”范围，极大地减少了生产过程中的人工干预，实现了操作人员在主控室对全厂设备监控和控制的目标设定。

在实际操作中，烧结智能控制无人操作项目依托烧结过程数学模型与人工智能的思想，进行生产操作的全流程控制判断。该项目自2017年1月进入功能考核期以来，程序运行率达到100%。不仅保证了烧结生产稳定及产品质量达标，还有效降低了岗位人员劳动强度。在烧结主控室里，操作人员可以随时查看生产现场的实时状态和各种数据，可对在线设备运行进行直观检查。一位烧结操作工表示：“这个项目让操作变得简便多了，比如风箱的定位操作，以前现场必须有人跟着来回跑，现在只需在画面上输入一个参数，然后确认就可以了，而且比原来还要精准。”

烧结系统在处理各种原燃料时混匀过程非常重要，如果这些原燃料没有得到充分的混匀，会产生成分偏析，使烧结过程的透气性发生变化，不利于烧结矿的质量稳定，将导致后道工序的不稳定。这次烧结智能控制的运用，操作人员很直观地就能对原料数据进行跟踪观察，密切关注数据变化，以数据为参考和支撑，对每一项关键指标进行设定目标值和预警值，提供了精确的“数字”指导。同时，加强对生产过程工艺参数及异常数据的快速判断和应对，控制原燃料粒度，掌握混匀矿和焦粉之间的粒度控制等，一系列精准操作使得烧结矿质量合格率稳定在了99%以上。

烧结智能控制无人操作改造项目的开发运用，提高了烧结自动控制水平，统一了生产操作思想，达到四班均一操作，精准控制，实现了标准化、规范化操作，同时形成了具有自主知识产权的烧结智能控制系统，具有较高的推广应用价值。

（本文刊载于2017年5月12日《首钢日报》）

企业围绕市场转　产品跟着用户走

——首钢京唐公司产品开发纪实

杨立文

2017年上半年，首钢京唐公司高端领先产品比上年同期增加了21万吨，高端、高附加值产品增量明显，产品结构优化增利1.15亿元。其中，高强汽车板、镀锌汽车板、汽车外板，同比增加19.1万吨，DR材、高锡铁等高端镀锡板产量同比增加4.59万吨，彩涂板产量同比增加2万吨，实现结构增利1620万元，盈利能力大幅度提升……

实践证明，要想在市场站稳脚跟，最基本的一条就是"企业围绕市场转，产品跟着用户走"，不断开发适销对路的新产品新品种，以适应市场的需求。首钢京唐公司紧紧盯住市场，一个个新产品不断涌现，市场竞争力不断攀升。

强化管控体系　提升"制造+服务"能力

内部管控是保证企业各系统规范运作、提高经济运行质量和效率的重要支撑，是实施战略和决策的坚实保证，是提升企业软实力的必由之路。2017年初，首钢集团就明确地提出了"打好健全管控体系和提升管理能力的攻坚战"这一奋斗目标。按照这一要求，首钢京唐公司以"抓顺稳、优结构、强经营"为主线，狠抓各项措施落实，不断提升"制造+服务"能力，生产经营水平取得了新的进步。

打铁还须自身硬。首钢京唐公司以市场为导向，从服从市场、服务客户出发，从内部政策调整、制度建设和机制运行方面着手大胆进行改革。将生产制造管理体系由按照专业分工管理，转换为按产品分工管理，实现了专项产品的全过程管控。同时，成立了技术管理室和产品推进管理室，加强产线共性技术管理、体系管理。在技术研究院、销售公司、中首公司等单位的大力支持下，实行产品研发、技术标准、生产组织、市场营销、用户服务、异议处理为一体的管理方式，通过提升产、销、研一体化水平，增强科技创新能力，抢占高端产品市场。逐步形成了从用户先期介入、质量设计、质量管控，到物流跟踪、质量异议处理、持续改进等用户技术服务业务的一贯制管理模式。

在工艺稳定体系上，调整完善工艺稳定评价体系，形成公司级 97 项重点指标和作业部级 179 项支撑性指标，实现全流程覆盖。在产品质量管理上，按照质量管理体系架构，全面落实质量目标和过程绩效指标，持续推进 ISO9001 和 IATF16949 质量管理体系再造。开展与先进企业全面对标，健全完善对标管理制度和工作机制，建立一贯制管理、用户管理、过程管理、重点指标四合一对标体系。同时，对各工序影响产品质量的因素进行梳理，对前三位的影响因素制定了 153 项攻关措施。在客户服务体系上，实施“重点用户+重点区域”派驻与专家团队技术支持相结合的服务模式，建立了 40 家重点用户档案并派驻客户经理，及时解决产品认证和批量供货中的问题。加强客户走访了解客户个性化需求，2017 年走访客户 201 家，持续推进典型、重大质量抱怨、质量异议闭环管理，受理质量异议 109 件，同比减少 9 件。深入开展 EVI 先期介入工作，2017 年上半年实现 EVI 供货 25.2 万吨。加强运输时效管理和过程质量防护，严格落实标准运输周期要求，强化交货保障能力，重点客户整单合同兑现率完成 94.84%，超计划 2.24%。

首钢京唐公司还以炼钢连铸、热轧精轧和冷轧镀锌工序为样板，利用六西格玛科学管理工具，初步建立起公司 TS16949 标准运行评价指标体系，进一步强化过程控制管理。结合 G8D 质量改进和汽车行业五大工具的应用，加强质量持续改进的闭环管控。在生产过程中，围绕市场制定了符合客户需求的新钢种生产方案，对新钢种进行试制，跟踪客户使用情况，达到进一步拓展接单能力的目的。热轧工序优化轧制模式、提升工艺稳定水平，产线轧制节奏明显提升，先后打破班产、日产卷数等生产纪录23次，日产卷数首次突破700卷，打通了全流程产能制约瓶颈。他们通过改善温度控制、调整板坯烧钢模式等措施，成功轧制1.2毫米极限薄规格产品，并实现采用铁素体区轧制工艺批量生产超低碳钢。冷轧工序从生产组织、工艺优化、功能精度提升和重点攻关项目5个方面制定攻关方案，持续推进影响汽车外板产品质量的轧机清洁生产、锌渣控制、光整机小延伸率控制等11项重点攻关项目。2017年上半年，镀锌外板量达到2.65万吨。通过优化工艺参数和提升精细操作水平，成功轧制0.9毫米和1.2毫米极限规格微合金高强钢DP780，并实现了稳定生产。0.8毫米DP980超高强双相钢的轧制速度和技术控制达到国内一流水平。2017年上半年，DP钢产量达到7.53万吨，月均1.2万吨。

推进产品认证　坚持品牌战略引领

大船之航，品牌为帆。品牌是产品经济价值和企业核心价值的体现。在当前市场激烈竞争的环境中，企业要做到又好又快发展，就必须把坚持实施品牌战略作为发展的主要方向，把拥有自己的特色产品当成企业的生命。

首钢京唐公司积极开展产品认证工作，增强产品市场竞争力。针对市场个性化需求，对产品进行准确市场定位，充分发挥科研技术力量，开展产品认证。先后开发了高强汽车板、家电外板、抗酸管线钢、镀锡板、镀铝锌板等新品种，提升了新产品增效能力。2017年上半年，围绕汽车板开展了15家车企547个零件的认证，包括宝马汽车、上汽大众、长安福特、众泰、东风等合资、自主车企的产线、材料及零件认证工作，品牌效应逐渐显现。非汽车板完成搪瓷钢、冷轧高强集装箱板等43项认证，集瑞重卡高强减量化大梁用钢、DR材化工桶减薄等5项产品实现稳定批量供货，特别是镀锡板大力开拓欧洲、韩国等海外用户认证，为高锡铁等高端产品出口奠定了坚实基础。推进第三方强制认证，顺利通过JIS（日本工业标准）认证，为开拓日本市场创造了条件。

在某高端合资品牌汽车认证过程中，用户要求某一钢种金相无带状组织。针对这一特殊需求，汽车板室、首钢技术研究院、炼钢部、热轧部、冷轧部人员成了专项技术攻关小组。攻关小组经过内部充分讨论后，一方面组织专业技术人员多次赴用户进行技术交流摸清需求，另一方面在摸清京唐公司该钢种带状组织控制情况基础上，积极制定措施。经过研究，他们根据产线装备特点，通过调整炼钢过热度、拉速，调整热轧终轧温度、冷却模式、卷取温度，以及冷轧退火温度等关键工艺参数，先后进行了 6 次试制，制取带状组织金相试样 280 余个。功夫不负有心人。他们最终摸索出了改善该钢种带状组织的全流程生产方案，一举攻克了难题，顺利通过该钢种认证。他们以此为契机，与用户建立了定期技术交流机制，为继续拓展其他钢种认证、提高市场份额打下了良好基础。在对某知名车企新车型的 198 个零件的认证过程中，首钢京唐公司相关人员克服所备料钢种多、规格多、所需量小、生产工序多、时间短等多重难度，精心组织，通力协作，昼夜奋战，认证工作全部按时完成，获得了用户的好评。

镀锡板事业部不断追求精益求精，他们针对接触蛋白质饮料罐体要求抗硫化性高的技术难题，组织了攻关小组连续几个月进行攻关试验，终于一次性通过了厂家认证，取得了批量订货单。彩涂板事业部在酸洗产线开展了新产品试制攻关，完成了华兴机械酸洗板认证。实现了“上汽大通”“北汽增城”等企业批量供货的目标。他们还围绕提高镀锌板的耐腐蚀性，以及防伪功能，进行耐指纹彩色镀锌的试制与量产，2017 年上半年，共计生产 3542 吨，全部供应“北新建材”用于加工“龙骨”。完成了澳柯玛家电彩涂板认证、立霸家电彩涂板批量供货合同，进一步丰富了产品品种，从而实现了镀锌产品档次的新提升。与此同时，还成功进行了两项专利申请——实用新型专利证书和外观设计专利证书。2017 年上半年，首钢京唐公司还完成了冷轧特种集装箱用钢、大焊管用钢、自润滑烤箱后盖板、电子产品用耐指纹板、电池壳钢以及高强无时效家电板多种产品的认证，其中电子产品用耐指纹板、特种集装箱用钢、高强无时效家电板已经实现批量供货。

高效产品开发　打造精品赢得市场

一项项新产品的研发成功，成为市场创效的“利器”，令积极应对市场挑战的京唐人倍感振奋，为京唐公司树立品牌，在激烈的市场竞争中赢得主动权奠定了基础。

首钢京唐公司不断强化经营性生产理念，坚持以经济效益为中心，加大产品开发力度，满足用户个性化需求，高端产品的研发与生产持续实现新突破。

在产品开发中，首钢京唐公司充分发挥专业组织部门的分工职责作用，制造部的汽车板室、家电板室、热轧板室等相关单位，从用户先期介入到异议处理实施全面管理。与此同时，发挥镀锡板事业部和彩涂板事业部两个事业部的作用，实行从产品研发到异议处理的全过程管理，真正把全方位“一贯制”管理落到实处，使产销环节沟通更加顺畅高效。热轧产品推进团队通过先期调研，得知热轧双相车轮用钢DP600市场需求量大，于是联系用钢厂家开展了这种高端热轧钢的试制工作。试制过程中，为了保证轧制过程和关键控制点稳定，京唐公司组织技术人员多次讨论分析技术数据和完善生产方案，对影响热轧双相钢DP600生产的系列问题进行了明确和细化，对板形控制、轧辊制度、温度控制等进行多方面周密布置，形成了完备的生产预案，顺利轧制出该产品，得到了用户认可并订货。首钢京唐公司业务人员及时到现场跟踪用户试用情况，厂家试制中，冲压成型过程稳定，无开裂现象，外径、中心孔高度等尺寸符合标准。抽检车轮进行疲劳测试为148万次，远超过该型号要求的疲劳寿命30万次，顺利通过寿命测试，达到了用户满意标准，开始批量订货。镀铝锌钢板是一种重要的合金材料，以其良好的耐热性和耐腐蚀性，广泛应用于建材、汽车、家电、机械、环保、船舶等诸多领域。公司通过前期调研，了解到这种特殊钢市场前景非常广阔后，领导决策组织试制。镀铝锌生产工艺复杂，操作控制点多，国内能够生产出高质量的镀铝锌产品企业凤毛麟角。为此，公司彩涂板事业部先后多次组织技术、操作人员去知名企业考察学习，并与专家进行技术交流，解决诸多难题。在调试过程中，他们严密生产组织，从合同评审、生产排产、设备维护到操作人员培训均详细了解进度，及时协调解决存在的问题。围绕工艺，联合首钢技术研究院、镀铝锌外方专家的力量，设定最优的退火温度、工艺速度、产线张力等工艺参数，并编制完善镀铝锌操作要点。试制过程中，作业区人员严格按照操作要点执行，避免出现操作失误。经过技术人员和操作人员的共同努力，公司第一卷镀铝锌产品成功下线。这项新产品填补了首钢镀铝锌产品领域的空白，标志着首钢京唐公司产品结构向高端领先的目标又迈出了坚实的一步。

2017 年上半年，首钢京唐公司开展了 60 项新产品的生产。其中，热轧板 13 项，汽车板 17 项，家电板 13 项，彩涂板 7 项，镀锡板 10 项。47 项已经实现小批量供货，6 项已经完成开发并实现批量供货。BH 钢已达到该牌号最高强度级别，DP 钢达到了 980 兆帕强度级别的开发，低合金高强钢实现了该品种最高强度级别 550 兆帕的开发，并实现了 3. 0 毫米厚度的极限规格拓展。

转型发展路子宽

——首钢京唐公司开展转型提效工作纪实

杨立文

企业改革发展只有融入国家全面深化改革的洪流中，路子才能越走越宽。建立完善市场化经营体制、科学高效的管理运行机制，是国有企业改革的重要内容之一。首钢集团把“健全管控体系、提升管理能力”作为深化改革的主攻目标，改革与管理能力提升的叠加效应持续释放，内生动力不断激发。

近年来，首钢京唐公司围绕落实“十三五”规划，注重提高效率效益，全面提升发展质量，从完善市场化经营体制、建立对标赶超机制、注重人员提素等多方面谋篇布局，精准施策，进行着不断腾飞和嬗变：一项项机制的建立，一项项举措的实施，成了企业发展的利器……共同铸就着首钢京唐公司健康成长的不竭动力。

市场化机制——引路

企业市场化转型，内部管理机制是关键。“转型提效只能进不能退，只能快不能慢！”首钢京唐公司领导坚定地说。

公司不断深化组织机构和管理方式改革，提高劳动效率，专门成立了转型提效改革领导小组和工作小组。公司主要领导亲自担任领导小组组长，组织相关专业部门与各作业部领导就转型提效相关措施，逐一讨论、反复研究，有力推动机构改革工作的顺利开展。

——精简机构，压缩层级。首钢京唐公司结合岗位实际，在充分调研分析的基础上，坚持集中一贯、扁平化、精干高效的原则，大胆进行机构改革，积极推进“取消分厂建制”等系列改革。以“瘦身整合、充实基层、调整职责、流程再造”等方式逐步实施提效工作。采取进一步优化劳动组织、扩大岗位职责、兼并岗位、操检合一、实行巡检方式优化、对标找差、追赶先进等措施。冷轧作业部是公司生产组织、计划排程最复杂，技术质量要求最严，产线工序最多，人员规模最大、最年轻的生产作业部门。在机构改革过程中，他们将原先的10个作业区按相同产线专业化管理原则调整整合为5个专业化作业区。对辅助系统的管理方式和作业区设置进行调整，成立生产准备作业区、物流作业区。他们还对设备点检管理方式进行调整优化，实行点检、运维、检抢修的专业一体化管理。公司还打破各区域各自为战的思维定势，提出了实施检修工单制、各作业部运保与检修分开、点检员区域集中、精干中夜班运行维护力量、建立保驾队伍等措施，形成了维检人员压缩改革总体方案。在热轧、冷轧区域，充分发挥自有维检人员能动性，对维检人员实行插入式管理，大幅减少人员数和维检人工费用。在供料区域，打破供料部现有维检模式，将供料部维检重新划分为机电、自动化、专业维检三大板块。规划辅助生产作业岗位，设置专人承担生产配合工作。通过调整，维修资源配置更加合理，维检单位数量由7家减至4家，维检人员由767人降至545人，维检费用由273.23万元/月降至253.57万元/月。

通过努力，首钢京唐公司共取消分厂建制29个，核减部门领导职数8人，核减厂级领导职数53人，整合撤销作业区96个。截至目前，公司正式职工劳动生产效率比2015年提高了62吨/(人·年)。

——优化管理，提高效率。首钢京唐公司从优化管理流程入手，将相邻、相近、相似的业务进行合并，减少管理界面，提高管理效率。将各项管理权限和管理业务集中在公司管理层，基层不再设置专业管理机构和岗位人员。实行作业区指标、责任、考核三位一体管理，实现基层组织由行政指令管理向指标引领、制度约束、导向激励的学习型组织转变。将财务业务与物流业务紧密集成，实现资金流、物流、信息流三流同步和一级核算。能环部能源中心运用先进的自动化、信息化手段，对电力系统、动力系统、给排水系统等数据实行集中监控和管理，实现从能源数据采集—过程监控—能源介质消耗分析—能耗管理全过程自动化、高效化、科学化管理，使能源管理与生产、使用的全过程有机结合，提升能源管理的整体水平。过去，炼钢作业部板坯库作业区仓储指令全都靠人工指令，浪费人力物力，还存在安全隐患。该部通过强化管理机制，全方位实行了智能仓储指令系统改造，实施后大大减少了地面指吊人员的工作量，释放了劳动力。同时，实现板坯库下线、上料工作的主控操作，提高了操作的安全性。以前板坯库岗位 64 个人的工作量，现在 28 个人就能保质保量完成。

——绩效考评，激发活力。首钢京唐公司加大用工结构优化和职工激励力度，按照“向贡献倾斜、向骨干倾斜、向一线倾斜”的导向出台了一系列激励政策。按照集团公司要求，公司推广了“三支人才队伍”薪酬激励机制试点经验。打通高技术、高技能人才职业发展晋升通道，建立健全了领导人员中长期激励机制。围绕以改革创新激发活力促提质提效的目标，通过绩效分配关系调整进一步激发管理活力，突出以能为本、按贡献分配的思想，营造良性的竞争氛围，引领职工严格履责，多做贡献。制定了《京唐公司绩效分配关系优化调整实施方案》。建立对应技能操作岗位的九级岗位系数标准。在 2014 年岗位分级标准的基础上，对各岗位岗级进行重新核定，建立了对应的职工奖金分配系数标准，做到公开透明，有据可循。此外，及时修订首钢京唐公司单项奖励管理办法。进一步规范本单位的单项奖励分配，明确单项奖分配标准、范围和单项奖励管理流程，使单项奖设立、分配更具针对性和有效性。针对领导人员，实施领导人员职务职级改革，取消行政级别，突出职务功能，规范了职务职级管理，强化了管理人员配置。建设创新、精益专家库，着力培养创新、精益管理骨干人才。实施最佳操作法评比奖励机制，选树表彰京唐“技能工匠”，鼓励一线职工立足岗位开展创新……

一系列激励机制的出台，促使首钢京唐公司内生驱动发生了积极变化，进一步增强了发展活力，形成了层层传导压力、层层担当履职的科学管理格局，极大地促进了经营生产不断迈上新台阶。

常态化对标——提升

近年来，“对标”成了各行业关键词之一。首钢京唐公司围绕加快实现“四个一流”的目标，建立起与浦项对标交流、与宝钢三年缩差的常态化机制。广大职工立足岗位—瞄准先进—创新工作—努力赶超—再创新纪录，全方位与先进企业对标活动已成为京唐人追求卓越的精神动力，形成了如火如荼的学习文化浓厚氛围。

2016年8月，首钢京唐公司领导亲自带队去韩国现代制铁、浦项制铁考察，当看到人家精干的人员配备结构、高效的智能控制系统时，深有感触地说：“我们要以浦项为标杆，不断赶超，哪个部门的人员比浦项少就增加人，比浦项多就精减人！”树立世界眼光不断挑战自我成为京唐人的真实写照。

首钢京唐公司在压缩管理层级、撤销分厂建制、做实基层作业区管理功能和调整管理方式等改革的基础上，向优化层级、优化人员结构转变，向精准对标人岗匹配转变，依靠创新驱动、深化改革，进一步提高全要素生产率。大力进行了岗位合并、调整岗位职责范围，优化劳动组织。采取设置大工种、培养多能工，改进现场组织方式等措施，共合并烧结、精炼、连铸等86个岗位、核减54人。根据产线作业量饱和程度调整生产班次，灵活配备人员，共调整热轧剪切线、镀锡线、彩涂产线等5条产线生产班次、核减40人。为提高效率，冷轧作业部针对厂房大门管理，开发了远程遥控系统。按区域分发具有不同开门权限的门禁卡，严格控制进出人员。同时，为优化进出厂物资的审批流程，减少职工等待时间，在信息化系统中添加了“用印管理”模块，审批全部采取电脑集中办理，实现了无纸化办公，既节省了人力，又降低了办公费用。能源与环境部实行岗位合并实现人员的协调使用，促转型提效。该部辅助泵站作业区运行维护的厂区南北明渠强排泵站，负责厂区的泄洪排涝工作，季节性工作差别明显。针对这种状况，他们将辅助泵站作业区和原水作业区进行合并，合并后的岗位每班实现减少人员4人。合并后，各岗位人员根据季节性工作特点协调调配，达到了岗位精干、运行高效的目的。硫铵包装机是焦化作业部化工区对硫胺产品进行包装和码垛的流水线设备，长期使用造成了性能下降，故障频繁。而且由于自动化程度低，配备岗位人员就达24人。针对这种状况，该部对硫铵包装机实施了全自动改造。通过增加自动化生产线、将关键控制信号连接MES系统等措施，实现了硫胺包装机的自动控制，岗位人数人减少到19人，年降低维护费用5万元。

“对标，就是一种先进的管理理念和方法！它有助于增强职工的危机意识、使命意识和进取意识，有助于增强企业的成本控制意识，实现降本增效，提高企业竞争力。”在每次的经济活动分析会上，公司领导都会这样强调。

在对标过程中，首钢京唐公司围绕生产技术指标采取由点到面、逐步深入的方式，以行业平均指标、先进指标为标杆，健全完善对标管理制度和工作机制，建立一贯制管理、用户管理、过程管理、重点指标四合一对标体系，开展全面对标、精准对标。

一步一个脚印。首钢京唐公司以标准化促进规范化，为对标工作的开展打下了坚实的基础。召开对标例会，对照分析对标数据，查找管理漏洞、健全规章制度、降低成本费用。针对指标反映的深层次管理问题，专题研究，制定整改措施，提高对标的针对性和有效性。围绕质量管理，全面落实质量目标和过程绩效指标，持续推进ISO9001和IATF16949质量管理体系换版认证，并取得了JIS（日本工业标准）体系认证。公司以炼钢连铸、热轧精轧和冷轧镀锌工序为样板，利用六西格玛科学管理工具，初步建立起首钢京唐公司TS16949标准运行评价指标体系，进一步强化过程控制管理。结合G8D质量改进和汽车行业五大工具的应用，加强质量持续改进的闭环管控。炼钢作业部主动对标光阳、宝钢等先进钢铁企业，围绕确定的14项重点攻关指标，明确赶超目标、责任人及具体举措，每天通过部早调会的平台发布攻关情况，每月系统总结攻关进度，做到日日明差距、月月追先进。通过持续攻关，取得了阶段性成果。截至目前，转炉出钢温度降至1655摄氏度，达到国际先进水平；钢包不自开炉数达到国际领先水平；IF钢RH一次调铝比例达到国内领先水平；结晶器液面波动小于等于3毫米比例达到国内先进水平。

实现精准对标，是一线职工一步步干出来的。职工来自一线，是工艺、标准、产品质量的实践者，他们最有发言权。在冷轧作业部各个作业区，都有一块公告栏，公告栏内贴着一张张清晰的图表，上面统计的是岗位人员一天当中出现的各类生产问题。每天下班前都会有专人来统计收集，准时汇集在一起，对当天所有的问题建议进行确认。在第二天的班前会上，他们会围绕这些问题一一进行研究解决。遇到无法解决的，及时上报，直到问题被最终彻底解决。在对标过程中，冷轧作业部持续推进影响汽车外板产品质量的11项重点攻关项目。通过优化工艺参数和提升精细操作水平，成功轧制出了0.9毫米和1.2毫米极限规格微合金高强钢DP780，并实现了稳定生产。0.8毫米DP980超高强双相钢的轧制速度和技术控制达到国内一流水平。镀锡板事业部以“制造+服务”的理念，积极与宝钢等先进企业进行对标，查找了市场开发、产品档次、质量控制、产线运行等方面的差距。该部将“重点品种研发”和“国际市场开拓”作为两个重要抓手，强化产销衔接，逐步调整产品结构，瞄准先进水平指标确定追赶目标。截至目前，DR材和高锡铁订单占比由2017年1月的5%提高到39%。DR材、K板、高抗硫镀锡板等品种质量均达到了国内行业先进水平。在彩涂板事业部成品厂房里，一排排漂亮的彩涂板卷整齐地排列在那里。“这些产品都是出口的。”现场产品检测人员自豪地说。彩涂板事业部在对标先进企业过程中，建立了工程、家电、出口三大支柱渠道，以高品种高质量赢得国内外用户。其产品远销到巴拿马、哥伦比亚、厄瓜多尔、罗马尼亚、韩国、印度尼西亚等国家。在国内市场，他们成了海信的合格供应商，形成了彩涂板事业部、青岛钢业、海信的三方直供合作。与深圳道铭、欧司朗照明形成了三方直供稳定供货合作。

人员对标、品种对标、质量对标、价格对标……首钢京唐公司在经济技术指标对标的同时，节能环保指标也不例外。公司以节能降耗为核心，瞄准先进，持续对标。能源与环境部系统梳理能源管理稳定性指标与经济性指标体系，在不断提升稳定性的基础上，大力开展节能攻关，他们在水系统实现分质供水、串级使用、循环利用基础上，以海水淡化除盐水为调节手段，采用耦合式盐平衡模式，实现了废水零排放，吨钢综合能耗完成627.8千克标准煤，达到国内一流水平。

重以人为本——“提素”

人是企业发展的核心要素。首钢京唐公司站在持续健康快速发展的战略高度，把坚持以人为本和提升职工素质作为创建学习型企业、全面实现效率效益和发展质量战略目标的重要措施。

积极推行“一专多能和一岗多能”，通过优化岗位结构，理顺业务流程，节约使用劳动力，提高工时利用率，实现岗位相互兼容、人员相互融合、工作相互协调。根据公司的目标和任务，在确保安全生产的基础上，合理进行人员与岗位、与设备的优化配置，充分发挥专业化集中管理的优势，做到事得其人，人尽其才，才尽其用。同时，加强岗位培训，积极培育培养一批一专多能、操检合一的复合型职工队伍，让人人都成为岗位上的“多面手”。如今，首钢京唐公司取得两个以上职业资格证的职工达到了2207人。技能人才队伍结构进一步优化，高级工以上人员占比63.1%，技师、高级技师占比11.5%，促进了劳动用工的科学化、集约化。

“全员学习、终身学习、学以致用”是首钢京唐公司倡导的培训理念。学习，已经成了公司干部职工队伍中良好的风气；培训，也已成为公司职工教育的一种工作常态。首钢京唐公司立足现场实际，针对一线岗位人员能力短板，围绕作业规程、质量控制、标准化操作、操作要点、事故案例等内容，组织各部门大力开展专题讲授、岗位轮换、导师带徒、一对一指导、操检合一、知识竞赛、以考促学等形式多样、灵活有效的岗位技能实战培训，提高了岗位培训的针对性、可操控性和实效性。与此同时，针对年轻人多、缺乏经验的实际，以作业部、作业区为试点单位积极组织探索创新培训方式方法。借助班前会，以炼铁作业部球团作业区、质检监督部轧钢分析中心作业区为试点，构建了基于班前会的“每日一课、每周一考、每月一结”的班前会培训模式，以焦化作业部、能源与环境部、热轧作业部为试点单位推行微课程培训，通过制作微课件并借助微信、百度云等移动信息化平台进行发布，将培训学习与信息化技术有效结合，实现了岗位员工自主学习，为岗位能力提升提供了有效支撑。围绕体系认证、提升专业管理水平等实际工作，组织开展专业技术人员培训。结合体系认证工作要求，对照管理体系关键管控岗位设置、体系标准换版和人员现状，组织开展了 JIS 标准培训、IATF16949：2016 标准培训、“两化融合”内审员培训、测量体系内审员换证培训等。以锤炼生产操作人员技艺、培养高素质技能人才为目标，组织开展技能操作人员培训。结合转型提效工作，制定职业技能鉴定工作计划安排，并在首钢人才开发院指导配合下，完成技能等级培训和鉴定考试，2016 年至今，已完成了初、中、高三个等级达 1042 人的技能等级培训和鉴定考评，有效助推了公司技能操作人员的职业发展。紧密结合技能操作人员实训需要，组织推进实训基地建设和仿真系统构建工作。截至目前，完成了天车工、电焊工、炼钢转炉等技能实训基地的建设。

首钢京唐公司以促进管理队伍结构优化为目标，深化选人用人机制改革，加强后备干部及人才梯队建设，大力实施领导岗位公开竞聘。采取短期脱产培训班等形式，举办党委书记培训班、党支部书记培训班。2016 年以来，以提高企业管理和领导科学能力为目的，组织开展了 2 期 80 名新任领导人员参加的履职能力提升培训班；加强作业长队伍建设，强化任职资格要求，举办 2 期作业长脱产培训，51 名新任作业长全部取得资格证书。特别是进入 2017 年，结合首钢集团深化改革和本公司转型提效的工作要求，组织公司 56 名部级领导干部开展了管理能力提升培训，丰富了中层领导人员的管理知识储备，强化了经营管理理念。同时，为加强公司后备干部队伍建设，通过各单位推荐、组织审核，选拔了 38 名优秀人员组织了为期 38 天的青年骨干培训班。通过培训使参训学员开阔了视野，增长了知识，更新了观念，提高了能力，为持续发展奠定了人才支撑。坚持正确的用人导向，探索领导干部公开竞聘、竞争上岗新机制。通过竞聘方式分两批公开选拔了公司团委书记助理等 13 个领导岗位，提高了选人用人的公信度和群众满意度。

在转型提效过程中，首钢京唐公司还始终围绕企业经营生产的重点、难点大力开展劳动竞赛活动。创新竞赛方式，提高竞赛实效，充分发挥劳动竞赛在促进企业经营生产中的“助推器”作用。与首钢集团技能竞赛相结合，每年都组织实施公司级技能竞赛活动。各单位结合实际开展了多种形式的竞赛活动。炼铁作业部结合岗位要求和生产实际，将岗位工作量化分解并制定评价标准，开展小指标岗位竞赛，通过“日评比、周总结、月考评”的竞赛方式激发员工积极性。冷轧作业部组织了部门级14个工种的岗位操作技能竞赛，评选出84名冷轧技术能手。炼钢作业部开展OTC积分劳动竞赛，坚持竞赛活动数据化、地气化、典型化，激发基层活力。该部把工艺、操作、设备、安全、管理等重要指标完成情况，以月度、季度、年度为时间单位进行累计积分，确保竞赛结果完全用指标说话、用积分决胜。目前，炼钢作业部OTC积分劳动竞赛已拓展到炼钢工、炉前工、RH主控工、大包工、设备点检等34个生产操作岗位，45个操作班组。职工参与热情高涨。OTC积分劳动竞赛，营造了浓厚的“比、学、赶、帮、超”氛围，助力经营生产创出好水平。截至7月底，铁耗降至995.2千克/吨，石灰消耗降至27.3千克/吨，均创历史最好水平。

（本文刊载于2017年9月20日《中国冶金报》）

踏上“精益”征程

——首钢京唐公司全面推进精益六西格玛管理纪实

苗亚光

近年来，首钢京唐公司采用精益六西格玛方法进行工艺技术攻关，课题的应用水平得到了很大的提升。截至2017年7月，共获得10余项国家级、省部级科学技术奖，极大地促进了精细管理、精益制造能力的提高。

“持续改进，追求精益”是首钢京唐公司推进六西格玛管理的初衷和理念。正是在这样一种理念的引导下，公司针对设备管理、生产工艺、产品质量、用户服务等方面，实施了400多项六西格玛精益管理项目的课题，促进了产品质量、产品档次、顾客满意度的提升，累计创效8.03亿元。2015年，在全国科学技术大会上首钢京唐公司的“高效化微合金化钢板坯表面无缺陷生产技术开发与工程化推广应用”六西格玛项目，荣获国家科学技术进步二等奖。而首钢京唐公司运用六西格玛管理的方法和工具在学习实践中培养人才，夯实精益管理基础，不断取得了新突破：910人通过绿带资格考试，89人通过黑带资格考试。其中，有40人通过了中质协黑带注册理论考试，创造了中质协黑带注册考试91.7%的通过率……

引入：拨开迷雾见青云

首钢京唐公司六西格玛项目的引入过程不是一蹴而就的。2013年2月18日，在公司六西格玛项目启动大会上，公司领导坚定地说：“我们要建设具有世界影响力的钢铁厂，跻身世界先进行列，实现‘四个一流’目标，必须推进六西格玛管理!”

万事开头难。最初各个部门接到参加培训通知的人，面对陌生的精益六西格玛管理理论、概念和复杂的工具运用，一筹莫展。看到项目的立项、工具运用、项目实施等，感到十分茫然，无从下手。在咨询公司培训导师循序渐进的教导下，边培训边做项目，通过理论实践相结合，进行系统全面的学习。项目组成员自始至终坚信“只要付出，必有收获”。在六西格玛管理项目创建初期，好多项目都是利用业余时间来完成的。

在各部门的全面协作配合下，首钢京唐公司成功导入精益六西格玛管理，在六西格玛团队中树立起精益的理念意识，从而稳定持续推动项目的开展，并逐步形成了精益管理体系。

推进六西格玛项目是“一把手”工程。六西格玛管理本身是一种自上而下的管理模式。因此，领导从头到尾的支持和参与是成功实施六西格玛项目的重要保证。首钢京唐公司建立了由公司领导挂帅的推进组织机构，形成了公司级和部门级的分层次管理体系，在公司层面成立了精益六西格玛管理委员会及管理办公室。公司精益六西格玛管理委员会及管理办公室制定了《六西格玛推进实施方案》《精益六西格玛项目管理办法》《精益六西格玛项目实施细则》《精益六西格玛带级人员奖励办法》等制度，规范了项目的选项、过程控制、评价、经济效益核算及培训组织管理等流程及实施标准，支撑六西格玛全面推进实施。26个部门成立了精益六西格玛推进办公室，根据公司精益六西格玛相关制度进行细化，制定各部门的精益六西格玛管理制度，支撑部门级项目运行。

有了组织架构及管理制度的支撑后，六西格玛项目办公室与公司技术质量管理部门及各作业部从生产稳定性、质量稳定性、工艺参数波动及各项指标运行情况等多方面查找公司主流程生产控制过程中的短板环节，对各环节进行风险分析，确定改进项目。

六西格玛作为一种新理念，需要改变广大职工的思维方式和工作习惯，它能被大家接受吗？一项项精益六西格玛的培训工作在首钢京唐公司开展起来。

根据不同人群，公司举办了形式多样的“培训班”。针对公司级、部级领导开展了倡导者培训，针对处室级领导、技术管理人员开展了绿带培训，针对优秀绿带人员开展了黑带培训，针对非操作岗位的现场作业人员开展了基础课程培训。

培训只能作为“被动式”的理念灌输，想要变被动为主动，只能让效果说话。

第一期六西格玛项目改进工作是在大多数职工的怀疑和观望中开始的，然而结果却让大家看到了一丝光亮。改进项目后，产品质量稳定性得到了很大提高。就拿冲压开裂来说，它是汽车板使用过程中的主要缺陷，这与IF钢板的性能有很大关系，“降低冷轧镀锌产线IF钢性能不合格率”项目应运而生。通过对冷轧镀锌IF生产过程中的参数进行分析和排查，结合历史数据应用高级统计分析工具开展数据分析，将屈服强度、抗拉强度、断面延伸率三项关键性能指标对应不同钢种、不同规格、不同成分要求予以区分，将原来“四海皆准、千篇一律”的工艺制度设计变为针对不同用户需求的量身定制的工艺控制，大幅度提高了产线控制的流程能力，性能不合格率降低了70%。

做实：精准选项求成效

推进精益六西格玛的成果慢慢显现出来，职工的思维方式和工作习惯正悄然发生着改变，汇聚成解决现场疑难杂症的利器。

在首钢京唐公司，六西格玛项目推进情况每月都要作为部长例会上的汇报项目进行发布。随着对理论的深入理解，工具的熟练运用，一批批优秀的六西格玛管理人才脱颖而出，一个个优秀的六西格玛管理项目应运而生。为进一步提高六西格玛项目组成员的技术水平，公司还制定了严格的培训制度，如培训期间出勤率与考试成绩与项目评审挂钩，保证了培训的出勤率及培训效果；积极为各项目组创造外出交流学习机会，并安排人员在不同专场进行学习。组织人员到其他单位参观学习，拓宽眼界，增长见识。同时，还进一步完善激励制度，将项目实施结果与年终绩效评价挂钩。

首钢京唐公司在项目选题过程中积累了很多经验，同时也有很多创新点。项目选题来源多元化，围绕公司战略和重点任务通过逐层分解立项的方式，确保了项目对公司工作的支撑。尝试开展产品研发类项目，对公司调整产品结构增利，增加产品市场竞争能力具有重要意义。

首钢京唐公司认识到单个项目团队往往无法很好地完成项目，他们研究出了以多个项目团队配合，共同解决一个问题的“项目群”方式。“项目群”方式，能够更好地支撑公司重大问题的解决，有效解决项目间、工序间、部门间的“死角”问题。“降低炼钢夹杂带出品率”项目群包括“连铸液位波动控制”“提高三路氩气合格率”“降低钢水脱碳结束氧活度”“提高炼钢渣改质效果降低夹杂带出品率”4个子项目。项目实施过程中，各子项目分别作出贡献：连铸液位波动控制占55.78%，提高三路氩气合格率占12.12%，降低钢水脱碳结束氧活度占9.89%，提高炼钢渣改质效果降低夹杂带出品率占22.21%。项目实施后，炼钢夹杂带出品率由0.9%降低到0.59%，指标超越极限目标达到行业领先水平。

首钢京唐公司以客户需求为导向实施精准产品设计，通过用户分类、需求调研实现用户需求的全面收集，运用精益六西格玛方法体系，将用户关键需求转化为现场参数设计要求。“开发高抗硫蛋白饮料食品罐镀锡板”项目以“工艺优化难度大，抗硫和附着力两个方面很难同时满足要求”等问题为切入点，对客户中的采购方、印铁厂、空罐厂、实罐厂进行细分和筛选，锁定目标客户群进行面对面访谈和现场观摩，收集客户切身感受，将客户需求转化为关键质量特性指标进行优化，最终使客户订单提升9%。

通过深入的市场调研，首钢京唐公司在了解客户基本质量需求的基础上，充分发掘其深层次需求，对主工序的生产控制过程进行改进，实现精益制造。“提高扇形段功能精度寿命”项目通过精益六西格玛工具层层分解设备、部件、零件，共找出853项控制点，通过精益六西格玛分析方法找出根本原因并改善。通过项目实施，将功能精度的分析从定性逐步转变为定量，保证了设备功能精度的持续稳定，过钢量增加3倍。

推进精益六西格玛管理作为首钢京唐公司的一项重中之重的工作，受到了各单位的高度重视。

能环部坚持“务实，高效”的原则，调集精干力量，调整组织机构，扎扎实实、规范有序并高质量地做好相关六西格玛管理工作。加大六西格玛宣传力度和推广力度，全员参与、全面推广，营造应用精益六西格玛理论开展工艺改进和设备管控的积极性和主动性。能环部把项目、六西格玛方法论与生产岗位有机结合，提升全员六西格玛理论基础水平和工艺管控水平，有效实现了项目的突破性改进，取得了显著的成果。

2017 年，炼钢作业部各级领导及部门推进办公室围绕亟待解决的质量、成本、生产等问题，在公司六西格玛推进办的帮助下，结合公司重点工作，确定了 3 个部门级项目，并设立“提高炼钢产线效率降低转炉出钢温度”项目群一个。该项目包含 3 个公司级子项目，滚动立项阶段根据群项目开展情况增加“缩短工序衔接时间”子项目，共计开展 10 个项目。在辅导老师的耐心指导下，在各项目成员的共同努力下，炼钢部各个项目均取得了较好的项目效果，指标达成度均超过 100%。其中，群项目指标达成度更是达到了 160%，取得了显著的经济效益，对公司 2017 年降低成本增加效益起到了良好的支撑。

提升：百花齐放硕果丰

人是企业最宝贵的财富。为了使精益六西格玛能够持续推进下去，除了进行绿带、黑带的培养外，公司立志要打造一支内部顾问团队，实现自我造血。精益六西格玛不是一阵风，要成为一种气候。

在首钢京唐公司，越来越多的员工逐步接受六西格玛精益运营理念。2013 年以来，京唐公司共有 4000 余人参加了六西格玛项目，逐渐打造了一支涵盖了公司所有序列人员的内部顾问团队。员工的创造力得到极大发挥，进一步完善了精益六西格玛人才梯队，使公司成功跻身六西格玛人才培养先进企业行列。

内部顾问团队中有来自生产一线的普通操作工，有高学历的专业技术人员，也有基层管理人员。53岁的魏福顺是热轧作业部的一名加热炉操作工，也是通过中质协黑带注册考试年龄最大的职工。他说："现在是信息时代，跟不上时代的脚步我们就会落伍。"常永富是公司运营规划部部长助理，在通过中质协黑带注册考试后，他成为团队中职务最高的内部顾问。提到精益六西格玛，常永富头头是道，他说："一枝独放不是春，百花齐放春满园。相信会有更多的六西格玛黑带，乃至黑带大师活跃在公司产销研各个岗位上。"

推进精益六西格玛管理促进了首钢京唐公司干部的成长，掌握和应用精益六西格玛管理工具逐步成为管理干部任职上岗的必要条件。在公司2017年举办的青年后备干部培训班和四班作业长培训班中，有60%的学员都通过了精益六西格玛带级考试。

随着精益六西格玛的深入推进，首钢京唐公司决定尝试把精益六西格玛的方法应用到体系管理和优化上来，重点建立了以定量指标为核心的TS16949标准运行评价体系。TS16949标准是汽车行业通用的质量管理体系标准，是衡量一个企业管理水平的重要标志。同时运行好TS16949标准体系并通过第三方认证也是获得汽车板生产资质，实现供货的前提条件。

建立TS16949标准运行情况评价指标，是首钢京唐公司首次对TS16949标准运行实施定量评价的大胆尝试。项目按5个代级展开，目前正在进行第二代的设计。项目第一代紧扣设计类六西格玛的核心思想，以顾客为关注焦点，科学运用六西格玛工具，深入分析，采用自顶而下的设计方法，将顾客需求逐层展开为设计要求、工艺要求、生产要求，确保总体设计方案能够满足用户需求。从文件符合性、产品性能及表面质量评价3个维度构建了标准运行定量评价指标体系。在连铸、精轧和镀锌主操岗3个样板岗位，进行数据审查及现场文件审查。

项目实施后，首钢京唐公司首次建立了TS16949标准运行的定量评价体系，实现体系管理的评价由定性向定量转化，并得到了德国莱茵公司认证专家的高度评价。通过第一代项目的实施，高端合资汽车品牌用户增加至17家。

“好风凭借力，送我上青云。”首钢京唐公司借“精益六西格玛”的全方位实施，促进了精细管理、精益制造水平和能力持续提升，必将推动加快实现“四个一流”目标和建设最具世界影响力的钢铁厂愿景的步伐！

（本文刊载于2017年11月6日《首钢日报》）

第四章　扬波之行

党的十九大召开后，首钢京唐公司开启了全面实现“四个一流”目标的新征程。公司牢牢把握“夯基础、学先进、提能力、促发展”的工作主线，牢牢把握经营生产和工程建设双线并行局面，不断提高公司发展质量，向建设最具世界影响力钢铁厂的愿景阔步前行。

炼铁部高炉煤比持续提升

薛贵杰

2019年，首钢京唐公司炼铁部坚持以高炉生产顺稳为中心，大力开展技术攻关，两座高炉运行状态持续高水平运行，1号高炉负荷达到5.53，2号高炉负荷达到5.34，两座高炉日均焦比降至280千克/吨左右，煤比稳定在190千克/吨以上水平，达到一年多以来的最好水平。

在高炉生产中，燃料成本占铁水成本的30%左右，进一步降低焦比和提高煤比是降低铁水成本的最有效措施。高炉负荷的高低直接影响煤比的提升。为此，炼铁技术人员瞄准负荷提升狠抓炉内操作，不断优化矿焦平台，通过将矿石平台摊开，同时逐步将矿焦平台往外移动，改善煤气分布，提高煤气利用率，降低炉内压差。通过调整后，炉内压差逐步降低到160千帕水平，煤气利用率维持在48%以上，焦炭负荷稳定在5.5水平。炉内透气性指数的改变为高炉负荷提升创造了条件，也为喷煤降焦提供了更有利条件。2019年2月，两座高炉平均负荷5.4，焦比降至285千克/吨，煤比198千克/吨，最高达到205千克/吨，在探索高炉大煤比喷吹、进一步喷煤降焦的道路上，京唐炼铁人又迈出了重要一步。

随着高炉负荷的稳步提升，两座高炉喷煤量不断增大，炼铁部持续在保障制粉和喷吹系统运行上下工夫，为高炉大煤比冶炼提供保障。每周利用停机时间，对4台磨煤机进行系统例修，减少非计划故障停机，通过强化制粉系统性能、优化喷吹煤配比，提高磨煤机出力，保证高炉供粉正常。为适应大煤量喷吹，喷吹系统及时更换口径更大的13毫米阻损管，提高煤粉喷吹能力和稳定性，为高炉大煤比冶炼提供了保障。

高炉生产水平的持续稳定，各项指标的持续提升，为降低铁水成本创造了有利条件。在高炉主控室查看生产运行情况的刘国友说道，“近期煤比的大幅提升得益于高炉生产的高水平运行，这对首钢京唐公司降成本措施的实施是非常有利的。一季度前两个月，公司铁水成本控制得很好，连续两个月超计划完成降成本目标任务。1月，铁水成本较计划降低9.93元，成本排名首钢集团第一名，铁水成本实现了2019年开门红。”

随着高炉生产水平的不断攀升，技术人员将不断总结、吸取大高炉冶炼经验，掌握大高炉冶炼规律，实现对高炉管理由经验型向科学型的转变，为走出首钢大高炉科学化运行的道路而奋力前行。

全球首套4.5万吨/年工业尾气生物发酵法制燃料乙醇项目调试成功

首钢京唐公司工业尾气变身合格燃料

张　雨

5月16日，随着首钢京唐公司工业尾气经历一场奇幻之旅，清澈透明浓度为99.5%的合格燃料乙醇产品从蒸馏塔产出，首钢朗泽公司全球首套4.5万吨/年工业尾气生物发酵法制燃料乙醇项目在首钢京唐公司一次调试成功。

此次成功调试标志着首钢朗泽公司在生物清洁能源领域取得了革命性的突破，此项自主创新技术目前在世界上是独一份儿，创造了多项世界纪录，目前已申请专利20余项，在新能源发展的道路上独占鳌头。

利用工业尾气通过生物技术转化清洁能源是一项世界性的难题，涉及多个领域诸多困难，在此之前全球尚未有工业化应用的先例。首钢集团于2011年与新西兰唐明集团、美国朗泽科技合作组建首钢朗泽公司。2012年在首钢京唐公司建成全球唯一的300吨/年全流程中试装置，首钢朗泽公司科技研发人员通过多轮中试试验，持续推动科技创新，不断优化工艺流程，成功完成了全流程工艺技术集成系统，为首个商业化项目的建设打下坚实的基础。作为曹妃甸工业区的明星项目，在首钢基金和上海德汇集团两家战略投资者的支持下，首钢朗泽公司投资3.5亿元于2017年12月成功建成全球首套4.5万吨/年工业尾气生物发酵法制清洁能源商业化装置，设备国产化率达到97%以上。

工业尾气在硕大的发酵罐中通过微生物发酵反应，由气态高效转化为液态的清洁能源，使对环境产生污染的资源进行高值化利用，成为高附加值的燃料乙醇、天然气和高蛋白饲料。看似无法实现的技术，首钢朗泽公司七年磨一剑、厚积薄发，最终将不可能变成了现实。通过管理团队、技术研发团队、工程团队艰苦卓绝的共同努力，突破重重技术难关，掌握了全球领先的科技创新技术，正式产出了浓度为99.5%、符合国家标准的液体燃料乙醇合格产品，实现了绿色低碳、循环经济和可持续发展。

此次首钢朗泽公司全球首套4.5万吨/年工业尾气生物发酵法制燃料乙醇项目调试成功，对工业企业尾气处理和传统燃料乙醇生产行业具有里程碑式的意义。每年将生产燃料乙醇约4.5万吨，蛋白饲料约7650吨，压缩天然气约330万立方米。此项目减少了工业尾气燃烧带来的污染物排放，产出了燃料乙醇，为工业尾气的高值化利用提供了一条新途径，有利于提高工业企业综合利用效益和循环经济发展，同时也为我国燃料乙醇生产原料的多元化开辟了一条新的技术路径。

（本文刊载于2018年5月18日《首钢日报》）

“雄安第一标”用上首钢板

岳建华　杨立文

2018年，有“雄安第一标”之称的雄安市民服务中心项目主体建筑全部完工。首钢近千吨优质镀锌板应用于这一标志性建筑的轻钢龙骨、金属隔断及新型防火安全门的制造。

雄安市民服务中心项目于2017年12月7日开工，是雄安新区设立后首个大型建设工程，是面向全国乃至世界的窗口，将承担政务服务、规划展示、会议举办、企业办公等多项功能。2018年2月，首钢京唐公司了解到客户北新建材公司中标雄安市民服务中心项目主体建筑全部轻钢龙骨供应业务后主动与客户接洽。对方提出供货有花镀锌板563.76吨的需求，首钢京唐公司加强产销配合，组织协调原料，根据客户提报的龙骨尺寸，制定套裁方案，落实加工和配送时间节点，严格保障交货期任务。通过特殊调整退火温度和光整延伸率，增加板形卸张检查频次，确保性能和板形质量。从订单提报到开始交货仅用了10天。

另据了解，雄安市民服务中心项目使用的金属卫生间隔断，是由首钢京唐公司向中标该项目的专业厂家海德林纳公司独家供料。首钢销售公司天津分公司祝长青说，首钢每月供应海德林纳镀锌板500吨左右，雄安市民服务中心项目200余套卫生间隔断面积约2000平方米，全部使用首钢优质镀锌板。

此外，该项目装配式房屋使用的新型防火安全门，由首钢京唐公司客户东邦门业公司中标。东邦门业物资部门负责采购的高经理介绍，他们正在制作的2000多套防火门，使用首钢板近百吨。他说：“首钢产品和服务是一流的，在雄安新区后续重点项目建设中，我们将继续与首钢深入合作。”

围绕提高镀锌板等产品的质量和市场竞争力，首钢京唐公司和首钢销售公司密切配合，从合同评审、生产组织、过程工艺控制、用户跟踪等环节形成全流程闭环管理，做好“制造+服务”。首钢京唐公司强化生产管控、质量保证、精细管理，在生产过程中，岗位人员严格按照操作要点进行控制；技术人员现场跟踪，对重要指标重点监控，对工艺参数实时调整。强化技术攻关，不断提高产线工艺控制水平，提高产品表面质量和性能的稳定性。

据了解，雄安市民服务中心项目总建筑面积10万平方米、总投资额约8亿元，建成的8栋单体建筑包括一期“政务中心”、二期“企业办公周转房”和三期“雄安集团”自办公区。在这个项目建设基础上，新的一大批城建工程项目将陆续展开。首钢京唐公司和首钢销售公司表示，将继续为雄安新区建设提供优质钢材产品和服务，为京津冀协同发展贡献“首钢力量”。

（本文刊载于2018年4月13日《首都建设报》、
2018年4月13日《首钢日报》）

首钢京唐公司首架拆捆带机器人正式上线投入使用

杨立文　许国安

2018年7月4日，首钢京唐公司首架拆捆带机器人在冷轧部2230毫米连退产线正式上线投用，比计划工期提前一个月完成。

智能制造是制造业发展的重大趋势，是构建新型制造体系的必然选择，也是促进制造业向高端迈进的重要举措。首钢京唐公司积极顺应时代发展大势，采取多项有力措施，推动信息技术与制造技术深度融合，促进企业转型升级、跨越发展。机器人自动拆捆带系统是将机器人、人工智能、机械、控制、智能传感和网络通信等技术充分融合打造的机器人智能系统，它利用高精度激光测距传感器自动识别出带头方向，能够根据捆带位置，自动完成起带、剪切动作，剪切完的废捆带自动打卷收集并通过运输皮带传送至收集斗，整个拆装过程流程紧凑，成功率高。

冷轧部2230毫米连退产线拆捆带机器人项目是首钢京唐公司建设智能化连退产线的重要项目。公司上下高度重视此系统的研发实施，联合首自信公司在技术研发、现场施工、设备调试等多方面开展工作。其间，冷轧作业部多次组织专题会，就技术细节和投标商谈判，提出了具体需求，明确要领，签订技术协议。从设备招标、采购到现场施工、设备调试，技术人员与供应商和协助单位紧密联系配合，紧盯工期推进工程进度，高质量完成日常工作。在设备安装调试阶段，为避免在线施工对正常生产和产品质量造成影响，产线人员实施了严密的防尘措施和清洁生产工作，确保了项目的顺利推进。为缩短工期，促进项目尽快投用，他们“见缝插针”，加班加点，充分掌握产线生产节奏，利用设备检修时机，进行系统的调试。通过在线联调联试设备，进行系统优化，收集数据，固化参数，不到3个月时间，就完成了自动化程序调试工作，确保了拆捆带机器人提前上线。

经过短短5个月的时间，这套专门应用于钢卷拆捆带工作的机器人终于成功上线。经测试，解决了职工重复单一劳动的问题，提高了作业安全系数，有效地降低了生产成本。冷轧部2230毫米连退产线拆捆带机器人项目的应用，为首钢京唐公司打造智能化产线奠定了坚实基础。

（本文刊载于2018年7月20日《首钢日报》）

11项专利撑起京唐智能物流库

李晓鹏

首钢京唐公司成品码头五号智能物流库实现自动化和操作无人化运行稳定。目前，钢卷出入库量分别达200万吨。

智能仓储是智能工厂的重要组成部分，包括库区天车无人化和仓储智能化。

“成品码头五号智能物流库主要仓储产品为冷轧钢卷，是京唐公司第一个智能化物流库，于2018年3月28日开始试运行。”运输部港口作业区首席作业长陈万忠说。

在智能化项目建设过程中，首钢京唐公司对6台天车进行无人化改造，研发并应用了11项专利技术。整个项目由地面站、车辆管理、车辆防撞、车辆形状识别、无人天车控制5大系统组成，并采用大小车激光测距、称重传感、自动定位、防摇摆控制、钢卷内径识别、夹钳夹紧识别等关键技术，实现全天候全自动无人化作业。

“作业时，成品码头五号智能物流库系统具备与上级生产作业系统进行数据自动交换的功能，自动接收生产作业系统下达的作业计划，进行目标位置预约、天车分配和生成天车工单，自动完成入库出库工作。”智能物流库管理员马宏伟说。

目前，成品码头五号智能物流库具有信息化、智能化、高效化、低成本、自动化程度高等特点和优势，已经在运营中得到充分发挥，实现了京唐公司成品码头向智能物流的转变。

据了解，近年来，首钢京唐公司聚焦智能化和技改项目建设，提升系统能力，将智能仓储技术逐步向板坯及成品卷库、冷轧和镀锡原料库库区推广；首架拆捆带机器人投用，实现了信息技术与制造技术深度融合。“此外，热轧产线自动化控制系统升级改造项目，成功实现了国内首例全流程不停产改造，粗轧、精轧、卷取全部集中控制，板形、卷取全部自动控制，轧制品种和规格进一步拓展，这些智能化项目的建设将对京唐智能化工厂的建设提供有力支撑。”热轧部设备工程室自动化仪表专业工程师刘顺东说。

（本文刊载于2019年1月16日《首都建设报》）

首钢京唐公司热轧两条产线超薄规格轧制均突破设计极限

侯振元　王建功

首钢京唐公司热轧部瞄准市场需求，紧紧咬住产线先进性，持续强化精益管理，精准发力，热轧两条产线超薄规格轧制先后突破最薄1.2毫米轧制设计极限，达到国内领先水平。

抓生产管控。热轧部将精益生产实打实落脚在产线上，狠抓生产过程管控，眼睛向内，深挖潜力，誓要突破设计极限，向更薄规格精品板材生产发起挑战。为确保超薄规格产品的稳定轧制，该部上下一盘棋，不等不靠，主动作为，与公司生产组织部门制造部密切配合，超前谋划，精心组织。同时成立了生产、工艺、设备、操作4个技术攻关小组，由部领导牵头从规格过渡、设备状态、过钢通道检查、工艺参数控制等方面入手，多次组织召开专题会研究制定生产组织方案。技术人员深入生产现场，收集相关技术数据，并针对以往薄规格轧制过程产中暴露出的问题，细化生产措施和应急预案，最终形成了《超薄规格生产技术通知单》，为顺利轧制超薄规格产品提供保障。

严精细操作。在薄规格产品生产过程中，工艺人员与操作人员、虚拟团队成员相互补台，深入研究薄规格轧制的相关技术要点，并结合多次模拟轧制情况，不断调整优化板坯出钢温度、模型参数、中间坯厚度、粗精轧轧制速度等过程参数，确定了板坯加热制度、轧制工艺、精轧配辊、工艺水使用等关键工艺制度，为薄规格的稳定轧制提供了强有力的技术支撑。二级模型人员紧盯板廓、温度控制曲线，密切关注产线轧制稳定性，以及轧制过程中板坯平直度、凸度、厚度等各项指标控制情况，在保证系统自学习的情况下，适当调整工作参数，确保生产过程稳定。操作人员充分发挥操作台合并优势，快速沟通反馈各道工序轧制状态，并在保证轧制稳定的情况下，执行精准操作，逐步进行减薄轧制。针对超薄规格轧制时轧机出口带钢速度控制难的问题，操作人员从轧制模型入手，逐个环节进行突破，先后优化了精轧机轧辊配置、轧机负荷分配和工艺水的投入，逐步摸索出了薄规格板形控制的规律，实现了带钢速度的精准控制。

保协同高效。热轧部充分发挥设备功能精度三级分级管理的优势，组织设备、工艺、操作三方人员充分利用换辊强化时间进行过钢通道检查和设备功能精度测量工作。设备专业人员在执行全员设备包机制的基础上，加大设备故障易发点的点巡检力度，及时处理工艺专业提出的各类设备功能精度问题，确保设备的高质量运行。生产操作人员认真履行职责，主动加强设备运行状态的跟踪检查，发现设备隐患及时反馈处理。工艺技术人员结合虚拟团队成员提前编制新系统下薄规格钢种轧制操作指导书，并对操作人员展开专题培训。在薄规格生产过程中他们坚守生产一线，协调组织，指导操作，确保了超薄规格的顺稳轧制。

首秦4300毫米轧机牌坊顺利运抵京唐公司

吴　憬　杨　冀

首秦公司安全、稳定、经济停产后，核心设备搬迁至首钢京唐公司的各项工作迅速推进。日前，4300毫米中厚板产线粗轧机牌坊从秦皇岛顺利运抵首钢京唐公司。

作为轧机的核心基础部件，轧机牌坊是整个轧机的框架，轧机本体其他各个部件都安装在牌坊上或与之相关联，它承受着全部轧制力冲击振动，其刚度和强度是保证产品精度和设备可靠性的关键。首秦4300毫米中厚板产线分粗轧、精轧两组轧机，粗轧机牌坊为整体铸钢式，高14.2米、宽6米、厚2.2米，单片牌坊重量约440吨，是国内较大的单体铸造设备之一。

在拆卸4300毫米中厚板产线粗轧机牌坊过程中，首钢京唐公司中厚板事业部牵头组织，工程部、设备部、保卫部指导配合，各参战单位扎根施工现场，精心串排施工节点，细心组织施工过程，经过一周奋战，将440吨的“庞然大物”从首秦公司成功移出。

轧机牌坊属于特种设备，运输轧机牌坊的特种车辆为前后拖车装置，车辆总长51米，加上牌坊运具总重约500吨，最大转弯半径30米。为保证车辆运输安全顺稳，首钢京唐公司中厚板事业部会同保卫部组织运输单位就路面承载、沿途设施、道路宽度、交通拥堵等方面进行精细勘查、测算，以确定最佳路线。

经过各部门通力合作，首秦公司4300毫米中厚板产线的两片粗轧机牌坊顺利进入首钢京唐公司4300毫米中厚板产线建设现场。其中一片目前已安装就位，这标志着京唐公司中厚板迁建项目由土建施工阶段转入设备安装阶段，为实现4300毫米中厚板产线投产过钢迈出坚实一步。

（本文刊载于2018年8月24日《首钢日报》）

谱写嘹亮的攻关凯歌

——首钢京唐公司炼钢作业部实现转炉碳氧积指标新突破纪实

杨 景 薛超杰

2018年9月9日，首钢京唐公司炼钢作业部2号脱碳转炉在“服役”冶炼6023炉后，实现了全炉役复吹比100%，碳氧积0.00178的历史重大突破，跨入了国际先进行列，刷新了首钢炼钢历史的新纪录。

转炉的碳氧积是评价转炉复吹效果和终点控制水平的一个重要指标。转炉碳氧积低，意味着在相同的终点碳的控制水平下，钢水中的氧含量越低，意味着生产成本会大幅降低，意味着转炉在脱氧过程中夹杂物的生成量会大幅降低，意味着钢水的质量会大幅度提高。

在迎接首钢百年华诞的历史节点上，首钢京唐公司的碳氧积指标水平，在实现高效率、低成本生产洁净钢的道路上，在全面实现“四个一流”目标的进程中写下了浓墨重彩的一笔。

着力高质量 找准突破口

年初的首钢京唐公司职代会强调，要不断提高公司发展质量。这其中，必不可少的便是产品质量。

炼钢作业部领导意识到，提高产品质量是一项长期性的攻关难题，成百上千种因素都可能对生产造成巨大的影响。炼钢作业部决定先把现场职工动员起来，更好地推进工作。对此，炼钢部决定先从简单的问题入手，部领导带队到各作业区班组进行走访，与职工进行沟通，共同研究生产组织工作，搜集操作难点，并要求专业人员对其进行解决，并形成规范的、实用的操作方法，再发到班组进行操作，系统解决各个工序及生产组织中存在的操作问题。张丙龙部长说："虽然经过一步一步的探索，积累了宝贵的经验，但只能从表象上克服一些问题，远达不到本质上解决质量的目的。要有一个自己的攻关团队，专门解决困扰生产、质量、成本的难题就好了，但现在最重要的难题是什么呢？"于是，他把多年来的炼钢数据从头到尾进行了分析，并结合现场实际情况，最终确定了把碳氧积指标作为提高质量的突破口。随后，炼钢部决定由王建斌创新工作室的成员们来担当攻关任务，专门负责解决碳氧积攻关的难题。

全国百姓学习之星王建斌创新工作室，自2013年成立以来，就始终坚持"困扰公司的难题就是攻关方向"的宗旨，致力于解决现场生产难点、提高岗位操作技能，为公司提质增效作贡献。但在竞争日益激烈的钢铁市场上，降低和稳定碳氧积技术的攻关，一直是创新工作室头疼的问题，这也是阻挡炼钢向高端领域迈进的重要门槛。

炼钢的冶炼过程极其复杂，不仅要保证炉内快速化渣脱磷，而且还要保证氧枪枪位合理，避免喷溅。在炼钢的冶炼过程中，转炉吹炼的干扰因素更是"数不胜数"。要改善转炉炉况，必须对现有的近千个工艺参数进行优化，难度可想而知。但"箭在弦上，不得不发"，只有突破困局，才能求得一线生机。

在转炉炼钢有着32年工作经验的王建斌就不信这个邪，他说："别的钢厂能做的，我们也能，况且我们还有世界一流的大型设备，一定能把这块硬骨头啃下来。"他深知生产一线是解决问题最好的课堂，也是解决实际问题的最好练兵场。于是，他带着郭小龙、丁立丰、陈香等一批骨干成员，成立了碳氧积攻关团队，并开始了漫长的三班两倒的工作。

聚力好团队 攻克技术关

自攻关团队成立以来，王建斌团队就根据公司的总体布局，以“降低碳氧积、提高产品质量”为目标，全面开展了打造最佳作战性能的转炉顶、底复吹集成技术的项目攻关。

为了总结转炉冶炼参数，王建斌和团队成员们与岗位职工们一起在现场摸爬滚打，对每炉的指标参数都全面收集，对每炉的炉底复吹效果跟踪拍照。有些数据，吃一些苦，花一些力气，就能收集到。然而，更多的数据，需要反复琢磨，才可能啃得下来。在工作室内，他们对收集的数据进行分门别类，模拟出了近百种布局模式，全面分析了每组数据趋势之间的变化，明确了转炉钢水的动态联系，找出了转炉的内在成分调配关系。这一干就是一年。

钢铁市场瞬息万变，但项目攻关不能闭门造车，在攻关过程中，王建斌时刻关注着行业的最新动态。2017 年，随着炼钢作业部开展“着眼世界，与先进企业对标”项目序幕的拉开，王建斌决心要到其他先进钢厂转转。2017 年初，他带着团队骨干人员先后到先进钢厂对标考察，并虚心请教。“出去转了转，突然就感觉有信心了，大型先进钢厂的转炉碳氧积控制水平都很高，也都各有特点、各有所长，我们只有结合自身存在的问题，攻坚克难，才能在这条路上快人一步。”王建斌感叹地说。

对标回来之后，满怀信心的王建斌带领团队人员结合前期总结情况，根据转炉的架构，设计制作了一套对转炉顶、底复吹的水模模型，通过调整参数来模拟消除转炉顶、底吹存在的问题。但在转炉实际生产过程中，团队成员丁立丰发现，顶、底复吹枪存在“流场冲撞”，同时底吹存在易堵塞的问题，极大地降低了炉内动力学条件，这给了团队一个当头一棒，刚刚燃起的热情又被浇灭了。

王建斌说，“老炼钢用眼睛看火焰，一个好的炼钢工决定一个班组的指标。首钢京唐作为现代化大型钢铁公司，我们不能再靠某个人来炼钢，必须要靠技术管理，并且还要巨大的转变。虽然困难重重，但我们这个团队一定要坚定信心攻克这道难关。”

听了王建斌的话，丁立丰下定决心，一定要突破这个难关。经过仔细观察后，他抱着试试看的态度又开始了新的挑战。他对存在的问题逐项进行细化，很快便把影响碳氧积的各项控制因素拆解完了。为了确保万无一失，他又对转炉底吹枪的布置圆周进行了改进，并优化了顶吹氧枪的参数。在现场实验过程中，炼钢工陈香将转炉实验的工艺参数都及时汇报给丁立丰，一遍又一遍地进行研究验证。

经过多次综合、分解、验证、再综合、再分解、再验证，团队攻关稳步推进。他们把影响碳氧积控制的每一个操作都进行了规范，每一个措施都进行固化，还成功总结出了一套系统的碳氧积攻关控制方案，实现了班组的流程化操作，为攻关奠定了坚实的基础。陈香高兴地说到，“太好了，又拿下‘一座山头’，没有过不去的坎!”

发力新任务　啃下硬骨头

“这是我上班这么多年，压力最大的一年，但在为早日实现公司‘四个一流’目标，我感觉这是值得的。”一直坚守在炉前的王建斌说道。

2017 年 12 月 21 日，所有的工序都已准备就绪，2 号脱碳转炉新炉役终于拉开了序幕。在接下来的 240 多个昼夜里，团队中的成员们都成了最忙碌的“机械人”，白天狠抓操作方法的落实，对于每个技术措施进行四班培训固化操作，晚上认真分析数据总结经验。

2018 年 5 月，随着生产节奏的加快，降低铁水消耗的任务又压在了整个攻关团队的身上。随着废钢量的上涨，转炉又产生了新的问题。在生产任务加重情况下，无法增加补炉次数，导致炉底和转炉工作层开始恶化，整个攻关团队的成员像热锅上的蚂蚁围着炉子团团转。一次团队的碰头会上，作业长郭小龙说，“问题有一个就解决一个，有两个就解决一双。虽然碳氧积和铁耗两个指标任务看上去有冲突，但要争取化不利为有利，一起攻克它们!”

既然问题摆在了面前，就必须要解决。王建斌心想，一定要找出两者之间的“契合点”，啃下这块“硬骨头”。他在班车上、厂房内、宿舍里只要是从书籍、报刊、电视上，听到、看到跟转炉碳氧积、铁耗等有关的字眼，都认真地分析，并记录到自己的笔记本上仔细地琢磨，一有解决思路就马上跑到工作室进行试验，过上了“两点一线”的生活。经过一个多月的努力，他终于找到了“溅渣护炉”的最佳方法，并制定了降低炉渣全铁、提高炉渣抗侵蚀性的措施。炉况的好坏是决定底吹与炉龄是否能同步的关键节点，如何保证炉底工作层厚度合理是攻关的难点。为保证炉底补炉料的透气性，攻关团队与厂家技术人员共同试验摸索。经过大量实验后，丁立丰总结出了“溅渣为主，料补为辅”的8字护炉方针，并开发了新型透气补炉底专用料，缩短了补护烧结时间，解决了炉底和转炉工作层恶化问题，保证了炉底厚度和底吹通气效果。这样一来，良好的底吹效果在促进铁耗降低的同时，碳氧积指标也取得了好水平。

“立项之初，我们的转炉碳氧积0.0021，碳氧积极限目标定位到0.0018就是天方夜谭了，而且攻关过程困难重重，我们真是无从下手。”看到成绩后的陈香满含泪水地说，“真没想到我们能实现这么大的突破。记得我们刚成立碳氧积攻关团队时，就不断收集现场数据，反复修改控制措施，一天三看微信群，一步一个脚印往前走，付出终于有了回报，我们成功了！”

工序革新　体验升级

——首钢京唐公司实现球团智能控制无人操作

杨立文　杨　景

在首钢京唐公司炼铁部球团作业区现场，几台造球盘匀速地转动着，设备现场看不到一个人，无数个粒级均匀的生球被源源不断地送到皮带上……然而，这一切都是主控人员在电脑前监控下运行的。这就是球团智能控制的自动造球。

首钢京唐公司于2010年8月建成投产了这条焙烧面积为504平方米的带式焙烧机球团生产线，年产能力达400万吨。但是，随着高炉冶炼水平的不断提高，对原燃料质量的要求也越来越高。球团产线经过几年的持续改善，技术优化到了瓶颈期。要知道，生球的质量是影响成品球团质量的重要因素，造好球是球团焙烧的基础。而人工操作造球调整方式，使工序的给料量、加水量和造球机转速等的操作的准确性和及时性都存在明显的弊端，造成生球的质量和产量波动，成为影响焙烧操作和焙烧效果的最大不利因素。另外，受人工计算干扰，球团矿化学成分也不能实现闭环控制，致使球团矿造球质量不稳定。

针对这种情况，首钢京唐公司决定实施球团智能控制无人操作项目。

瞄准目标

从首钢集团到首钢京唐公司，提及最多的词就是“制造+服务”。“智能化是钢铁行业未来发展的趋势，我们必须以‘质’行稳，以‘智’行远，为首钢转型发展添动力。”公司领导如是说。

首钢京唐公司深刻认识品牌是实现增值的无形资产，把“制造+服务”能力作为提升品牌形象的着力点，做实产线制造、产品开发、用户服务能力建设。聚焦智能制造，“球团智能控制无人操作项目”应运而生。

“打造成球团行业智能制造的示范性生产线”。这，就是首钢京唐公司对球团产线的目标定位。通过系统智能改造，最终实现提质降耗和提高生产效率。

“球团智能控制无人操作项目”正式启动了。首钢京唐公司炼铁部和“首自信”单位技术人员迅速成立了项目攻关组，明确了责任分工、整体规划和进度安排。

从控制角度来看，球团生产过程控制属于典型的复杂被控对象。大量不确定信息、多样化海量数据使得传统控制方法难以对其进行有效控制，而智能控制就是为了解决这类复杂被控对象的控制问题。经过认真研究论证，攻关团队一致决定从全流程控制理念出发，以攻克行业自控难题，开发自动造球技术为突破口，延伸控制思路，彻底解决当前自控系统中存在的问题，构建一套完整的智能球团生产管控系统。

有序推进

“万事开头难”。要对一个传统的生产模式进行彻底智能化转变，说起来容易，做起来绝非易事。

球团智能控制无人操作，一方面通过智能配料和自动造球技术的实施，减少生产过程的人为干预，提高生产操作的准确性和稳定性，降低质量波动，实现球团矿质量全面提升。另一方面随着产线智能控制和自动化水平的提高，可将部分岗位操作人员从繁重的操作任务中解放出来，实现岗位职能从操作到巡检的转变。

改造中，他们将此项目分成了智能过程控制系统和信息化平台两大部分，包含混合机补水自控模块、造球自动控制模块、智能配料模块等 9 个子模块的建立和调试。他们多次对系统架构、功能实现方案、数据采集方式等进行充分研究讨论，在避免重复问题、充分吸收原系统优点和先进经验的基础上，进行项目开发，保证系统功能的实用性和系统运行效率和效果。同时，他们还对项目中的关键环节——自动造球进行了认真分析。在造球模块建立上，他们通过实时判断和综合分析，根据模型规则自动对原料水分、造球过程打水量、给料量、造球机转速等参数进行相应调整，实现对生球产量和粒级等的自动控制。

改造最难的要数实际运用中的调试。项目组决定先以一台造球盘为“试点”，成功后再复制到其他几台设备。于是，试验、调整紧锣密鼓地开展起来。自动控制，每个单独过程的调试就很难，要把所有的控制联成一体完美地自动运行，更是难上加难。确实，在单一对打水量、料量、造球机转速等的调试时，他们就经过了多次反复调试。到了整体控制时，却发生了各种各样的问题。然而大家并没有灰心，他们找来厚厚的图纸一张一张地看，一条一条地查，凑在一起想办法、出点子，常常忙碌起来就忘了时间。“功夫不负有心人”。经过大家合力攻关，9号造球机单盘自控功能上线调试取得成功，自动给料、自动打水、自动调节造球……所有自动控制全部正常。至此，单台造球机实现了自动造球。他们又趁热打铁，经过几个月的努力，连续实施改造了其余的造球机，造球自控模块预期功能全部实现。

成效显著

一个个智能模块的投入，让项目组成员脸上的笑容渐渐多了起来，而控制系统各模块越来越凸显的智能效果更让大家欣喜不已。

混合机补水模块能够自动调节补水量，实现了造球原料水分稳定；智能配料使对原料配比次数比人工调整明显减少，成品球团矿成分稳定性显著提高；智能上料、智能输灰、台车监视与管理、基础自动化改造等等，一系列模块功能无不带来了可喜的效果。特别是核心部分的自动造球，从模块运行效果看，在混合料质量没有大幅波动前提下，可以实现自动稳定造球。生球入机量±10 吨稳定率达到 94.7%，湿返率为 23%，达到了预期目标。同时，生球质量稳定性也得到了明显提高。系统投入后，球团矿二氧化硅、氧化镁稳定率分别提高了 1.3%、4%，球团抗压强度提高 50 牛顿/球。

此外，球团智能控制无人操作项目在节能降耗方面也取得了成效。随着模块的有序运行，很大程度上促进工序能耗和膨润土消耗的降低。经测算，工序能耗指标下降了 0.188 千克/吨，年效益约 45 万元。

球团智能化无人操作项目的实施，特别是造球自控技术的实现，促进了国内造球自控水平上台阶，填补国内球团不能实现自动造球的技术空白，为推动球团智能化生产技术的进步、提高产品质量、降低生产成本起到引领和示范作用，具有广阔的推广前景和应用价值。

勇闯市场天地宽

——首钢京唐公司开发汽车板市场纪实

杨立文

汽车板是首钢三大战略产品之首，首钢京唐公司在发展汽车板过程中，坚持精品板材的发展理念，注重建立适应高端汽车板生产的科学、系统的管理体系，坚持把高端用户作为汽车板生产的主攻方向。2012年以来，首钢京唐公司汽车板生产一年跃上一个新台阶，截至2017年，汽车板产量平均每年以50%以上的速度增长。进入2018年，汽车板生产再创佳绩，上半年汽车板产量比去年同期增加3.33%。

瞄准高端走创新之路

创新，在首钢京唐公司从未间断过。

围绕汽车板，首钢京唐公司依托精细管理和科技创新平台，把精细化的管理理念融入新产品研发工作的每一个步骤中。目前，首钢京唐公司汽车板产品实现了1000兆帕强度级别及以下钢种的镀锌和连退产品的全覆盖。

新产品研发要追求精细、追求完美、追求极致。首钢京唐公司将生产制造管理体系由按照专业分工管理转换为按产品分工管理，成立了汽车板室，实现对专项产品的全过程管理；成立了技术管理室和产品推进管理室，加强产线共性技术管理、体系管理；在首钢技术研究院、销售公司、中首公司等单位的大力支持下，实行集产品研发、技术标准、生产组织、市场营销、用户服务、异议处理为一体的管理方式，通过提升产、销、研一体化水平，增强科技创新能力，抢占高端产品市场。与此同时，首钢京唐也形成了涵盖用户先期介入、质量设计、质量管控、物流跟踪、质量异议处理、持续改进、用户技术服务等业务的一贯制管理模式。

为快速、高效开发高端汽车用钢，首钢京唐公司技术开发人员将用户的要求转化为设计标准，严格按照ISO/TS16949体系开发流程，制订出详细的技术研发准备和生产组织计划。首钢京唐公司制造部汽车板室组织起了由首钢技术研究院、各相关作业部以及质检监督部共同参与的攻关团队，建立了完善的汽车板标准质量控制体系。为准确识别用户的潜在质量需求，首钢京唐公司组织整理个性化质量评审记录260余份、客户走访报告和质量需求调研报告190余份，梳理、固化用户需求60余项。在某高端合资品牌汽车认证过程中，用户要求H380LAD+Z钢种金相无带状组织。针对这一特殊需求，首钢京唐公司各部门抽调人员组成了专项技术攻关小组。攻关小组经过内部充分讨论后，组织专业技术人员多次与用户进行技术交流，摸清用户需求，积极制订相关措施。经过研究，他们根据产线装备特点，通过调整炼钢过热度、拉速，调整热轧终轧温度、冷却模式、卷取温度以及冷轧退火温度等关键工艺参数，先后进行了6次试制，制取带状组织金相试样280余个。功夫不负有心人。他们最终摸索出了改善H380LAD+Z钢种带状组织的全流程生产方案，一举攻克了H380LAD+Z钢种带状组织难题，顺利通过该钢种认证。该攻关小组以此为契机，与用户建立了定期技术交流机制，为继续提高市场份额打下了良好的基础。

近年来，首钢京唐公司先后开展了宝马、大众、克莱斯勒、斯柯达、奥迪、福特、神龙汽车、通用等17家国内外汽车品牌的认证，产品涵盖20余款畅销车型。

把质量当成生命线

要想产品卖得好，持续提升产品质量是根本。

通常，品牌车企的认证需要经历体系、材料、零件、装车认证等阶段，正常的时间周期为2年左右，且任何一个环节存在问题，都要进行重新认证，周期就会延长。因此，缩短认证周期最直接有效的方法就是——绝对保证产品质量。

在汽车板方面，首钢京唐公司一直将质量放在首位。通过完善设备功能精度、制订标准化作业规程等管理体系，规范工艺、产线、材料的控制管理，从原料卷上线，到成品卷下线实行全过程监控，对影响汽车板质量的缺陷问题"零容忍"。在此基础上，强化质量管理，做实ISO/TS16949体系。

在严把产品质量关的过程中，首钢京唐公司坚决不允许缺陷卷上产线。冷轧部镀锌产线是汽车板生产的关键环节，为提高产品表面质量，该产线工作人员提出了汽车板生产的"14个重要环节和96个关键控制点"，通过开展带钢表面清洁度、锌锅气刀等九大攻关项目，成功解决了带钢清洗不净、高压水枪印、塔卷等技术难题。在生产过程中，冷轧部每月根据合同特点召开生产准备会，每次生产都要进行检修中—生产前—生产过程中的工况确认工作，把汽车板开发、认证、订单评审、生产准备会等程序化，建立了冷轧部的品种技术体系，实现镀锌汽车板生产的流程化、正规化。

在各条战线干部职工的共同努力下，首钢京唐公司的汽车板产品在国内外市场受到用户肯定，这一点充分证明了首钢京唐公司镀锌产品的优良品质和性能。

以服务赢得客户

制造业服务化，是企业发展的必然趋势。

企业只有真诚守信，一切以客户为中心，以客户需求为导向，以客户满意为准绳，才能够得到客户的认可，赢得市场的青睐，获得长久的发展。首钢京唐公司在提供优质服务上力求精益求精，"诚实守信，真诚服务"成了公司赢得市场的"秘籍"。

围绕汽车板，首钢京唐公司借助"产线制造能力、技术营销、产品研发、大数据应用开发平台、客户服务”五大体系建设，健全强化产、销、研、运高效协同体系，全面提升交货期准确性和产品质量稳定性。在客户服务体系上，建立了订单兑现日跟踪机制，对订单项目生产情况逐条按日跟踪，并实时在生产、销售人员微信群中发布、共享，对即将到交货期的订单进行进度提醒，对未完成或预计不能按期兑现的项目预警，并落实责任单位。建立客户代表服务体系，选派市场经验丰富、技术水平高的技术人员作为客户代表派驻各个销售分公司，初步形成了快速响应机制。

在首钢京唐公司，一支从订单、生产、运输到客户服务的跨部门团队一直在自身的岗位上努力着……他们本着“从用户到用户”的客户服务理念，掌握客户需求、科学设计工艺路线、保障生产顺稳运行、及时交付产品、贴身服务客户。一次，国内一家汽车厂商发来紧急订单，要求在一个半月的时间保证全部产品到货。接到订单后，制造部汽车板室立即启动紧急订单评审程序，组织生产计划处、首钢技术研究院派驻站以及炼钢、热轧、冷轧、质检监督部、运输部等人员对订单进行评审。“用户的需求就是命令！一定要保证交货！”大家一致认为。这批订单最重要的环节就是按时限生产和及时发运，负责生产计划的专员紧盯冶炼工序，采取了浇次组炉组浇的办法，并对热轧、冷轧辊期进行匹配分析，换用新周期轧辊。运输部提前组织安排火运发车方案。同时，销售管理部及时将评审意见反馈给客户。经过各部门各环节人员的通力协作，这批汽车板订单终于保质保量地交付到了客户手中，客户看到首钢京唐公司的服务如此到位，十分满意。

优质服务无终点，细微之处见真情。首钢京唐公司通过为用户派驻客户代表，使用户在使用公司汽车板时出现各种质量异议有了“贴身护卫”，产品质量问题也能及时反馈到公司内部。但对于汽车板团队来说，这并不是服务的终点，如何融入用户，使其更称心、更如意，才是首钢京唐公司汽车板提升软实力的最佳选择。

现在，持续提升用户服务能力的行动悄然在首钢京唐公司全面展开。他们推出实施了《客户走访制度》，建立健全了一套较为完整的售后服务管理网络，公司领导亲自带队走访客户，及时了解客户的个性化需求，安排专人对产品进行用户走访，质量跟踪，并多次走出国门与用户沟通，及时了解用户对公司产品的意见和建议，对用户反映的意见和质量要求及时进行处理，并在实践中指导客户代表提升业务能力。此举受到了用户的普遍认可。

（2018年9月5日刊载于《中国冶金报》）

循环发展 添绿生金

——首钢京唐公司循环经济发展纪实

杨立文 孙 凯

作为首钢搬迁调整和转型发展的重要载体，首钢京唐公司是我国第一个实施城市钢铁企业搬迁，完全按照循环经济理念设计建设，临海靠港具有国际先进水平的千万吨级大型钢铁企业。首钢京唐公司从工程建设到生产运营，始终坚持循环经济发展理念，在节能、减排、降耗上做“减法”，在管理、技术、市场上做“加法”，使钢铁生产各个环节的余能得以循环利用，更在社会共赢方面获得巨大收益。立足脚下，首钢京唐公司把环保视为企业生存发展的命脉，走绿色低碳、循环发展之路，建设环境优美、资源节约的绿色钢铁梦工厂。生产建设和环境保护协调同步，生态发展与效益提升同频共振。首钢京唐公司被第一批列为钢铁行业资源节约型、环境友好型企业创建试点企业，获得了中国钢铁协会“中国钢铁工业清洁生产环境友好企业”荣誉称号。

和谐统一 构建合理高效组织管理架构

首钢京唐公司始终以管理、技术“双驱动”为手段，把发展循环经济、加强环境保护作为履行社会责任、实现企业与经济社会可持续发展的重大战略任务。以“3R”（减量化、再使用、再循环）原则为核心，以科技进步和技术创新为支撑，构建资源能源节约、生产管理高效、环境友好的创新型企业，大幅度减少了污染物排放，形成低投入、低消耗、低排放和高效率的新格局。

首钢京唐公司在加强能源环保管理工作中，建立了能源环保管理网络，实行总经理全面负责，主管副总经理具体组织，能源与环境部牵头实施的管理体系。公司成立能源与环境管理委员会，建立公司、职能室、作业区3个管理层级，实行“扁平化、集中一贯制”管理，构建了结构扁平、精简集中、运行高效、环境清洁的能源与环境管理体系，实现了专业管控与生产一体化。

与此同时，建立智慧化的能源与环境中心。通过智能辅助决策功能和日益完善的管理体系，实现全公司能源系统的统一调度和能源系统平衡。能源与环境中心直接面向作业区行使“计划、组织、指挥、协调、控制”5项管理职能。根据能源产品生产、销售现状，整合资源，成立能源产品营销中心，使生产和销售有机结合，统一协调，实现一体化的营销和管理。首钢京唐公司能源管理体系从能源生产、能源管理扩展到了能源营销。

首钢京唐公司根据能源管理体系及环境管理体系要求，进一步强化制度建设，建立了完备的能源环保管理制度。先后制定下发了《节能管理制度》《大气污染防治及除尘、脱硫设施管理办法》《清洁生产审核》等32项专业管理制度，为加强能源环保管理提供充分依据。同时，对重点用能、环境岗位进行筛选，建立重点关键管控岗位明细，根据岗位重要性的不同，明确规定节能降耗、清洁生产、综合利用、再生资源回收等标准要求，不断强化责任意识，把循环经济的“3R”理念落到实处。

系统实施　推进环境治理干在实处

对环境负责就是对自己负责。首钢京唐公司坚持绿色发展引领，明确环保工作定位，提出并大力践行“打造绿色钢铁就是保生存促发展”的环保理念。将环保管理的中心从污染治理向环境质量提升转移，坚持系统思维，将废气、废水、废渣污染治理从“设计图”落实到“施工图”，突出环境质量改善与总量减排、风险防控等工作的系统联动，实施多污染物协同防治，筑牢环境安全底线。在地区和行业内展现了良好的企业风貌和社会责任。

首钢京唐公司依据循环经济理念，所有已建成投产的生产设施均配套建设了齐全的环保设施。建厂以来，建成废气处理设施131套，废水处理设施8

套，固废处理设施5套，环保总投资达83亿元。在指标控制上，保持环保口径趋严的超前思维，建厂之初便提出并执行主工序布袋除尘排放浓度小于20毫克/立方米，电除尘排放浓度小于30毫克/立方米的企业控制标准，远低于当时粉尘排放小于100毫克/立方米的国家标准要求。

尤其是2017年，按照地方政府部门及首钢集团绿色行动计划要求，深入推进各项环境治理工作。按计划实施了504平方米带式焙烧机球团烟气脱硫项目，采用活性焦脱硫脱硝一体化技术对污染物进行处理，处理后污染物排放浓度满足河北省《钢铁工业大气污染物排放标准》特别排放限值要求，进一步减少了污染物排放；投资1.2亿元实施焦炉烟气脱硫脱硝提标改造，并按期投产运行，颗粒物、二氧化硫、氮氧化物等污染物指标比现行国标多减排85%，提前达到焦化特别排放限值要求；完成电厂2台300兆瓦发电机组超低排放改造工作，环保指标比特排限值降低50%；原料、炼铁等除尘设施特别排放限值达标改造任务全部完成，所有除尘设施改造顺利通过专家组验收，被誉为钢铁企业绿色转型发展的典范。

多轮驱动　唱响资源综合利用主旋律

钢铁行业承担了重要的能源与资源转换与循环利用的责任，这同样要求钢铁行业必须重视发展循环经济，实现对环境负面影响最小，资源利用率最高，企业的经济效益、环境效益和社会效益协调优化。因此，资源综合利用是转变经济发展方式，建设资源节约型环境友好型企业的重要途径。

首钢京唐公司以低消耗、低排放、高效率为特征，集成应用了“三干”（焦炉干熄焦、高炉干法除尘、转炉干法除尘）技术、海水淡化、水电联产、烟气脱硫脱硝等一系列先进技术，对余热、余压、余气、废水、固体废弃物充分循环利用，初步形成了钢铁—电力、钢铁—化工、钢铁—海水利用、钢铁—建材、钢铁—污水五条综合利用产业链。

提升能源利用效率。首钢京唐公司充分回收生产过程中的焦炉煤气、转炉煤气、高炉煤气，用于加热炉等工序，其次富余煤气配给两台300兆瓦煤气-煤混烧发电机组发电，再次充分利用煤气中的一氧化碳、氢气等成分，与化工行业构成循环链接关系。利用焦炉煤气规模制氢，生产出来的氢气供冷轧使用。通过煤气综合利用，2017年焦炉煤气实现了全年零放散。4.5万吨煤气发酵制乙醇项目商业化工厂今年投产运行。该项目通过生物发酵技术将煤气转化为燃料乙醇，同时联产高附加值蛋白粉及压缩天然气。年可生产变性燃料乙醇4.6万吨、蛋白粉7600吨，压缩天然气330万标准立方米。同时，可有效降低二氧化碳和颗粒物排放，在推动行业发展和区域环境治理方面发挥了示范作用。围绕降低煤气放散率，首钢京唐公司组织实施了四座焦炉全部使用高炉煤气加热运行方式，降低热电排烟温度，提高煤气掺烧比，同时制定异常情况应急预案，确保煤气安全使用。高炉煤气放散率仅为0.9%，比行业平均水平低1.52%。挖掘转气回收潜力，拓宽转气回收区间，使吨钢转炉煤气回收完成110立方米，同比提高10.2立方米，节能效果显著。

实施海水综合利用。首钢京唐公司根据国家《海水利用专项规划》要求，大力实施海水综合利用工程。在行业内率先实现了海水直流冷却发电、海水脱硫、低温多效海水淡化、海水化学资源综合利用、海水淡化生活饮水5个经典案例。通过海水脱硫工艺，自备电厂净烟气二氧化硫排放浓度不大于35毫克/立方米，达到超低排放要求。在世界万吨级热法海水淡化装置中首钢京唐公司首次将热法海水淡化与汽轮发电机组有机结合，将普通发电机组通过冷却塔损失的热量全部利用，系统整体热效率从30%提高到82%；海水淡化蒸气能耗降低45%以上，吨水蒸气成本从8元降低到4元，降幅50%。开发了以“热膜耦合-提钙提镁”为核心的浓海水综合利用工艺，实现海水淡化、化工企业的产业融合，及浓海水的零排放。将浓盐水的高浓度和高温度转化为化工企业制碱的成本优势，每吨浓盐水获得0.21元的附加价值。发挥集团优势，使两套海水淡化装置实现了自主设计、自主集成、自主建设、自主运营的“四个自主”。获得发明专利8项，实用新型专利4项；制订国家标准1项，行业标准2项；在核心期刊发表论文25篇，其中2篇被SCI收录，影响因子高达2.46；获得国家科技支撑课题2项，国家重点研发计划1项。开辟了一条“热-电-水-盐”四联产的能源综合利用路线。为沿海钢铁企业余能高效利用注入新活力，提升了科技成果转化的能力和水平，为海洋经济提质增效提供了有力支撑。

废水高效回收利用。专业技术人员多方摸索，采用二级生化处理工艺对废水进行处理，出水指标全部达到国家《污水综合排放标准》一级指标，直接回用于烧结混料及炼钢焖渣，无外排水，实现了焦化废水的全部回用。京唐人没有停止探索的脚步，提出了焦化废水深度处理的新课题。技术人员多方交流、摸索实验，最终采用先进的电化学催化氧化工艺对原水中有机污染物进行降解和分解，实现了难降解有机污染物的去除，反渗透出水 COD 等指标全部满足国家循环冷却水回用标准，效率高效，效益可观。1 吨废水经过处理后，70%转化为除盐水作为工业水回用，30%浓水用于炼钢焖渣和烧结混料。年累计节约新水 300 多万吨，折算经济效益 1400 多万元。首钢京唐公司焦化废水处理技术应用，不但在同行业中发挥了示范作用，清华大学、北京科技大学等高校也慕名前来交流学习，在行业内部和学术界产生了巨大影响。

固废资源综合利用。立足渤海湾，着眼大生态。首钢京唐公司建成固废处理设施 5 套，将工业固体废弃物资源化，全部消纳于厂内工业原料制造单元。其中，将焦油渣、酚氰废水污泥与原煤混合加工生成焦油渣型煤，用作炼焦原料，实现无害化处置；建设 240 万吨/年的矿渣细磨水泥生产线，使高炉水渣转变为高品质的水泥原料；对钢渣进行热焖处理，处理后的渣钢用做烧结、炼钢的副原料；原料、炼铁、热轧等工序产生的除尘灰及轧钢氧化铁皮等，返回烧结配料加以利用；建设 25 万吨/年炼钢一次除尘灰造球项目，作为炼钢造渣冷却剂加以利用；实施 30 万吨电厂粉煤灰深加工，对粉煤灰细磨，提高产品附加值。实现了高炉水渣、钢渣、除尘灰、轧钢氧化铁皮等各类固体废弃物的循环利用。

蕴势起航　彰显新时代典范风采

眼界决定境界，定位决定地位，品位决定品牌。首钢京唐公司以绿色理念引领绿色发展，大大提升了企业竞争实力与行业地位，并实现经济与社会效益的和谐发展。一大批综合利用项目建立实施起来了。

首钢京唐公司与金隅集团冀东水泥合资建设了 4×60 万吨/年水渣细磨生产线，高炉水渣作为高品质的水泥原料综合利用；每年向唐山三友公司供应 1300 多万吨海水淡化产生的浓盐水，用于制碱或晒盐，充分利用了海水资源，又解决了浓盐水排放造成海洋污染。形成了钢铁产品与当地经济发展产业链，带动了地方建筑、房地产、交通运输、加工制造、服务等行业的发展。这些产业在地方建设发展中的示范带动作用逐步凸显。

2010 年，首钢京唐公司被列为钢铁行业第一批资源节约型、环境友好型企业创建试点企业；2012 年，首钢京唐公司通过了德国莱茵公司 ISO14001 环境管理体系认证；2013 年，首钢京唐公司通过了河北省环境保护厅全流程清洁生产审核；2014 年，首钢京唐公司被中国钢铁协会评为“中国钢铁工业清洁生产环境友好企业”荣誉称号，荣获《环境保护》杂志社组织评选的“全国大气污染减排突出贡献企业”称号；2015 年，首钢京唐公司《大型钢铁企业循环经济运营体系的构建实施》创新成果，被评为全国企业管理现代化创新成果二等奖；2016 年，首钢京唐公司荣获环保部第九届企业类中华宝钢环境优秀奖（企业环保类）；2017 年取得了唐山市环保局核发的新版排污许可证，成为全国钢铁行业第一家取得新版排污许可证的企业，引领了钢铁行业排污许可制的落实，为推行国家环保新政作出了表率。

“十三五”期间，首钢京唐公司围绕循环经济将建成基于绿色制造、节能环保、能源外供的生态环保系统以及与社会共赢共享企业发展的和谐发展系统。使体制机制更有活力，经营生产更加绿色，运营质量更加优化，企业发展更加和谐，全面实现“四个一流”目标。

乘风破浪立潮头，扬帆起航正当时。如今，首钢京唐公司作为京津冀协同发展的典范，正以市场为海、以质量为舟、以品牌为帆，行驶在循环经济的浩瀚海洋，争做钢铁企业绿色转型发展的旗舰。

（本文刊载于 2018 年 6 月 8 日《中国冶金报》、

2018 年 7 月 9 日《首钢日报》）

扬起风帆　追梦远航

——首钢京唐公司开展对标全面实现“四个一流”目标纪实

杨立文

几份与宝钢集团、湛江钢铁的主要指标对比参数列表“飞”进了公司早调会会议室里。2018年上半年，首钢京唐公司以“提高质量”为核心，聚焦产品技术、产线技术和节能降耗等方面的缩差，对照年初职代会确定的重点工作安排，开展“回头看”，做实对标工作。其中，6月，首钢京唐公司68项可比经济技术指标有26项优于标杆企业，指标优秀率为37%。

——在炼钢工序，首钢京唐公司铸机设计拉速2.3米/分钟，实际最高拉速达到2.5米/分钟，铸机拉速在同行业属领先水平；率先开发铸机大倒角结晶器技术，有效降低铸坯角横裂率，同时实现铸机最高拉速达到1.45米/分钟，倒角结晶器拉速水平排名世界第二；炼钢吨钢综合能耗达到543千克标煤/吨，本年度首次优于湛江钢铁。

——在热轧工序，FDT命中率（轧制所有卷的合格长度之和/轧制所有卷的长度之和）6月达到96.95%，2018年上半年达到96.75%，优于宝钢集团；

——在能环工序，采用高效、安全可靠的先进水处理技术和工艺，提高水的循环利用率。吨钢耗新水6月实现1.68立方米，属世界领先水平。2018年上半年，通过大幅提高精益管理、精细操控、精密维护水平，两台300兆瓦机组零故障、满负荷稳定运行，公司自供电率实现96.1%，属世界领先水平。

目标引领　阔步迈入新征程

全面实现“四个一流”目标是党和国家对首钢京唐公司提出的建设发展目标，也是首钢集团赋予京唐公司的新使命。

新时代肩负新使命，新起点开启新征程。2018年，从全面实现“四个一流”目标的进军号角吹响的那一刻起，京唐人便在首钢集团党委的正确领导下，抓住主要矛盾，牢牢把握“夯基础、学先进、提能力、促发展”工作主线，坚持深化改革、坚持创新驱动、坚持全员提素，提升系统管控能力、提升精益制造能力、提升全员创新能力，提升品牌影响力，不断提高公司发展质量，开启了全面实现“四个一流”目标新征程，向建成最具世界影响力钢铁厂的目标迈进。

在年初的职代会上，首钢京唐公司领导围绕全年工作主线，道出了公司追赶国内外先进水平的举措：“我们‘学先进’就是要聚焦‘对标缩差’，提高用世界眼光找准自身坐标位置的能力。要以更加开放的视野和姿态，向世界最高标准看齐，置身于世界发展趋势中思考问题并找准自己的位置。瞄准先进、确定目标、狠抓措施落地并最终实现追赶先进，这才是我们全面实现‘四个一流’目标的根本路径，也是我们推进公司健康可持续发展的动力之源。”

首钢京唐公司是在高起点、高标准、高要求的条件下建设起来的。在开展对标工作之初，公司就决定必须用更宽广的视野和胸怀，寻找更高、更先进的标杆，进行对标学习，开展创新。确立了瞄准向世界领先、国内领先企业看齐，快速提升公司竞争能力和发展质量的“立标思路”。

方向既明，实践加速。在此思路的指导下，公司各专业、各基层单位“不拘一格”，外学“浦项”，内学“宝钢”，同口径指标直接对比，不同口径指标口径从严后再对比，敢于亮剑，不给自己留任何退缩的余地。积极与国内外先进企业加强交流，了解竞争对手和相关行业的动态信息，掌握先进水平的动态变化。同时，参照国家相关部门下达的各项冶金企业平均指标和先进指标对公司的实绩进行对照分析。在一次次研讨，一次次智慧碰撞中，一项项目标确立下来，全面实现“四个一流”目标成了京唐人的共识，成为引领高质量发展的旗帜。

全面对标　千帆竞流争上游

走进炼钢部炼钢作业区主控室通廊，你会发现在醒目位置“对标先进，比学赶超”的指示牌就伫立在那里。指示牌上清晰地列出了作业效率、成本、工序能耗、质量等各项指标，红色的对标数字很是显眼。这是首钢京唐公司基层对标工作的一个剪影。

首钢京唐公司在与先进企业的对标中，采取由点到面、逐步深入的方式，以行业平均指标、先进指标为标杆，健全完善对标管理制度和工作机制，围绕生产指标建立了一贯制管理、用户管理、过程管理、重点指标“四合一”对标体系，开展全面、精准对标，并针对对标过程中反映出的问题，进行专题研究，制订整改措施。公司对标以宝钢股份和宝钢湛江钢铁为主，其中铁前工序钢铁指标全部与湛江钢铁对标。同时，钢后工序鉴于产品结构、指标定义和统计口径等方面的差异，兼顾梅钢、马钢、迁钢、韩国光阳等企业进行对标。首钢京唐公司对各工序的指标按照绩效情况及与先进企业的差距设定“权重”，并根据权重高低将指标分为“重点指标”和“一般指标”两个级别。重点指标为反映该工序的综合过程生产能力和质量水平的指标，一般为该工序的“短板”指标，每个工序的重点指标在2~4项。在对标过程中，炼钢作业部领导领导深有感触：“对比浦项，我们有很大差距，但是有差距不可怕，差距恰恰是我们前进的方向和动力。我们要实现建设具有世界影响力炼钢厂的愿景目标，就要在世界坐标系上找准自身位置，看清差距、迎头赶超！”他们组织相关人员陆续到浦项、现代、宝钢等国内外先进钢铁企业进行考察、学习，从质量、工艺技术、成本管理、安全管理、机构设置、设备管理以及自动化信息化等多方面对比找差，选取了14项能够代表转炉、精炼及连铸各工序技术水平的指标。每一项指标均由部领导亲自挂帅，明确责任人、对标先进水平、具体举措及完成时限等，每天通过部早调会的平台发布攻关情况，每周及时总结攻关进度，做到日日明差距、时时追先进。经过持续攻关，转炉出钢温度、钢包自开率等多项指标得到提升。截至目前，炼钢作业部转炉出钢温度降至1650摄氏度，达国际先进水平；钢包不自开炉数达国际领先水平；IF钢RH一次调铝比例达国内领先水平；结晶器液面波动不大于±3毫米，达国内先进水平。冷轧作业部持续推进提升汽车外板产品质量的11项重点攻关项目的对标，成功轧制出了0.9毫米和1.2毫米极限规格微合金高强钢DP780，并实现了稳定生产；0.8毫米DP980超高强双相钢的轧制速度和技术控制能力达到国内一流水平。

首钢京唐公司在系统研究学习了沙钢智能化建设以及河钢唐钢冷轧厂、首钢股份公司硅钢部等单位的智能制造技术基础上，先后围绕焦化四大机车、烧结工序、料场堆取料机组织实施了智能化改造项目。烧结智能控制无人操作项目的实施，使得公司烧结矿质量、过程控制稳定率等指标得到较大改善，烧结矿碱度稳定率达到98%以上，FeO稳定率达到99%以上，返矿率降低至2.78%。

首钢京唐公司在经济技术指标对标的同时，对节能环保指标也不例外。公司以节能降耗为核心，瞄准先进，持续对标。能源与环境部系统梳理能源管理稳定性指标与经济性指标体系，在不断提升稳定性的基础上，大力开展节能攻关。在水系统实现分质供水、串级使用、循环利用基础上，以海水淡化除盐水为调节手段，采用耦合式盐平衡模式，实现了废水零排放。吨钢综合能耗、吨钢耗新水均达国内一流水平。

持续创新　对标彰显新特色

对标不仅要实现赶超，更重要的是在企业内部实现持续的创新。也就是结合开放性的学习，基于企业的实际，在移植过程中进行“本土化”的创新，形成特色方法，实现有突破的赶超。

首钢京唐公司不仅仅只停留在对标各项指标数据表面，数字背后的经验、做法才是对标的核心内容。在开展对标过程中，首钢京唐公司注重持续改进、聚焦先进和成果推广，使企业通过对标激发活力和学习先进的动力，从而实现新的超越。生产过程控制中，以工艺参数标准化达到100%为目标，积极导入六西格玛、6S/QTI、TPM 等精益管理方法和手段，切实加强对生产过程的分析、评价和判断。围绕质量管理，首钢京唐公司注重以创新突破管理中的瓶颈和短板问题，对标先进企业的管理方法，联系实际进行开创性地运用。通过主动学习国内外先进企业“精益生产”的管理经验，以信息资源的时效性、工序流程的稳定性、管理体系的有效性，落实好生产环节控制、完善质量检验流程等重点工作，产品质量的稳定性得到了持续提升。同时，全面落实质量目标和过程绩效指标，积极推进 ISO9001 和 IATF16949 质量管理体系换版认证。以炼钢连铸、热轧精轧和冷轧镀锌工序为样板，利用六西格玛科学管理工具，初步建立起公司 TS16949 标准运行评价指标体系，进一步强化过程控制管理。结合 G8D 质量改进和汽车行业五大工具的应用，加强质量持续改进的闭环管控。围绕客户服务，引入了以满足客户需求为导向的质量管理方法，加强对客户需求的识别，构建了绩效指标体系，此举在全面实现“四个一流”的进程中迈出了坚实的一步……热轧作业部加强与先进企业的对标交流，持续优化生产组织。以强化“PDCA+认真”闭环管理为抓手，引导职工用科学的态度，打破固有思维和固有的方法，针对生产中的瓶颈问题，知难而上，不讲客观，深入剖析，主动作为。该部为进一步检验工艺、操作和设备的匹配能力，针对精轧换辊时间长等影响轧制节奏快速提升的关键问题，开展了专项技术攻关，实现了 2250 毫米产线精轧换辊时间同比降低 5. 31 分钟/次的攻关目标。持续加强加热炉、粗轧、精轧、卷取等内部各工序的有效控制和衔接，并针对影响带钢轧制节奏的每一个关键环节，工艺技术、设备管理和生产操作人员都相互配合，集中攻克，确保轧制节奏的稳步提升。2018 年，通过合理组织生产，进一步提升了产线控制水平。镀锡板事业部积极与宝钢等先进企业进行对标，查找了市场开发、产品档次、质量控制、产线运行等方面的差距。该部将重点品种研发和国际市场开拓作为两个重要抓手，强化产销衔接，逐步调整产品结构，瞄准先进水平指标确定追赶目标。

通过调整产品结构，DR材和高锡铁订单占比不断提高，DR材、高抗硫镀锡板等高端品种质量均达到国内先进水平。彩涂板事业部在对标先进企业过程中，建立了工程、家电及出口三大支撑，以高品种高质量赢得国内外用户。其产品远销到巴拿马、哥伦比亚、厄瓜多尔、罗马尼亚、韩国、印度尼西亚等国家。在国内市场，他们成了海信的合格供应商，形成了彩涂板事业部、青岛钢业、海信的三方直供合作。与深圳道铭、欧司朗照明形成了三方直供稳定供货合作。

通过开展对标，首钢京唐公司各专业一个个“标杆”也树立起来：营销部门与国际先进的销售体系对标；技术研发专业与宝钢等创新先进企业的科研管理机制开展对标；生产管理系统与先进制造企业的过程控制管理对标；物资供应部门与国内外先进企业的供应链建设对标；质量监督检测部门与行业内先进单位和国内先进检测机构对标；物流运输部门与行业先进物流企业对标……

在首钢京唐公司，对标工作已经不仅仅是为了实现某个指标而做出的临时性举措，通过先进标杆引领，不断赶超标杆，追求卓越，成为每一名京唐人自觉意识，由此带来的不仅是指标的提升，更是企业管理水平和工作水平的更上一层楼。而全面实现“产品一流、管理一流、环境一流、效益一流”已成为首钢京唐公司全体干部职工的铮铮誓言和共同追求。

信息化管理“e”路向前

——首钢京唐公司构建e-HR下的集约化人力资源管理模式纪实

杨　景　胡华军

——33个部门、8000多人的考勤结工在1天内即可完成；

——800余人劳动合同续订入档工作通过续订流程仅用了1周时间；

——生育津贴申报流程由原来每笔业务需要半小时缩短到几分钟。

工作效率的大幅提升，正是首钢京唐公司开发e-HR系统、构建集约化人力资源管理模式所取得的显著效果之一。

目前，首钢京唐公司人力资源管理系统中正式员工8000余人，协作单位员工20000余人，工资账套7个，奖金账套3个，社保账套8个，各类自定报表50余张，管理实现了全覆盖。

e-HR系统的开发应用，让首钢京唐公司走出了一条人力资源管理信息化的新道路。

高端站位　在“纲”字上定坐标

首钢京唐公司的发展，总是与时代同轨。时代，犹如一位严苛的考官，将难题与挑战摆在公司面前。

自搬迁至曹妃甸，首钢京唐公司就以实现“四个一流”为目标，担负起建设最具世界影响力钢铁厂的使命。但是，由于规模宏大、人员结构多元、部门分散等因素，公司运行初期在掌握数据和资料上往往“心有余而力不足"，无法对科学决策形成有力支撑。

其实，打开规划的京唐建厂方案中可以看到，公司管理的特点在"扁平化、集中一贯制管理"，这种高度集约化的扁平管理模式正好充分印证了"四个一流"目标中"管理一流"的战略任务。同时，也是给人力资源管理工作者提出的新要求。

举旗定向，纲举目张。"要在人力资源管理领域培育新动能。"这成了公司管理升级势在必行的共识。要知道，采用集中统一的管理模式如果没有先进的信息平台支撑，人力资源管理工作的效率效果效益将无法体现，更无法为公司经营起到有力的支撑作用。

投产初期，经过公司领导层从战略发展、管理要素、专业能力3个维度考虑，反复讨论研究，决定与北京宏景世纪软件有限公司合作开发应用e-HR系统，双方迅速组建了实施团队。按照公司提出的"简洁高效、集中全面、灵活统一"的总体目标，团队以"边设计、边实施、边应用"为原则，设计开发涵盖基础信息、组织机构、基础业务、考勤管理、薪酬管理、保险管理、报表管理、自助平台等在内的7类模块，以最终实现人力资源数据集中统一、业务流程优化、管理运作高效、全员参与应用、决策支持直观准确、信息协同共享等目的。

公司人力资源部领导说："我们人力资源部各专业都是1比8000的概念。"1名专员仅在1天内完成8000多人的工资管理。这句话被称为是对开发e-HR系统、构建集约式人力资源管理模式最形象的解释。

克难求进 在"融"字上做文章

"欲事立，须是心立。"项目开始不久，在传统业务模式和系统管理模式之间，合作双方就产生了分歧，思想观念的不统一成为项目实施过程中的第一大难关。

在项目推进会上，公司人力资源部领导的3个"必须"掷地有声："对面临的挑战和困难必须有信心，必须统一思想、转变观念，合作双方必须从

‘相加’到‘相融’过渡!”

越是爬陡坡、过大坎，越需要凝聚最为广泛的思想共识。合作双方的理解与融合成为打开系统建设成功之锁最关键的钥匙。项目实施过程中，双方高层领导多次召开专题会议，讨论首钢京唐公司管理模式与其他企业的差异，使合作方深入理解公司集约化管理模式，并以此为出发点有效进行系统配置和开发。实施顾问与首钢京唐公司在每一个业务问题、技术难题上都反复沟通、研究和分析，确定了可行的具体设计方案。渐渐地，双方的摩擦越来越少，共识越来越多。一位负责该项目的公司人力资源部领导不无感触地说，正是因为合作方的逐渐融入，才为我们共同开发项目奠定了坚实基础。

到系统上线时，团队共开发使用指标集 85 项、指标 1500 多个、代码类 390 个……值得一提的是，双方在项目实施中共同整理出数据文档 40 份，约 100 万字，为后续顺利实现知识转移做好了准备。

转变思维　在“新”字上求突破

探索的过程总是伴随着思维的转变。只有与时俱进，坚持创新，才能适应发展，促进发展。

2010 年 4 月 1 日，考勤管理模块率先上线运行，而“网上签到”方式立刻受到了一致称赞。在开发过程中，参与项目的京唐人员提到，公司占地面积大，如果采用常见的考勤机来管理员工签到，那么就会出现某员工从工作地到考勤机刷卡过程时间较长而无法完成签到的现象。所以，应该采取一种简便快捷又能满足管理需求的方式。由此，一种考勤的首创方式——“网上签到”在首钢京唐公司诞生了。在厂区内，任何有网络的地方都可完成操作，数据自动同步到服务器。这样一来，不仅节省了大量的考勤设备采购费用，同时也消除了考勤硬件设备的日常维护。为避免集中时间签到带来的系统压力过大，团队还从硬件、程序、环境、应用等多方面进行了优化，保证了系统顺畅运行。

随后，薪酬管理、保险管理、报表管理等模块也陆续上线。从系统设计开始，团队就一直坚持“管理制度化、制度流程化、流程表单化、表单信息化、信息智能化”理念，利用流程产生数据，减少人工干预，减轻业务人员工作量的同时杜绝因人的误操作因素造成数据的不准确。通过e-HR系统的流程表单，项目在上线时完成了45个流程的配置，保证了各项业务的流程规范、数据准确。随着系统应用范围扩大，首钢京唐公司在原有系统业务基础上自行配置了劳动合同一键式续订、生育津贴一键式申报及发放等多个流程。

近期，公司还准备对系统进行版本升级，增加职工自助打印各类证明功能。升级后系统的移动应用功能将有很大提高，职工可以通过手机直接登录系统进行相关查询等操作。

全面推进　在“深”字上见实效

先进的技术手段和现代化的管理理念从来都是相辅相成的，缺一不可。系统的价值在于使用，使用的前提是系统功能的完善。自e-HR系统上线运行以来，公司人力资源部始终把系统和业务作为“车之两轮”，充分运用系统良好的扩展性和灵活的配置功能，持续改进和完善。近几年，已经突破了人力资源专业领域，开发了通勤车管理等非人力资源专业管理流程，在应用广度和深度上不断加强。

基于e-HR信息化流程，业务管理人员能够对各项业务实时监控。工作人员可以通过系统流程发出的预警进行业务处理，同时也可以推送到智能手机、平板电脑等移动终端，实现实时办公。同时，e-HR系统具有强大的报表功能，能够自动取数、自动生成，满足了各类报表需求，业务人员可以根据工作需要进行个性化的报表设计，一键完成数据生成，效率提升了上百倍。此外，开放、透明的自助平台也提升了企业内部沟通与交流。通过自助平台，员工不仅可以便捷地查看各类管理制度、个人基础信息、出勤情况、各月薪酬以及个税统计等，还可以通过意见箱提出有利于企业发展的建议或意见，调动员工的热情，提高员工对企业的忠诚度。

目前，公司人力资源管理基础业务全部实现流程化，各人力资源业务之间相互关联，杜绝了以往的“信息孤岛”，真正实现了全部人力资源管理业务集成在一个信息平台上运行。现在，业务全部通过信息化流程集中到e-HR系统中，管理人员分角色、分权限控制并完成业务处理，增强业务集成度的同时提高了效率。

“谁掌握了数据和信息，谁就掌握了未来。”e-HR下的集约式人力资源管理模式，为京唐公司管理升级、向“管理一流”目标迈进打下了坚实基础。把握信息技术迅猛发展之势，京唐公司人力资源管理信息化之路必将会越走越宽。

（本文刊载于2018年9月30日《首钢日报》）

握住“金钥匙” 开启智慧门

——首钢京唐公司深入开展职工创新工作纪实

杨立文 谢艳平

创新，是调动职工积极性和创造性的有效方法，更是实现企业生存和发展的一把“金钥匙”。首钢京唐公司以创新工作室为示范引领，积极探索和搭建职工创新工作平台，深入开展创新活动，以技术创新和管理创新实现提质增效，真正激活了高质量发展的内在动力。

自2012年以来，首钢京唐公司共创建了52个职工创新工作室，骨干成员达到了850余人，累计完成攻关课题1650项，取得科研成果268项，获得专利授权325项，创最佳操作法124个，解决现场难题3420个，创造经济效益1.35亿元。

凝聚智慧 规范运作 突出创建特色

谁牵住了“创新”这个牛鼻子，谁就能走好发展这步先手棋。首钢京唐公司党委书记、董事长邱银富指出，“京唐公司要全面快速实现‘四个一流’目标，需要更多创新工作室这样的创新团队，需要培养出更多的京唐工匠。创新工作室实现了个人价值与企业发展的最大结合，为充分发挥职工聪明才智搭建了非常好的舞台，为助推企业改革创新发展发挥了积极的作用”。

搭建丰富舞台，造就丰富实践。首钢京唐公司摸索活动规律，引导活动方式，总结提升为“6+6”模式，即六有标准和六个特色活动。“六有标准”是“有领军人物、有活动场地、有工作制度、有课题计划、有攻关节点、有成果效益”。“六个特色活动”是“开展技术攻关、解决现场难题、提合理化建议、实施降本增效措施、组织专业技术培训、总结最佳操作法”。各创新工作室根据“6+6”模式取长补短，进一步细化了创建活动，按照模板制作上墙公布，设计自身logo、制作会旗会徽、标语口号、创新理念，营造创新氛围……。一时间“职工创新工作室”在公司内遍地开花。

首钢京唐公司坚持把促进职工创新作为各级工会的重点任务，着力抓好职工创新工作室的打造提升，要求每个单位必须创建工作室并且在实际工作中要发挥作用，这促使公司的职工创新工作室数量不断扩大，质量不断提高。在公司的“职工创新工作室”里，领军人物都是赫赫有名的。有全国劳模张新国，全国百姓学习之星、全国技术能手王建斌，全国青年岗位能手王海龙，北京市劳模王保勇，首钢劳模陈万忠等10名劳动模范，还有刘延强、任新意、万一群等5名博士，有陈铎、刘雨等17名硕士研究生，有刘胜歌、沈友林等18名作业长，张维中、孙宝平、王洪鹏等16名高技能人才……

加强组织领导，完善工作机制。在深入开展职工创新工作室活动中，公司主要领导先后深入30余个创新工作室进行现场调研，提出要求和指导意见。职工创新工作室的创建，能够加快企业技术攻关、技术改革、发明创造、管理创新的步伐，引领广大职工小改小革创效益、岗位创优作贡献，以职工建功立业的卓越成效推动企业科学发展。在深入调研和形成以上共识的基础上，公司出台了《首钢京唐公司职工创新工作室活动安排意见》和《首钢京唐公司职工创新工作室评比奖励办法》。在公司部长例会上，对创新工作室专题宣讲。在基层党委书记会上，对创新工作室推进情况进行讲评发布。多次召开职工创新工作室交流推进会，交流会还邀请北京市总工会和首钢集团工会领导出席。公司职工创新工作室创建至今，逐步形成了“党委领导、行政支持、部门配合、工会运作、劳模挂帅、职工参与”的工作体系。

首钢京唐公司细化职工创新工作室过程管理，明确职工创新工作室申报的课题、课题实施目标、课题实施的主要措施以及课题实施效益预测。要求职工创新工作室围绕创新立项做到有计划、有安排、有落实，逐步建立月度例会制度，力求运作不断规范化、信息资源共享最大化、技术研究讨论经常化。公司工会对工作室实行动态管理，每年组织对工作室进行达标验收、综合考核评价。首钢京唐公司还要求各单位结合经营生产、科研创新的实际要求，每年确定创新项目。结合考评机制，对创新成果显著的优秀创新工作室和先进个人给予表彰奖励，牵头组织最佳操作法评审，并对优秀创新工作室积极申报上级命名挂牌，对取得的优秀创新成果，优先推荐参加上级部门组织的评比。同时，对活动开展不力、不出创新成果、流于形式的不达标创新工作室予以通报，并予以摘牌，形成了正反双向激励机制。

锐意进取　团队攻关　打造创新品牌

搭起平台，筑起桥梁，强力推动。成立职工创新工作室，相当于将技术创新活动从个体创新、带头人创新变为群体创新、集群创新，不仅能够吸纳更多的职工参与其中，形成聚合效应，而且也能实现对技术创新工作的有效管理，提升技术创新活动的效果和影响力，使创新创效品牌化、常态化。

在创新实践中，首钢京唐公司利用职工创新工作室把有发明爱好、创新兴趣、技能专长的职工组织起来，在知识上互通有无，共同攻克技术难题，实现技术创新。逐步成了提升职工技能、激发创造活力、实现自我价值和企业凝聚人心的重要平台。职工创新工作室在这里生根开花。

“苟日新、日日新、又日新”是炼铁部“刘胜歌创新工作室”的理念。工作室成立以来，刘胜歌带领20名技术骨干，坚持科学的态度和求实的精神，针对球团带式焙烧机产线生产过程中遇到的重点和难点问题，先后完成课题项目96项。获得冶金科技奖一等奖2项，北京市科学技术奖三等奖1项，首钢科技奖4项，获得专利26项，发表论文20余篇。针对球团矿裂纹比例较高的问题，工作室依据PDCA质量管理循环，利用QC方法，通过科学规划与实施，实现了项目既定目标，解决了原燃料质量裂化造成的球团矿裂纹问题，降低了球团矿裂纹对高炉冶炼造成的不利影响，并实现经济效益55.76万元。在对含钛球团生产、粗粒度原料造球等技术攻关中，他们先后解决了优质护炉资源紧张、难以稳定供应的问题以及生产原料过粗造成的球团矿质量下降等问题。两项攻关取得效益 200 多万元。刘胜歌创新工作室先后被评为首钢优秀青年创新团队、首钢集团公司命名职工创新工作室、北京市命名职工创新工作室、北京市科学家创新工作室。工作室获得了各级领导的一致认可，首钢集团公司和首钢京唐公司领导多次带队，或陪同上级领导到刘胜歌创新工作室进行调研，并将创新工作室作为示范单位进行推广。

“爱好在这里尽情发挥，创意在这里付诸实践”。走进运输部“陈万忠创新工作室”，宛若走进一个微型生产博物馆。“弘扬工匠精神，持续改进创新”“创新无止境”醒目的创新理念悬挂在工作室四周。中间的台子上就是微缩的码头作业现场，卸船机模型在遥控的控制下进行着“吊装作业”。四周的架子上，摆放着近 30 件各类革新工具。近年来，在陈万忠的带领下，工作室成员紧紧围绕码头作业的技术难点进行攻关，优化装船工艺，降本增效，工具小改小革……以前，码头冷轧卷装船作业吊装带磨损严重，经常更换，耗用量较大。经过陈万忠反复研究，决定在冷轧卷吊装上增加一个支杠，使吊装带由正“八”字吊装改为倒“八”字，有效减少了吊装带与冷轧卷外护圈的剐蹭，对吊装带起到了很好保护作用。同时，陈万忠还在支杠下面增加了两组钢丝绳，这样就减少吊装带的长度和吊装带与外护圈的剐蹭次数。随后，他又对钢丝绳长度进行了调整，通过定期对吊装带调头使用，防止同一位置长期磨损，延长了吊装带的使用寿命。仅此一项，就累计节省费用 350 多万元。工作室成员姚亮亮是一名卸船机司机，他动手能力强，根据自己对工作平台的了解，制作了卸船机模型，帮助大家随时演练卸船机操作流程。工作室成员石常武看到现场作业人员上下平板大货车时费力不说，还存在较大的安全隐患，于是动脑筋研发了用于作业人员上、下平板大货车的专用踏板车。推动踏板车时脚踩一下底部的踩板，小车的踏板升起，小车可以移动。对好车辆位置后，人员踩到踏板上，踏板自动落下，支撑腿稳稳落地，对小车起到固定作用。这项发明的奇妙之处就在于：不论你记得还是不记得，只要你踩上踏板，就给自己增加了一份安全保障……“别小看这些小改小革，在实际操作过程中不仅提高了工作效率，还降低了企业的成本。”陈万忠表示。“陈万忠创新工作室”先后获得 2012 年度、2013 年度首钢京唐公司学习型先进团队，2013、2015 年度首钢京唐公司优秀职工创新工作室，2018 年更是获得“首钢先进集体”、首钢京唐公司示范创新工作室荣誉称号。

在很多人眼里，职工创新工作室不仅是一个搞创新的平台，更是一个圆梦的舞台。1986 年出生的王海龙，现任公司冷轧部机电设备运维作业区检修工，高级焊接技师。他主要负责冷轧部全产线的各项焊接工作，牵头负责首钢人才开发院京唐公司电焊工实训基地与电焊工创新工作室的技术工作。2006 年参加工作以来，为了实现自己的梦想，他每天潜心学习，和师傅、同事一起交流技术难题，很快熟悉和掌握了实际操作技巧，成为电焊班的主力选手。氩弧焊是现在最流行的焊接技术，在实际生产工作中应用广泛。王海龙针对氩弧焊技术认真学习，在送丝、运焊把、引弧、焊接、收弧的焊接工序中摸索出自己的一套新方法，在国内氩弧焊领域的全位置焊接技术上率先取得了重大突破。在 2017 年中德“北京·南图林根”焊工对抗赛中，获得熔化极气体保护焊第二名。他也由此获得了 2016~2017 年度“全国青年岗位能手”、北京市青年岗位能手、北京市安全生产技术标兵、京津冀优秀焊工、北京市工业和信息化高级技术能手、首钢技术能手、首钢青年创新先锋、首钢京唐公司技术能手等多项荣誉称号。“王海龙创新工作室”也组建起来了。

全国百姓学习之星、炼钢部“王建斌创新工作室”，热轧部“陈铎创新工作室”“王洪鹏创新工作室”，冷轧部“王保勇创新工作室”，彩涂板事业部“孙宝平创新工作室”，供料部“宿光清创新工作室”，焦化部“贾兴宏创新工作室”……还有公司层面提升打造的液压创新中心、镀锡创新中心和电气自动化创新中心。现如今，职工创新工作室也已成为首钢京唐公司职工技术创新的响亮品牌、职工创新成果的“孵化器”。一批批勤奋钻研、勇于创新的知识型、技术型人才聚集起来，解决生产技术难题，实现了“1+1>2”的聚集效应。

薪火相传　担当有为　引领全员成才

职工创新工作室成立之初，京唐公司就把人才战略放在首位。职工创新工作室不仅是创新的平台，更是一个全员“提素”的舞台。面向生产实践，开展有针对性的技能培训，是职工创新工作室的重要职能。创新工作室通过师带徒、精英带团队、骨干带全员、互动学习等方式，使职工技能全面提升。扎根生产一线，老师来自基层，教材取自现场，学用结合、学以致用，这是职工创新工作室进行职工培训的最大优势。

“工作室绝不能停留在为创新而创新的圈子里，要把工作室的辐射作用发挥出来，带动身边的职工人人争当创新能手。”在创新工作室创新沙龙交流研讨会上，负责职工创新工作室的专业领导告诉大家。

全国百姓学习之星、炼钢部王建斌在谈到以自己名字命名的工作室时感叹道：“除了荣誉感以外，更多的则是一种责任与动力。”他表示将充分利用好这一平台，在工作中全身心带领团队大力开展好科技创新和人才技能提升等工作，真正使工作室成为企业技术创新和青年员工实现技能提升梦想的摇篮。王建斌作为炼钢行业的技术专家，经常被外部企业请去指导开炉，他始终把信任、责任、奉献作为自己的座右铭。为了让更多的年轻大学生和一线职工快速成长，打造一支在炼钢行业技术和操作顶尖的团队，他定制月、年攻关目标，以创新工作室为平台，带领一群年轻大学生挖问题、克难关，先后完成《300T复吹转炉全炉役低碳氧积控制技术研究 》《首钢京唐炼钢环保综合治理技术研究》等科技项目，分别获得冶金科学技术一等奖一次，首钢科技二、三等奖各一次，申请专利6项（授权3项，受理3项），在核心期刊《钢铁》《炼钢》发表学术文章3篇，其他期刊发表文献12篇，成功地将实践转换为知识产权。在王建斌看来，“传帮带”是一种既简便又有效的培养人才的方法，对于在生产一线的职工，并不是采用传统的方式进行培养，而是采用人员自身性格特点“因才施教”，亲自制订详细的培训计划，使新人培养工作做到了有计划、有步骤。他在人才培养过程中，采取了“两条腿走路”的方针：班中现场言传身教，不断地把新技术、新规范传递给职工；利用班后会进行工作总结，使他们及时纠正自身操作错误并加深印象。他把自己的丰富的生产经验毫无保留地传授给他人。经过他的亲传身教，先后培养出高级技师7名、技师11名，培养的新人在各自的岗位上都发挥了重要作用。

热轧部“陈铎创新工作室”里，几名年轻人在一架布满线路的控制平台前围着陈铎。陈铎指点着平台的每一个控制点讲解操作要领，这个平台就是陈铎创新工作室自主开发的Siemens、TMEIC系统培训测试平台。这个平台也可以对新备件、下线备件、损坏备件等进行性能测试，还可以进行技能比武、事故分析、模拟事故演练等，提高设备人员的技术水平和维护技能，从而降低设备故障停机时间。测试平台建成以来，陈铎就在这小小的控制平台上完成了很多技术创新和攻关项目。平时，他就用来对新进员工、点检人员、维检人员等进行培训。为提高大家的技术水平，他还经常性开展内部集中培训，并组织成员赴外培训。工作室成员围绕设备维护方面撰写最佳操作法，如故障处理指导书、切换流程等，其中《液压伺服系统故障处理最佳操作法》等5项获得首钢京唐公司最佳操作法。“在这里，只要你想学，就会有人毫无保留地教你，我们都希望把自己的技术教给身边的每一位同事，让我们的创新事业更好更快地发展。”创新工作室成员都这么说。到目前，“陈铎创新工作室”利用该平台已进行了30余次培训，完成了2250毫米轧辊间天车遥控器、拉线编码器等85件备件的测试和修复工作，节约修复费用120余万元。享受北京市政府特殊津贴的首钢“一线创新先锋”张维中，扎根一线积极组织开展技能培训工作，他的创新工作室成员里有4人获得了首钢集团公司机械点检员技能大赛冠军、7人获得了“首钢技术能手”荣誉称号，他本人也被评为了“首钢职业技能竞赛优秀教练员”“首钢先进教育工作者”。

在工作实践中，首钢京唐公司要求各创新工作室要向下延伸成立技术创新攻关小组，定期学习“充电”，开展技术交流和课题攻关研讨活动，集思广益，研究和破解经营生产过程中亟待解决的难题，使职工的学习行为由被动学习、被动培训，转到根据创新需求有针对性地学习，做到学以致用。此外，首钢京唐公司所有的职工创新工作室都设立了“学习园地”，通过自我学习和传授相结合，为青年职工搭建快速成长平台。建立培训机制，经常开展点、线、面培训，以“接力传承”的方式，安排工作室成员轮流走上讲台，现场讲授自己最“拿手”的新技术、新经验，促进创新经验共享交流。深入开展“导师带徒”和劳模“传帮带”活动，对新入职员工进行“一对一”帮扶，

“手把手”教导，帮助新成员尽快融入团队、快速成长。

“人才是本，技术是根，创新是魂”。科技创新助推了企业发展，提升了企业效益。目前，职工创新工作室已成为首钢京唐公司大力弘扬工匠精神，发展先进生产力的“助推器”；成为激励职工奋力拼搏、攻坚克难、勇于创新的“加油站”。许多有一定理论水平、工作经验和创新能力的劳模、高技能人才、技术领军人物争当带头人，组织带领本单位一线职工，围绕生产经营活动、技能人才培养和工作中的重点、难点问题开展技术创新、管理创新攻关，为企业发展带来了勃勃生机。

（本文刊载于2018年10月15日《首钢日报》）

奏响质量发展主旋律

——首钢京唐公司强化质量管理纪实

杨立文

“只有把产品做好才能把产品卖好，只有好的质量才能保证好的销量，这是我们支撑企业品牌发展的职责所在。”在每次的部长例会上，首钢京唐公司领导都会这样强调。近年来，公司坚持品牌发展战略，瞄准国际先进水平，加大质量管理力度，推进质量提升工作，增强了产品竞争力，提升了企业效益。多项产品荣获中国钢铁工业协会颁发的金杯奖，其中集装箱用热连轧钢板和钢带（SPA-H）还获我国钢铁行业最高产品质量奖——“特优质量奖”。2014年，首钢京唐公司荣获了国家进出口检验检疫方面的最高荣誉——“中国质量诚信企业”荣誉称号；2016年，首钢京唐公司荣获第四届中国工业大奖表彰奖。

做实管控体系　强化“制造+服务”

“求木之长者，必固其根本”。产品要占领市场，关键在于过硬的质量，而过硬的产品质量要靠扎实的基础工作保驾护航。以设备、工艺、操作为重点的基础管理是首钢京唐公司提升质量管控水平的传家宝。

首钢京唐公司紧紧结合企业实际，全面推质量管理体系建设。着眼生产全流程，从原料入厂，到产品，再到用户，抓住关键控制环节，持续进行过程管理。实行产品研发、技术标准、生产组织、市场营销、用户服务、异议处理为一体的管理方式，形成了从用户先期介入、质量设计、质量管控、物流跟踪、质量异议处理、持续改进、用户技术服务等业务的一贯制管理模式。开展与先进企业全面对标，健全完善对标管理制度和工作机制，建立了一贯制管理、用户管理、过程管理、重点指标四合一对标体系。同时，对各工序影响产品质量的因素进行梳理，对前三位的影响因素制定了 153 项攻关措施。加强运输时效管理和过程质量防护，严格落实标准运输周期要求，强化交货保障能力，重点客户整单合同兑现率超计划 2.24%。

在做实做细质量管控工作中，首钢京唐公司积极引入“六西格玛”先进管理方法，以炼钢连铸、热轧精轧和冷轧镀锌工序为样板，利用六西格玛科学管理工具，建立起了“首钢京唐公司 TS16949 标准运行评价指标体系”，进一步精细化过程控制管理。结合 G8D 质量改进和汽车行业五大工具的应用，加强质量持续改进的闭环管控。在工艺稳定体系上，调整完善工艺稳定评价体系，形成公司级 97 项重点指标和作业部级 179 项支撑性指标，实现全流程覆盖。按照质量管理体系架构，全面落实质量目标和过程绩效指标，持续推进 ISO9001 和 IATF16949 质量管理体系再造。在新版 IATF16949 标准换证过程中，首钢京唐公司高度重视，成立了由公司领导、各部专业领导及贯标人员组成的工作小组。他们围绕过程识别、现状梳理、与新标准的差异分析以及制定解决方案等，充分结合公司实际，制定了新的体系架构，修订了管理手册、程序文件等系列制度文件，按照新的体系架构，组织开展了管理评审、体系内审、产品审核和过程审核等工作，检查新体系的运行的效果，并进行了相应的改进。按照 PDCA 的管理方式，首钢京唐公司质量管理体系共制定完善 34 个一级过程、131 个二级过程以及 1 个管理手册、57 个程序文件、155 个制度文件。其中，“产品安全、知识管理、内审员管理、社会责任”是全新建设。在认证审核中，评审机构对首钢京唐公司总体质量管理体系建设给予了充分肯定，在经过国际汽车工作组（IATF）的严格评审后，于 2017 年 8 月底，顺利通过了审核组换版换证现场审核。2017 年 9 月 24 日，国际汽车工作组向公司颁发了新版质量管理体系双证书。

用心做好细节 质量管理更精细

细节决定成败。首钢京唐公司意识到，要使产品质量实现质的飞跃，就必须注重细节，按照精心、精细、精品的要求去做好各项工作。

多年来，首钢京唐公司实施全线质量受控，借助信息化系统，实现全流程工艺技术的模块化和数字化，实施严细、精准的质量控制，达到质量成本的最优化和质量改善。同时，强化全员质量意识，形成自上而下以质量为中心的工作经营思路。按标准生产、注重细节管理成为公司最大的特色。

首钢京唐公司按照“用户标准就是我们的标准”的质量理念，对组织机构进行优化整合，突出了对产品的管理，将生产制造管理体系由按照专业分工管理，转换为按产品分工管理，成立汽车板室、家电板室、热轧板室，实现对产品从前期介入、认证、合同评审、技术质量标准制定，到售后服务跟踪、异议处理的全过程管理。同时，成立技术管理室和产品推进管理室，加强产线共性技术管理、体系管理，以及与集团公司产销研团队实现高效对接。

实施产品制造管理体系优化整合后，公司产销环节沟通更加顺畅高效，产销一体化优势日趋显现。同时，狠抓工序服从，积极促进各生产工序协同配合，强化生产过程精度掌控，实现产线制造能力稳定提高。热轧部为强化质量管理，成立了由部领导牵头的镰刀弯、边部缺陷、异物压入等重点缺陷攻关团队，建立内部激励制度，充分调动员工积极性。每周召开专题会，对问题点逐项分析，每月对有效措施进行固化，并跟踪长期效果。针对后工序产品质量问题，生产技术室负责人带队进行走访，建立快捷沟通渠道。他们结合带出品报表、上下游信息反馈及专业间反馈等多渠道进行问题汇总。同时，根据各专业特长，细化分工，对缺陷负责人建立绩效考核机制。他们还针对边部细线、毛刺、孔洞、氧化铁皮等疑难杂症，组织与浦项、宝钢以及鞍钢、迁钢等单位进行交流对标，结合自身产线特点制定相应试验和技术改造方案，对可改进点进行内部转化，形成了全面质量管理体系。冷轧部围绕产品质量，根据酸轧、连退、镀锌、罩退产线特点，分宏观、微观、质量评价点 3 个层面建立了稳定工艺评价标准。其中，质量评价点主要针对产线需要人工定期或不定期进行工艺检查的质量控制点建立量化标准，根据产线特点，建立了 26 个质量评价点。进入冷轧部酸轧原料库，一排排黑色的热轧卷，经过酸轧产线的洗礼，它们就会穿上一身洁白的衣裳。从原料库到成品库，每一道工序对质量的要求都是相当严格的。从上料到开卷，每名岗位操作人员都要仔细核对钢卷信息，确保钢卷对位，随时注意穿带时容易发生的堆钢、浪型问题，保证板形的平整。镀锡板事业部把提高产品质量作为生命线，从原料入厂，到产品，再到用户，抓住关键控制环节，持续进行过程管理。为保证镀锡板产品质量，从炼钢工序开始，就采用专炉冶炼、专工位精炼、专机浇钢的多重保障措施，并根据主要工序成分控制的难点，提前制订了详细的工艺操作方案，大幅度提高了产品成材率。彩涂板事业部持续在提高产品质量上下工夫，围绕重点难点问题开展系列攻关改造。他们对沉没辊组运行稳定性、退火炉烧嘴问题等开展课题攻关，延长沉没辊使用寿命至 7 天，产线运行速度提高 10 米/分钟，增强了产品质量稳定性。通过不断完善工艺参数，实现双面 FB 率零的突破并获得用户好评。2018 年前 8 个月，耐蚀性新镀层系列产品成材率提高至 98.03%。各类规格锌花在尺寸、均匀性等方面达到了国内先进水平。为生产出高质量产品，岗位人员合理调控光整后挤干辊压力，并采取在光整烘干箱后增加吹扫的措施，解决了清洗边部带水的问题。他们还根据薄、厚规格变化调整不同的基准位置，有效杜绝了水淬挤干辊产生的划伤质量现象。此举使无花镀锌产品首次生产成材率就达到了 98.78%，为后续生产稳定奠定了基础。

紧抓服务质量　产品跟着用户走

在市场经济环境下，“以客户为中心”“坚持用户至上”几乎成为所有企业的立身生存之本。

首钢京唐公司践行“从用户中来，到用户中去”的服务理念，进行“区域+重点”的全方位布局，构建服务内容、服务范围、服务手段、服务技术、服务标准一体化管控体系。围绕用户满意度提升，实施快速响应，做到接单快、研发快、交付快、理赔快。强化质量异议管理，做到先理赔后追责，缩短质量异议周期。提高用户交付保障能力，实现从合同到产品交付的全流程系统管理。

以不断提高用户满意度为目标，坚持过程管理直至产品到用户。对其中的每一个环节，他们都努力想新招、出实招、下狠招，着力在解决用户提出的问题上下工夫，切实提升服务能力和水平，不断提高质量，赢得用户青睐，有力促进企业健康发展。强化技术服务、用户技术研究能力建设，整合现有客户服务力量，抽调有丰富现场经验和较高技术水平的人员充实服务团队，完善客户经理、客户代表、驻厂代表服务体系，形成一管到底的快速响应机制。实施《客户走访制度》，公司领导带队走访用户，及时了解用户的个性化需求，解决用户生产过程中的问题。通过客户走访，了解用户需求，为用户解决了实际问题，建立了良好的沟通渠道。公司每个月都制定走访计划进行走访，对于走访出现的情况和问题及时总结，事后认真分析，制定整改措施落实改进，并跟踪改善效果，先后走访 320 余家客户。通过走访加强了公司与用户的联系，建立了长期合作关系，做到了快速响应客户的需求。借助首钢销售公司及中首公司的市场前沿力量，发挥集团产品研发整体优势，成立产、销、研一体化团队，共同推进市场开发。为适应产品推进工作的需要，进一步完善用户服务团队的组织架构，公司下发了《首钢京唐钢铁联合有限责任公司客户代表管理规定》，扩大客户代表团队，规范用户服务工作标准，建立客户代表管理体系，针对不同地域、不同产品设立客户代表，将服务进一步延伸到用户。在某高端合资品牌汽车认证过程中，用户要求某一钢种金相无带状组织。针对这一特殊需求，首钢京唐公司制造部汽车板室、首钢技术研究院以及炼钢部、热轧部、冷轧部等专业技术人员组成了专项技术攻关小组。他们经过内部充分讨论后，一方面组织技术人员多次赴用户进行技术交流摸清需求，另一方面在摸清京唐公司该钢种带状组织控制情况基础上，积极制定措施。经过研究，他们根据产线装备特点，通过调整炼钢过热度、拉速，调整热轧终轧温度、冷却模式、卷取温度以及冷轧退火温度等关键工艺参数，先后进行了6次试制，制取带状组织金相试样280余个。功夫不负有心人。最终摸索出了改善该钢种带状组织的全流程生产方案，一举攻克了难题，顺利通过该钢种认证。他们以此为契机，与用户建立了定期技术交流机制，为继续拓展其他钢种认证，提高市场份额打下了良好基础。

首钢京唐公司的镀锡板事业部和彩涂板事业部是直接与客户打交道的单位。为此，他们向重点客户和区域派驻研发人员，负责从市场调研接触客户、建立沟通渠道，再到材料认证使用跟踪、质量持续改进的全程服务工作。他们从产品质量设计阶段就针对客户需求制定工艺，将客户所提问题和需求第一时间反馈到生产现场，提高了响应效率。一次，北京一家公司提出20吨的紧急订货需要，要求10天交货，彩涂板事业部产销密切协同、急事急办，在保质保量的前提下，将原本需要20天完成的任务只用了8天就完成了，得到了客户的高度认可。

团结一心鏖战急

——首钢京唐公司工程建设现场见闻

杨立文

2018年的隆冬，干冷异常，在首钢京唐公司工程建设施工现场，刺骨的北风考验着参建人员的忍耐力。此时，工程建设已进入攻坚阶段关键时刻。“一定要确保各工程项目按节点完成，保证京唐公司整体经营生产的顺行！”公司领导审时度势。全体参战干部职工争分夺秒，日夜奋战，各级领导发扬连续作战精神，放弃周末休息，深入一线协调指挥，与各参建单位凝心聚力、攻坚克难，向工程节点冲刺……

强化组织有保障

首钢京唐公司工程建设共包含27个单项工程，划分42个主要施工标段。承担主体工程的有中国一冶、五冶、二十二冶、中冶天工、鞍钢建设集团、马钢建设集团、内蒙古电建、河北省安装公司、首钢建设集团、首钢国际、首自信等施工企业。施工项目多、点位分布广，有很多项目都是交叉作业。特别是进入冬季以来，随着施工项目进入设备安装攻坚阶段，施工难度明显增大。

首钢京唐公司充分发挥业主作用，不断加大对工程建设的组织力度。公司领导每天亲自组织召开由各施工单位相关人员参加的施工进度协调会，针对当天施工中出现的各类问题进行梳理，研究解决方案。各施工单位不断增加施工力量，全力突击抢进度。施工监理单位严格执行施工规范，加强施工现场组织管理。不断健全管理体系，与公司人员一起，围绕安全、质量、进度、投资、环保“五大控制”建机制、定措施、落实主体责任。

针对当前施工任务艰巨、部分参建单位劳务资源无法满足工程需求的现状，首钢京唐公司在充分利用好前期组建的专业工程突击队的同时，努力做好管理与支援。公司各相关单位管理人员直接参与施工单位现场管理，形成了快速解决问题机制，进一步加大指挥协调力度，为工程建设最后冲刺创造条件。与此同时，公司还安排相关操作人员和维检单位支援工程建设，对设备安装、电缆敷设、现场清理等作业项目开展人力对接，充实现场施工力量，为各产线如期顺利投产提供有力保障。目前，已组织操作岗位和维检单位一千多人参与工程建设。

施工进度靠得住

在首钢京唐公司的统一部署下，施工现场各个施工点挑灯夜战、争分夺秒，迅速掀起了“抢工期、赶进度”的大干热潮。

冬季严寒施工，本身就非常困难，更别说这样紧迫的工期了。在 MCCR 施工现场，钢轧作业部为加强现场施工力量，将 6 个作业区的人员全部派驻到现场，与施工单位人员并肩战斗在工程一线。为保施工质量，钢轧作业部要求全体派驻人员延长工作时间，所有领导人员放弃节假日休息，随时为作业人员提供支持与服务。电缆是贯通工程的“血脉”，板坯连铸 ER1 配电室内有多条电缆需要铺设，为了解决施工单位人手不够的局面，钢轧作业部板坯连铸党支部书记王玉龙主动带领十几名党员参与到电缆铺设工作中。面对重达 1 吨多的电缆卷盘，钢轧作业区职工们与施工单位的师傅们分工协作，齐心协力，共同将电缆卷盘移动至配电室内。空间狭小的电缆沟内，大家统一协调，喊着口号，顺利完成了铺设电缆的任务。MCCR 产线辊底式隧道加热炉又是关乎 MCCR 产线产品质量和产量的关键工艺设备，为保证烘炉成功，钢轧作业部提前谋划，周密组织，反复调研，制定了严密的烘炉方案。11 月 28 日 16 点 16 分，随着两支烘炉管相继点火成功，首钢京唐公司钢轧作业部

MCCR产线辊底式隧道炉进入正式烘炉阶段，此举标志着MCCR产线建设全面进入设备调试阶段。

4300毫米产线设备安装调试进入关键时期。集团公司领导对公司4300毫米中厚板产线施工提出了明确要求，要求4300毫米产线确保12月10日烘炉，年底要实现热试过钢。各单位结合当前工程实际进展，统筹安排，合理调配资源，在确保安全和质量的前提下，加快推进加热炉尾工清理和主轧机调试工作。其间，中厚板事业部领导班子靠前指挥，班子成员强化责任，每人承担工程项量。各级领导人员敢于担当。他们将工程指挥部的办公地点迁到了4300毫米产线现场调度室，和一线施工人员战斗在一起。围绕4300毫米产线工程年底热试过钢的目标，首建集团针对开工较晚的水处理区域，坚持24小时不间断作业。在厂房钢结构安装和地坪施工过程中，他们见缝插针，采取多维度、多点位作业方式，4天完成磨辊间1万平方米地坪施工。针对其他单位承担的高压水除鳞项目迟迟没有开工的现状，在指挥部果断协调下，首建集团迅速响应，主动承揽了任务。首钢国际在承担的4300毫米产线加热炉工程建设过程中，与首建集团通力合作，采取了安装和砌筑同步作业方式，优化施工组织，节约工期近半个月。他们还克服天车紧张困难，加班加点做好空气、煤气等介质管道安装工作，为烘炉提供了有力保障，并创出了20天完成加热炉各种管道的首钢速度。首钢机电公司电机厂在按时完成主电机吊装的基础上，有序组织安装、精调，按时交付下道工序。在施工人员急缺的情况下，公司工程部、设备部等部门开通绿色通道，合理调配资源，为4300毫米产线施工增加施工力量。首宝核力、秦机厂、首钢长白抽调精兵强将积极增援到施工中来，单日增援人数最多达到240人，帮助中厚板事业部顺利完成了电缆穿线、现场清理、机电安装等工作。

2018年12月9日18时16分，是个值得纪念的日子。此时，4300毫米产线1号步进式加热炉比节点计划提前1天点火烘炉，为年底过钢奠定了坚实的基础。

在公司炼铁部二楼会议室的墙上，三高炉投产倒计时的黑色数字被一页页翻过，连同那一抹醒目的红底色，一起提醒着所有炼铁人时间的紧迫。“1

号热风炉砌筑混风支管1层轻质砖完成20%，2号热风炉砌筑混风支管1层轻质砖完成30%……”每天早上调度室的汇报牵挂着在座的每一个人。围绕三高炉工程建设，炼铁作业部上下齐心、全力以赴，攻坚克难、众志成城保投产。从部领导到设备室工程项目负责人，日夜兼程，全力为工程建设服务。围绕三高炉施工建设，炼铁部按照时间节点倒排工期，让工程计划上墙，每天上午八点和下午五点召开工程进度例会，分析当天的施工进度，把影响进度的问题摆出来，大家共同协商解决，以每日例会为抓手为工程进度的推进提供多方保障。炼铁部党委时刻关心着三高炉工程建设，号召大家手拉手加油干，通过开展工程节点慰问、改善施工人员就餐方式、发放防寒保暖用品等，千方百计解决施工人员实际所需，为工程建设创造有利条件。

12月14日，经过7个昼夜的连续奋战，焦化部5号焦炉由煤气烘炉转为地下室正式加热，首钢京唐公司焦化工程建设又树起了一座里程碑。

地下室正式加热是引煤气至焦炉，涉及煤气，关乎生命安全，需要慎之又慎，不能出现丝毫差错。焦化部炼焦调火组首当其冲担此重任。他们反复讨论研究，周密部署各项安全工作，制定详细煤气引气方案，与能环部能源气体防护站协调沟通。其间，区域作业长陈永利带领30多名职工加班加点。煤气和废气交换系统是5号焦炉最棘手的问题。为确保万无一失，王海龙、贾兴宏、邹洪星等人三天三夜坚守在现场，全力调试焦炉交换机电气自动化系统。他们排查所有线路，不断优化程序完善设计，他们发现了多个液位传感器出现问题。贾兴宏主动请缨，经过反复研究分析，发现设计图纸有缺陷，所有问题在完善设计后迎刃而解。在他的细心检查下，还解决了煤气电液执行器故障。保证了该系统提前顺稳运行。

能环部负责工程建设项目主要有工程管网、3.5万吨/天海水淡化项目、CCPP项目、制氧机组等。他们不断强化组织领导，落细落实主体责任，充分运用一期工程的技术和经验优势，集中精锐力量组织工程建设。为了达到安全、环保、质量、工期4个“百分百”的目标，能环部领导干部亲自带队、靠前指挥。专业技术人员深入现场、打破区域界限做好精准服务，主动担责，积极解决工程推进中遇到的一切困难，为工程项目的顺利开展保驾护航。目前，已完成高炉冷风管道接点，CCPP工程压缩空气接点等关键介质的接点施工，实现了朗泽、冀东油田、钢轧作业部等配电室的安全送电，为能源介质的顺利接轨奠定了基础。

质量安全不放松

首钢京唐公司相关部门加强与各参建单位沟通，多管齐下，开展了工程建设质量管控。11月中旬，冶金工业工程质量监督总站专家对京唐工程建设焦化、球团、炼铁、炼钢、MCCR等项目进行了为期三天的检查，对现场施工和质量管理提出了指导意见。按照专业单位的意见，围绕供返料通廊钢结构制作安装，三高炉热风炉、焦炉、加热炉砌筑，厂房彩板封闭，综合管网安装等等一系列关键环节，相关领导、专业人员紧盯现场，保证施工质量。

为促进施工单位强化质量意识，在施工单位当中开展了质量亮点评选、质量问题曝光活动，评选出质量亮点42项，曝光质量缺陷117项。针对评选结果进行排名公布，对质量问题责成相关单位按期整改，从而有效保证了施工质量。由五冶承建的焦化工程5号、6号焦炉在京唐公司开展的质量月度综合考评中多次名列第一，特别是在焦炉砌筑过程中采用分层分段砌筑和平铺砌筑相结合的方式，实行层层画线、层层配砖、层层砌筑、层层验收、层层清扫、层层勾缝的“6S”工序管理，有效保证了质量，检测合格率100%。

工程建设进入攻坚阶段，现场人员、设备、机具数量到达顶峰，各类立体交叉作业增加，工序、工种配合频繁，介质管道陆续连通投用……所有的这些，全都涉及安全工作。

连日来，安全专业管理人员针对工程建设施工人员多、高处作业多、节点多、设备安装多等施工特点，与相关单位组成了6个检查组，深入到4300毫米产线、炼钢、MCCR、炼铁、原料、球团、能环、焦化等施工现场进行安全检查。同时，以区域为单位24小时进行插入式管理，做到横向到边纵向到底，协助各施工单位做好安全管理，确保现场施工的安全。

在4300毫米产线加热炉烘炉施工现场，安全管理人员正在查看管道吹扫阀门密封、煤气管道放散、现场人员清理、警戒线设立等情况，同时要求引气操作要统一指挥，避免多人指挥出现操作问题，确保了烘炉安全进行。同时，检查组按照工程建设节点，对MCCR烘炉的隧道炉、4300毫米产线加热炉及其他施工现场燃气系统是否符合要求以及各种报警装置、现场安全防护装置是否齐全有效进行了细致检查确认，确保了4300毫米热风炉烘炉的安全。

扎根沃土结硕果

——首钢京唐公司彩涂板产线实现盈利纪实

李玉颖

2018年1~8月，首钢京唐公司彩涂板事业部经营效益达6182万元。这是彩涂板产线顺利完成停产、搬迁、调试、投产，并以事业部制模式运行以来，连续第三年实现盈利。

彩涂板事业部的搬迁调整，是首钢集团基于整体和谐稳定发展的战略决策，是促进首钢京唐公司产品结构转型升级的重要举措。近年来，彩涂板事业部依托公司优越的铁钢原料资源、全流程一体化排产和海运发货优势，积极调整产品结构，加大市场开发力度，不断提高服务水平，用户数量由60余家发展到120余家，覆盖华北、华东、华南、东北、西南等地区。2018年7月，无花镀锌产品成功完成首次生产；1~8月，耐蚀性新镀层系列产品产量达到2017年全年的2.2倍，为提升产品市场竞争力打牢了基础。

优产品做高质量

质量是企业的生命线。彩涂板事业部从用户出发，瞄准先进企业，对标缩差，持续提升质量控制水平，杜绝缺陷，满足用户需求。

事业部以硬件改造和质量攻关为抓手，重点推进耐蚀性新镀层系列产品制造能力提升，持续在提高产品批量生产能力和生产质量上下功夫。岗位技术人员围绕重点难点问题开展了一系列攻关改造。他们对沉没辊组运行稳定性、退火炉烧嘴问题等开展课题攻关，延长沉没辊使用寿命至7天，产线运行速度提高 10 米/分钟，增强了产品质量稳定性。同时，镀后冷却系统整体改造、气刀边部挡板改造等的实施，为提升产品质量创造了良好条件。此外，他们还通过不断完善工艺参数，实现双面 FB 率零的突破并获得用户好评。

1~8 月，耐蚀性新镀层系列产品成材率提高至 98.03%。目前，各类规格锌花在尺寸、均匀性等方面达到了国内先进水平，极薄规格产品具备了批量生产能力。

无花镀锌产品成功完成首次生产，成材率达到 98.78%。为生产出高质量产品，岗位人员合理调控光整后挤干辊压力，并采取在光整烘干箱后增加吹扫的措施，解决了清洗边部带水的问题。他们还根据薄、厚规格变化调整不同的基准位置，有效杜绝了水淬挤干辊产生的划伤质量现象。此次无花生产，实物质量显著提升，表面锌灰、锌渣较拉练阶段大幅减少，S4 表面规格拓展至 1.8 毫米，钢种拓展至 DX53D+Z，为后续生产稳定奠定了基础。

抓市场做大效益

公司彩涂板事业部始终坚持“以效益为中心，以市场为导向”理念，着眼市场渠道拓展，合理分配资源，做到效益最大化。

以“市场”为靶心，重建产销协同体系，深化成本测算，实施精细化销售。建立接单和效益评价体系，通过产品效益分级、用户分级和生产难度分级，指导合同评审接单。按照分级进行成本和效益对照来优化接单，坚决控制和杜绝边际亏损的订单，并灵活调整品种数量，合理分配产线资源，努力实现效益最大化，1~8 月增收 2551 万元。

加大市场开发力度，积极拓展新用户。走访华北华东地区重点用户，针对重点产品市场情况、用户需求，特别是产品质量、交货期以及用户服务等方面进行交流，为提高产品竞争力找方向、挖对策。目前，彩涂产品销售渠道稳定，实现了结构升级。家电板开发取得新进展，现已完成了欧司朗、海信、奥玛、珠海拾比佰等厂商的认证，并初步实现批量供货。2018 年上半年完成郑州奥体中心项目、东风本田扩建项目、萍乡萍钢安源钢铁项目的供货工作，扩大了首钢彩涂产品的市场影响力。耐蚀性新镀层系列产品市场开拓提速显著。经过半年努力，市场已初步形成华东、华北、华南以及出口的区域布局，包括万控、西门子、天翔、天港、悠远、白云电器、格力、美的等，终端渠道正逐步扩展，市场口碑逐渐形成。

建机制做细管理

完善有序的机制是精细化管理的前提。彩涂板事业部积极推进以“计划值管理为基础、非计划停机管理为过程、合同兑现管理为标准”的三大生产管理，针对生产过程中的关键环节实行通报制度，推进各项工作良性开展。

开展产品审核，跟踪验证公司、部门级审核中发现的问题整改项，进一步强化措施落实，加强过程控制管理；深入透彻分析影响生产运行的故障停机，定期进行分析闭环、措施闭环、落实闭环、培训闭环等管理检查，从根本上减少故障停机从而提高生产运行稳定性；专项通报性质严重、损失较大的质量事故，并按照规定落实责任考核，提高全员对技术质量重要性的认识，规范技术操作。1~8月共进行质量体系推进通报10次，非计划停机闭环管理通报5次，技术质量通报4次，成本效益推进通报3次，进一步加强了过程控制、成本效益、生产运行和技术质量管理。

在保障合同交付上，建立预警机制，跟踪合同执行。将合同梳理会梳理出的重难点订单、多次补料订单、特殊交货期订单列为重点跟踪对象，确认瓶颈工序，并在计划系统中特殊标注，作为组织生产前重点关注的依据。对于梳理出的重难点合同，组织生产准备会，加强一次命中率指标管理。根据合同信息、用户需求、产线优化分工等因素制定当前的备料需求，对结转订单完成情况、合同评审、各产线前库可用库存、上工序备料情况、重点订单跟踪、合同交付、隔天计划等进行梳理，切实保障合同按时交付，满足用户个性化需求，提高用户满意度。

夯基础做实保障

基础不牢，地动山摇。彩涂板事业部从基础做起，积极开展设备管理，提升设备运行稳定性，强化基础保障作用。

围绕设备顺稳，全面推进问题管理。明确设备问题管理流程，建立健全设备问题管理运行体系规范，制定《彩涂板事业部设备问题管理规定》。对设备问题实行分级管理，根据影响程度、解决难度等进行综合评判，将等级划分为一般问题、重要问题、重大问题三类，并制定相应解决措施。同时设立兼职问题管理员，负责设备重要问题及重大问题的收集、整理、跟进、发布，定期组织设备问题推进会。2018 年以来，已收集设备问题 327 项，解决 92 项，设备非计划停机持续降低。

围绕产品开发，提升设备功能精度。为确保无花镀锌产品的顺利生产，按月召开设备功能精度例会，将 69 项功能精度项目全部纳入日常管理。针对光整辊出现的走刀花问题，组织人员到冷轧部学习优化磨削参数，召开 4 次磨床专题功能精度会，找出磨床问题 20 余项并逐个解决。同时，技术人员梳理了退火炉气密性、光整机高压清洗等 10 余项关键功能精度项目，在各专业协同持续治理和改进下，退火炉氧含量、露点大幅降低，卷径计算故障基本消除……设备功能精度、产线稳定性和生产效率得以提升，为无花镀锌生产提供了有力支撑。

围绕技术改进，扎实推进节点控制。2018 年，共计新增技改项目 10 项。其中，工程类 5 项、设备类 5 项。事业部狠抓工期节点，对项目一一审查完工时间的合理性同时对 10 项技改项目开展效能监察，跟踪检查项目开展情况并进行打分评价，提高大家的工作积极性。为促进技改项目迅速见实效，事业部积极协调各专业，全面发力，按计划节点和措施推进技改项目。其中，“彩涂板事业部彩涂漆库改造项目”于 5 月 31 日保质保量完成，为彩涂产线安全运行提供了有力保障。

释放强能量　挑战不可能

——首钢京唐公司工程建设纪实

杨立文　杨　景　薛贵杰

这里是首钢京唐汇聚的焦点，这里撑起了希望与梦想。

2018 年 12 月 30 日，首钢京唐公司工程建设中厚板 4300 毫米产线成功实现了热试过钢；2018 年 12 月 31 日，首钢京唐公司烧结烟气脱硫脱硝深度治理改造工程顺利通烟投入运行……在首钢京唐公司工程建设工地上，塔吊起起落落，忙碌的建设者川流不息。施工作业现场，口号声此起彼伏，弧光闪闪，焊花飞溅，工地上一派繁忙。来自十几路不同施工单位的建设者们正在铆足干劲，开足马力，他们团结协作，奋勇冲刺，让一个个不可能变成了现实，为推动工程建设早完成、早见效，促进首钢京唐的快速发展发挥着积极作用。

时不我待　项目建设不止步

首钢京唐公司工程建设在推广应用前期工程采用的自主研发、集成创新和引进消化再创新的先进技术基础上，结合前期工程投产运行的效果和积累的经验，优化和改进的技术 54 项，开发研究创新技术 50 项。

“凡事预则立，不预则废”。从首钢集团到首钢京唐公司都高度重视工程建设，集团领导多次深入施工现场调研了解施工进度情况。承担首钢京唐工程建设主体工程的有中国一冶、五冶、二十二冶、中冶天工、鞍钢建设集团、马钢建设集团、内蒙古电建、河北省安装公司、首钢建设集团、首钢国际、首自信等多家施工企业单位，为确保工程项目建设顺利进行，从建设初期，首钢京唐公司就周密组织，公司领导挂帅指挥，相关部门按专业设立6个项目组，抽调100多名专业技术人员开展工程设计对接、施工准备工作。同时，各作业部成立了13个项目筹备组作为过渡性临时管理机构，对设计审查、投资控制、设备选型及修配改、工程施工管理、生产前期准备等进行全过程管理。首钢京唐公司对27个单项工程分别制定了年度计划，并根据每月施工内容及工程量，选取118项关键控制点作为进度管理的重要抓手，并将工程建设分3个阶段实施，组织开展打好“三大战役”，即土建结构攻坚战、设备安装攻坚战、设备调试攻坚战。为保证工程建设时限、质量以及安全等方面的有序推进，首钢京唐公司建立了工程例会、监理例会、设计例会、工程结算例会等制度，协调解决各类问题。同时建立微信群，拓宽信息传递渠道，做好信息传递与反馈工作。围绕炼铁、炼钢连铸、MCCR、4300中厚板等重点、难点工程实施倒班作业，增加晚上协调会，实现解决问题不过夜。一位4300毫米产线的作业长打趣说：“‘今日事，今日毕’在这应验了！”

为激发参建单位和人员的积极性，首钢京唐公司对施工单位进行有效激励，开展了“六比一创”劳动竞赛活动，解决急、难、险、重问题等建立表扬与批评制度，制定“工程关键节点进度管理实施办法”，对未完成节点严肃落实追责和考核。截至目前，奖励重要节点507项，下发表扬令99份，批评令22份，累计兑现奖励1667万元。

2018年冬季，首钢京唐工程建设进入设备调试攻坚阶段。在隆冬季节进行施工，尤其以钢结构工程、设备安装居多，施工项目多、点位广，有很多项目都是交叉立体作业。而且，随着元旦、春节假期的到来，无论从施工人员数量上，还是从施工技术和施工组织上，要想保证工期，难上加难。能否按时限确保工程项目热试，成为各施工项目的关键。“一定要确保各工程项目按节点完成，保证京唐公司整体经营生产的顺行！”首钢京唐公司领导审时度势。全体参战干部职工迅速开启了“激情工作”模式。争分夺秒，日夜奋战，各级领导发扬连续作战精神，放弃周末休息，深入一线协调指挥，与各参建单位凝心聚力、攻坚克难，向工程节点冲刺……

众志成城　合力攻坚保进度

寒冬已至，一波波寒流逐渐袭来，室外温度下降到了零下 10 摄氏度。但在首钢京唐工程建设施工现场，却是热火朝天、一片繁忙。全力保热试工期成了所有领导以及施工人员的共识。施工现场各个施工点工程建设者们挑灯夜战，迅速掀起了“抢工期、赶进度”的大干热潮。

建设精品工程，安全、质量目标一个不能少，高标准、严要求一刻都不能丢。集团公司领导对首钢京唐 4300 毫米中厚板产线施工提出了明确要求，要求 4300 毫米产线确保 12 月 10 日烘炉，年底必须要实现热试。首钢京唐公司领导率先垂范，专业部门及项目责任单位领导班子发挥带头作用，发扬首钢精神，放弃周末休息，连续作战，指挥前移。中厚板事业部强化组织，分片承包负责，成立了加热炉、主轧机、自动化调试和现场清理 4 个指挥分部，每个分部由一名部级领导任指挥，他们将工程指挥部的办公地点迁到了 4300 毫米产线现场调度室，靠前指挥，和一线施工人员并肩作战。首钢集团股权投资公司积极发挥平台作用，协调整合首钢国际工程公司、首建集团、首自信公司、首钢机电公司、首钢东华公司等参战单位的骨干力量，提出明确工作要求，鼓励各单位弘扬工匠精神，肩负起“子弟兵”应有的责任与担当，将工程建设比作工艺品，精雕细琢。为保证施工安全，首建集团总包部的管理人员，每天不是在现场巡视解决问题，就是在开完会来现场的路上，紧盯每一个节点。在 1 号加热炉烘炉前的 40 多天里，失眠伴随着每一个管理人员，大家脑子想的是确保节点如期完成。首钢机电公司电机厂承担着精轧、粗轧 4 台重达 1000 吨的主电机拆运安装工作。由于此设备是进口电机，安装精度高，再加上施工现场不具备吊装条件等客观因素的制约，首钢机电公司电机厂职工李炳亮与团队一同制定了多套拆装方案。在拆除电机定子和转子工作中，由于气隙（定子与转子的间隙）只有 8 毫米，为使拆除过程不发生磕碰，他们通过采用液压龙门顶升装置，多名职工联动配合，精细操作，成功将电机定子和转子进行解体。首自信面对 4300 毫米产线调试时间不足的现状，做好充分准备，现场随时待命，一经具备接线调试条件立即着手实施。其中，粗轧机主电机从接线到送电调试完成仅用了 36 小时，再次刷新了首钢速度。2018 年 12 月 9 日 18 时 16 分，4300 毫米产线加热炉点火烘炉。氮气置换、混合煤气引气、检测、引燃助燃棉一气呵成，1 号加热炉混合煤气点火成功，为产线热试过钢奠定了坚实基础。

首钢京唐工程建设项目 5 号焦炉炼焦配煤施工现场。一条长约 500 米的"巨龙"横卧在那里。安装炼焦备煤专用皮带是 5 号焦炉工程炼焦前道最关键的施工项目。由于施工单位人力明显不足，眼看着 5 号焦炉装煤热试的日子临近，怎么办？焦化部炼焦作业区党支部书记刘永国会同首席作业长孙得维主动请缨，两人组织起了由炼焦职工、协作单位人员组成的 70 人的青年突击队。"备煤皮带作为焦炉的前道工序绝对不能耽误。施工单位没有人，我们就自己干！决不能因为皮带施工拖后腿，影响整体工程进度！"孙得维严肃地说道。就这样，经过大家的齐心协力，500 米长的皮带被顺利安装到了 68 米高的转运站上。5 号焦炉煤气加热系统能否成功点火，直接影响新焦炉的按期投产。焦化部炼焦调火组首当其冲，区域作业长陈永利带领 30 多人，在密切与能源气体防护站协调沟通的前提下，加班加点，精准调试。煤气和废气交换系统的调试是 5 号焦炉最棘手的问题，时间紧，任务重，难点多。焦化部领导提出：越是在最困难的时候，越要发扬首钢精神，敢于亮剑！调试中，王海龙、贾兴宏、邹洪星等人三天三夜坚守在一线，全力调试焦炉交换机电气自动化系统，他们精细排查所有线路，果然发现了多个液位传感器出现问题。时间不等人！贾兴宏毅然请缨，主动承担解决设计缺陷。经过反复研究分析，他发现这些传感器设计图纸有问题，完善设计后，问题迎刃而解。为此，厂家佩服得直竖大拇指。2018 年 12 月 14 日，经过 7 个昼夜的连续奋战，5 号焦炉烘炉温度达到 800 摄氏度时，顺利转为地下室正式加热，京唐焦化工程建设又树里程碑。

奋勇争先　跑出项目加速度

在首钢京唐公司工程建设项目中，有一项必须要提到的工程项目，那就是烧结脱硫脱硝工程。

烧结脱硫脱硝工程是首钢京唐2018年重点环境治理项目，采用先进的循环流化床及中温SCR脱硝超低排放治理技术。工程建设投运后，可以稳定达到国家生态环境部、河北省以及唐山市政府的最新最严最高的环保标准要求。此项目是首钢京唐贯彻落实党中央生态文明建设重大决策部署的具体行动，“打造绿色钢铁就是保生存、促发展”的环保理念在首钢京唐再一次得到充分彰显。

抓环保就是促发展。围绕这项工程，首钢京唐公司领导高度重视：一定要以最快的速度、最好的质量完成项目！

烧结脱硫脱硝工程主体总重量超过22000吨，是一项工程量巨大、工期紧、质量要求高的大型项目，时间节点要求在2018年年底前达到系统投运。这样短的时间内完成如此巨大的工程，难度可想而知。

工程进度就是命令。2018年5月25日，烧结脱硫脱硝工程正式开工。随后，从图纸设计、桩基施工、土建施工、钢结构制安、设备采购安装、电仪施工、系统调试等各个环节，共有来自福建龙净、首钢国际、上海五冶、上海宝冶、北科等多家单位参战。在首钢京唐公司的统一组织下，他们本着对工程负责、对业主负责的态度，克服了工期紧、任务重、施工组织难度大等诸多困难，经受了酷热、台风和风雪严寒的考验，合计灌注桩基423根，开挖土方25000立方米，钢结构施工22000吨，设备安装近千台（套）。

其间，参战人员密切协作破解难题，夜以继日拼搏奉献，多项节点创出了高速度。桩基施工时，施工现场北区处于填海围堰区，地表以下10~30米地层大量分布围堰石块，普通桩基施工方法无法进行，眼瞅着北区工程进度越来越慢。负责此项工程的总指挥熊军看在眼里急在心上，他立刻召集施工单位专家想办法找对策。经过研究，一致决定采用冲击桩+普通桩相结合的施工方法，先用冲击桩进行施工，待冲破石块层后换用普通桩基，发挥两种机械优势。就这样，北区桩基施工得以顺利进行。

除尘器安装封顶后，迎来了设备安装高峰。在设备安装中，任务量最大的要数 24000 条布袋和笼骨的安装。按照以往施工经验，安装完这些布袋至少需要 7 天时间。为了保证项目按节点顺利投产，项目指挥部早在几周前就发动施工单位准备此项工作，炼铁部设备工程室副主任樊统云在施工现场指挥，亲自协调吊车倒运路线和笼骨的运输通道，各维护单位也积极发扬协调合作的精神，24 小时轮班抢装布袋和笼骨。经过大家的齐心协力，他们仅用 5 天时间就完成了 24000 条布袋的安装及进入口烟道制作等工作，创造了项目建设的奇迹。

在工程建设冲刺阶段，首钢京唐公司设备部、能源部、工程部等协作单位也给予了此项工程的大力支持，他们发挥各自专业职能，协调首钢矿业公司、首钢机电公司等 17 家维护单位共计 300 余名职工支援，为脱硫脱硝工程建设增加了人力。

2018 年 12 月 31 日 14 点 30 分，随着 19 响礼炮依次鸣响，首钢京唐烧结脱硫脱硝改造项目正式投入运行，工程建设历时 251 天。此举开启了首钢京唐公司环保治理的新篇章。

第五章　兴涛之音

自首钢京唐公司党委成立以来，始终坚持党的领导，以党的建设为公司经营管理、改革创新等提供内生动力，引领公司保持全面实现“四个一流”目标、建设最具世界影响力钢铁厂的正确方向和奋进姿态。

导航领航　融入中心
向全面实现“四个一流”目标奋力迈进
——首钢京唐公司党委把方向、管大局、保落实的实践

首钢京唐钢铁联合有限责任公司党委

习近平总书记在全国国有企业党的建设工作会议上指出，“坚持党的领导、加强党的建设，是我国国有企业的光荣传统，是国有企业的根和魂，是国有企业的独特优势”，将国企党建提升到了前所未有的新高度。党的十九大进一步提出新时代党的建设总要求，为全面加强党的建设提供了根本遵循。

首钢京唐公司党委坚持以习近平新时代中国特色社会主义思想为指引，从“政治、经营、管理、文化”四个维度把党的领导融入企业发展各个环节，发挥企业党组织领导核心和政治核心作用，不断提高政治定力，引领京唐公司在全面实现“四个一流”目标的进程中始终保持着正确方向和奋进态势。

一、定向领航，发挥政治优势，高扬发展旗帜

党的领导是国有企业的独特政治优势。首钢京唐公司党委始终旗帜鲜明地坚持和加强党对企业的领导，从“战略思维”“系统思维”“底线思维”出发，提升政治领导力、思想引领力和治党落实力，为企业发展壮大提供正确的方向指引、强大的思想力量和政治保证。

坚持以战略思维提升政治领导力。察势者智，驭势者赢。作为首钢搬迁调整的重要载体，首钢京唐公司建厂之初便标定了“产品一流、管理一流、环境一流、效益一流”的目标，这既是党和国家赋予公司的光荣使命，也饱

含着首钢人对企业转型升级、做优做强的决心信心。经过建设投产、生产运行、经营管理的十余年，公司基本实现了“四个一流”目标，在做优做强的征程中迈出了坚实的一步。

党的十九大对国有企业发展提出了更高要求。首钢京唐公司党委站在政治高位来思考、研究和谋划京唐发展蓝图，站在世界一流的角度标定京唐发展的高度，牢牢把握京唐公司基本实现“四个一流”目标向全面实现“四个一流”目标阔步前行的历史方位，紧紧抓住发展不平衡不充分的主要矛盾，确定2020年全面实现“四个一流”目标，把首钢京唐公司打造成沿海钢铁大厂，为建设最具世界影响力的钢铁厂奠定坚实基础。在首钢京唐公司第二次党代会上，公司党委站在新时代改革开放的历史新起点，在迎接首钢建厂百年、京唐投产十年、基本实现“四个一流”的关键时期，提出坚持党的领导，深化改革创新，为决战决胜全面实现“四个一流”目标，建设最具世界影响力钢铁厂而努力奋斗。公司党委以对公司发展历史与现实之间互蕴互释的内在关系的精深洞察，以前瞻性、总体性、长远性的视野，描绘了未来5年做优做强的新蓝图。实现了生动实践与规律认识的相互贯通，体现了方向目标与战略部署的有机衔接，展现了价值定位与实践逻辑的高度统一。从“基本”坐标前进到“全面”坐标，再到“决战决胜”，公司党委把谋篇布局的勇气变为了深入实践的底气，使全体干部职工明确了方向、找准了路径，抓住了重点，强大的政治领导力赋予了强力演进全面实现“四个一流”目标的坚强信心。

坚持以系统思维提升思想引领力。思想是基础、前提和先导，是“总开关”。首钢京唐公司党委坚持用理论武装头脑，把深入学习贯彻习近平新时代中国特色社会主义思想作为加强党组织思想建设的重要任务和长期任务，作为推进党组织政治建设的理论基础。定期举行党委中心组学习，围绕党的创新理论、国家经济形势分析等内容，集中研讨、专家授课、外出参观等多种方式并用，突出学习的指导性、前瞻性、针对性和实效性，做到学思用贯通、知信行统一，提高各级党组织观大势、谋大事的能力和水平。组织开展“学习贯彻十九大精神，找准新定位，展现新作为”大讨论，依靠思想理论的指引，形成了《全面实现“四个一流”目标三年工作安排意见》，把学习讨论成果转化成了推动公司发展的正确思路和有力举措，彰显了当代中国的马克思主义强大的思想引领力和实践指导力。扎实推进“两学一做”学习教育常态化制度化，开展“不忘初心、牢记使命”主题教育，加强党性教育，锤炼队伍的政治定力、思想定力、道德定力，增强干部职工为公司发展作贡献的信念自觉。坚守意识形态阵地，将意识形态工作责任制落实情况纳入党建考核评价体系，每月深入调研，把脉职工思想动态，积极做好疏导工作，及时化解矛盾、解决问题。坚持正确舆论导向，在公司举办“两会”精神巡回宣讲，阐释首钢京唐公司发展目标和路径，让前进的声音始终占据在舆论高地，更好地为京唐发展统一思想、凝聚力量。把握工作主线，加大宣传力度，唱响主旋律，壮大正能量，引导干部职工一步一个脚印、一年一个台阶，凝聚起全面实现“四个一流”目标的广泛思想共识。适应社会信息化持续推进的新情况，坚持“互联网+”理念，采用新技术不断加强京唐融媒体建设，提升舆论传播力引导力影响力。

坚持以底线思维提升治党落实力。首钢京唐公司党委始终保持全面从严治党的政治定力，坚持严字当头，真管真严、敢管敢严、长管长严，以强有力的治党力度为公司健康有序发展提供根本保障。强化廉政责任落实，把责任落实作为全面从严治党、治企的前提。公司领导班子成员与基层党委签订党风廉政建设目标责任书，明确党风廉政建设和反腐败工作主要任务与分工，督促各基层党委和领导人员切实履行主体责任和“一岗双责”，促进了各层级党风廉政建设责任落实。强化警示教育，深入开展党性党风党纪和廉洁从业教育，组织基层党委书记参观反腐倡廉警示教育基地，举办外派高管领导人员专题培训，组织领导人员和有业务处置权人员赴教育基地开展实地参观、教育，筑牢领导干部思想防线。强化重要节点管理，紧盯元旦、春节、中秋、国庆等重要时间节点，注重抓早抓小，事前防控，确保中央八项规定精神贯彻落实。强化廉政风险防控管理，组织有业务处置权岗位人员轮岗交流，对设备、备件、材料采购和工程建设、技改项目招投标情况进行重点监督检查，堵塞管理漏洞，完善了管理制度；积极运用网络优势，探索带出品网上竞拍销售模式，减少招标过程的人为干预因素，增强了廉政风险的有效防控。强化效能监察作用发挥，围绕经营生产研究确立效能监察项目，深入基层开展监督检查并现场督办，切实发挥了监督作用。强化作风建设，密切联系群众，领导人员定期深入基层调研指导，进入岗位一线了解实际情况，向职工群众问计、问需、问效、问事，围绕职工关注的重点难点改进工作、做好服务，实现好、维护好、发展好职工群众的利益。

二、深耕实践，实化党建任务，驱动发展引擎

坚持党的领导，加强党的建设是企业核心竞争力的有机组成部分，是企业健康持续发展的关键因素。首钢京唐公司党委坚持党的建设与经营相融相进，不断提高党建与经营的契合度，实现党建与经营互为驱动的良性循环。

在理念上相融相进。首钢京唐公司党委深入理解习近平总书记关于国有企业党的建设重要论述的理论逻辑和实践逻辑，深刻把握国有企业从“经济基础”地位上升到“物质基础和政治基础”地位的渊源和内涵，把握新时代国有企业党建和经营生产高度统一的内在关系，坚持服务经营生产不偏离，把提高企业效益、增强企业竞争实力作为企业党组织工作的出发点和落脚点。着力增强党建意识，运用抓党建就要抓责任的根本方法论，增强管党治党意识，落实管党治党责任。公司党委牢固树立“抓好党建是本职，抓不好党建是失职，不抓党建是不称职”的责任意识和主业意识，把党建工作作为一项基础性、根本性、全局性和经常性的工作，始终扛在肩上、抓在手上，既“挂帅”又“出征”，推动党建与经营高位对接、无缝衔接，既报经济账，又报党建账，释放党建工作的示范引领效应，提高党建工作的现实生产力。各基层党委知责、明责、履责、尽责，党委书记以“第一责任人”带动“一班人”，一级抓一级、层层传压力、个个抓落实，确保党建工作始终有人抓、有人管，抓得起、管得住，营造出了重党建、议党建、抓党建的浓厚氛围。

在机制上相融相进。公司党委坚持两个“一以贯之”，落实党的领导的根本原则，推动党组织领导核心和政治核心作用组织化、制度化、具体化，党建工作和经营管理工作同研究、同部署、同推动、同落实、同评价，形成联

动互补。推进加强党的领导与完善公司治理相统一，把企业党组织内嵌到公司治理结构之中，将党建工作总体要求纳入章程，明确党组织在法人治理结构中的法定地位，明确提出了党委设置和党委的职责，实现了党的领导与法人治理结构的融通对接。完善党组织参与重大决策的制度体系，修订完善党委会工作规则、董事会工作规则、经理层工作规则、“三重一大”事项决策制度，明确“三会”决策权限，进一步规范决策程序、完善工作流程，明确党组织在决策、执行、监督各环节的权责和工作方式。将党委研究讨论作为经营决策重大事项的前置程序，党委委员在参加经理办公会、董事会研究决策时坚决贯彻党委的意见和要求，确保党的领导落到实处。

在内容上相融相进。公司党委坚持把党的建设工作纳入整体工作部署和党建总体规划，不断在促进党建与经营同向联动、协调动作上下工夫、花力气。首次召开党委扩大会，分析和研判宏观经济、钢铁行业等内外部形势和任务，抓住重大关系、重点领域和关键环节，确定“夯基础，学先进，提能力，促发展”工作主线，为全面实现“四个一流”目标开好局。聚焦全面实现“四个一流”目标，牢牢把握经营生产和工程建设双线并行局面，带领干部职工同心而谋、同向发力、同频共振。强化内部经营管理，提升制造服务能力，最大限度发挥现有装备及资源的能力，实现效益提升；带领干部职工发扬敢吃苦、敢打硬仗的精神，坚持高水平、高质量标准，加快推进工程建设，进一步促进产业联合、区域协同，为全面实现“四个一流”目标打牢基础。创新基层党委书记会举行形式，将会议从“室内”搬进“现场”，以参观、交流等形式，加深领导人员生产现场学习，贯通各基层部门的横向交流和两级党委的纵向链接，增强公司党建促经营的效能。坚持问题导向，扎实开展对标缩差，带头学习先进企业，每月开展对标交流，强化对标形式结果运用，加快追赶先进步伐，跑出了由“跟、并”到“领”的加速度。

三、保驾护航，强化组织管理，筑牢发展根基

首钢京唐公司党委深入贯彻落实新时代党的建设总要求，以提升组织力为重点，持续在组织基础上用实劲，在创新思路上出实招，在队伍建设上下

实功，以更接地气、更落根基的领导作用不断提升党组织管理能力和管理质量，推动党组织全面进步、全面过硬。

夯实组织基础。公司党委从管理方式和管理手段的科学化入手，完善党建管理机制。构建以各级党组织党建工作责任书、基层党委党建工作考核评价体系、党组织书记岗位说明书、党委年度党建工作任务清单构成的党建工作体系，将党建工作绩效评价与党建基础工作、管理成效、综合评价紧密融合，设置充分量化评价标准，把党建工作“软任务”真正转化成了“硬指标”。突出政治功能，加强基层党支部标准化规范化建设。领导干部带头，以普通党员身份参加所在党支部的组织生活，每季度到党支部联系点调研指导工作，做到理论学在支部、表率作用发挥在支部。认真贯彻《关于新形势下党内政治生活的若干准则》，严格落实“三会一课”、民主评议党员、谈心谈话等基本制度，积极拓展微党课、党员“e 先锋”等平台方式，推行主题党日、领导干部讲党课等做法，切实增强了党支部组织生活的感染力、吸引力、针对性、实效性。聚焦基本队伍、基本活动、基本阵地、基本制度、基本保障，搭建党支部建设的“四梁八柱”，设立专职党支部书记，以党支部为单元创建党员活动室，不断丰富拓展“B+T+X”体系和“一规一表一册一网”载体，夯实基层党建工作基础。

创新党建思路。创新党组织工作思路，激活基层党组织这个“神经末梢”，打造坚强战斗堡垒。推进特色党建品牌建设，把党组织的组织优势转化为工作优势。各基层党组织以加强党的先进性建设为核心，遵循“牢记使命、服务大局”“突出特色、务求实效”两个原则，坚持做到“与经营生产相结合、与发挥领导作用相结合、与服务职工群众相结合”，打造出“举旗领航、百炼成钢”“旗帜耀港湾”“星火耀旗铸精品板材”等一批具有特定价值属性和文化属性，具有较大的示范作用、导向作用、辐射带动作用的党建品牌。各基层党组织将党建品牌的号召力凝聚力影响力作用于任务指标、精益管理、团队建设等重点工作中，实现了企业党建工作的引领价值。全面开展党员“领跑计划”活动，让每名党员找准自己在思想作风、业务技能、岗位业绩、遵章守制和服务群众 5 个方面存在的主要差距，在分析关键影响因素的基础上，确定“领跑计划”的具体内容。党员“领跑计划”每年制定一次，5 年一个周期，力求久久为功，促进每名党员每年提升一小步，五年提升一大步。党员“领跑计划”活动的连续开展，真正让党员在技术上攻坚克难，在群众中解忧排难，做到了“党徽戴起来、身份亮出来、作用显出来”，让“党的旗帜”在每个基层阵地高高飘扬，增强了基层党组织的创造力凝聚力战斗力。

建强人才队伍。公司党委坚持“人才是第一资源”，牢固树立“人才促进发展，发展造就人才”理念，突出实干导向、实效要求、实绩指针，真正让“吃苦的人吃香、实干的人实惠、有为的人有位”。把握正确用人导向，制定选拔任用领导干部制度，严明组织提拔任用领导人员提名酝酿、民主推荐、组织考察、征求意见、任职公示、党委决策、任前谈话的方式和流程，将监督融入选拔任用工作全过程，努力把好干部选出来、用起来。坚持好干部标准，从严管理干部，制定领导班子和领导人员综合考核评价办法，建立科学规范的考核评价机制，对基层领导班子和中层领导人员开展年度测评，首次突出对测评结果的分析和运用，对排名靠后的领导班子和领导人员进行约谈，对测评结果较差、日常履职能力不足的领导人员予以免职，推进领导人员能上能下，激发干部干事创业活力。注重培养领导干部专业能力、专业精神，以坚定理想信念和提升业务能力为重点，多层次、多维度、多频次推进复合型党务干部、党委书记、党支部书记培训工作，让其成为党建工作的“内行人”与“明白人”。构建青年人才培训自主管理模式，举办青年骨干培训班、QTI 改善骨干培训班、作业长现场精益管理系列培训班等，保证后备干部力量充足。倡导创新文化，成立技术中心，建立了以市场为导向、产学研深度融合的技术创新体系，促进科技成果转化，培养造就一批高水平、高技能的科技创新团队。组建职工创新工作室，发挥工作室的带动、孵化作用，大力开展合理化建议、最佳操作法评比等活动，激发了群众队伍创新创造热情。深入推进企企技术交流、校企战略合作，建立技术及人才合作通道，促进协同创新。持续深化人才发展体制机制改革，健全完善三支人才队伍之间的互通机制、人才顺畅流动的制度体系，拓宽高技术、高技能人才成长通道，营造尊重知识、尊重人才的氛围。

四、立根铸魂，内化文化基因，厚植发展底蕴

首钢京唐公司党委始终坚定文化自信，以弘扬社会主义核心价值观为主线，坚持以职工为中心的取向依归，把职工对美好生活的向往作为出发点和落脚点，着力抓好精神文明和物质文明，不断增强职工获得感、幸福感。

用文化建设筑牢精神高地。党的十九大召开后，公司党委以鲜明的文化立场和长远的战略眼光思考京唐企业文化建设，从历史、实践、人文3个维度出发，沿着“内容构建”“践行融入”“人文养成”的脉络，筑牢“战略高度”“辐射广度”“故事亮度”“聚民温度”“传播热度”5个支撑，构建具有京唐特色的企业文化体系，在观念上、本质上、创新上深入演绎企业文化与企业发展良性互动的价值和意义。公司党委坚持守正创新，在赓续首钢百年文化基因中开拓京唐文化新境界，形成了包括企业目标、企业愿景、企业价值观、企业精神、企业作风和“人才理念 ”“学习理念”等11个企业理念在内的企业文化架构，打牢了文化强企的坚实基础。打造“京唐故事”文化名片，夯实京唐价值基座。坚持贴近实际、贴近生活、贴近职工的原则，把“我们想讲的”变成“受众想听的”，把“受众想听的”融进“我们想讲的”，在以网络演讲、现场宣讲、微信直播、专题片、典型人物报道等形式讲述故事的基础上，推动京唐故事登上业内、社会等各种舞台和荧屏，让“走出去”的故事更好传递京唐声音，扩大京唐文化影响力。

用品牌理念展现良好形象。首钢京唐公司党委坚持“打造首屈一指的钢”的品牌理念，走精品发展之路，凝练品牌核心价值，提升品牌美誉度。坚持质量为先，持续在“精细实”上下工夫，把精准严细落实到每一环节、每一个细节，提升质量品牌，扩大优质增量供给，多项产品荣获冶金实物质量“金杯奖”和“特优质量奖”。瞄准精品板材研发制造高端汽车板，在产品质量上精益求精，以过硬的实力、拼搏务实精神实现了汽车板产销量不断飞跃，已跻身国内同行第一阵营。成色十足的“精品”赢得了宝马、大众等合资车企认可，提升了高端用户份额，品牌价值在国内钢铁企业中名列前茅。建立健全“掌握用户需求、科学设计技术工艺路线、及时交付产品、贴身用户服

务”的服务体系，推出《客户走访制度》，形成了一套完整的售后服务管理网络，使用户体验到无处不在的满意和可信赖的贴心感受。充分发挥首钢京唐公司在京津冀协同发展中的示范作用，强化产产融合、产城融合，与冀东水泥公司合资建设水渣细磨项目，向三友化工公司供应海水淡化浓盐水，形成钢铁产品与当地经济发展产业链，带动了地方建筑、房地产、交通运输、加工制造、服务等行业的发展，呈现出了品牌文化的外溢效应，提高了公司的社会影响力。

用民生服务共享发展成果。公司党委坚持以人民为中心的发展思想，提升职工工作生活品质和人文素养，实现人与企业共同发展。加强民生服务，为职工建造曹妃甸区渤海家园小区、倒班宿舍等，为首秦搬迁调整转入首钢京唐公司的职工租赁公寓，让职工入住安居。建设学习中心、文体活动中心、大型综合体育场、游泳馆、候车大厅等文体生活场所，打造中厚板、冷轧等智能化、自助化餐厅，建造融健身、观景于一体的文化主题公园，不断改善职工工作生活环境，提升公司发展品质。加强文明创建，开展“家园”“心田”“鹊桥”三大暖心工程，增进职工福祉。每年举办一届职工文化节，以“健康京唐、艺术京唐、书香京唐”三个板块为抓手，举办“职工运动会”“联欢会”“歌手大赛”等重大活动，增强职工对企业的认同感。开展节日送温暖、夏日送清凉、职工家属上岛参观等普惠活动，以“面对面、心贴心、实打实”的真切人文关怀增强了职工的凝聚力向心力。系列“得人心、暖人心、稳人心”的工作，推动了公司发展成果更多更公平惠及全体职工，生动诠释了公司党委全心全意为职工服务的宗旨。

党建量化考核评价体系研究

首钢京唐钢铁联合有限责任公司党委

党的十九大报告指出，党的基层组织是确保党的路线方针政策和决策部署贯彻落实的基础。习近平总书记在全国国有企业党的建设工作会议上强调，坚持党的领导、加强党的建设，是我国国有企业的光荣传统，是国有企业的“根”和“魂”，也是国有企业的独特优势。在国有企业改革发展进程中，发挥好党组织的领导核心和政治核心作用，将党的政治优势转化为企业科学发展优势，关键是要把企业党组织建好、建强。“围绕中心抓党建、抓好党建促发展”，是国有企业党组织抓党建工作的普遍共识，科学有效的考核评价体系是实现党建工作科学化的关键，也是国有企业党建工作中一项重大而紧迫的政治任务。为此，首钢京唐公司党委对建立健全与企业科学发展相适应的党建考核评价体系进行了积极探索，把党建工作有机地融入企业的中心工作，有效地解决了“两张皮”的老大难问题，充分发挥党组织把方向、管大局、保落实的重要作用，促进企业提升发展质量。

一、首钢京唐公司党建量化考核评价体系的基本做法

党建量化考核评价体系是党建工作机制的一种创新，它使党建工作实现可量化、可考核、可追溯、可追责，使从严管党治党责任体系得到很好落实。首钢京唐公司在考评指标设计中，强调“可量化、能考核、求实效、重改进”，将党建工作的“软”指标和经营生产工作的“硬”指标紧密结合，做到用数字说话，用事实说活，关注工作实效，实现持续改进。

（一）党建量化考核评价体系的重大意义

1. 开展党建量化考核评价是新时代加强党建工作的现实需要

随着国有企业改革的不断深化，首钢京唐公司管理越来越制度化、精细化、效能化。党建工作作为首钢京唐公司中心工作的重要组成部分，建立完善的融入公司整体目标管理的科学评价体系成为客观要求。考核是工作导向，开展党建量化考核评价，可以解决基层存在的“不重视、不在乎”的问题，可以有效解决“一手硬一手软”的问题。从加强管理和促进创新的角度，从落实党要管党、从严治党，层层压实党建工作主体责任的角度，都有必要开展党建量化考核评价工作。

2. 建立党建量化考核评价是抓基层打基础推进规范化建设的现实需要

全面从严治党要在国有企业落地生根，必须从基本组织、基本队伍、基本制度严起。首钢京唐公司党委牢固树立党的一切工作到支部的鲜明导向，注重把思想政治工作落到支部，把从严教育管理党员落到支部，把群众工作落到支部。通过建立党建量化考核评价体系，科学规范党的基层组织的基础性工作，使党支部真正成为教育党员的学校、团结群众的核心、攻坚克难的堡垒。

3. 加强党建量化考核评价是建设最具世界影响力钢铁企业的必然要求

通过加强党建量化考核评价，可以提高党建工作的针对性、有效性，充分发挥党组织政治核心作用。首钢京唐公司从建厂初期，就确定了建设最具世界影响力钢铁企业的宏伟目标。加强党建量化考核评价是党建工作与企业实现愿景目标相结合的内驱力要求，是新形势下进一步完善企业科学管理体系的有益探索，是发挥党的政治优势推动企业科学发展的有效途径，是党建工作服务经营生产工作的具体实践。

4. 深化党建量化考核评价是推进企业党建工作科学化的必然要求

党的十八大以来，党中央对全面提高党的建设科学化水平作了科学部署，对基层党建工作，提出要“创新基层党建工作，夯实执政党的组织基础”，其中要求落实党建工作责任制，充分发挥推动发展、服务群众、凝聚人心、促进和谐的作用。党的十九大进一步明确国有企业基层党组织的地位作用。加强党建工作考核评价是党建工作科学化的重要内容，是推进党建工作科学化的必然要求。

（二）党建量化考核评价体系的设计及运行

1. 考核评价原则

牢固树立“抓好党建是最大的政绩”理念，进一步调动激发基层党组织抓党建的责任意识，进一步明确基层党组织开展党建工作的方向和着力点，把党要管党、全面从严治党要求落到实处。考核评价坚持融入中心、服务大局，坚持系统设计、统筹结合，坚持夯实基层、打牢基础，坚持客观公正、科学评价，以考促建、以评促建，不断提升首钢京唐公司党建规范化、科学化水平。

2. 考核评价内容

首钢京唐公司基层党建工作考核评价内容包括3个组成部分，分别为党建工作指标体系考核评价、基层党委年度民主测评、月度绩效考核评价。其中，党建指标体系考核评价包括组织专业、宣传和企业文化专业、纪检监察专业、工会专业、共青团专业、党办专业工作开展情况；基层党委年度民主测评包括基层党委书记抓党建工作年度考核测评、部长（行政工作负责人）年度述职民主测评和领导班子年度民主测评三项内容；月度绩效考核评价是指《首钢京唐钢铁联合有限责任公司2017年绩效考核办法》和《首钢京唐钢铁联合有限责任公司党群专业考核管理办法》所规定的内容。3个基本组成部分均为百分制。权重设置为：党建指标体系考核评价50%，基层党委年度民主测评30%，月度经营生产绩效考核评价20%。

3. 考核评价指标

首钢京唐公司党建工作指标体系考核评价是基层党建工作考核评价的重要组成部分。主要由包括组织专业、宣传和企业文化专业、纪检监察专业、工会专业、共青团专业、党办专业工作6个方面内容，共设定50项考核指标，将各项指标分解、量化，真正把党建工作的考核变为硬指标。如，组织专业工作分为基层党委、支部班子建设、“三会一课”、创先争优活动、规范化建设、“党员领跑”、干部队伍建设、人才培养等考核指标。宣传和企业文化工作分为主题教育、中心组学习、宣传稿件、典型选树、思想动态、宣传员队伍建设等考核指标。纪检监察专业工作分为党纪教育和预防、纪律审查、全程纪实、廉洁从业共建、效能监察等考核指标。工会专业工作分为劳动竞赛、合理化建议、职工创新工作室、文体活动、员工权益维护等考核指标。共青团专业工作分为“青”字号主题活动、志愿服务、搭建青年成长成才平台等考核指标。党办专业工作分为调研材料、督办反馈等考核指标。每个考核指标都设定了具体的评价标准。

4. 考核评价程序

首钢京唐公司党委成立考核评价领导小组，组长由公司党委书记担任，成员由党群部门、人力资源部负责人组成。考评领导小组下设考核评价办公室，设在党委组织部，负责考评工作的组织协调工作。

基层党建工作考核评价每年开展一次，一般安排在每年一季度对上一年度党建工作开展情况进行系统考评。每年一季度和三季度，党群部门组成联合检查组，依照《首钢京唐公司党建工作评价指标体系》，到基层党委开展上下半年现场检查评价打分，并将打分结果报考评办公室，上下半年评价打分结果各按照50%权重计算出党建工作指标体系考核评价年度得分。基层党委年度民主测评采用党委组织部每年组织的基层党委书记抓党建工作考核测评、领导人员年度述职考核评价工作中，党委书记、部长（行政工作负责人）和领导班子民主测评结果，三者均设置为百分制，各按照三分之一的权重计算出基层党委年度民主测评得分。每年一季度，人力资源部负责将各单位上一年度的绩效考核结果汇总并报考评办公室，考评办公室统计基层党委上一年度考核评价分数，并形成考核评价工作报告。

5. 考评评价方式

按照日常评估和专项检查相结合的方式，党群专业部门建立日常管理台账，加强日常管理和评价数据统计，做好事前、事中、事后跟踪检查，并定期发布数据统计和跟踪检查结果，强化过程管理。由党群各部门成员联合组成的考评小组，定期对基层党委党建情况进行检查打分，并综合日常工作情况得出综合分数。

（三）党建量化考核评价结果的运用

1. 考核评价结果的确定

基层党建考核评价结果共设置4个等级：优秀（90分及以上）、良好（80~89分）、一般（70~79分）、较差（70分以下）。

评价体系中设置加扣分项目。如：年度内，基层党建工作获得首钢集团及以上荣誉称号或表彰的、党建创新成果在首钢集团及以上层面得到推广应用的，给予加分。首钢集团层面每项加0.2分，市国资委层面每项加0.3分，市级层面每项加0.4分，国家层面每项加0.5分，累计加分不超过5分。年度内，基层领导班子及成员违纪，发生重大安全事故，出现大规模群体上访事件影响恶劣的，党建工作考核评价结果直接降至“较差”等级。

2. 考核评价结果的运用

首钢京唐公司党委每年对党建工作考核评价结果进行通报、分析、讲评，对各基层党委工作中存在的问题予以清单化反馈、强化督促整改。党建工作考核评价结果作为党组织评先评优的主要依据，“优秀”以下等级的不得评为先进党组织。同时，党建工作考核评价结果作为考核基层党委书记、副书记、纪委书记的重要内容。考核评价结果等次为“一般”的，基层党委书记、副书记、纪委书记个人年度考核不能评为“优秀”；考核评价结果为“较差”的，党委书记、副书记、纪委书记个人年度考核成绩不能评为“称职”。另外，党建工作考核评价结果作为基层党委领导班子调整和领导人员选拔任用、教育培养、管理监督和激励保障的重要依据。

（四）党建量化考核评价体系的效果

基层党建工作考核评价体系实施以来，考核的“指挥棒”作用得到充分发挥，极大地调动了基层党组织抓党建工作的积极性、主动性和创造性，形成了你追我赶的良好氛围，主要体现在以下几个方面。

1. 党建基础工作得到夯实

基层党委积极落实党建工作考核评价体系规定，坚持把抓好党建作为最大政绩，始终把大力加强党的建设、充分发挥党组织和党员队伍作用，作为促进经营生产任务圆满完成的坚强保证；始终把领导班子建设作为改革创新发展的重要条件；始终做到党的工作与部门经营生产工作同步同向、同频共振。目前，各基层党组织的“三会一课”、发展党员以及党费收缴使用与管理等基础工作得到显著改善，职工思想和意识形态工作得到显著加强，党务公开、党风廉洁建设、党建带群建、紧紧围绕中心工作开展的“党支部规范化”“党员领跑”等特色工作探索出了许多有益的做法，积累了宝贵经验。

2. 党务工作能力得到提升

基层党委对党建考核评价工作高度重视，选配了素质好、经验丰富的管理人员充实到了党群系统，日常各项专业工作严格按照评价体系要求贯彻落实，能够保证各项专业工作有序推进和有效开展，尤其是党支部规范化建设、党员“领跑计划”、党风廉洁建设全程纪实等工作，均能按照公司党委要求开展工作，基础工作水平较2016年相比有较大提升。各基层单位坚持融入中心，服务大局，以党的政治优势不断助推各项工作上台阶，探索各具特色的基层党建工作体系，各有特色、亮点突出，如炼铁作业部党委“三步三字工作法”、炼钢作业部党委“五星班组”创建等，充分展现出基层党建工作的质量、水平和活力。

3. 服务经营生产成效显著

把月度经营生产绩效考评结果纳入年度党建考评中，有针对性地强化党组织保落实作用的发挥。基层党组织围绕中心、服务大局，主动狠抓内部管理，扎实推进降本增效各项措施落实；广大党员积极投身技术创新、技术攻关等工作中，在技能竞赛、劳动竞赛、青年文明号、青年岗位能手等各类比赛以及评选活动中，充分发挥先锋模范作用，示范带动效果明显。在实施党建考核推动下，首钢京唐公司借助市场有利形势，加强经营运作，扩大经营成果，效益水平明显提升，在钢铁行业中的领先地位得到进一步巩固和提升。

二、党建量化考核评价体系存在的问题及原因分析

（一）党建量化考核评价体系存在的问题

（1）考评体系总体构建上突出对基层党委工作的考评，对党支部和党员个人的考核评价缺乏相应的规定，考评体系的系统性、完整性有待进一步

提升。

（2）考评指标设计上分为6大专业共50个指标，涵盖范围广而全，体现内容多而细，聚焦抓基层打基础，适合基础工作相对薄弱的单位参考借鉴，对党建基础工作扎实过硬、党建品牌建设已取得明显成效的单位指导性不强，反映出随着党建基础工作的不断加强，对考核评价指标要及时优化。

（3）检查执行过程中，联合检查组提前召开专业会议，统一思想，沟通方法，确认方案。但在实际操作中，检查标准难以完全统一，存在指标要求内容与实际检查范围、各单位间检查标准与结果有误差的情形。

（二）党建量化考核评价体系存在问题的原因分析

（1）党建量化考核评价体系目前处于初期探索阶段，体系尚不成熟、完善，需要通过持续的实践，结合实际工作需要不断地优化，这也是一个发现问题、解决问题的过程。

（2）为抓实基层打好基础，党群各专业考核评价指标设计上刻意强化了全面、抓细、抓具体的思路，促进党建工作规范化建设，所以评价指标较多、考核比重较大。

（3）基层党委开展党建工作中创新的特色做法各有不同，评价人员对各种特色做法的认知也有不同，在评价过程中难免存在标准不一的问题，形成评价结果的误差。

三、优化完善党建量化考核评价体系的对策建议

（一）结合不同层级，健全完善考评体系

在持续优化完善对基层党委的考核评价基础上，积极探索完善党支部“达晋创”活动，设计完善并扎实推进党员“领跑计划”，建立公司党委评价基层党委、基层党委评价基层党支部、基层党支部评价全体党员的考评体系。

（二）结合党建实际，设置差异性考评重点

按照“抓实规定动作、抓好重点动作、抓出特色动作”逐级递进的思路，根据党建工作质量、水平的实际，不断优化评价指标，突出不同时期党建工作考评的重点，强化考评对党建工作的促进。

（三）结合考评结果，及时调整专业工作方法

基层党建工作直接反映出党群各专业的管理水平，要充分利用考评结果，反观指标设计和专业工作，以提升党群专业指导、服务水平。如某专业某一项指标各单位分数普遍较低，该专业要自检是否在布置工作时不够规范，指导工作时不够细致，检查工作时不够严谨，或是指标设计上存在偏差，要认真查摆问题、解决问题，及时调整工作方法。另外，完善对基层党建特色做法的评价标准。

四、启示

党的十九大从党和国家事业发展全局出发，提出了新时代党的建设总要求，对推动全面从严治党向纵深发展作出新部署。进入新时代，伟大斗争、伟大工程、伟大事业、伟大梦想，紧密联系、相互贯通、相互作用，其中起决定性作用的是党的建设新的伟大工程。首钢京唐公司党委要把学习宣传贯彻党的十九大精神作为首要政治任务，学习好、宣传好、贯彻好习近平新时代中国特色社会主义思想，旗帜鲜明地抓好国有企业党建工作。

通过学习党的十九大精神，探索并运行党建量化考核评价体系，深刻体会到，一是党委工作必须找准围绕企业中心做工作的切入点，党建工作必须和企业经营生产高度契合、深度融合，特别是发挥好党组织在企业改革创新和科学发展中的领导核心、政治核心作用，充分履行把方向、管大局、保落实的职能，才能让党建工作焕发出强大的生命力和组织活力。二是党建量化考核评价体系建设是推进党建工作规范化、科学化的有效途径，经过近 2 年的实践，首钢京唐公司基层党建及党建基础工作取得明显进步。三是要按照新时代党的建设总要求，始终坚持围绕中心、服务大局，坚定不移地推进党建工作创新，持续探索、优化、完善党建工作量化考核评价体系，既要抓基层打基础，更要结合实际抓创新抓特色，充分把党组织独特优势和现代企业经营管理优势结合起来，使党组织政治优势形成企业核心竞争力，让科学化的党建工作成为推动企业科学发展的重要力量和组织保证。

（本项目荣获北京市国企党建研究会 2017 年度课题调研一等奖）

以党的政治优势不断助推企业发展新跨越

——首钢京唐公司党委创新党建工作纪实

杨立文

坚持党的领导、加强党的建设是国有企业的“根”和“魂”。近年来，首钢京唐公司党委坚持把抓好党建作为最大政绩，始终把大力加强党的建设、充分发挥党组织和党员队伍作用，作为促进经营生产任务圆满完成和深化改革发展的坚强保证，坚持融入中心，服务大局，以党的政治优势不断助推企业发展新跨越，为打造最具世界影响力的钢铁厂奠定了坚实基础。

坚持政治引领　把党建融入中心

紧紧围绕经营生产、改革发展、提质增效的中心任务，注重在提升政治引领能力、推动发展能力、改革创新能力和凝聚保障能力上下功夫，致力于把党组织的政治优势转化为公司的发展优势。

充分发挥“把方向、管大局、保落实”的作用。首钢京唐公司党委始终坚持把加强党建融入中心工作，落脚到经营生产和改革发展的全过程。坚持两级党委中心组理论学习制度，定期组织学习党的大政方针和事关企业生产经营和改革发展的重要决策部署，提高认识，统一思想。把好公司的发展方向。围绕主动适应全面深化改革和钢铁市场形势的客观要求，推行压缩管理层级、取消分厂建制试点改革；实施领导人员职务职级改革，取消行政级别，突出职务功能；对镀锡、彩涂推行直面市场的事业部制改革；深化维检体系改革，由管理到单位变为管理到人。管好企业发展大局，处理好生产经营与加强党建的关系，树立政治意识和大局意识，将公司的生产经营、重要决策事项和党建工作列入党委重要议事日程。狠抓各项目标任务和重点工作落实，每名班子成员关键时刻发挥关键作用，在各个方面率先垂范，保证各项工作落实。

切实把“两学一做”学习教育落到实处。按照上级党委部署，安排各级党组织和全体党员学习《党章》《习近平总书记系列重要讲话》和习近平总书记两次视察北京的重要讲话精神，学习《中国共产党廉洁自律准则》等党内法规，组织主题研讨以及“两个规范”大讨论。公司成立 4 个巡查小组，每月到基层单位开展督导检查，基层党组织学习计划兑现率达到 100%。基层党委书记带头，各级领导人员开展讲党课，不断交流思想，确保“学”有收获。学习教育中，两级党委组织学习 101 次；党支部组织学习 357 次；党小组组织学习 1154 次；讲党课 318 次，其中党员领导干部讲党课 226 次，组织开展各级党组织研讨 258 次，把基础在学、关键在做落到实处。同时，在学做同步上下工夫，在知行合一上求实效，制定方案、细化部署，亮出实招、边学边做，确保“两学一做”学习教育取得实效。热轧部党委在“两学一做”学习教育中，坚持“领导带头、以上率下，层层立标杆、带头做示范”，党员领导干部带头参加学习讨论、带头谈体会讲党课、带头立足岗位做贡献，层层带动，上行下效，整体联动，推动“两学一做”向深处实处发展推进。运输部党委将“两学一做”学习教育与“深化改革我带头、生存发展敢担当”主题实践活动相结合，统一党员思想，促进各党支部战斗堡垒作用和党员先锋模范作用有效发挥，服务运输部生产经营建设，提高运输部经营生产效益。

建设坚强堡垒　提升党组织战斗力

“上面千条线，下面一根针”。党的基层组织，是加强和体现党的执政能力的基础，党的方针、政策的最终落实，靠的就是基层各级党组织。

建立并推行基层党组织党建工作评价体系。首钢京唐公司党委结合公司生产经营建设发展的实际，遵循“党建工作也是生产力、也能够创造价值”的理念，提出并构建“量化有效”的基层党组织党建工作考核评价体系，组织制定《首钢京唐钢铁联合有限责任公司基层党建工作考核评价实施办法》，从党建工作指标体系、基层党委年度民主测评、月度绩效考核3个维度对基层党委抓党建进行科学评价；党群各专业从6个方面建立和完善了45项党建工作量化指标，使基层党委党建工作具体化、可量化、可评价，进一步明确基层党组织开展党建工作的方向和着力点，有力推进了企业党建工作与中心工作有机融合，创新党建工作日常管理，提升基层党组织党建工作的科学化、系统化和规范化水平。党建考评实施一年来，全面、准确、规范的考核评价，为基层党委抓党建工作指明了方向，提供了遵循，明晰了路径，使党建考评切实发挥了以考促建、以评促建的作用，提升了京唐党建规范化、科学化水平。

开展打造先行示范党支部特色活动。首钢京唐公司党委结合实际，全方位开展打造先行示范党支部特色活动。一年来，共打造先行示范党支部13个，占全公司党支部的15.48%。各基层党委紧密结合本单位实际情况，选取一个党支部为试点，制定建设先行示范党支部工作方案，推进党支部思想建设、组织建设、作风建设、制度建设和反腐倡廉建设，充分发挥示范引领作用。形成了以“把握方向，推动发展”“强化建设，做好表率”“落实制度，夯实基础”三部分为主要内容的党支部建设工作规范，以及党员、党员干部行为规范，创新方式方法，形成长效机制，为基层党建工作指明方向，为党支部规范建设提供依据。冷轧部党委以“创新发展我带头、提质提效当先锋”为主题，以“六个一”活动为有效载体，即党支部开展一次特色党日活动、党小组确定一项攻关课题、党员提出一条合理化建议、党员安全监督岗创建、每名党员作出一项承诺、党员突击队活动，着力丰富基层党组织和党员活动内容。2016以来，各党小组确定攻关课题48项，党员提出合理化建议78条，党员安全监督岗创建18个，党员突击队活动4次，有力推动了各项工作迈上新台阶。

开展创先争优 为发展提供动力

深入开展创先争优活动通过选树先进典型引领，强化检查考核督导，坚持评比表彰激励等长效机制，不断增强基层党组织和广大党员创先争优的内在动力，推动各项工作上水平。

“火车跑得快，全靠车头带”。首钢京唐公司党委按照“六好”标准强化班子建设，2016年围绕全年生产经营目标，大力开展“锐意改革我带头、攻坚克难勇担当”创先争优主题活动，促进生产经营取得投产以来的最好成绩；以党支部“达晋创”为载体，一年一个主题，围绕生产经营任务开展党内立功竞赛，形成了创最佳、争第一的浓厚氛围；加强党员教育和管理，组织开展以“党员示范岗”“党员责任区”和“党员公开承诺”为载体的创先争优主题活动，设立党员责任区303个、“党员示范岗”105个，有力推动了各项重点工作任务的完成。每年开展“民主评议党员”工作，坚持“抓两头带中间”，促进党员队伍整体健康发展，增强了党员发挥先锋模范作用的自觉性。

坚持以人为本，创造行之有效、富有活力的载体，才能增强基层党组织的战斗堡垒作用，党员干部才能真正显示出强大生机与活力。党员“领跑计划”就是让党员在日常工作、学习和生活中，不断加强学习，注重提升思想、技能、服务等方面意识和能力，党员自己为自己指明努力方向和目标，是发挥党员先锋模范作用的出发点和落脚点。与此同时，党员“领跑计划”与完成本单位经营生产和重点任务结合起来。以动员广大党员在“坚持创新驱动，注重效率效益，全面提升京唐公司发展质量”中心任务中发挥先锋模范作用为重点内容，运用点面结合、以点带面的方法来推进党员“领跑计划”的实施，并通过广大党员，带领、带动广大职工在“抓顺稳、优结构、强经营”工作中创造新业绩，促进了各项经营生产任务的全面完成。通过一年的推进，全公司党员“领跑计划”制订推进率达到了100%。

炼钢部党委在党员“领跑计划”中，亮点频出。他们以“OTC劳动竞赛”“感动炼钢”活动和“我与设备同行”活动为载体，将活动覆盖到全体党员。“感动炼钢”，让广大职工做“伯乐”，发动群众去发现身边的感动瞬间、感动人物和感动事迹。精炼区共产党员、点检师王宝中，年过五旬但激情依旧，通过细心点检、精准维护，及时发现K列1.2米除尘管道内有异物的重大安全隐患，避免了重大事故的发生。板坯库作业区2250丙班班长李宏宇，以身作则带动全班人员，三次刷新班产纪录。炼铁部党委以创先争优活动为载体，开展了党建“五个一”活动，即：“党员一诺”“党员一岗”“党小组一课题”“党支部一品牌”“一主题党日活动”。广大党员不断在围绕中心、服务大局、发挥优势、讲求实效上下工夫、做文章。该部烧结作业区点检组丁同磊提出的“优化烧结电除尘保温箱电加热器控制”建议，实施后降低电能消耗、延长使用寿命、节约电器备件费用等，年降成本约118.6万元。热轧部党委从管理、技术和操作岗位3个层级选树9名“领跑模范”，全体党员以模范为标杆，结合自身岗位需求，制定个人领跑计划。将领跑活动与生产经营有效地结合在一起，充分发挥党员主观能动性，从而调动一切积极因素，千方百计完成任务。生产技术室徐芳，针对管线钢冷速低、卷取难度大的问题，积极深入一线，最终提出优化高压模型功能，实现了高压模式下管线钢的批量稳定生产。镀锡板事业部党委围绕公司下达的利润指标任务，由领导干部和党员牵头成立利润攻关组，围绕降本增效、品种增利等，细化制定增利措施。各党支部、党小组分解落实每名党员承担具体任务和措施，并按照闭环管理进行检查评价，激发党员攻坚克难的责任感和事业心。

（本文刊登于2017年6月29日《首钢日报》）

激励党员以学促做　立足岗位担当实干

首钢京唐公司炼铁作业部烧结党支部

首钢京唐公司炼铁作业部烧结党支部结合日常生产经营实际，开拓创新，真抓实干，扎实开展“两学一做”学习教育，确保激励党员以学促做，立足岗位担当实干，学习教育取得良好效果。

提前谋划　认真做好准备工作

首钢京唐公司启动“两学一做”学习教育后，烧结党支部结合自身情况，第一时间制定了学习计划，并及时下发习近平总书记系列讲话读本和党章党规等学习资料，为学习提供方便。为把“学、做、改”落到具体实处，烧结党支部要求每名党员除参加党小组和党支部的集体学习外，还要制定个人学习计划，养成学习习惯，保证每月至少学习两次，每次学习不少于 1 小时，循序渐进，不断强化党性修养。结合批评与自我批评，每名党员坚持边学边查，建立问题清单，通过学习，袪除自身不好的行为和习惯，养成优良的作风，争做合格党员。同时，烧结党支部为激励党员以学促做，立足岗位担当实干，调动工作积极性，烧结党支部与党员同时建立责任担当清单，立足岗位工作，鼓励党员勇于担当重任，攻克技术难关。

结合自身特色开展学习交流

烧结党支部各党小组先后利用班后会时间进行集中学习一次，学习均在 1

小时以上。各党小组要求党员充分利用业余和工作空余时间学习《首钢京唐报》及微信、“两学一做”学习专刊、OA平台、烧结微课程等媒体上的相关内容，满足党员学习需求，确保学习全覆盖。为抓好党员大会交流讨论，烧结党支部要求每名党员针对自身岗位实际，结合减员增效、降低生产成本等方面围绕主题准备发言材料，提出有针对性的改善意见，并做到具体化、精准化、差异化。烧结党支部党员赵景军，针对自身岗位实际，自参加学习教育交流以来，提报了5条合理化建议。其中，“关于朝鲜煤水分大影响破碎使用的建议”获得公司合理化建议嘉奖，“皮带增加自动取样机”建议大大降低了岗位职工的工作强度，用实际行动践行了党员的标准，为身边职工起到了模范带头作用。

化解工学矛盾　开展各项竞赛活动

为更好地有效化解工学矛盾，扎扎实实组织开展好“两学一做”学习教育，深化学习效果，调动广大党员的积极性，发挥党员模范带头作用。烧结党支部结合自身特色，在各党小组之间开展了烧结“两学一做”知识竞赛，提升了党员对学习教育的深入了解，为后期有关工作开展打下了基础。结合“三亮三比三评党员示范岗”“职工技能竞赛”等活动，烧结党支部在各党小组和岗位之间开展了“裸眼看亚铁”“只手测机温”“单耳听震动”烧结质量技术指标竞赛和烧结点检竞赛等比武活动。“裸眼看亚铁”竞赛有效提升了岗位职工对结矿质量的判断水平，提升了大家对烧结矿质量的实时把控；“只手测机温”“单耳听震动”进一步增强了职工对现场设备隐患的及时排查能力。2016年5月，党员邢迎春、曹刚永在巡检过程中听出了混4皮带减速机有杂音，及时处理了现场隐患，避免了一起设备事故。党员模范带头作用带动了岗位职工立足岗位提升技能、奉献烧结的积极性。5月，烧结设备非计划停机实现了零的目标，烧结加工成本比计划降低1.67元/吨。

（本文刊登于2016年6月8日《首钢日报》）

深入学习　勇于作为
确保“两学一做”学习教育取得实效

炼钢作业部精炼党支部

炼钢作业部精炼党支部按照首钢京唐公司党委和炼钢部党委的统一部署，结合实际精心筹划，创新学习形式，激励广大党员同志以学促做、勇于作为，为确保完成全年目标任务奠定坚实的基础。

精心筹划　广泛宣传

精炼区党支部现有职工 150 人，其中党员 52 人，占职工总数的 34.7%，曾荣获 2014 年“首钢模范党支部”等荣誉。公司“两学一做”学习教育启动后，精炼党支部依然走在前列，高度重视，迅速行动，先后三次召开支部委员会议，专题学习关于开展“两学一做”学习教育的文件精神和有关要求，同时结合精炼作业区的产量、成本、品种等重点工作，讨论制定精炼党支部开展学习教育的总体要求、学习内容、主要措施等，及时下发了《精炼党支部“两学一做”学习教育工作计划》，6 月和 7 月学习教育重点工作计划，党小组、党员学习计划安排表，习近平总书记系列讲话读本 52 本。方案下发后，精炼区党支部组织召开“两学一做”启动大会，对精炼党支部学习教育安排进行宣讲及布置，使广大党员全面了解本次学习教育的内容和意义。

创新形式　亮点突出

“两学一做”，基础在学。为了打好学的基础，精炼党支部从 3 个方面开展了形式新颖的学习教育工作。首先要求每名党员除参加党小组和党支部的集体学习外，还要制定个人学习计划，保证每周至少学习一次，每次学习不少于1小时，并将学习情况详细记录在支部统一发放的学习记录本上。精炼区党支部要求设备、工艺技术及操作等人员要立足岗位制定不同的学习任务，做到具体化、精准化、差异化。其次制作了“两学一做”学习教育专题看板并放置在LF炉、1号RH炉和热修区域的明显位置，方便党员同志加深了解本次学习教育的目的和意义。精炼区党支部建立了“党员之家”微信群，将炼钢部党委和精炼区下发的学习材料和相关要求上传至微信群里，提高学习的灵活性。第三，为了保证学习效果，该支部编辑、印发了党员知识竞赛试卷，组织全体党员参加考试，对于考试不合格的党员组织补考，直至合格为止。同时，选拔成绩优异的3名党员参加炼钢部即将举行的“党员知识竞赛”抢答活动。

以学促做　勇于作为

“两学一做”，关键在做。为激励支部党员学做结合，知行合一，立足岗位勇作为，精炼党支部开展了“党员献一计”合理化建议活动，收获颇丰。修砌技术员王崇向创新要效益，主动开展增加钢包滑板连滑次数的攻关。他组织对品种钢进行滑板连滑增氮情况试验，对每次实验数据进行对比分析，并查阅大量资料，最终确定了连滑滑板与冶炼品种钢时的增氮情况没有直接关系，冶炼品种钢时的连滑次数由3次增加到了4次，不仅加快了生产节奏，而且年可节约成本约200万元。钢包加盖项目是炼钢部节能降耗的一项重点工程项目，投入使用后，逐渐暴露出钢包盖变形的问题，影响了钢包盖的正常使用。该支部卢家凯、丁剑、王宝中等党员同志针对此问题，大力开展攻关。他们通过在包盖钢结构一侧增加加强筋，降低了包盖变形程度，包盖使用寿命从之前500炉提高到700炉以上，节约费用约92万元。

“铸铁魂炼精品”的探索与实践

任全炬

首钢京唐公司两座5500立方米特大型高炉采用了68项自主集成、自主创新的先进技术，承载了首钢炼铁人占领世界炼铁技术制高点的希望和梦想。2011年6月以来，首钢京唐公司炼铁部党组织以高度的文化自信和文化自觉，大力实施“铸铁魂、炼精品”工程，高炉生产彻底走出低谷，彻底扭转被动局面，成功驾驭大高炉，各项主要经济技术指标进入国内一流行列。

一、课题的提出

2010年7月，首钢京唐公司1号高炉炉况严重失常，到2011年5月，连续11个月未完成高炉生产作业计划，炼铁职工队伍士气低落。严峻的形势和攻克大高炉冶炼关键技术的神圣使命迫切需要凝聚人心、凝聚智慧、凝聚力量，迫切需要弘扬传统、境界高远、使命至上，迫切需要团结进取、敢字为先、拼搏奉献，科学求实、开放包容。2011年6月，炼铁部党组织审时度势，强势启动了“铸铁魂、炼精品”工程。

二、基本思路

1. 以“首钢炼铁为首”为旗帜

2011年上半年，首钢京唐炼铁人在恢复1号高炉中得到了国内众多炼铁专家的帮助，采用了多种治理方法，但都无功而返。首钢人甚至是中国人能不能使一高炉走出低谷，能不能驾驭5500立方米高炉成了许多人心中的疑问。在困难与迷茫之际，炼铁部党组织鲜明地树起“京唐炼铁要以首钢炼铁为首”的旗帜，在思想文化上首要的是传承和弘扬首钢炼铁文化，在技术上首要的是坚持和发展首钢炼铁核心技术。树起“首钢炼铁为首”这面旗帜，解决了京唐炼铁从何处来，到何处去的问题，找准了京唐炼铁的定位，找到了炼铁人共有的精神家园，找到了驾驭大高炉的技术路线，确定了“铸铁魂、炼精品”的根系所在。

2. 以“勇于捍卫荣誉和尊严”为风格

在 1 号高炉治理恢复最艰难的时刻，炼铁部党组织坚定地提出：“打胜炼铁三大战役捍卫首钢炼铁的荣誉和尊严。”首钢炼铁发端于 1919 年，到 2010 年 12 月停产，经历了 91 年的风风雨雨，创造了很多炼铁界的第一，是全国冶金战线的一面旗帜。首钢炼铁培养的技术专家曾多次奔赴兄弟企业，指导高炉停开炉操作和疑难炉况的治理，具有很高的声誉。首钢京唐炼铁驾驭大高炉遇到的挫折再大，磨难再重，都是不屈不挠的炼铁人能够承受的，但首钢炼铁 91 年的历史荣誉，以及历代首钢炼铁人赢得的尊严，却不能在我们手中有任何的折损。有了这样的志气、骨气和豪气，首钢京唐炼铁人为捍卫荣誉、捍卫尊严，坚定地投入到扭转高炉生产被动局面、打胜炼铁三大战役的征程中，赋予了“铸铁魂、炼精品”鲜明的风格。

3. 以融合两个目标和两条脉络为路径

从表面上看，“铸铁魂”与“炼精品”是两个维度上的两个目标，但实质上它们是一个不可分割的整体。铸铁魂是在新时期、新条件、新机遇下，通过创新思想文化建设，铸就具有首钢京唐特色的炼铁之魂。炼精品是首钢京唐炼铁企业精神的核心，是炼铁干部职工的共同愿景。通过目标引领，分步实现各阶段目标，打胜“炼铁三大战役”彻底扭转高炉生产被动局面，瞄准“三个一流”目标攻克大高炉冶炼关键技术，进而占领世界炼铁技术的制高点，打造精品炼铁事业。铸铁魂需要在打造精品炼铁事业的实践中锤炼、升华，炼精品需要铸铁魂凝聚的软实力支撑。炼铁部党组织将“铸铁魂”与“炼精品”两条并行的脉络有机融合，铁魂中注入了精品炼铁的元素，精品中注入了文化铸魂的基因。

三、主要内容、方法及效果

1. 统筹规划，分步实施

2011年6月，炼铁部党组织制定了加强思想文化建设、打造首钢京唐炼铁文化体系的规划，把铸就新时期炼铁之魂作为思想文化建设的中心任务。炼铁部党组织根据打造精品炼铁事业不同阶段的工作特点、中心任务，抓住思想文化建设中的主要矛盾，分步实施“铸铁魂、炼精品”工程。

第一阶段：先导阶段，时间从2011年6月到8月。期间1号高炉生产已经持续波动一年，炼铁各项工作都很被动，职工队伍士气低落、悲观迷茫情绪严重。面对这种情况，炼铁部党组织于2011年6月1日提出了在全体炼铁干部职工中树立“八气”的要求，“八气”的内容是：意气、豪气、志气、骨气、士气、锐气、学气、和气。“树八气”的目的是坚定信心、振奋精神、团结队伍，凝聚智慧和力量，增强战胜困难的勇气。这一举措找准了加强思想文化建设的切入点，符合当时的生产实际和工作需要。同时，“树八气”也开启了首钢京唐炼铁企业文化建设的序幕。6月8日，炼铁部党组织提出了开展“五种作风”建设活动的要求，“五种作风”的内容是：求真务实、讲求实效、真抓实干的作风，心系职工、服务职工、依靠职工的作风，敢于担当、勇于突破、民主果敢的作风，团结一心、密切协作、精准严细的作风，以厂为家、拼搏奉献、雷厉风行的作风。炼铁各级领导带头“树八气”“立五风”，全体职工积极响应，尽管生产形势严峻，但广大职工从中看到了炼铁的新气象、新希望，职工精神面貌、工作作风焕然一新。

第二阶段：整体推进阶段，时间从2011年9月到当年年底。2011年8月打胜炼铁生产翻身仗，炼铁各项工作开始由救火式向规范化转变。9月8日炼铁部首届职工文化节开幕，文化节期间开展了首钢京唐炼铁企业文化征集活动，向职工广泛征集炼铁精神和炼铁理念，广大职工踊跃参与，征集上来的建议多达347件。炼铁部党组织敏锐地发现广大干部职工渴望摆脱“傻大黑粗”的形象定位，渴望能够像板材厂的职工那样拥有“精品”形象，随即把“打造精品炼铁”作为首钢京唐炼铁人的共同愿景，将职工的共同企盼与企业核心价值追求有机融合，最终确定了“以海一样的胸怀、钢铁般的意志打造精品炼铁”为新时期首钢京唐炼铁精神，确立了“生产、环保、工作、管理、学习、创新、人才、团队、和谐”9个炼铁理念。至此，首钢京唐炼铁文化通过整体推进，形成了以炼铁精神为统领，以“八气”“五风”“炼铁理念”为支撑的炼铁文化内容体系。

第三阶段：2012年1月以来。进入2012年，炼铁企业文化建设的重点是践行，在技术攻关、生产操作、学习创新、事故抢修等方方面面大力倡导践行炼铁文化。炼铁部采用不同方式鼓励践行炼铁文化，为践行炼铁文化创造条件、营造氛围，把践行炼铁文化融入各项工作中。部党委对精心操作避免铁水落地，雷厉风行从北京赶赴高炉抢修事故的典型进行了大张旗鼓的表彰。

2. 为“铸铁魂、炼精品”搭建平台

炼铁部党组织按照“年年有创新，年年有提高”的要求，在丰富职工文化体育生活的基础上，努力把职工文化节打造成思想文化创新的平台。从2011年起，炼铁作业部在公司各作业部中率先举办了第一届职工文化节，开展了炼铁企业精神、理念征集、企业文化研讨、职工歌手大赛、书法摄影作品征集等系列文体活动，在丰富职工文体生活、陶冶情操中提升了职工的思想文化境界和职工队伍的凝聚力。2012年6月18日，炼铁部第二届职工文化节也如期展开。炼铁作业部党委设立了“铁魂网”网站，创建思想文化建设信息化平台。“铁魂网”设立工作部署、企业文化、宣传阵地、组织纪检、工会团委、党委声音、典型风采、学习资料、意见信箱等板块，为炼铁部职工第一时间了解炼铁工作动态、学习交流提供了方便，通过宣传展示先进职工风采，激发干部职工践行炼铁文化、干事创业的激情。2011年年底，在公司的大力支持下，炼铁部开展了炼铁文化目视系统的建立工作，室内、室外的炼铁文化橱窗、展板构成了首钢京唐炼铁文化建设的风景线；印制了《首钢京唐炼铁文化手册》，发放到每名职工包括协力工的手中，营造良好的文化氛围。

3. 打造五种文化，丰富“铸铁魂、炼精品”的实践内涵

一是打造团结进取的文化。在驾驭大高炉的攻坚克难中，炼铁部党组织

用先进文化武装大家的思想，引导大家树立“像钢丝绳一样拧成一股劲”的团队理念。在炼铁部强调系统观念，炉外保炉内，全体保高炉；烧结分厂、球团分厂以保高炉为宗旨，烧结分厂以“铸精品结矿、做优秀铁人”为目标，球团分厂以“高炉需求就是球团追求”为核心价值观，努力提高服务高炉的工作质量。在生活、学习和工作上炼铁部党组织心系职工，中秋、春节前夕炼铁作业部党委多方协调，为炼铁部每名职工送上节日慰问品，让职工感受到党组织的关怀，度过一个温暖而喜庆的节日。炼铁部党委班子成员主动参加职工婚礼已经成为一种风尚，部党委书记为新婚职工送贺礼就花去3万多元。为新人证婚、送上新婚贺礼，新婚职工感受到的是幸福和自豪，甚至是一辈子铭记于心的感念，这份感念化作职工与企业和谐成长的动力，打造成一支团结和谐、富有战斗力的团队。从打胜三大战役到实现“炼铁三个一流”目标，每一个目标的实现都是首钢京唐炼铁全体干部职工团结进取的体现。2011年8月，打胜炼铁生产翻身仗，14个月以来首次完成生铁产量任务；2011年10月打胜炼铁指标提升仗，两座高炉焦炭负荷双双登上5.0的台阶，登上与国内外大高炉比肩的平台；2011年12月打胜炼铁领先仗，两座高炉生铁产量、焦比、煤比、燃料比等主要指标创出双炉生产以来的最好水平。2012年上半年，高炉运行水平相继达到首钢集团和国内一流水平，实现了“炼铁三个一流”的前两步目标。开展“铸铁魂、炼精品”工程以来，炼铁部每名职工、每个专业、每个团队、每个分厂、每个处室在部党委的领导下，团结一心、奋发进取，打造了团结进取的文化。

二是打造敢字为先的文化。首钢京唐炼铁人秉承首钢人的优良传统，在驾驭大高炉的实践中，敢于突破、敢于担当、敢于走新路，形成了新时期首钢京唐炼铁人“三敢精神”。1号高炉治理恢复中部领导敢于担当责任和风险，全体技术人员敢于突破以往条条框框的束缚，敢于走出一条不同于韩国浦项、也不同于宝钢的大高炉冶炼之路。在扭转高炉生产被动局面中，1号高炉遇到了压差高、炉内关系紧、炉温难提、管道气流频出等很多困难。炼铁部党组织引导技术人员系统分析和论证，大家认识到5500立方米级的高炉全国只此一家，没有现成的经验和数据可以参考，我们只能摸索适合自身高炉实际的操作规律，只能在勇于担当中科学实践、寻求突破。大家形成了共识，炼铁人上上下下同舟共济，与高炉共同承受压力。炼铁部党组织在最艰难的时刻发扬敢于担当的精神，主要领导日夜值守在值班室的计算机旁，1号高炉一次次突破极限，一步步向上攀登。2011年10月11日，1号高炉负荷达到4.6，此后经过9次加负荷，27日负荷达到5.15。两座高炉焦炭负荷双双登上5.0的台阶。在企业文化建设中，炼铁部党组织认真听取职工建议，将“三敢精神”确立为首钢京唐炼铁的创新理念，把“三敢精神”融入创新实践中，打造了“敢字为先”的文化。

三是打造拼搏奉献的文化。首钢京唐炼铁人发扬老一辈炼铁人“洒满汗水撑起船”“分秒必争、吨铁必夺”的拼搏奉献精神，在高炉治理恢复中，高炉领导和生产技术人员每个月回不了一次家，每个月给家里拿不回多少奖金，无论是周末还是春节，依然是在高炉上忘我拼搏、无私奉献。2011年8月10日1号高炉检修，炉前职工不顾风口前的高温炙烤，抡动大锤虎虎生风，汗水流淌的速度和风口更换的速度同步飞奔。大家不顾劳累和高温，咬紧牙关顽强拼搏，仅用7小时10分钟就完成30个风口的更换任务，创下了更换风口的最快纪录。在设备抢修中，炼铁人舍小家、顾大家，从北京、唐海、厂前宿舍不约而同地赶赴现场，加入参战队伍。大家不畏艰难，拼搏奉献，每次都完成了抢修任务。首钢京唐炼铁人谱写了一曲曲拼搏奉献之歌。

四是打造科学求实的文化。炼铁部党组织在思想文化建设中用“五种作风”中的“求真务实、讲求实效、真抓实干”之风锤炼干部职工。在驾驭大高炉实践中，首钢京唐炼铁人坚持理论和实践相结合，不教条地照搬书本上的知识和他人的技术经验，一切从实际出发、用事实说话。2011年以来，首钢京唐炼铁技术人员不断科学探索，不断勇于实践，终于成功驾驭大高炉，搭建了“平台漏斗式”装料制度，形成了首钢京唐炼铁核心技术。2012年上半年两座高炉生铁产量完成454.8440万吨，比计划超产14.34万吨，完成年计划进度的53.51%，比去年同期增加141.6412万吨，达到设计标准并创历史同期最高水平；2012年上半年，两座高炉焦比完成298千克/吨，比去年同期降低131千克/吨，实现了破三见二，进入国内一流行列；燃料比完成483

千克/吨，比去年同期降低 72 千克/吨，优于设计指标，并达到国内领先水平。首钢京唐炼铁人在科学求实中成功驾驭大高炉，形成拥有首钢京唐特色的核心技术，同时也打造了科学求实的文化。

五是打造开放包容的文化。驾驭现代化炼铁生产，要求炼铁人必须具有宽广的胸怀，海纳百川。炼铁部党委引导大家树立海一样的胸怀，做到虚心学习、博采众长，思维开放、兼容并包。部领导带头尊重他人，容纳他人；在高炉技术讨论中，充分发扬技术民主，畅所欲言；在技术攻关中鼓励探索，允许失败。通过请进来、走出去，炼铁技术人员积极参与各类学习交流活动，拓宽创新的视野、丰富创新的知识。一年来，对外学习交流的炼铁技术人员及职工达到了 200 人次以上。在与张寿荣院士、韩国浦项和宝钢炼铁专家的学习交流中，启迪了创新大高炉冶炼技术的智慧；在与鞍钢、本钢、太钢、沙钢、迁钢等同行的学习研讨中，开阔了创新大高炉冶炼技术的视野。首钢京唐炼铁人在学习交流、生产攻关中打造了开放包容的文化。

党建领航打造“零距离”工程

——首钢京唐公司炼钢作业部党建品牌建设工作见闻

王 劲

走进首钢京唐公司炼钢作业部主控楼三楼通廊，一整面“党建墙”庄严壮观，顶部的党徽熠熠闪耀。“举旗领航、百炼成钢”八个大字及LOGO率先映入眼帘。“这个品牌名称是我们部党委班子、各支部及广大党员职工历经半年多的时间，提炼形成的凝聚炼钢部党建、生产、文化等特点的名称和LOGO。”炼钢作业部领导介绍说，“炼钢部党建工作以提高经营生产水平为出发点和落脚点，通过创新党建载体，着力打造六大‘零距离’工程。所谓‘零距离’，就是党建与经营生产、基层一线深度融合。”

炼钢作业部党委成立于2011年，现有7个党支部、31个党小组，党员人数316人，党员比例为35%。多年来，炼钢部党委紧紧围绕经营生产中心工作抓党建，以六大“零距离”工程为支撑，强化载体建设，团结凝聚广大党员职工带着信念奋斗、扛着责任远航，实现党建与经营生产深度融合，逐步形成了具有首钢京唐炼钢特色的党建品牌。

党委领航“零距离”

坚强有力的领导班子是一个单位事业发展的基础和核心。炼钢部党委将加强自身建设与深入一线“零距离”融合，将推动党建工作与生产经营中心任务“零距离”融合，促进全局发展。在推进“两学一做”学习教育常态化制度化中，组织制定中心组、领导班子个人、党支部、党小组、党员个人学习计划。党委班子成员每人联系 1~2 个党支部，除参加中心组及个人学习外，还带头到现场参加联系党支部的学习活动。在党委班子浓厚学习氛围牵引作用下，炼钢部先后开展了“讲党课、学习交流研讨”、主题党日、“两学一做”学习教育知识竞赛等多种形式的学习教育活动，为锤炼党性、抓好党建提供了有力支撑。

用世界眼光找准自身坐标位置，主动对标国内外先进钢铁企业。2017 年初，首钢京唐公司炼钢部确定了 14 项重点提升技术指标，每一项指标均由部党委班子成员亲自挂帅，每天通过早调会的平台发布攻关情况，每周及时总结攻关进度，做到日日明差距、时时追先进。经过持续攻关，炼钢部多项指标达到国际国内先进水平。转炉出钢温度最低降至 1652 摄氏度，钢包月均自开率稳定在 99.95%以上，多次达到 100%。“我们在进步，别人也在进步。”2017 年中，炼钢部党委重新梳理对标指标，新增了 8 项重点提升指标。炼钢工王建斌在首钢京唐公司建设初期就加入炼钢部团队，他深有感触地说：“在部党委的领导下，我们所有人团结一心，先后攻克了工程建设阶段、达产达效阶段、降本增效阶段，以及提质提效阶段的重重难关，成本逐年降低，质量不断提升。”

先锋领跑“零距离”

先锋模范的引领作用是凝聚广大职工群众磅礴力量的关键。炼钢部党委发挥基层党支部、党员、劳模先进、共青团员的“辐射”带动作用，实现先锋领跑与一线党员职工“零距离”、与生产经营“零距离”。

在开展党员领跑活动中，炼钢部党委紧紧围绕“一个中心、三个必须、五项载体”，充分发挥党员的领跑作用。“一个中心”是以提高产品质量为中心，“三个必须”是必须覆盖全体党员、必须做到 PDCA 闭环管理、必须做到全员提素；“五项载体”是 OTC 积分劳动竞赛、“感动炼钢”、技术攻关、服务一线、“我与设备同行”。依托“五项载体”，炼钢部党委组织各支部按专业、岗位划分成竞赛单元，每个竞赛单元设置不同的竞赛评分项目及评分标准，每月对每名党员的领跑成绩进行汇总、讲评和公示，将党员的领跑成绩进行数据化后公开发布，哪名党员在领跑、哪名党员进步快、哪名党员有差距一目了然。

“党员领跑活动，特别是OTC积分劳动竞赛，数据化、可衡量，没有轮流坐庄，是激发全员活力的利器。”正在炉前操作的党员许志国，说起领跑活动热情十足。他是丁班2号脱碳炉炼钢工，2016年首钢劳动模范。许志国充分发挥模范带头作用，坚持用心炼好每一炉钢，在2015~2017年的OTC劳动竞赛中，连续三年总排名第一，因此他也有了个响当当的称号：“OTC竞赛达人”。在许志国的模范带头作用下，丁班2号脱碳炉各项生产指标屡创新高，转炉终点氧目前已降至0.0437%。

炼钢部党委还充分发挥党支部的领跑作用，不断提升支部建设科学化水平。抓好“三会一课”制度的落实，每月对各支部落实“三会一课”制度的情况检查一次，对检查情况在次月的书记例会上讲评并落实考核。开展争创“达标示范党支部”活动，细化支部等级评定量化评分标准。炼钢作业区党支部以党员“三个一”“我讲我骄傲”“五星班组创建”等特色党内活动为抓手，做实基层党支部工作，成为北京市国资委联系的基层党支部。

人才提素“零距离”

炼钢部党委采取“机制、平台、培训”三位一体的人才培养模式，逐步形成工艺技术、操作、设备三条人才提素脉络。

创新人才培养、以考促学、导师引领计划等多项机制。导师引领计划，旨在充分发挥实际工作经验丰富或理论素养深厚人才的传、帮、带作用，传送优秀工作经验，加快青年人才培养步伐。在首钢京唐公司范围内聘请导师三名，并在炼钢作业部选拔了15名机械、电气、自动化传动专业方面的青年技术骨干作为培养对象，按照每季度总结、每年评价的形式确认引领进度，团队考核期为两年。

走进炼钢部实训基地，机械、电气、自动化等各类仪器具呈现在眼前。

机械导师刘瑞林正在对学员进行实操培训。他介绍，基地以“真学、实用；真练、实操”为理念，配备了110多项各类仪器具，一些在现场不能操作、拆解的设备，可以在这里进行详细的解剖讲解，切实提高大家的动手能力、实操水平。炼钢部充分发挥实训基地作用，开展了多种形式的技能比武，达到以赛促学的目的。炼钢部党委还组织开展了分层次、分系统的全员培训，按照年度培训计划，开展部级、作业区级两级培训。为充分发挥班组长的基层领军作用，2017年，炼钢部对112名班组长及调度人员进行了三期专题培训，包括理论知识讲解、现场参观交流及素质拓展等内容，提高了大家的技能水平。

文化聚力“零距离”

炼钢部党委通过搭建文化宣传平台、开展特色文化活动，推动“家”文化在基层一线落地生根，以文化聚人心、激活力、促发展。

在文化宣传平台方面，炼钢部建立了内部网站，定期编发《炼钢简报》，同时借助报纸、微信等平台进行宣传。在开展特色文化活动方面，炼钢部开展了居家理财、文化节、“感动炼钢”等活动。“感动炼钢”活动，旨在通过挖掘、评选出的“感动炼钢”典型人物、感动事迹、感动瞬间，告诉广大职工崇尚什么、学习什么、发扬什么。通过坚持让广大职工做“伯乐”、确保感动人物引领性、到现场颁发纪念品的“三大原则”，激发广大党员职工的内在动力。“感动炼钢”活动开展以来，大家积极参与、踊跃推荐，逐渐成为炼钢部的一面文化旗帜。在文化聚力“零距离”展板上，一组“感动炼钢”活动的照片令人印象深刻。上面展示着炼钢部职工尽职尽责、爱岗敬业、孝敬老人等鲜活的一线故事。“封闭管道识异物，火眼金睛美名传”的王宝中，是精炼作业区机械点检师。2017年2月，在点检中发现K列1.2米除尘管道内因异物而变形，他没有因为管道不是自己的“管辖范畴”而漠不关心，而是主动与其他区人员联系处理，消除了一处重大安全隐患。

服务凝心“零距离”

“服务”是党建工作的基本职责和要求。炼钢部党委通过“零距离”服务基层党员、“零距离”服务职工群众，促进服务与生产经营的“零距离”融合。

炼钢部党委开展的“基层走访”活动，旨在做到“常思职工之苦、常知职工之思、常解职工之需”，逐步打通了“自上而下、自下而上”两条绿色通道。自下而上，信息逐级向上反馈；自上而下，走下去听基层声音。“基层走访”坚持做到3个100%，即部领导带队走访各作业区达到100%，办公室走访班组达到100%，作业区领导对本区域职工进行“一对一”走访达到100%。炼钢部将走访职工反映的问题进行分类整理，然后以走访答复单的形式，责成相关专业进行答复，再由部领导签认后返回给问题提出人。活动开展以来，共收到各类问题500余个，全部答复解决。此外，在解决“送餐到岗”问题时，采取“微信订餐、红包付款”方式，方便了岗位职工就餐；解决一线职工提出的“废钢斗”问题后，由以前人工挂钩改为天车自动挂钩，不仅减轻了职工的劳动强度，也消除了中夜班上车挂钩的重大安全隐患。

科技创新“零距离”

炼钢部党委通过搭建创新平台、组建创新攻关团队，使创新来源于生产、服务于生产。在搭建创新平台方面，炼钢部借助6个职工创新工作室，搭建起合理化建议平台。为方便一线岗位职工提建议，自主开发了“合理化建议提报系统”，炼钢部任何一个职工都可以通过系统提报合理化建议，拓宽了合理化建议提报的广度和深度。在组建创新攻关团队方面，他们先后成立了汽车板、镀锡板两个专项攻关团队。团队以市场为导向，以提高产品质量为主线，经过持续攻关，汽车板、镀锡板生产水平逐年提高，不断创出历史最好水平。近年来，炼钢部科技进步指标呈现逐年上升趋势，累计在核心期刊发表论文 88 篇，申报专利 114 项。

新起点要有新气象，新时代展现新作为。围绕实现首钢京唐公司“四个一流”的目标，炼钢部党委将“举旗领航、百炼成钢”的党建品牌建设触角延伸到每一个作业区、每一个班组、每一个岗位、每一名党员职工，实现党建工作与经营生产、基层一线的深度融合。

（本文刊载于 2018 年 2 月 26 日《首钢日报》、
2018 年 7 月 23 日《首都建设报》）

星辉引路　筑梦前行

——首钢京唐公司热轧作业部党委打造“星火耀旗铸精品板材”党建品牌纪实

苗亚光

使命呼唤担当，使命引领未来。近年来，热轧作业部党委贯彻落实新时代党的建设总要求，始终坚持以思想政治建设为引领，以抓党建促经营生产为方针，以热轧精益板材文化建设为载体，充分发挥党建星辉引路作用，聚力、聚智、聚势，逐步打造具有京唐热轧特色的党建品牌，以强烈的历史责任感和使命感担当起全面实现“四个一流”目标的历史重任。2017年以来，热轧两条产线先后打破日产卷数、日产重量等纪录73次，达到国内领先水平。

强根基　开展“聚力”工程

热轧部党委始终坚持“细化制度夯基础，浓墨重彩显特色，开拓创新求突破”的党建工作思路，以“一细化”“一承诺”“一领跑”“一示范”“一活动”“一特色”“六个一工程”为载体，统筹谋划和推进党的建设工作，着力夯实党建基础，用实际行动凝聚、引领职工。

热轧部党委对班子建设，党委中心组学习，“三会一课”等56项党建基础工作逐一细化；对会议流程、记录规范、留存档案等基础内容进行了明确规定，形成量化标准清单；把“两学一做”纳入党支部“三会一课”学习中，每月初制定党支部工作计划，按月对学习计划落实情况进行检查；规定党支部书记每季度讲一次党课，党委书记和领导班子成员每年讲一次党课。进一步把党建工作由“软任务”变成了“硬指标”，党建工作实现制度化、规范化。

为充分发挥每名党员星辉引领和先锋模范带头作用，热轧部党委组织每名党员开展“五个争做”活动，争做政治信仰的忠实者、争做技术业务的行家里手、争做完成任务的带头人、争做遵章守制的标兵、争做服务职工的贴心人。党员制定自身领跑计划，建立领跑计划季度考评机制，强化过程管控。结合各岗位特点，将147项劳动竞赛生产指标纳入领跑计划中，有效地促进各项生产经营活动的开展。此外，热轧部党委在全体党员中开展党员公开承诺活动，即：政治可靠，甘于奉献；感恩企业，用心工作；严于律己，遵章守制；主动作为，不讲借口；带领职工，共同进步，为建设最具世界影响力的热轧厂而努力奋斗。活动中共计签订党员承诺书180份，确保一切为了一线、一切服务一线、一切支持一线。以党员领跑计划、党员承诺为带动，热轧部建立了11个党员责任区、17个党员示范岗，进一步增强全体党员责任意识、服务意识。

将党日活动和生产经营任务深度融合，每月确定一个主题，围绕不同时期不同阶段开展相应特色活动，使活动常态化、规范化，确保主题党日活动落地生根见实效。

围绕设备系统稳定运行开展“设备系统竞相争零活动”；围绕提升产品质量开展“不让工作在我手上延误，不让差错在我身上发生，不让质量在我手里降低”的“三不让”活动；围绕2017年2250毫米热轧产线建厂以来施工项目最多、难度最大的年修工作，开展“党团先锋做引领，打赢年修攻坚战”活动，组织党员成立“党员先锋队”，带动影响所有参与年修人员攻坚克难、奋勇争先，此次年修累计完成检修项目1076项，启车后设备运行稳定，功能精度达标，为后续稳定生产提供坚实保障。

热轧部党委在6个党支部全面开展特色支部创建活动，充分发挥党支部的战斗堡垒作用。其中设备工程室党支部以技术为支撑，以服务为宗旨，着力打造“技术服务型”特色党支部。1580毫米热轧作业区党支部以“提产、保质、增效”为目标，创建“学习型、服务型、攻关型、效能型、活力型”的“五型”特色党支部。通过和生产经营任务相融合的特色支部建设，推动生产经营快速发展。

育人才 开展“聚智”工程

发展是第一要务，人才是第一资源，创新是第一动力。热轧部党委始终坚持以人才培养激发创新活力，以科技创新助力人才培养的主脉，持续强化人才队伍建设，不断提升创新驱动力，为经营生产提供人才保障。

开展师带徒活动，组织 36 名综合主管、技术骨干与青年职工结对子，通过“传、帮、带”的形式，以“一带一”的形式开展培训，按年制定师带徒学习计划，建立季度交流和考评机制，强化过程监控；充分发挥创新工作室“孵化器”作用，让创新工作室成为培养高技能专业人才、高素质创新人才的有效载体。组建虚拟技术团队，抽调生产操作骨干，综合指导各班生产，产线操作水平不断攀升。目前，已基本杜绝了由于生产操作原因导致的堆钢事故。

此外，热轧部还建立“每周三业务主题学习日”，开展跨专业、跨岗位的技术研讨。跟踪前沿技术，先后开展设备类、工艺类、管理类等综合性专业培训 280 次，针对轧制工艺提升、智能化工厂建设、轧钢前沿技术等课题，先后邀请首钢技术研究院、东北大学、北京科技大学等技术专家开展“无头轧制技术”“先进轧制控制技术”“钢铁工艺技术发展趋势”等大讲堂专业授课，既拓展了职工视野，又促进了职工技能持续提升。

为持续提升产线制造力，热轧部党委始终坚持“带着问题去、带着答案回”的对标学习理念，分别与宝钢湛江、梅钢以及承钢等企业建立了常态化的联系机制，分层级组织领导干部、专业技术及生产操作人员开展对标交流工作，从产量、质量等 33 项指标中查找自身不足。针对对标交流工作中查找出的问题，热轧部党委组织专业人员成立专项治理小组，逐一制定整改措施，确定整改期限，建立对标工作微信群，按周对整改情况在微信群进行通报，进而提高产量、提升质量、确保产线轧制稳定性。通过对标交流工作的开展，2250 毫米热轧产线换辊时间完成 13. 24 分钟，同比降低 3. 66 分钟，1580 毫米热轧产线 22. 97 分钟，同比降低 5. 31 分钟。

热轧部秉承“核心技术买不来、自主创新赢未来”的创新理念，激发职工自主创新的活力。先后建立省级市级公司级创新工作室 5 个，由创新工作室牵头组织完成铁素体轧制、1580 毫米热轧自动化改造、精轧机窜辊系统改造等重点攻关项目百余项。持续推进职工劳动竞赛及合理化建议活动，将岗位生产指标纳入劳动竞赛指标中，鼓励职工针对现场生产的实际问题进行小改小革，激发职工创新活力。2017 年以来，热轧作业部共计申请专利 78 项、计算机软件著作权 1 项、发表科技论文 40 篇，获河北省科学技术二等奖 1 项、三等奖 1 项，首钢科技进步三等奖 2 项，王顺理、王震等 13 名职工被评选为首钢京唐公司级以上技术能手，涌现出首都市民学习之星胡娜、全国冶金建设行业高级技能专家张维中、一线发明大王王洪鹏、首钢创新先锋王然等一大批技术领军人才。

树理念　开展“聚势”工程

热轧部党委坚持“没有任何借口，做好每项工作”的理念，大力倡导“精细文化”“规矩文化”“秒文化”“廉文化”，用特色文化凝聚奋进之势，营造了接受任务不讲条件、执行任务不找借口、完成任务不打折扣的良好氛围。

倡导“精细、责任、担当”的“精细文化”。以精细意识为前提、责任意识为基础、担当意识为保障，筑就热轧精细文化。围绕精准操作，组织生产操作人员细化轧制节奏标准；围绕功能精度，组织设备人员精细设备管理；围绕设备检修，建立检修项目两级审核制，推行检修标准化、全员化过程管控，细化检修流程，建立检修后评价机制，强化担当意识，明确整改目标，狠抓措施落实。

倡导“立规矩、讲规矩、守规矩”的“规矩文化”。重点梳理出 2017 年在立规矩方面存在的 23 项问题，提高了强化制度执行的精准性；梳理修订新增各类制度 235 项，完善 KPI 绩效考核评价体系，不断提升热轧整体执行力。

倡导“精准用好每一秒，杜绝浪费每一秒”的“秒文化”。激发职工自觉形成“秒”文化的工作意识。不断强化过程管控，由原来按“日”组织生产，改为按“小时”组织生产，精准用好每一秒；将待料、保温、换辊与设备深度点检有机结合，开展设备强化工作，杜绝浪费每一秒；在全体职工中开展“争取一分钟，多轧一吨钢”主题活动，不断提升热轧生产经营效率；建立中夜班联合办公机制，对生产突发情况形成快速联动响应，快速促进各项生产经营目标的完成。

倡导“锤炼作风，廉洁强体”的“廉文化”。针对作业部涉外交往业务，制定《涉外工作廉洁提醒谈话管理制度》，按照“谁组织，谁负责”逐级负责制原则，主管领导进行廉洁谈话提醒，将廉洁工作逐级落到实处。建立“周党风廉洁主题学习日”“月廉洁从业教育日”，分别组织首席作业长级以上领导干部、综合主管、有业务处置权人员及维检单位领导集中学习，开展“廉洁共建”活动，共同营造风清气正的工作环境。

新使命催人奋进，新征程行稳致远。面对新形势，迎接新挑战，热轧部党委将继续深化“星火耀旗铸精品板材”的党建品牌，干在实处、走在前列、勇立潮头，以星火燎原之势，引领热轧长足发展，在首钢京唐公司全面实现“四个一流”目标的新征程中奋勇向前。

旗高映港海流长

——首钢京唐公司运输部党委打造“旗帜耀港湾”党建品牌纪实

宋厚岭

“海也者，能发人进取之雄心。”临海靠港，是首钢京唐公司运输部独特的发展优势、水陆联合物流生产的自然禀赋。近年来，运输部党委以习近平新时代中国特色社会主义思想为指引，贯彻落实新时代党的建设总要求，充分发挥把方向、管大局、保落实的领导核心和政治核心作用，紧密围绕经营生产中心任务抓党建，着力打造成“旗帜耀港湾”党建品牌，通过大力开展“旗帜领航”“文化护航”“人才助航”特色实践，搭建载体，夯实基础，逐步实现了党建工作系统化、规范化、品牌化。2018 年，运输部自有码头成品发运完成 1007 万吨，利润 4200 万元，生产经营水平迈上了新台阶。

旗帜领航　细耕“责任田”

运输部党委以提升经营生产水平为出发点和落脚点，紧紧抓住党支部“树旗领航”和党员“领跑”两个关键，以党支部为单元，做到一支部一目标、一支部一特色，使党建品牌创建成为促进生产发展的“动力工程”“民心工程”“服务工程”。运输部党委通过“网格化”管理，构建党支部、党小组、党员责任区与党小组长、党员和广大职工“心连心”大网络，编织了“一个阵地、六座堡垒”党建管理新格局，使 20 个党小组、244 名党员犹如星星之火，闪耀在运输部每个站点，为各项工作取得新突破打下了坚实基础。

港口作业区党支部以“旗帜领航·铸梦港口”为主题，不断夯实组织、思想、作风、人才、文化、群众六大基础，构建服务型、学习型、硬朗型、创新型、人文型、活力型“六型”示范支部。支部以党小组为单位，打造出标准化船前会、标准化点巡检、标准化垛型、标准化指挥等“四个标准化”；通过组织编写视频培训教材、现场检查、定期考评等方式，全面提升标准化作业水平。在港口作业区，处处都有党员担当奉献的身影。武龙充分发挥“党员领跑”作用，利用休息时间对废钢料斗进行多次试验改造，大幅提高废钢卸船接卸效率，单班接卸能力达到2000吨，彻底解决生产任务难题。周连和在生产岗位上主动担当，创造单班180钩的装船纪录，有效缓解因台风影响造成库存紧张的不利局面。

铁运作业区党支部以党小组为单位设立6个责任区，开展“党员向先进看齐，群众向党员看齐”的“双看齐”行动，在“党员示范岗”中开展“四比四看”活动，即“比努力学习，看谁学习各项规定和业务知识好；比优质服务，看谁的服务嘉奖得的多，无投诉；比安全，看谁制度执行得好，无违章，无事故；比节油降耗，看谁燃耗低节油多”，提升了党员责任意识。在2号翻车机、038机车示范机台、白班管理组等党员示范岗的带动下，原料站创出了月卸车9358车的历史纪录。该支部以6S/QTI打造为平台，通过开展“我为运输发展献一策”活动，收集党员建议130余条、实施63个，创造效益近百万元。支部大力推进033机车、2台龙门吊、2号翻车机泵房、2号翻车机标杆设备打造，荣获运输部“4MY之星”荣誉3次，打造项目全部一次性通过验收。翻车机班组党员参与制作的道基清扫小车、拨车机粉尘自动吹扫装置在公司清扫工具大赛中均获得了一等奖。

此外，铁运设备维检作业区党支部通过自主创新，对轮对焊机改造和职工技能培训等自主检修攻关，结束了机车轮对只能外购备件和机车完全靠外委修复的被动局面；汽运作业区党支部党员用实际行动带动身边人自觉参与，打造出“精品洗车房”。物流管理党支部成立降本增效专题攻关组，2018年，分管费用比计划节支369万元，钢材发运量同比增加134万吨。

文化护航　构筑“大家园”

运输部党委坚持文化自信，大力推进文化建设，满足职工精神文化需求。通过打造“学文化”“家文化”“廉文化”，夯实思想基础，为运输部经营工作创建和谐融洽健康的氛围。

思想先行，以学促干，打造运输“学文化”。运输部党委开展多层次、多角度学习。班子带头学，固化党委中心组“周五学习时间”，带头提升领导班子理论水平，会前将学习材料发到“运输部领导干部群”，便于做好“指尖上的学习”“笔尖上的记录”；分层指导学，制定党支部、党小组、党员三级年度同步学习活动计划，确保“三会一课”学有方向、做有保障；集体交流学，上下互动，结合党支部实际，开展讲党课、主题党日、参观交流等活动。港口党支部开展岗位交叉互换活动，2018 年至今发现并解决各类问题累计 69 项，提升了基础管理和现场管理水平；构建党员“走出去，学回来”的“学习之旅”交流机制，带动基层职工全面提素，先后与上海宝钢、湛江钢铁、青岛港等 10 多家港口学习交流累计 27 次，将“指唱法”、港口物流指标建设等学习成果运用于实践当中。

心系职工，服务职工，打造运输“家文化”。运输部党委从硬件设施改善和内在活力不断提升两个层面抓推进，党员、团员和职工群众共同启航职工之家建设。通过建造智能化党建图书馆、职工小家、党员活动室，构建共有的家园。举办“不忘初心，牢记使命”为主题党团日活动及文化体育节系列活动，开展关爱职工健康“再”行动、心理驿站、亲子活动，建立“家庭、健康、心理、餐饮、情感、文体”六大人文关怀，有效提升了职工队伍的幸福感与归属感。

从严从实，严纪守则，打造运输“廉文化”。运输部党委创办《以案警示》专刊，以实际案例对干部职工强化廉洁从业教育，开展党小组“清风”行动，设立廉洁监督岗，设立举报箱和张贴举报电话，开展节期“四风”联查，推进党风廉政建设，发出党员“在岗一分钟，领航六十秒”倡议，促进职工遵规守纪，用心站岗，创造价值，提升自我。港口作业区作为“服务窗口”单位，积极开展党小组“清风”行动，印发“致司机师傅的一封廉洁承诺书”，打造港区廉文化。

人才助航 激活“一池水”

运输部党委坚持“人才是第一资源”，持续在加强人才队伍建设上下工夫，以“工匠精神”为引领，不断激发干部职工谋事干事活力，为运输部发展提供强劲动力。

运输部建立健全职工培训效果评估机制，对照日本工业 JIS 标准每月定期检查各单位培训完成情况，做到培训有内容、有质量、有效果。大力开展劳动竞赛、合理化建议、创新工作室等“青”字号活动，提高职工工作积极性主动性创造性。坚持学练结合，充分利用职业技能竞赛这一平台，积极组织开展岗位练兵和技术比武，提高职工理论知识水平和实践能力。铁运维检作业区党支部建立“练兵场”，注重理论与实操相结合培训，涌现出“机车医生”“学习标兵”“创新之星”“铁道卫士”等一批批“工作之星”。近年来，运输部一线职工在公司年度 6S/QTI 清扫工具开发竞赛、青年安全管理创新大赛等公司级活动中名列前茅，《机械自动化在港口中的实际应用》《基于 PLC 控制的变频调速在港口起重机中的应用》等 13 篇论文在公司《学习与交流》上发表，形成了良好的学习、竞争氛围。

运输部建立“优秀创新人才储备库”，深化“作业区创新创效”工作。党建带团建，以“青春铁运・星辉闪耀”为主题，打造出铁运作业区先行示范团支部。以老带新，由党员葛枫带头，创建橙果青年创新工作站，成员积极开展多项设备改造，取得了良好效果。对 300 吨铁水包车上部铁水包盖小车运行限位改造，大大减少了包盖运行故障，提升包车运行稳定性；他们还制作了 FZ2-5C 型翻车机下托轮清理装置和迁车台防车辆越位装置等，有效提升了工作效率。2017 年被评为北京市青年创新工作站。2018 年，工作站举办“首届（2018）铁运作业区创新竞赛”，按月组织各类活动，为广大职工启发创新思维做好了支撑。同时，紧紧围绕运输部生产经营工作重点、难点问题开展工作，先后完成了炼铁站 1∶160 的沙盘模型制作、翻车机车辆外涨检测装置改造等研究项目，解决了众多生产实际问题。其中，翻车机车辆外涨检测装置已计划申报国家专利。

海潮涌起，受洗礼的是精神；海风扑面，受涤荡的是观念。潮音逐海浪，旗帜耀港湾。在首钢京唐公司党委的领导下，运输部党委将继续紧紧围绕公司全面实现“四个一流”目标，深化“旗帜耀港湾”党建品牌建设，科学推进新时代运输部党建工作，让基层党组织的战斗堡垒作用和党员的先锋模范作用得以充分体现，为京唐物流的可持续发展提供坚实保障。

首钢京唐公司党委实施党员“领跑计划”

——党员技改创效超7000万元

李晓鹏　孙立明　杨　景

3029名党员、3029张“领跑计划书”、3029份沉甸甸的承诺……从2017年开始，首钢京唐公司党委推进党员“领跑计划”活动。截至目前，党员“领跑计划”活动的效果已经显现，由党员带头或主导的技术项目，获得专利授权95项，获得首钢科学技术奖20项，获得冶金行业奖4项，获得省级科学技术奖2项，党员提出并实施的合理化建议成果效益7021.7万元。

制定计划　落脚经营生产

为在激烈的市场竞争中提升核心竞争力，首钢京唐公司党委将党员“领跑计划”活动作为认真执行党章规定的重要体现和深化集团公司“先锋计划”的重要举措，以及作为党员全面提升素质的重要途径。

在推进党员“领跑计划”活动中，公司党委以党员为主体，从党组织服务党员入手，引导和组织广大党员从思想作风、业务技能、岗位业绩、遵章守制、服务群众5个方面对标找差。同时，明确了开展党员“领跑计划”的基本原则即：围绕中心，务求实效，过程受控，全员提素。

各基层党委紧紧围绕公司发展战略，把开展党员“领跑计划”与基层党建工作和经营生产等有机结合起来，突出重点，落脚实际，制定本单位适宜的“领跑方案”。

例如，能源与环境部党委在推进党员领跑计划过程中，组织学习研讨《宝钢登高计划100例》，确定了责任担当、学习进步、突破创新、服务创新、遵章守制和支部特色6个领跑类别，并采用双级审核修改制度制定“领跑计划书”，并制作领跑计划公示栏27个，将全体党员的“领跑计划书”张贴公示，接受群众监督。

加强互动　领跑计划“接地气”

在活动中，各基层党组织在实践中积极探索、勇于创新，不断完善领跑活动思路和具体方法，提高领跑质量和水平，务求活动全覆盖、有实效。

炼铁作业部党委推出了“三步三字工作法”，拓展与党员实施“领跑计划”的互动空间，提升效率。党员在制定党员“领跑计划”前，支部书记组织对各党员进行沟通前的“宣、定、议”。即大力宣传党员“领跑计划”，促使党员初步确定领跑目标，并开展大讨论，加深党员对活动的认识。

在党员完成个人“领跑计划”初稿后，支部书记立即通过“听、聊、导”的方法与党员再次沟通，倾听党员制定计划的初衷和目标，与党员聊天，对党员制定的计划提出切合实际的修改意见，提高党员的导向意识。

随后，党员按照沟通后的“改、签、示”的方法将计划完善后，再与支部书记分别签字，最后统一在党员“领跑计划”活动板上公示。此外，该作业部多次组织开展党员“领跑计划”互相比一比、上台讲一讲、群众评一评、打开看一看等活动。

示范引领　带动职工进步

一年来，首钢京唐公司党员在工作岗位上恪尽职守、任劳任怨。他们在精细操作、技能竞赛中大显身手；在管理创新、技术攻关工作中创新突破；并以良好的党员形象影响身边的人，带动全体职工共同进步，积极为公司改革发展添砖加瓦。

炼钢作业区党支部党员、炼钢工许志国，领跑精细化操作，2017 年以来月度劳动竞赛 11 个月获得岗位第一名，被评为 2017 年首钢劳动模范。党员刘延强，先后承担了“全三脱少渣冶炼工艺”“脱碳炉热态渣直接回收利用”技术攻关任务。其中，“热态渣直接回收利用技术”获得了首钢科技一等奖，经专家认定达到了国际先进水平。

增强技能　提升素养

各单位在制订计划内容上，既注重能力提升，如获取资格证书、学历升级、技术秘密、专利、论文、先进操作法等；又注重提升党员素养，如鼓励他们定期研读相关书籍、健体强身、孝敬父母、参与志愿服务等。

能源技术室党员魏唐槐，以前没有发表过管理类论文，他在党员“领跑计划”中给自己设定的目标是要发表论文。他在国家级期刊《企业改革与管理》中以第一作者身份发表论文《钢铁厂质量管理体系建设研究》。

在炼钢作业部炼钢作业区党支部开展“三个一”活动中，技术管理岗位党员每季度至少到基层班组与一线职工工作一天，在一线岗位至少发现一个问题，为一线岗位解决一个问题，不断强化技术管理岗位党员的能力及服务意识，拉近与生产岗位职工的距离，鼓励基层职工多提问题，多提意见。“三个一”活动开展以来，技术管理岗位党员深入一线发现、解决问题 56 项，作业区设备停机、操作停工及改炼、改判等指标比去年降低 50%。

首钢京唐公司加强党的建设，充分发挥党组织和党员队伍作用，壮大一支高水平、高技能、高素质的党员队伍，促进经营生产任务圆满完成，以党的政治优势不断助推企业发展实现新跨越。

（本文刊载于 2018 年 7 月 11 日《首都建设报》）

构建和谐京唐　谱写文明华章

——首钢京唐公司精神文明创建活动纪实

杨立文

2017 年 11 月 17 日，全国精神文明建设表彰大会在北京隆重举行。在《人民日报》的光荣榜榜单上有一个钢铁企业名列其中，这就是首钢京唐钢铁联合有限责任公司。首钢京唐公司凭借着两个文明建设突出业绩和优秀创建成果，成功荣获了“全国文明单位”称号。

作为首钢搬迁调整和转型发展重要载体的首钢京唐公司，在建成投产后的短短 7 年时间，基本实现了“产品一流、管理一流、环境一流、效益一流”的建设目标，被国内著名专家誉为“我国实现钢铁强国的代表。”与此同时，首钢京唐公司始终坚持把精神文明建设贯穿于企业发展，以精神文明创建为载体，大力弘扬社会主义核心价值观，狠抓职工队伍的素质教育和思想道德建设，努力营造团结一心、积极进取的和谐氛围，为企业的快速发展提供了有力保障，实现了持续健康发展。先后荣获全国五一劳动奖状、第四届“中国工业大奖表彰奖”；获得第九届中华宝钢环境优秀奖，是国内唯一获此殊荣的钢铁企业；在京津冀协同发展中发挥了引领示范作用。

增添动能　打造学习创新型企业

建设最具世界影响力钢铁厂，对企业管理能力、职工综合素质提出了更高的要求。公司领导审时度势、放眼长远，把放大企业“人”的优势，打造学习创新型企业，作为提升竞争力的支点和动能。

首钢京唐公司围绕发展战略目标，努力营造“持续学习、终身学习、知识共享”的学习氛围，年培训职工1.1万人次以上。组织制订学习型组织的考核评价标准。采取“走出去、请进来”的方法，与北京科技大学、东北大学建立了联合办学机制，197人通过进修获得本科及硕士研究生学历。能环部吴礼云荣获“中国制水大工匠”第一名、炼钢部王建斌荣获“全国百姓学习之星”、热轧部荣彦明荣获“国企楷模·北京榜样”第三名和“首都市民学习之星”称号。

首钢京唐公司立足现场实际，围绕作业规程、质量控制、标准化操作、操作要点等内容，组织各部门大力开展专题讲授、岗位轮换、导师带徒、一对一指导、操检合一、知识竞赛、以考促学等形式多样、灵活有效的岗位技能实战培训。结合体系认证工作要求，组织开展了JIS标准培训、IATF16949：2016标准培训、“两化融合”内审员培训、测量体系内审员换证培训等。紧密结合技能操作人员实训需要，组织推进实训基地建设和仿真系统构建工作。目前，已完成了天车工、电焊工、炼钢转炉等技能实训基地的建设。“工作学习化、学习工作化”，学习创新型组织的学习优势和力量充分显现。各部门直面挑战，带着问题学习，找准问题调研，联系实际研讨，促进了企业主要生产指标水平和抗风险能力不断提升。

“人生以阅读而精彩，心灵以书香为快乐”。走进公司学习中心、图书阅览室，浓厚的书香氛围迎面而来：职工书屋群书环绕，书香四溢，文墨飘香，入脑随心；标语横幅像一道道亮丽的风景，制作精细，匠心独具；随处可见的书架、展板图文并茂，融智化形；网络、各种杂志、视频资料、专业知识手册，电脑屏保……。处处洋溢着和谐浓郁的人文气息，彰显着“人人以读书为荣，人人以读书为乐”的浓厚氛围。首钢京唐公司职工图书室还被授予全国示范职工书屋称号。

与此同时，首钢京唐公司将推进生产经营建设、提升发展质量作为精神文明创建活动的出发点和落脚点，搭建职工创新平台，为企业持续健康发展提供强劲动力。大力开展职工创新创效攻关活动，建立了55个职工创新工作室。其中，4个被北京市、河北省命名表彰为省市级创新工作室。近年来，这些创新工作室完成攻关课题534项，解决现场难题1210个，培养出一批技术领军人才。炼铁部刘胜歌创新工作室申报专利7项，带式焙烧机综合应用技术获得冶金科学技术奖一等奖；炼钢部“全国百姓学习之星王建斌创新工作室”带领攻关小组扎根一线，试验摸索，他们通过优化转炉留渣量，铁水分级管理，“全三脱”低磷工艺技术开发等一系列技术改进，2018年9月转炉平均终点氧降低0.0136%，年经济效益859万元；热轧部“王洪鹏创新工作室”负责人王洪鹏，年近半百，苦练技能，热衷钻研，先后申报《一种平整机刮油回油装置》《一种窗口式保持架轴承吊具》等专利18项，受理14项，获得授权10项，成为公司响当当的“一线专利大王”。

多年来，首钢京唐公司通过职工创新，共获得国家授权专利311项，形成科技成果110项。其中，达到国际领先水平6项，国际先进水平25项，国内领先水平48项。

讲好故事　践行社会主义核心价值观

讲好京唐故事、传播京唐好声音。首钢京唐公司以弘扬社会主义核心价值观为主线，传承和发扬首钢精神和首钢京唐公司优良传统、优秀作风，让核心价值观落细落小落地，入脑入心。

大力推进宣传思想工作理念创新、内容创新、手段创新，以创新增活力。公司创新活动载体，将大力弘扬社会主义核心价值观，融入经营生产建设的方方面面，成为企业健康发展的精神引领。“京唐人故事”应运而生。成立了“京唐人的故事”宣传活动领导小组，负责组织、指导、督促、考评各单位宣传活动的开展情况，对各单位报送的宣传材料进行评选，并选拔优秀宣讲员在公司范围内开展宣讲。方案一经下发，各单位便迅速掀起了全员发现故事、挖掘故事、讲述故事的高潮。各单位以座谈会、交流会、故事会为契机，开展“京唐人的故事”宣讲活动。随后，各单位将优秀的故事作品，通过从作业区到基层党委、从基层党委最后到公司党委的逐级推荐机制，上报首钢京唐公司党委。炼铁部党委结合一线职工为钢铁梦想艰苦奋斗的事迹，叙写青年职工岗位成才的故事。炼钢部党委鼓励职工将工作生活中感动人、教育人、激励人的故事与同事共享、共勉。热轧部党委从不同角度、不同年龄人中挖掘素材，讲述敢为人先、降本增效的故事。能环部党委从点滴出发，讲述一个个默默奉献在岗位上，普通的京唐人成长的故事。在公司层，宣传部门以通讯、电视、网络、橱窗为平台，大力宣传挖掘的好故事，以及各单位在活动过程中的好经验、好举措、好体会，营造浓厚的学习、交流氛围，为“京唐人的故事”宣传活动广泛、持久开展提供肥沃的土壤，让好故事中的正能量传递到公司的每一位职工。

通过组织“京唐人故事”活动，一大批先进、生动、感人、真实的职工事迹涌现出来。如：炼钢部职工李峰在下班回家的路上，积极联系，协助救治交通事故受伤人，得到曹妃甸区文明办的表彰。销售部职工张松挺身而出，将卡在商场电梯的四岁小孩救出。监质部职工陈新娟在做好本职工作的同时，长年悉心照顾身患疾病的婆婆，荣获了“京唐榜样”。一系列生动鲜活的故事，激励广大职工大力弘扬爱国守法、敬业诚信、遵德守礼的时代风尚，践行社会主义核心价值观成为职工的自觉行动。从 2016 年 8 月开始，首钢京唐公司把“京唐人故事”宣讲活动作为品牌项目延续下来，每年至少举办两期宣讲活动，而且每期一个主题，先后以“成长与奉献”“责任与担当”“担当与创新”为主题举办了四期，共挖掘出 58 个感人故事，开展各类宣讲 39 场。这些生动的故事鲜活实在，有很强的说服力和感染力，受到了广大职工欢迎。通过职工“写故事”“讲故事”的形式，营造了浓厚的文化氛围，用“感人的故事”激发了广大职工的工作热情，培育了职工对企业的感恩之情。同时，展现了京唐的正能量，传递了京唐品牌的影响力。

以人为本　构建和谐有温度的海上钢城

在精神文明建设过程中，首钢京唐公司推进和谐企业建设，始终把解决职工最关心、最直接、最现实的利益问题作为重要任务，持续构建“家园、心田、鹊桥、聚力”四大暖心、凝心工程。

为使职工享有舒适的生活环境，首钢京唐公司大力实施“家园”工程，在厂区建倒班宿舍 2374 套，在曹妃甸区渤海家园小区建住宅 2371 套，在“三加”组织职工团购住房 1796 套，形成了曹妃甸区、三加和厂前三位一体的居住格局，让职工安居乐业。每年组织先进劳模人物赴首钢绥中疗养院荣誉休假。几年来，共组织 649 名职工及家属到疗养院休养。同时，组织劳模参加北京市及集团工会组织外部疗休养。组织“走进曹妃甸、感受新京唐”先进职工家属上岛参观。312 名先进职工家属分批上岛，参观了公司生产全流程及职工生活小区，感受职工工作生活环境。网络评选京唐职工“幸福之家”，建设了母婴室。

实施“心田”工程，开展节日送温暖，暑期送清凉，对困难职工发放补助金。多年来，走访慰问骨干和困难职工 1568 人次，送去慰问金 115 万元。加强职工互助保险续保和理赔工作。组织职工参保住院、意外伤害、重大疾病和女职工安康保险，提高职工抵御意外风险能力和医疗保障水平。如今，在职工的皮夹里，除了各种银行卡、优惠卡之外，还多了一张特殊的卡片——“京卡·互助服务卡”。这张代表职工身份的卡片，将企业关爱源源不断地注入其中，让职工充分享受到作为一名工会会员的权益。多年来，首钢京唐公司共计办理职工住院保险、意外伤害保险、重大疾病保险、京卡非工伤意外保险 5265 人次，理赔金额 280 万元。为提高职工健康意识，增强自我保健知识，购置并发放应急药箱 155 个和药盒 600 个。每年举办“健康京唐、艺术京唐、书香京唐” 3 个板块文体活动，在厂区建设了学习中心、文体活动中心、大型综合体育场、游泳馆以及候车大厅、厂区候车亭等文体生活设施，为职工创造良好的生活环境。

针对企业远离城市、青年职工比例高的情况，首钢京唐公司广拓外部资源，实施“鹊桥”工程。组织“爱心红娘”牵线搭桥，爱心传递“一帮一”，建设“京唐之约”服务网络，建立青年 QQ 群、微信群等网络平台，先后与曹妃甸区妇联、曹妃甸工业区、首实京唐大厦、华北理工大学等单位举办“让曹妃甸见证美好爱情”“牵手之约”等青年交友联谊活动，先后组织 50 余场次、1800 余人次参加联谊。每年还举办“海誓山盟·京唐之恋”青年集体婚礼。2012 年以来，共有 287 对新人通过集体婚礼喜结良缘，增强了职工对企业的认同感和归属感。

首钢京唐公司打造“聚力”工程，传承和发扬首钢精神，践行精细板材文化，开展先进典型评选表彰。2015 年以来，评选表彰先进模范人物 540 人、“京唐榜样”人物 30 名，获国家及省市表彰 25 项。

争当先锋　发挥京津冀协同发展示范引领作用

企业外迁是疏解北京非首都功能的重要一环，也是京津冀产业合作的重头戏，更是推进京津冀协同发展的需要。

首钢搬迁调整是国家第一个批准钢铁业整体迁出大城市，真正向沿海发展，涉及国家、地方、企业、职工利益的复杂系统工程，在我国和世界钢铁业发展史上都是前所未有的，得到了习近平总书记的称赞。为更好地落实国家京津冀协同发展战略，更好地发挥示范引领作用，首钢搬迁到曹妃甸，将首钢京唐公司建设成为具有世界一流水平的钢铁厂，将曹妃甸园区打造成首都战略功能区，成为京津冀协同发展的典范。

实施产产融合，打造循环共生的产业链。首钢京唐公司充分利用自身产业资源，加强与汽车等高端制造业的融合，从而推动提质增效。目前，汽车板等核心产品跻身国内同行第一阵营，镀锡板实现国内高端客户全覆盖。利用海水淡化技术，加强与盐化工业的融合，为下游供应商品级浓盐水，解决传统制盐工业低效用地的问题。首钢京唐公司遵循“能源梯级利用”原则，实现了汽-电-水的大循环，年发电量达到 3.4 亿千瓦时；回收生产过程中产生的余热资源，在企业自用以外还向周边企业供应，创造了 20 种能源产品的外销营收模式。近年来，首钢京唐公司与金隅集团冀东水泥合资建设了水渣细磨项目，与唐山建投等联合建设了唐曹铁路，向三友化工集团供应海水淡化浓盐水，形成了钢铁产品与当地经济发展产业链。这些产业的融合，带动了地方建筑、房地产、交通运输、加工制造、服务等行业的发展。与此同时，近年来安置首钢北京地区停产职工 8000 多人，招收河北等地的高校毕业生

4000 多人，带动相关服务业 1.2 万人就业，在曹妃甸建设发展中的示范带动作用逐步凸显。

在产城融合方面，按照北京市与河北省政府签署的《共同打造曹妃甸协同发展示范区框架协议》，明确共同建设“北京（曹妃甸）现代产业发展试验区”的要求，不断开拓新方式，通过新技术、新思路，实现与曹妃甸的产城融合。为区域的城市提供清洁的、低成本的、有安全保证的能源介质供应，通过钢铁产业，带动整个区域的循环经济，打造和谐宜居、产城融合的示范区。

以文化自信推进文化强企　为建设最具世界影响力的钢铁厂构筑强大软实力

首钢京唐钢铁联合有限责任公司

首钢京唐公司是首钢搬迁调整的重要载体，是我国第一个实施城市钢铁企业搬迁，完全按照循环经济理念设计建设，临海靠港具有国际先进水平的千万吨级大型钢铁企业。2005 年 10 月挂牌成立，2007 年 3 月开工建设，2010 年 6 月竣工投产。先后荣获“2012 年企业文化建设优秀单位”“‘十二五’企业文化建设优秀单位”“第五届全国文明单位”等称号。

当前，首钢京唐公司以习近平新时代中国特色社会主义思想为指引，深入贯彻落实党和国家全面深化改革的战略部署，始终以高度的文化自信自觉和强烈的文化使命担当，传承和发扬百年首钢精神，推进京唐特色企业文化建设，推动公司精神文明和物质文明协调发展，为京唐全面实现“四个一流”目标、建设最具世界影响力钢铁厂构筑了强大软实力。

一、坚定文化自信，加强企业文化建设的历程

自 2005 年成立以来，首钢京唐公司把以传承和发扬首钢精神为主线的文化自信贯穿于发展历程中，成为公司发展的精神动力和智慧来源。2007 年 3 月开工建设，京唐人瞄准“高起点、高标准、高要求”和“产品一流、管理一流、环境一流、效益一流”的目标定位，以“为有牺牲多壮志，敢教日月换新天”的精神气概，吹沙造地、风餐露宿，建起了装备水平世界一流的现代化企业。2010 年 6 月竣工投产初期，公司处于摸索先进技术、驾驭一流装备阶段，面对外部市场严峻形势和内部生产困难，公司上下同欲、攻坚克难，

逐步扭转了生产中的被动局面；自 2012 年 1 月进入经营发展期，公司党委系统思考、周密安排，坚持以“四个一流”目标和“建设最具世界影响力钢铁厂”愿景为引领，培育特色曲线文化和尺子文化，实现了达产达标达效，并进一步打造品牌文化，完善企业文化体系，不断提升企业发展质量。从建设、投产到经营、发展，首钢京唐公司始终以坚定的文化自信作为滋养发展的土壤，并在发展实践中为自身文化建设反哺新的内涵和生机，赋予了企业发展的强大信心和勇气。

二、以文化自信推进文化强企的经验做法

（一）顶层设计，标定文化战略高度

公司党委发挥党组织的领导核心和政治核心作用，把方向、管大局、保落实，以鲜明的文化立场和长远的战略眼光思考京唐企业文化建设，保证公司沿着正确的方向健康发展。党的十九大召开后，公司党委以深厚的文化自信底蕴，立足企业做强做优，高瞻远瞩，谋篇布局，开启了全面实现“四个一流”目标的新征程。

围绕文化强企，开展“内容构建”“践行融入”“人文养成”三大体系建设，打造开放式的企业文化发展新格局。根据《北京市国资委关于加强企业文化建设的指导意见》和《首钢企业文化建设“十三五”规划》要求，守正创新，提升内涵。以传承和发扬首钢精神为基础，摸清京唐公司文化发展脉络，总结提炼形成了包括企业目标、企业愿景、企业价值观、企业精神、企业作风和“人才理念”“学习理念”“安全理念”“环保理念”“品牌理念”“服务理念”“质量理念”“创新理念”“管理理念”“经营理念”“生产理念”11 个企业理念在内的企业文化体系，打牢了文化强企的坚实基础。近年来，公司组织宣讲活动 10 余次，编辑《首钢京唐公司企业文化建设故事案例》（第一卷）并举办发布会，被中国新闻网、凤凰网等媒体广泛报道，展现了京唐文化的勃勃生机。

（二）建强品牌，放大文化辐射广度

品牌是企业文化作用于市场竞争力的有力体现，是企业巨大的无形资产。

首钢京唐公司坚持“打造首屈一指的钢”的品牌理念，走精品发展之路，凝练品牌核心价值，提升品牌美誉度。

牢固树立“用户的标准就是我们的标准”的理念，坚持“从用户中来，到用户中去”，以质量为先，强化服务，持续在“精细实”上下工夫。在研发制造高端汽车板中，公司瞄准精品板材，在产品质量上精益求精，以过硬的实力、拼搏务实精神实现了汽车板产销量不断飞跃，已跻身国内同行第一阵营。在服务上，建立健全“掌握用户需求、科学设计技术工艺路线、及时交付产品、贴身用户服务”的服务体系，推出《客户走访制度》，形成了一套完整的售后服务管理网络，使用户体验到无处不在的满意和可信赖的贴心感受。家电板凭借稳定的产品质量和优质服务，2018 年为首钢赢得海尔优秀模块商最高奖“金魔方奖”。

（三）讲好故事，擦出文化名片亮度

讲京唐故事是首钢京唐公司推进企业文化建设的重要行动。公司深入践行社会主义核心价值观，把服务职工同引导职工结合起来，把满足需求与提高素养结合起来，打造“京唐故事”文化名片。

坚持贴近实际、贴近生活、贴近职工的原则，以职工喜闻乐见为标准，把“我们想讲的”变成“受众想听的”，把“受众想听的”融进“我们想讲的”，通过以理服人、以情感人、引发共鸣、启迪心灵的 50 多个故事，把京唐企业文化中蕴含的精神标识提炼出来、展示出来，把其中具有的时代价值意义的文化精髓提炼出来、展示出来。公司不仅通过网络演讲、现场宣讲、微信直播、专题片、典型人物报道等多种形式讲述京唐故事，还推荐优秀事迹登上集团公司、曹妃甸区、北京市等各类宣传平台，向行业、向社会展现了一张亮丽的文化名片。在曹妃甸“365 百姓故事汇”宣讲中，首钢京唐公司职工讲述了京唐人为公司发展无私奉献的故事，受到高度称赞；根据京唐故事改编的微电影《炉火情》，荣获北京市国资委组织的“第二届微电影大赛”三等奖，扩大了公司文化影响力。

（四）以人为本，调高文化聚民温度

人是企业改革发展的力量源泉。首钢京唐公司坚持以人为本，强化文明惠民、文化育人，提升职工工作生活品质和人文素养，实现人与企业共同发展。构建公共文化设施，建设学习中心、文体活动中心、大型综合体育场、游泳馆、候车大厅等文体生活场所，打造中厚板、冷轧等智能化、自助化餐厅，建造融健身、观景于一体的文化主题公园，使职工在潜移默化中受到文化熏陶。开展“家园”“心田”“鹊桥”三大暖心工程，增进职工福祉。从2011年开始，每年举办一届职工文化节，以“健康京唐、艺术京唐、书香京唐”3个板块为抓手，举行“职工运动会”“联欢会”“集体婚礼”等大型活动350多场，激发了职工队伍活力。开展节日送温暖、夏日送清凉活动，走访慰问职工2800人，落实送温暖慰问资金214万元，为148名困难职工申请了首钢帮困基金100多万元，真切的人文关怀增强了职工凝聚力向心力。近年来，首钢京唐公司先后获得“唐山市文明单位”“首都文明单位”“首都文明单位标兵”等荣誉。

同时，公司大力践行“人才促进发展，发展造就人才”理念，把放大企业“人”的优势作为提升竞争力的支点和动能。打造学习型企业，组建52个创新工作室，为职工学习成长搭建平台，并开展劳动竞赛、组织职工培训、加强校企合作等，激发职工学习工作热情。发挥典型引路作用，评选表彰先进模范人物540人、“京唐榜样”人物31名，获国家及省市表彰25项，激励了广大职工建功立业。能环部吴礼云、热轧部荣彦明荣获“国企楷模·北京榜样”称号，成为职工学习榜样。

（五）丰富宣传，提升文化传播热度

企业文化作用的发挥离不开有效的宣传。首钢京唐公司加强融媒体建设，全方位、全视角宣传企业文化，不断增强文化引导力渗透力。

京唐融媒体聚拢报刊、电视、微信、网站“四大平台”资源，不断增强文化传播导向性和时效性。近年来，共出版《首钢京唐报》589期、400余万字，制作电视新闻91期，腾讯视频客户端点击量累计达到14万，编发微信966期，年阅读量已达到近百万。“我是首钢京唐，这是我的名片，请笑纳!”文案阅读量24小时内突破3.5万，创有史以来最高纪录。运用“互联网+技术”理念，在传统活动中以直播互动新形式和无人机航拍新技术，给用户带来了新的感官体验，增加了用户黏性。打造微信卡通形象“王铁锤”，完善“王铁锤”个人微信号智能回复系统，实现24小时自动回复、智能聊天和细粒度的知识管理功能，开启京唐融媒体智能机器人时代。此外，还开展了线上音乐分享活动“声动京唐”“毕业N年，我在京唐”主题征集活动等多个线上活动。截至目前，首钢京唐微信平台用户数量达到1.4万，共进行19场微信直播，观看量超22.5万人次。

三、取得的成效

（一）共同理想的“同心圆”越画越大

企业发展目标是“圆心”，企业文化是“半径”。坚守圆心，半径越长，画出的同心圆就越大。公司党委以高度的文化自信，开启了全面实现“四个一流”目标的新征程，擘画了首钢京唐公司发展蓝图。不同地域、不同年龄、不同身份的职工钉牢全面实现“四个一流”目标这个“圆心”，不断把文化产生的凝聚力、导向力转化为企业发展壮大的推动力、竞争力，围绕“圆心”汇聚起加快发展的共识、智慧和力量，做到了思想同心、目标同向、行动同步，推动了公司经营水平、技经指标、产品结构、精细化管理等不断迈上新台阶，取得新突破。当前，公司产品结构不断优化，盈利水平逐年提升。2014年，公司被中国企业文化研究会授予“企业文化顶层设计与基层践行优秀单位”称号。

（二）品牌建设的“新空间”越拓越广

公司加快提升“制造+服务”能力，把装备优势转化为竞争优势，战略产品品牌影响范围越来越广。目前，主要产品的国内市场占有率迅速提高，家电板24%、车轮钢31.8%，行业排名第一；高强钢18%，行业排名第二；汽车板7.2%，行业排名第五。2018年5月，首钢京唐公司包装用钢产品推介会举行，来自华北、华东、华南等地区的近150名知名制造企业及贸易商代表云集首钢京唐公司，共话发展、深化合作。品牌形象的提升和扩展，吸引了越来越多的主流媒体关注。2015年以来，新华社、人民日报、中央电视台、北京日报、首都建设报等对首钢京唐公司宣传报道达281次，特别是2015年

7月4日《人民日报》头版头条刊登《首钢搬迁 里外一新》文章，在钢铁业引起强烈反响，得到社会广泛认可。2017年，首钢京唐公司被中国企业文化研究会授予“2012~2017年度品牌文化建设标杆企业”称号。

（三）精神文明的“压舱石”越筑越牢

首钢京唐公司注重精神文明建设，弘扬了文明新风尚，唱响了发展主旋律。以弘扬社会主义核心价值观为主线的京唐故事自开讲以来，真实生动的故事一直吸引着职工、打动着职工、激励着职工，促进了核心价值观落地、入心、生根，引领干部职工凝心聚力，奋发向上，为公司发展注入了“精、气、神”。京唐故事还被搬上首钢集团、曹妃甸、北京市等舞台，受到了广泛好评，鲜亮的京唐故事“名片”走出了企业，走向了社会。同时，系列文化活动和普惠举措，推动了公司发展成果更多更公平惠及全体职工，生动诠释了公司全心全意为职工服务的宗旨，“全国文明单位”的金字招牌越擦越亮。

（四）人企共进的“协奏曲”越奏越响

公司把人才作为促进企业发展的“第一资源”，培养出了一批高技能、高素质人才，涌现出了王建斌、荣彦明、徐芳、陈香等一批典型人物，为公司发展创造了价值，形成了人才支撑发展，发展造就人才的生动局面。刘胜歌、宿光清、陈铎等创新工作室被北京市、河北省命名表彰为省市级创新工作室；职工累计提出合理化建议7000多条，实现经济效益5.75亿元；职工王建斌荣获“全国百姓学习之星”、3位职工荣获“首都市民学习之星”称号，学习蔚然成风。榜样的示范感召又加强了职工自我教育、自我规范，使首钢京唐公司呈现出一片创造活力竞相迸发、聪明才智充分涌流的新气象。

（五）文化传播的“大磁场”越建越强

京唐融媒体始终以强烈的责任感弘扬企业文化，切实起到了服务职工、引导职工的良好作用。“你见过凌晨两点的首钢吗?”“你的名字：首钢京唐”等文案将企业创新发展、职工扎根奉献的片段融合再造成为生动的人文情怀，使读者在阅读中感受、在回忆中触动，成了“有情怀、有温度、有正能量”的企业文化宣传平台。在中国首届企业自媒体大会上，“首钢京唐”微信获得新媒体金锐奖，大会给予了“创意引领，温暖用户，关注核心价值”的高度评价。京唐融媒体运用“互联网+”理念，以创新的思维，丰富的手段，优质的内容，不断为职工提供高质量文化供给，增强职工的文化获得感幸福感，使互联网这个“最大变量”变成了企业发展的“最大增量”。2016年，被中国企业文化研究会授予“‘互联网+时代’企业文化创新优秀单位”。

改革开放四十年，京唐与共十余载。十余年间，首钢京唐公司正是以改革开放中解放思想、实事求是、创新创造为精髓的文化自信，以建设经营发展中信仰构建、精神传承、党性实践为内涵的文化自信，从观念、本质上、战略上描绘了首钢京唐公司改革发展清晰宏阔的壮美画卷。改革不止，文化引领。坚定以更基础、更广泛、更深厚的自信推进首钢京唐公司改革发展更协调、更和谐、更稳定，最终建成最具世界影响力钢铁梦工厂。

讲好京唐故事　提升企业文化软实力

任全烜　苗亚光

为培育和践行社会主义核心价值观，传承和发扬首钢精神，凝聚和激发改革创新发展的正能量，首钢京唐公司开展了“讲京唐故事”宣讲活动。用职工身边的故事展现基层的精彩、京唐的进步、京唐的希望；用生动鲜活感人的语言娓娓道来、触及心灵、凝聚人心；用讲故事的方式吸引职工、打动职工、激励职工；用故事的力量筑就非凡梦想、回顾奋斗轨迹、体现人生价值，引领广大职工为把首钢京唐公司建设成为最具世界影响力的钢铁厂而努力奋斗。

一、讲好京唐故事，提升企业文化软实力的意义

习近平总书记在全国宣传工作会议上强调：“要树立以人民为中心的工作导向，把服务群众同引导群众结合起来，把满足需求同提高素养结合起来，多宣传报道人民群众的伟大奋斗和火热生活，多宣传报道人民群众中涌现出来的先进典型和感人事迹”。近年来，从中央到地方，从企业到社区，层层挖掘典型大力宣传典型、用讲故事方式弘扬主旋律激发正能量的浓厚氛围正在全社会形成。首钢京唐公司开展“讲京唐故事”宣讲活动，宣传先进典型的感人故事，就是落实习近平讲话精神的重要体现。社会主义核心价值观是企业文化的精髓，企业文化则是企业的灵魂。开展“讲京唐故事”宣讲活动，是传承和发扬“敢闯、敢坚持、敢于苦干硬干，敢担当、敢创新、敢为天下先”的首钢精神的重要手段，是培育和践行社会主义核心价值观的具体行动。人与人之间最成功的沟通便是在情感上产生共鸣，讲故事就能达到这一效果。

讲好京唐故事，用朴实生动的语言向听众传递向上精神、真挚情感，使之产生共鸣，通过娓娓道来的感人故事，让企业文化入耳、入脑、入心，对内可以激发职工的积极性、主动性和创造性，对外可以提升首钢京唐公司的文化软实力。

二、讲好京唐故事，提升企业文化软实力的作法

（一）唱响主旋律，展现奋斗奉献创新

2016 年以来共组织四期首钢京唐故事宣讲活动，共有 30 名职工走上讲台讲故事。所有故事紧紧围绕传承“敢闯、敢坚持、敢于苦干硬干”，发扬“敢担当、敢创新、敢为天下先”的首钢精神展开。

1. 践行首钢精神，展示职工奋斗风采

中华人民共和国成立以来，首钢人在创造巨大物质财富的同时，也积淀了宝贵的精神宝藏。从解放初期“顶破天花板，才能见青天”的豪情壮志，到改革开放后“敢闯、敢坚持、敢于苦干硬干”，再到“敢担当、敢创新、敢为天下先”，首钢精神一脉相承、代代相传。传承发扬首钢精神，不仅是首钢京唐人义不容辞的责任，更是光荣而神圣的使命。在践行首钢精神的过程中，涌现出一批批有责任有担当的榜样人物。冷轧部焊机组组长吕剑一心扑在焊机上，敢于担当，勤于实干。在焊机频繁出故障的情况下，他主动放弃春节假期；为了确保焊机检修顺利，他放弃了见外婆最后一面的机会。每个首钢京唐人都有自己的故事，他们在用行动践行着首钢精神，展现着首钢京唐人的风采。

2. 讲述身边故事，见证职工成长与奉献

2005 年，首钢人怀揣着“钢铁强国梦”、肩负着国家钢铁业结构调整的重大使命，从北京石景山来到 300 千米之外荒无人烟的渤海之滨曹妃甸，开始新的创业，建设首钢京唐钢铁厂。从满目黄沙到厂房林立，一批又一批首钢京唐人在这座“小岛”上扎根、成长、默默奉献。2008 年毕业来到首钢京唐公司工作的边可萌就是其中的一位。她在艰苦的工作环境中逐步成长，用自己柔弱的肩膀挑起了炼钢作业部“节能降耗”的重担，最终实现了“负能

冶炼”。在我们身边，这样的故事有很多，有想成为最棒轧机主操的年轻班长贾欣凯，有像呵护孩子一样呵护高炉的王正新，有随时随地奔赴检修现场的机械点检工程师周明。讲首钢京唐故事就是要挖掘职工们身边的真实故事，用讲故事的形式来见证首钢京唐人的成长与奉献。

3. 倡导持续创新，突出职工攻坚克难

创新是引领发展的第一动力。在知识经济时代，企业只有依据市场变化，不断调整产品结构，提高技术水平，推陈出新，才有可能在激烈的竞争中立于不败之地。创新是企业生存和发展的必要前提，是企业生命力的不竭源泉。在首钢京唐公司发展壮大的过程中，涌现出了一批批敢于创新的优秀职工。炼铁作业部刘胜歌带头组建了“刘胜歌创新工作室”，他主动提出改造造球上料系统，最终实现了自动灌料，并获得了国家发明专利。他带领团队迎难而上，解决了带式焙烧机跑偏的难题，获得了德国专家的称赞。正是因为有了这些在创新之路上不断探索的职工，首钢京唐公司的明天才能更加灿烂辉煌！

（二）把握好方向，让职工成为故事主角

1. 展示基层精彩，弘扬踏实苦干精神

生活在无意中常常带给我们感动，而这些感动的来源往往都是一些小的细节。生动形象地描写可以让故事更具有画面感，画面和情景通过宣讲员的描述在观众脑海中重现，让观众从内心体会到和亲历者一样的情绪，从而引起心里的共鸣，而不仅仅是简单地告诉观众自己当时的感受。比如，在炼钢作业部李峰讲述的《做一颗京唐品牌的“螺丝钉”》中提到，“由于包盖温度达到300多度，我只好不停地挪动脚步，让两只脚板轮岗值班。即便这样，脚底也被烫得生疼，钻入心底。厚重的劳保皮鞋鞋底都被烤化，在包盖上留下了我一串串脚印。”用生动形象的语言向观众讲述了当时的场景。

2. 聚焦生产一线，提供展示自我的舞台

生产一线是一切工作的落脚点，讲首钢京唐公司的故事需要聚焦生产一线，这不仅是凝聚智慧力量、打赢提质增效攻坚战的迫切需要，也是保持旺盛活力、建设最具世界影响力钢铁厂的必然要求。镀锡板事业部孙凤意是一名90后小伙儿。工作6年来，他一直保持着记工作笔记的习惯，工作中踏实认真，从一名普通的操作工人迅速成长为一名倒班作业长，他在首钢京唐公司实现了自己的人生价值。首钢京唐公司为年轻人提供了展示自我的舞台，在生产一线还有很多这样的故事，需要我们去发现、去挖掘、去传递正能量。

3. 维护企业形象，全心全意为用户服务

生产的目的是销售，只有满足用户需求的供给才是有效供给。制造部的专业技术人员、女职工徐永先就为大家上了生动形象的一课。徐永先讲述了自己为了维护首钢京唐品牌形象，忍辱负重与客户拉关系，为首钢京唐公司产品争取试用机会的故事。宣讲现场，观众们热泪盈眶。宣讲结束后，总经理王涛在讲话时也一度哽咽，副总经理曾立在公司早调会上也特意提到徐永先的事迹。徐永先用自己柔弱的肩膀扛起守护首钢京唐品牌形象的重任，对传承发扬首钢精神做了最好的诠释。

（三）加大宣传力度，扩大京唐故事影响力

1. 全媒体宣传，增强首钢京唐故事生命力

综合运用《首钢京唐报》、首钢京唐电视新闻中心、首钢京唐内外网、首钢京唐微信平台等宣传阵地和多种媒体平台，用群众喜闻乐见的形式对首钢京唐故事开展广泛宣传。首钢京唐电视新闻中心先后对39个作品进行二次包装，组织《讲首钢京唐故事展播》，播出后收视率大幅提高。首钢京唐微信公众号用视频方式第一时间编制上网，让故事中的先进典型成为影中人，引起强烈反响。首钢京唐电视新闻中心还对炼铁作业部刘小勇讲述的故事《像呵护孩子一样呵护高炉》改编成微电影《炉火情》，参加了北京市国资委组织的“第二届微电影大赛”，并获得三等奖，扩大了首钢京唐公司的影响力。

2. 凝聚改革发展正能量，激发崭新活力

首钢京唐故事宣讲均获得了广大干部职工的好评，真实的故事、朴实的情感直达职工内心。讲首钢京唐故事不仅传递了“担当与奉献”的正能量，更激发了职工们“拼搏与奋斗”的新活力。自讲首钢京唐故事活动开展以来，在广大职工中间也掀起了一股“讲故事，学榜样”的热潮。保卫部组织全体职工观看首钢京唐故事宣讲视频，鼓励干部职工认真学习先进榜样人物，汇聚首钢京唐正能量，传承发扬首钢精神，强化责任与担当意识；制造部组织

召开“讲首钢京唐故事”座谈会，鼓励职工讲出自己的故事，说出自己的心声，为各专业之间相互了解、合作搭建平台，提高团队的凝聚力与向心力。

3. 打造文化名片，提升企业文化软实力

要把企业文化做实就需要一些切实可行的方法，这些方法中最行之有效的一个就是“讲故事”，“讲故事”的最终目的就是为了感染受众。通过组织“讲首钢京唐故事”活动，一个个生动形象的故事传播开来，在职工们中间引起强烈反响，有5位首钢京唐故事主人公成了第三届“京唐榜样”候选人，制造部的徐永先被评选为“巾帼榜样”。“讲京唐故事”不仅为职工们树立起新的榜样力量，更作为一张张闪亮的文化名片递向了社会，成为社会了解首钢京唐公司的窗口。

三、讲好京唐故事，提升企业文化软实力的启示

一是讲好首钢京唐故事必须抢占理想信念制高点。我们深刻体会到，以弘扬社会主义核心价值观为主线，以首钢和京唐公司优良传统、优秀作风为传承，牢固树立“总开关”意识，讲好故事，让核心价值观落地；传播故事，让核心价值观入心，延续故事，让核心价值观生根，引领干部职工凝心聚力，共克时艰。为首钢京唐人注入了“精、气、神”。要抢占道德制高点，就要多讲一些以理服人、以情感人、能够产生认同、引发共鸣、引人启发、引人启迪的故事，并且要大张旗鼓、理直气壮地讲，运用更加丰富有效的方式，运用更多手法，完美表达每一个故事，运用多种载体营造氛围，让故事深入人心，使践行社会主义核心价值观成为企业职工的自觉行动。

二是讲好首钢京唐故事必须以职工喜闻乐见为标准。讲好首钢京唐故事，也是人心工程。必须坚持贴近实际、贴近生活、贴近职工的“三贴近”的原则，要坚持深入基层，深入生产一线，克服脱离生活、不接地气、同职工贴得不紧的问题，坚持面向基层、宣传职工、服务职工，牢牢把握职工群众喜闻乐见这一标准，用职工的话才能写出职工欢迎的故事，在了解职工、引导职工的过程中服务职工、教育职工，通过通俗易懂的方式，使用生动鲜活的语言，让职工听得懂、听得进、记得住。同时，一个企业是否有自尊自立、

爱岗敬业、富于创造的职工，多数情况下不取决于个人素质，而是取决于企业所形成的文化磁场。选树什么样的典型，就有什么样的导向，只有着力提高故事采写质量，写出先进人物的特色，才能发挥好故事中先进人物的榜样作用。

三是讲好首钢京唐故事必须有大宣传格局的支撑。讲故事活动是一个系统工程，覆盖面广，不是宣传专业单打独斗就能完成的。必须建构党政工团齐抓共管的大宣传格局，形成上下联动、专业协同、共同讲述首钢京唐故事的生动局面，以组宣工团各部门协同为保障，以专兼职通讯员为网络的立体交叉格局，层层发动，共同推进。企业最根本的力量来自于基层，来自于职工，企业文化在基层落地生根才能凸显其强大的生命力。因此讲好首钢京唐故事，就必须坚持从群众中来、到群众中去的群众观，发动更多普通职工发现典型，总结典型，传播典型，在讲述自己身边的故事中受教育受启发，让更多基层一线职工成为践行社会主义核心价值观和首钢精神的新标杆，以此保证讲首钢京唐故事活动的覆盖面和生命力。

（本文刊登于2018年《冶金企业文化》）

走新媒体的群众路线

——首钢京唐公司利用新媒体做好宣传思想工作

毕景志

随着全球一体化、信息多元化、传播网络化趋势加剧，特别是新媒体的快速兴起和广泛普及，带来了传播方式和舆论格局的深刻变革，也对传统的宣传思想工作模式形成了冲击和挑战。面对新的形势和要求，首钢京唐钢铁联合有限责任公司（简称京唐公司）通过加强对新媒体的研究和应用，变冲击为动力，化挑战为机遇，充分发挥新媒体的优势，以“走新媒体的群众路线”为核心理念，经过4年锤炼，全力打造首钢京唐新媒体平台，拓展了宣传思想工作的新阵地，开创了企业宣传思想工作的新局面，为建设世界一流钢铁企业提供了有力支撑。

一、转变观念，组建团队，关注核心价值

新媒体与传统的传播形态相比，具有传播速度快、覆盖面广、即时互动、灵活多样等突出特点。这些特点对于开展企业宣传思想工作，既是冲击和挑战，也是动力和机遇。要想变冲击为动力，化挑战为机遇，首先是要找好契合点，认清新媒体能为企业宣传思想工作做什么，需要新媒体做什么？这就需要明确新媒体定位，找到为全面实现“四个一流”目标贡献力量的发力点和着力点。为此，我们进行了实践探索。

2014年2月，首钢京唐公司党委宣传部选定微信公众平台作为公司新媒体发展方向，“首钢京唐报”微信公众平台正式上线。经过两年多建设运行，该平台具备了新闻发布平台的功能，初步发挥了宣传作用。与此同时，行业

内其他企业均在新媒体领域进行布局，加大人力物力投入，策划内容紧跟社会热点，取得了很好的宣传效果。反观“首钢京唐报”微信平台，与上述先进企业微信公众号的运营水平还存在巨大差距，建立京唐公司官方微信公众平台，组成京唐公司自己的微信运营体系迫在眉睫。

2016 年 6 月，经过到宝钢股份公司实地调研交流，和对各大钢企新媒体建设运营情况的分析，京唐公司找准认清了公司新媒体建设与先进企业之间的差距，最终确定了适合京唐公司的新媒体建设思路：要以“走新媒体的群众路线”为工作理念，用职工读者喜闻乐见的形式、语言开展宣传工作，致力于把微信平台打造成为树立企业形象、传播企业文化、扩大企业影响力的对外宣传窗口，和增强职工凝聚力和自豪感、传播京唐正能量的对内综合信息平台。

2016 年 8 月，“首钢京唐报”正式更名认证为“首钢京唐”微信公众平台。2016 年年底，首钢京唐新媒体创新工作室成立。工作室成立之初只有专职编辑 1 人，经过 1 年的发展，在公司范围内寻找挖掘了有 PS、Flash、视频制作等特长的职工兼职参与微信制作，集思广益，寻找微信运营的金点子。通过一对一培训、稿费激励、硬件支持等方式，使不同特长的职工施展其才华。目前，工作室成员已经达到 10 余人，涵盖编辑、美工、航拍直播、播音主持等专业，多次圆满完成了公司大型活动的新媒体宣传工作。

在企业宣传工作中，如何引导职工关注并参与企业发展、认可并融入企业文化，是一道难题。面对这种难题，京唐新媒体转变思维方式，一改传统宣传工作单调、死板的方式，通过抽丝剥茧般的分析、解读、演绎，尝试将企业文化和理念植入图文消息之中，把这种高高在上的宣传工作落到现实工作生活中，落到职工心里。例如：全面实现“四个一流”目标大讨论为干部职工谋划了共享共赢的“京唐方案”；首钢京唐建设历程系列图文全面梳理了京唐公司艰苦创业、共谋发展的历史征程；一图读懂首钢、京唐两会报告为下一步工作清晰了目标，指明了方向。这些正能量文案均采用适当的方式，以短小精干、直观立体的形式面对职工读者，阅读量大大提升，吸引了更多职工关注公司改革发展，更好地统一了思想、凝聚了共识，发挥了新媒体的舆论导向作用。

由此可见，要把新媒体对促进企业宣传思想工作的优势真正发挥好，不仅需要有深刻的认识，更需要有深入的实践。从京唐公司的实践看，就是要把“对内提升凝聚力、对外提升影响力，为全面实现‘四个一流’目标汇聚磅礴伟力”作为新媒体的核心价值。

二、媒体融合，深度对接，促进全面提升

与新媒体在沟通中所具备的“即时互动、灵活多样”等特点相比，传统的宣传思想工作方式习惯于“单向说教、普遍灌输”，但是具有内涵深刻、底蕴深厚的优势。所以，与传统媒体融合也是新媒体建设要着力解决的问题，并以此为契机，打通报纸、电视等传统媒体与职工思想交流的新渠道。只有这样，才能实现沟通内容的最佳传导、最快反馈和对问题的有针对性解决。

媒体融合不是把传统媒体上的内容，照搬到新媒体平台上，而是要针对各个媒体平台不同的特点，坚持以先进技术为支撑、内容建设为根本，推动传统媒体和新兴媒体在内容、渠道、平台、经营、管理等方面的深度融合，打造适应各个媒体平台的媒体产品。京唐公司媒体融合以报纸、电视、微信、网站“四大平台”为基础，设立微型“中央厨房”，聚拢各方资源，形成融合发展合力，为京唐公司整个媒体的运行搭建了一个优质的内容生产、分享、传播的平台。公司及基层单位稿件均可在微型“中央厨房”统一形式和宣传口径，保证了各媒体平台的有效衔接和联动，报纸、电视、新媒体等媒体平台再各取所需，进行二次加工，并作为宣传终端进行发布。

传统媒体是新媒体的根，新媒体丰富和延伸了传统媒体的功能，使企业宣传的手段和形式更多样、更丰富、更受欢迎。例如，将“首钢京唐报”和各基层单位的内部媒体整合到“你好京唐”（企业号，只限内部职工使用）内，通过网站和手机端及时更新，提高读者阅读体验。并根据每期内容做好刊发通知和重点推荐的引导，在保证其一定的封闭性的同时，让职工能够随时随地阅读到各类内容，便利性极大提升。2017 年，“首钢京唐报数字报”每期发布后，阅读量平均达到 2000 人次。“阳光语录”吸取了时下最火热的

“夜读”“倾听”等音频类节目的特点，将报纸副刊上的文章进一步加工成可听可读的欣赏形式，引起了公司文学爱好者的追捧，形成了固定受众，影响力扩大，稿件数量也大幅增加，并实现反哺报纸。

京唐电视新闻则更加拓展了覆盖面积，在原来只通过内部闭路电视播出的基础上，又落户到开放性更强、传播力更远的订阅号“首钢京唐”微信公众平台上。这样不仅是传播渠道的扩展，传播内容也逐步发生了转变。从传统大篇幅报道公司各类会议、讲话，转变到现在的下大力量制作职工喜爱的文体活动、人物访谈等节目，电视视频制作与微信平台深度对接，力图做到新角度、新热点、新标题。“大美首钢，多彩京唐”“今年过年，你回家吗?”“上学时那些疯狂的事儿”等视频节目均取得了较高点击率，效果显著。目前，每期京唐电视新闻平均阅读人数超1000人次，腾讯视频单条视频播放量达到1500次，极大地扩展了传统媒体的传播覆盖范围，提升了在职工中的影响力。

几年来，京唐公司各类媒体的深度融合成效显著。2016年，被中国企业文化协会评为“‘互联网+时代’企业文化创新优秀单位”。

三、品牌建设，内容为王，创意引领未来

“首钢京唐”微信平台的发展经历了4个阶段：有微信、有内容、有情怀、有品牌。“首钢京唐”微信平台正从有内容、有情怀向有品牌迈进，明确自身定位，瞄准目标群体，推出了形式多样的栏目和线上活动，通过试错和大数据分析，寻找读者的“痛点”，不断修正、优化，提高文章的可穿透性和传递性。同时，策划更多贴近职工的宣传文案和线上、线下活动，引导职工主动参与，把新媒体功能及微信大数据利用发挥到极致。

在传统活动中加入直播、航拍等新媒体元素，给用户带来了新的感官体验。在2017年职工运动会中，新媒体工作室更是发挥了重要的宣传作用，全景图片、全景视频全方位地呈现了会场盛况，微信现场直播让读者随时了解比赛实况，无人机航拍则以“上帝视角”展现了职工风采。这种立体化的新媒体宣传方式极大地方便了职工和家属观看活动，提升了观众的参与感，迅

速拉近了读者和媒体的距离，使场景内外的读者都能沉浸其中。此外，集体婚礼、新年晚会、京唐故事、企业展览等活动也都加入直播、互动等新媒体元素。2017年共进行10场微信直播，观看量超11万人次。

创新性开展线上活动，是企业新媒体提升凝聚力、扩大品牌影响力的有效途径。几年来，京唐新媒体组织开展了多个线上活动，口碑迅速发酵，在职工中得到了较高评价。例如，开展线上音乐分享活动"声动京唐"，每周推荐一首职工自己录制的歌曲，在公众号上分享。第一季活动历时5个月，线上观看人数达到7万多人次，1.5万人参与"人气歌王"投票。特别策划的京唐版《成都》在职工中引起了强烈反响，被广泛传播。"毕业N年，我在京唐"主题征集活动则是以"平凡、感动"为主旨，通过工作N年前后的照片对比和简单的文字描写，形成一个个简短有力的图文故事，讲述了京唐人传承、热爱、成长、奉献的事迹，引起了主人公和读者的共鸣，一种钢铁人的情怀油然而生，深受干部职工的喜爱。

形象塑造是新媒体品牌重要的视觉化呈现方式，而且往往效果惊人。随着个人关注公众账号数量的大幅增加，公众账号打开率下降严重。针对这种情况，京唐新媒体打造了微信卡通形象"王铁锤"，开通了"王铁锤"个人微信账号，将宣传工作延伸至职工朋友圈，并开发带有卡通形象标识的抱枕、水杯、鼠标垫等周边产品，使新媒体工作更加具体化。通过王铁锤的微信朋友圈随时发布各类信息，增强了实效性、灵活性，动漫人物逐渐在用户脑海中形成了一种较为固定的新媒体品牌形象，增强了用户的"粘性"，进一步拓展了宣传思想阵地。此外，还策划制作了"钢铁是怎样炼成的"钢铁流程动画片等宣传动画，全流程展示了京唐公司钢铁冶炼流程，体现了京唐公司设备和技术的先进性，视频点击量5万余次，并被制造原理、轧钢之家、嘀嘀拼钢等多家微信公众号转载。

在内容创意方面，首钢京唐新媒体根据用户仍以快餐式、碎片化阅读为主的特点，按照"短、精、直"的原则，将宣传内容简约化，紧跟社会热点，突出重点要点，并充分利用视频、小视频、音乐、闪图、图片、文字及排版等表现工具，使微信语言生活化、趣味化，打造京唐公司自己的新媒体风格。

例如，“你见过凌晨两点的首钢吗？”“你的名字：首钢京唐”等文案将企业创新发展、职工扎根奉献的片段融合再造成为生动的人文情怀，使读者在阅读中感受、在回忆中触动，从而深入人心，提升企业凝聚力。“我工龄比京唐小2岁，我的房子比京唐小5岁，我的孩子比京唐小6岁，我的车子比京唐小8岁……京唐给了我一切，一颗感恩京唐的心，一颗敬畏岗位的心。祝福京唐未来更美好！”这是用户“秦歌”通过平台向京唐公司表达感激之情。

2017年，首钢京唐公司官方微信平台——“首钢京唐”各项运营指标取得跨越式发展：关注用户突破1万人，年阅读量超70万，留言4000余条。2017年5月，首钢京唐新媒体研究成果《充分运用新媒体做好宣传思想工作》获得2016年唐山市思想政治工作优秀成果奖一等奖；9月，首钢京唐新媒体荣获中国首届企业自媒体大会企业新媒体“金锐奖”，企业新媒体品牌影响力进一步扩大。

如今，“首钢京唐”微信公众平台成了企业品牌和形象宣传的窗口，又是沟通企业与社会、产品与市场、管理者与职工、职工与职工之间的桥梁。通过这座双向交流、沟通互动的桥梁，公司的核心价值和管理理念与员工的价值理念达成统一，共同提高。

海阔天空万里蓝

——首秦转移职工融入京唐公司扎根实干侧记

杨立文

从 2018 年 7 月中旬首秦公司全流程安全顺稳停产到 10 月最后一批首秦转移职工来到京唐公司，首秦公司转型发展搬迁转移工作告一段落。其间，在集团公司、京唐公司领导的关心和各相关部门的精心组织下，1765 名首秦转移职工得到了妥善安置，他们被分配到了京唐公司各个岗位。如今，这些职业生涯发生转变的首秦职工，在这海上钢城，又发生了怎样的新变化呢？带着这个问题，记者深入他们当中，一探究竟。

“这些职工很敬业”

京唐公司中厚板事业部 696 名职工，大多来自首秦公司。他们在部党委的带领下，齐心协力，共铸辉煌，3500 毫米热轧生产线从一次热试成功到实现全自动化轧钢只用了不到一个月的时间。从 2018 年 5 月至今一直实现盈利。“这里面离不开每一位新京唐人的努力和汗水，这些职工很敬业！”党委书记李勇感慨地说道。

中厚板 3500 毫米轧辊间建立初期，曹剑就来到京唐公司，成了 3500 毫米轧辊作业区日班作业长。他带领着一支由 27 人组成的队伍。在工作中，曹剑兢兢业业，每天提前一小时上班，分析、查找、检查前一天的生产工作完成情况，认真查看班组生产现场成本消耗、设备运行状态是否正常，合理布置、安排当日生产计划任务，发现问题及时协调解决。为了节约费用，保障产线生产稳定运行，曹剑和工友们精心操作、精细维护，他们自己动手维修3500毫米中板产线轧辊轴承座设备。在曹剑和工友们的努力下，3500毫米中板产线通过修配改，老设备焕发了新活力。曹剑深知自己身上担子的分量，他要带领着大家在这片新的热土上，开拓一片新天地，创造新业绩。

不善言语的张伟明在首秦公司一直从事的是热处理工作，长期的一线工作经历使他积累了丰富的经验，哪里出现问题，哪里第一时间就有他的身影。来到京唐公司工作后，他更是雷厉风行、一丝不苟。他被分配到中厚板事业部热处理设备工程组后，迅速进入工作状态，根据自己多年的经验，他提出了许多技改和可行性建议。以前淬火机高压段轴承密封形式为唇形密封，淬火时8千克的高压水会突破密封进入到轴承内部，干油流失造成润滑效果不佳，甚至淬火失败。张伟明和相关人员一起研究，决定改进淬火机辊道轴承密封形式，采用迷宫密封连接增加机械密封，效果良好。经过改进，有效避免了油脂浪费和轴承损坏，提高了淬火钢板的合格率，年节省备件费8000元。他看到检修时由于淬火炉口位置不合理，检修人员在进入炉内作业时很不方便，他主动请缨进行改进。经过测量，在不影响其他设备安装使用的情况下，他提出了将淬火炉入口西侧进人孔向下移动300毫米，同时将其他孔改成平开。经过实际施工，效果明显，检修人员再也不愁进入炉内检修作业了。

36岁的王振锋，毕业于燕山大学机械设计制造及自动化专业，在首秦公司从事液压、机械设备管理工作。这次来到京唐公司，他可是铆足了劲儿，他成了中厚板事业部4300产线轧区设备管理的一员。他迅速完成角色转换，积极融入京唐公司，面对艰巨任务，勇于担当、高度负责。京唐公司4300产线进入了设备安装的关键阶段，为保证设备安装质量，他放弃节假日休息，奔忙在现场各个角落。4300产线轧区机械设备是整个生产线最核心最重要的部位，设备部件单重大，一旦损坏，制造周期长，影响大。设备的安装质量与钢板产品的质量息息相关，任何一个细小疏忽都有可能为将来埋下一个巨大隐患，给公司带来巨大的损失。工作中，他严格执行标准和技术要求，每一个关键部位安装他都盯在现场，掌握每一个安装细节。与此同时，他还针对涉及人身安全的部位，逐项仔细检查，发现了两项重大安全隐患，及时处理。为了节约成本，王振锋还利用每次回秦皇岛首秦公司原车间的机会，去原车间查找有利用价值的部件，测尺寸、列清单，他从车间的角落残存的旧件中清点统计出数百件可利用备件作为应急储备备件，为 4300 产线的稳定运行作出了突出贡献。“我已经把这儿当成了自己二次创业的新岗位，干得很带劲儿。”王振锋说着开心地笑了。

“党需要我在哪里我就在哪里”

在首秦转移职工当中，有部分职工原来的岗位是领导干部或技术管理，来到京唐后他们的职位、身份发生了改变。然而，这些没有让他们情绪低落，在他们身上看到的却是积极向上、勇往直前的劲头。

36 岁的党员裴浩然原是首秦公司炼铁事业部二高炉作业区副炉长兼党支部书记，副科级待遇。来到京唐公司之后，在炼铁部当上了一名普通的冶炼工艺技术员，属于专业技术岗。虽说职位变了，但他的工作热情、责任心却丝毫没减。

当时京唐公司 3 号高炉正如火如荼地建设，凭借多年的高炉操作经验，裴浩然毅然投入到紧张的工程建设当中。在 3 号高炉建设工地，每天他都是第一个来到现场，督导高炉系统各个节点的施工，为保证施工质量他忙里忙外，一刻也闲不住。热风炉砌筑是一项关键施工点，裴浩然丝毫不敢放松，他与同事仔细核对图纸标号，实地查看施工质量，紧盯施工的每一个环节。他说：“内部砌筑质量好坏是高炉施工的关键，直接影响以后高炉投产的运行顺稳，必须盯紧！”对一些现场设备安装技术难题，裴浩然也有问必答，及时地给予解决。当问到他来到京唐公司的感受时，他满脸自豪地说：“我是一名共产党员，党需要我在哪里我就在哪里，京唐公司工程建设是首钢转型发展的重要战略布局，能在这项大工程中一显身手，我很满足。”

原首秦公司炼钢事业部炉前化验室区域长卢杰，从事的是管理岗工作，2018 年 8 月入职来到了京唐公司，定岗为质检监督部原料冶炼分析中心冶炼分析岗位，此岗位属一线操作岗位，也就是常说的“工岗”。“来到京唐公司质检监督部干的是工岗，开始还真有点儿不情愿。总觉着没面子，可现在我想明白了，在京唐有干事创业的大舞台，靠自己的劳动能够创造更大价值，没什么丢面子的。在新的岗位我得好好干，不能让别人小瞧咱。”自从走上这个新岗位，卢杰更有自信了。初到新建设的冶炼分析室的施工现场时，卢杰看到先进的全自动分析设备正在安装就位很兴奋，就全身心投入到了工程建设之中，他负责风动送样管道的安装组织工作。工作中，他认真研读施工图纸，对每个设计细节进行推敲，不懂的问题积极向相关技术人员请教。他还根据现场的施工情况，与施工单位一同研究施工方案，优化风动送样管道路由，在他的建议下路由由厂房顶部调整到天车平台，便于日后的维修、保养。此举受到了领导和技术人员的好评。

“师傅助我走上新岗位”

“能来到新的岗位，多亏了师傅的帮助。否则，我这个干环保的如何转型呀!”焦化部备煤中控岗位的张晓彦感触颇深。

张晓彦是来自首秦公司的一名环保兼劳保管理员。刚刚来到京唐公司那会儿，她内心波澜起伏：在自己原来从事的岗位没跟设备打过交道，怎么能适应呢？搬入宿舍的第一天，看到京唐公司领导无微不至的关怀，心里的疑虑就打消了一半。当天，焦化部领导就带队看望了被分配到焦化部工作的首秦人员，询问有无实际困难，解答大伙的提问。领导的关心让大伙心里暖暖的。也就是从那时起，张晓彦暗下决心，努力学习融入新环境。

对于从未接触过生产一线设备、从未倒过班的张晓彦来说，无论是从专业技术还是个人精力体力上，都充满了挑战。经过短期培训，张晓彦到班组报到了，还拜了师傅。对于门外汉而言，师傅所说的每一句话，张晓彦都如获至宝，一字不落地记在本子上，生怕遗漏重点信息。平时，师傅操作上手时，她就在一旁细心地观察，别人休息时，她总是围着师傅问这问那，直到把自己不明白的地方都弄懂才肯罢休。就这样，张晓彦很快掌握了备煤中控的基本操作。为了尽快顶岗，她还虚心向班组其他同事请教学习，对工作过程中的上下沟通、工作流程的衔接也日渐熟练起来。张晓彦说："来到京唐公司已经两个月了，从最初的担心、迷茫到现在的熟悉、适应，我感谢师傅、感谢大家的帮助。在这个新的大家庭里，领导、同事和谐相处，微笑是最美丽的符号。他们务实的工作作风也给我留下了很深的印象。我还有什么理由不去努力工作呢。"

"调整好心态，轻装上阵"

8 月，第一批首秦转移职工来到京唐公司，45 岁的张立丰就是其中一员。参加工作 20 多年的他，经历了从石景山到首秦，又从首秦到曹妃甸的变动历程。这当中，他一直没有离开过铁路运输系统。"每一次的变动，心中有留恋，有失落，还有彷徨，但更多的是责任。转型发展是企业保持高质量发展的有效途径，作为其中一分子，就应该调整好心态，轻装上阵，在新的战场上勇往直前！"张立丰信心满满地说。

对于从事多年机车乘务员工作的张立丰来说，在同岗位中他也算得上佼佼者。面对京唐公司全新的遥控机车设备、全新的生产组织模式，他勤学+巧干，将学习与工作有机结合起来，在实践中磨炼、提高自己。"勤跑、勤看、勤想"是同事们用在他身上的关键词，这也是他工作的诀窍。他每天跑现场、找问题、做记录，经过近 3 个月的学习，他写满了整整 2 本记录，很快他就掌握了遥控司机的相关知识和操作技巧，成为第一个遥控司机岗位独立顶岗作业的新京唐人。铁运作业区的工作特点是 24 小时不间断，司机们在生产任务繁重时，根本就没个准点吃饭时间，张立丰记在心里。遇到工作忙时，他在完成本职工作后当起了"外卖小哥"，按照工友们的口味，亲自去食堂一一为他们买回来，送到他们手上，工友们非常感动。

杨旭在首秦公司计量岗位工作了 15 个年头，当过班长，当过区域长，干过安全，干过消防。来京唐公司前，他心里很犹豫，毕竟离开工作了 15 年的熟悉环境，突然的变化，对京唐公司的工作环境以及人际关系都充满了疑惑。

他被分配到了能源与环境部供水作业区原水处理岗位。来到岛上的头一天，同事们就兴高采烈地来宿舍看望他了，首席作业长还给他带来了水果，大伙的热情深深地感动了他。在同事的推荐下，杨旭还加入“供水悦跑团”“供水骑行”，参加群里组织的各种活动。工作中，班长手把手地教授他供水知识，使他很快适应了起来。他积极与工友们下现场、看管路，每次执行任务都能圆满完成。“我觉得我融入了这个大家庭里，大家的关心爱护，我的心里暖暖的。处在这样的环境里，我没有理由不珍惜、不努力！我要用我的努力为京唐公司的发展贡献力量。”杨旭感慨万千。

海阔凭鱼跃，天高任鸟飞。如今，这些来自首秦公司的新京唐人已经成为各岗位的新生力量。他们是新京唐人的缩影，有了他们的真情融入、爱岗奉献，首钢京唐公司的快速健康发展就有了强有力的保障。

大雨里的暖意

——首钢京唐公司接收首秦停产转移职工侧记

杨立文　韩远波　李　波

8月15日，秦皇岛市大雨。8点30分，13辆一字排开、车身上印有“首钢京唐公司”的大客车整齐地从首钢板材公司院内出发，载着491名首秦职工奔赴位于曹妃甸的首钢京唐公司。这是首钢京唐公司正在接收首批首秦停产转移职工。股份公司、京唐公司领导王相禹、邱银富、冷艳红以及首秦公司领导来到现场，挥手道别。

随着首秦公司全流程的停产，首秦公司正式迈入搬迁转移转型发展新阶段。按照集团公司的要求，首钢京唐公司作为首秦公司分流职工接收单位，要做实、做细首秦停产转移职工的接收安置工作。为了能够顺利完成首批职工的转移及迎接安顿工作，首钢京唐公司在此前积极开展了各项工作。按照时间节点，8月15日是正式接收第一批首秦停产转移职工的日子。公司派出了13辆大客车，而且每辆大客车上都配有一名志愿者。来自各职能部门的工作人员也进行了详细的分工，他们有负责人力资源管理的，有负责车辆协调的，有负责保卫管理的，还有负责后勤管理等工作的，为保证接收转移工作顺利完成，首钢京唐公司特意配备了专业的医生和护士来做好医疗保障。

15日一大早，下了一天一夜雨的秦皇岛市区路面积满了水。股份公司、京唐公司、首秦公司领导以及相关部门人员冒雨早早地来到了首秦公司大门口等待转移职工的到来。为方便首秦停产转移职工上车，首钢京唐公司还组织了15名青年志愿者，他们手举车号牌站在首钢板材公司大门两侧，引导首秦转移职工上车。

上午7点30分左右，首秦停产转移职工陆陆续续来到了停车地点。此时，大雨还在不停地下着，首秦职工带着行李箱，在志愿者的引领下来到事先预定好的车辆前，井然有序地登上班车。在3号车前，7、8名首秦的女职工互相拥抱着。大雨中，弥漫着离别和不舍，但更多的是祝福与期盼。“到那好好干，展现出咱首秦职工的风貌来！”一位来送好友的首秦职工依依不舍地说道。3名小伙子站在写有“秦皇岛首钢板材有限公司”的楼前，合影留念，他们要把这留作永久的纪念，同时也预示着新征程的开始。送别现场，有泪水有欢声有笑语。一位前来送别的朋友说道：“不要哭，我们来送你，就是给你力量。情意留下，力量带走。”首秦公司物贸公司的一名职工感慨万千：“我们今天是来送好姐妹好同事、好兄弟的，他们就要上京唐去工作了，虽有不舍，但也感到京唐公司无论在生活上还是工作上都安排得非常好，就放心了。虽然我们相处的时间很短，但是我们在一起的点点滴滴，永远是我们生活当中最美好的记忆，祝福他们。”一位年轻的妻子送别自己的丈夫，丈夫说道：“放心吧，京唐公司我都去了好几回了，那里空气好、工作环境好、工资待遇高、住宿环境也不错，何况我每周都回家，就不要惦记了，照顾好孩子。”

8点30分，接收首秦职工的车队披着大红花满载着寄托与希望启程出发，直奔曹妃甸。

在曹妃甸的鑫益大厦和宏业宾馆，门前巨型彩虹桥上“热烈欢迎首秦公司职工到京唐公司建功立业”横幅格外醒目。来自各接收单位的职工和志愿者正在紧张地忙碌着，他们正在等待为491名首秦职工办理好居住服务。

下午1点整，载着491名首秦职工的大客车分别来到了鑫益大厦和宏业宾馆。在鑫益大厦大门前，首钢京唐公司领导邱银富、冷艳红及相关部门领导迎接首秦职工的到来。随后公司领导又来到职工宿舍看望，邱银富希望首秦广大干部职工要把在首秦公司传承下来的优良传统带到新的单位，继续发扬光大，再立新功。一名首秦职工正好是8月15日的生日，公司工会特意定做了生日蛋糕送到了宿舍，公司领导冷艳红还来到这名职工身边祝福他生日快乐。

首秦职工陆续搬进了宿舍，来自首秦炼铁事业部的郑雄刚刚踏进宿舍的大门，草草拾掇了一下行囊就打通了家里的视频电话。电话那头传来一串稚嫩的童音。那是不满 3 岁的儿子天天。看着手机屏幕上远在秦皇岛的儿子，郑雄的脸上挂满了幸福的微笑。郑雄表示，面对各级领导的亲切关怀和殷切期望，面对妻儿的盼望，要用奉献用劳动扛起企业和家庭的责任与担当。

京唐公司：一座有“温度”的城

吴　憬

经营生产一线是新闻报道的“富矿”，记者在首钢京唐公司采访期间，从不同角度、不同视野全方位深度领略了公司的发展活力，深切地感受到京唐发展的“温度”，受益颇丰、收获满满。

40米高空之上　首钢人的情意

刚到首钢京唐公司的下午，热情的宣传部领导首先带着记者来到了海边，“京唐公司自有码头提供各类钢材、大型结构件以及建材、原燃料、废钢等各种散杂货的装卸、搬运、仓储中转、港口理货等货物运输服务，应该看一看”。

行至公司运输部港口作业区，门式、桥式起重机沿着海岸一字排开，气势壮观；运输车辆穿梭往来，装卸货物作业繁忙。

记者跟随港口作业区首席作业长陈万忠、甲班作业长张世烨、指导员石长武、散货装卸船甲班班长邴旭、乙班班长武龙等人，爬上桥式起重机（又称“卸船机”），来到距离海平面近30米的主司机室。

即使没有恐高症的人，第一次到达如此高度，面对茫茫大海，也会感到“害怕”；望着脚下波浪起伏的海水，本来就有严重恐高症的记者，更觉得天旋地转。就在此时，陪同记者采访的丁班装卸指导员朱延龙主动伸出手：“拉着我，你的恐惧会减少一些。”朱延龙身材敦实，圆圆的脸上挂着温和友善的笑容。没想到，常年在海边风吹日晒的汉子，能有这么细腻的心思。

握着他的手，记者感觉好多了，紧张的心情不知不觉地放松下来。而郦旭、武龙和班组职工们跑上跑下，脚步轻盈，走在卸船机的任何部位，都如履平地。

他们告诉记者，2010 年，随着公司的发展，港口作业区成立了散货装卸船班组，刚接触卸船机司机这个工作的时候，他们也有种种的不适应，更别提“害怕”登高了，有人甚至走在海边都“晕海”。当时，大家都是从学校来到公司的“学生军”，互相鼓励、抱团学习，对于困难，谁也不服输，对于本职工作，人人都想干好，凭着这股硬拼的劲头，大家快速适应了工作环境。几年来，在港口作业区安全化作业、管理创新化的发展进程中，装卸船班组多次出色完成抢修、装卸船等急、难、重任务，在首钢集团、京唐公司、运输部等各类评比、竞赛中，屡获集体、个人先进表彰荣誉。

港口职工的朴实诉说，让记者心中涌起敬意。采访就在司机室里进行，甲班卸船机司机兼系揽工白云剑一边熟练操纵控制台，将悬挂在卸船机前大梁和主梁下轨道上的主司机室缓缓独立移动，一边给记者讲解司机如何清楚地观察抓斗在船舱内和料斗上方的作业情况。

主司机室只有 3~4 平方米的空间。司机高峥说，在作业时为了保证视线清晰，会打开脚下的透明玻璃窥视窗。记者俯身看看脚下，打开玻璃窗后，隔着条状的安全护栏，蔚蓝海水似乎扑面涌来。卸船机班组职工想要帮记者“减负”，替记者背着分量沉重的电脑包和相机，我却死活不肯：“这些最要紧的‘工作伙伴’，万一掉进大海里，我以后几天的采访工作怎么开展？还是自己背着抱着最踏实！”

此言一出，立刻得到了散货装卸船甲班班长郦旭的表扬。他说，“工作伙伴”须臾不离身的这种责任意识，和卸船机司机们日常接受的安全责任教育理念相一致。在海上高空作业，每个人必须对自己、对岗位工作高度负责，而不是随便散漫地把这份责任寄托在他人身上。

“看来我已经符合当一名卸船机司机的要求了”。记者一句幽默的话，引发了大家的欢声笑语。相互理解、关系和谐、热爱工作，不同工作岗位的首钢人，就是在精神层面上如此契合。

从主司机室接着向上爬 10 米，来到了距离海平面 40 米的卸船机“中枢”——主机房，这里有“核心中的核心”：电气室和四卷筒机构（即通过四个卷筒不同方向的转动来实现小车的运行与抓斗的升降、开闭）。整个机房整洁干净、运行有序，卸船机司机们把它当成工作“命脉”精心维护，体现着首钢京唐公司推进 QTI 精细化管理的显著成果。

港口作业区的工作环境就在天、地、海之间，自然界的寒暑冷热、风霜雨雪，会毫不“打折”地传递给工作在这里的人们。海边采访半天下来，记者内心充满了温暖。这温暖来自港口作业区职工热火朝天的干劲。

此时，海阔天高，晚霞漫天；举目四望，首钢京唐公司热轧、冷轧生产线区域尽收眼底。因工作关系，港口作业区首席作业长陈万忠经常爬高登上起重机。他告诉记者，在这里面对京唐钢城景色，“雄伟、宏大，想到咱首钢京唐为京津冀协同发展起到的示范引领作用，让人觉得特别激动！”

京唐“搭车”没有拒载

首钢京唐公司方圆 32 平方千米，采访靠腿走，显然不现实。公司领导、宣传部领导对采访工作非常支持，保证工作用车；但记者想以更接地气、更环保的方式，感受一个真实的京唐钢城，于是试用了搭顺风车的方式。在 10 天的采访行程中，非但没有遭遇一次拒载，反而结识了不少可敬可爱、友善待人的京唐职工，得以从更近的视角，零距离感受京唐“魅力钢城”的内涵。

从厂前公寓到生产指挥中心，有大约 6 千米的路程。记者在员工餐厅吃完早饭，正好遇到准备驱车外出的曹妃甸首实实业公司员工餐厅副经理张雪年。记者做完自我介绍后，张雪年冲着“都是首钢人，都为了干工作”这两个朴素理由，热情地把记者顺路载到了生产指挥中心。

首钢京唐公司之所以被称为“钢城”，在于它不仅是一个拥有现代化大型装备和先进工艺、先进生产水平的大型钢铁厂，还包括衣食住行等生活基础设施和商业、医疗、教育等配套设施，餐厅、健身房、游泳池、图书馆、邮局、超市、医务室、候车大厅等等，应有尽有。

记者看到，职工住宿的灰色建筑厂前公寓，依傍着海岸，整齐矗立、排列有致。而在车程半小时之外的唐山市曹妃甸区，公司帮助职工按优惠价团购当地住宅，还自建了与渤海家园小区配套的渤海幼儿园，解决职工子女入托的后顾之忧。

如此庞大、繁杂的钢城运转规模，需要强大且高效的软硬件生活后勤体系作支撑。首钢实业公司伴随着首钢京唐公司的发展，目前已在物业、餐饮管理，宾馆、客运运行，优质幼教资源输出等领域全面发展，积累了丰富的服务、管理经验。像张雪年这样为首钢京唐公司默默奉献的“首实”职工，心愿就是“让大家吃上可口的热乎饭”，为公司职工提供最好的后勤保障服务。

除了首实员工餐厅，今年 28 岁的张雪年还管理着京唐指挥中心地下餐厅，“运货、帮厨、卖饭、扫地，什么都干”，每天忙得脚不沾地。开车把记者顺路送到生产指挥中心后，张雪年去了地下餐厅，那里还有很多工作等着他。

跟张雪年同样热爱京唐、奉献青春的王志薄，是记者搭顺风车经历中印象深刻的人。皮肤黝黑、牙齿洁白，爱笑的王志薄对于京唐公司的一切都很关心，媒体对公司的宣传报道，他认为是京唐公司职工的“荣耀”。

今年 33 岁的协力工、叉车司机王志薄，性格外向、谈笑风生，对首钢对京唐公司那份浓浓的归属感，让他“始终在努力”。

王志薄的爱人常宋旋在公司镀锡板事业部物流作业区当天车工，也是协力工。她曾经以题为《我为首钢京唐点个赞》的演讲感动了公司干部职工。提起常宋旋，王志薄眼神闪亮，充满爱和钦佩之情，“在家我把她当女神一样供着”。原因又被重复了一遍：“她跟我一样，为成为京唐正式职工而努力着。”

记者这次搭顺风车经历的尾声，在王志薄的诚挚邀请里圆满结束。作为土生土长的曹妃甸人，王志薄在距离京唐公司 50 千米之外的唐海第一农场，与家人种植管理着一片上百亩纯天然生长、不使用农药的蟹田稻。他请记者在秋天丰收季节去他家田里，吃螃蟹、品稻米，并说：“凡是首钢人来，我都欢迎!”

夜幕下的“不夜城”

入夜的首钢京唐公司是一座“不夜城”，无数身影为它的持续运转而忙碌着。受到这种工作节奏的感染，记者也充分利用晚间开展采访。

首钢京唐公司副总经理杨春政、能环部部长吴礼云等人白天会务、管理工作繁重，只有工余的休息时间才能接待记者。比较晚的一次，采访完吴礼云已经22时了，员工餐厅早已不营业，大家就到钢城食府，各自要了碗热汤面，边吃边聊。更晚的一次对杨春政的采访持续到23时还未结束，杨总详细给记者进行了全三脱冶炼、倒角结晶器等技术创新项目的科普讲解。记者在公司采访期间，炼钢部党委书记李金柱、供应部部长周波、质检监督部党委书记魏钢、质检监督部副部长彭国仲、信息计量部副部长郭亮、制造部首席专家闫占辉等都放弃了业余休息时间，为记者提供了大量第一手素材和好建议。

从各级领导到基层职工，争分夺秒干事业、自律克己为工作，已成为首钢京唐公司的新常态。一天傍晚，记者和港口作业区门机司机许亚洲、散货装卸船司机刘冰一起在员工餐厅吃饭。刘冰一米八几的大个儿，却吃得不多。记者纳闷地问：“能吃得饱吗？”刘冰说，自己正在严格控制体重，晚饭刻意地减量，因为他的工作岗位在卸船机上，如果身体发胖，会影响高空作业的安全性和注意力。刘冰还说，班组里的司机同事们都会自觉调整生活习惯，目的是为了保持良好的身体状态，以适应高空、高强度装卸船作业的工作需要。

不到一顿饭的时间，还没聊透，许亚洲又要告辞，他要去上夜班了。18时20分，记者陪着许亚洲匆匆往候车大厅走，远远望见一排搭载上夜班职工到各个工作岗位的大巴班车。按规定晚上19时整才发车，记者嘀咕：“还差半个多小时呢，有点早。”许亚洲却说，早点坐到班车上心里踏实，顺便让自己安静下来，梳理一下夜班工作内容。

目送夜班班车缓缓开走，游泳馆和健身房的灯光吸引着记者。走进健身房，大家推杠铃、做俯卧撑、在跑步机上挥汗如雨，锻炼的职工真不少。身高近两米、回族小伙子唐庆尧在这里格外显眼。个子高、受过专业训练、打篮球是把好手的他，加入首钢京唐篮球队，参加过首钢内外的一些比赛。

唐庆尧是公司运输部物流运输室职工，业余时间酷爱篮球运动，当一些大城市同龄男生喝饮料、打游戏的时候，这个 24 岁的年轻人坚持健身、自我训练，有着积极的人生梦想。他在曹妃甸区成立了一个“篮球训练营”，自己用业余时间发挥特长当教练，训练几岁到十几岁的孩子打篮球。记者问：“吃得惯员工餐厅的饭菜吗?”唐庆尧说：“没问题，餐厅饭菜品种巨多，把我吃得棒棒哒。”接着又说：“我们京唐公司海纳百川，包容性很强，我相信这里能承载和实现我的理想。”

回到住宿的厂前公寓，记者发现同楼层的一个屋门敞开着。屋里的住宿职工是京唐能环部环保处环保监察主管李军，50 多岁的他是“老首钢”，从原来在北京石景山、现在到唐山曹妃甸上班，李军见着来自北京的首钢人特别亲。记者本想借指甲刀一用，结果李军还附带送了两个大西红柿。“吃吧！缺什么、用什么只管来找我。”然后他匆匆锁上屋门，赶去生产指挥中心，“晚上 9 点有个会，是落实强化大气质量、污染物减排措施的专题会。”记者捧着西红柿，不禁感慨：生活在首钢京唐公司这么有人情味、有人性“温度”的钢城里，就像个大家庭；人与人之间的信任与帮助，给记者留下了美好记忆，充满温馨。

学习 全年无休

首钢京唐公司图书阅览室位于学习中心内。一天上午，记者来这里查找资料，却意外发现，图书阅览室旁的每个教室都座无虚席。组织举办各类型、各层次的专业、技术、管理和操作培训活动，是公司文化强企、全员提素的重要途径。

据公司人力资源部学习中心管理人员谭禄禄介绍，这里几乎每个工作日都开展培训。他如数家珍般地给记者提供了一个有详细数字的培训概况：由公司运营规划部、信息部、人力资源部等多部门联合组织的精益六西格玛培训、两化（信息化与工业化）融合体系培训、安全管理人员培训、技术工人技能培训、质量体系培训、特种作业培训、新员工入职培训等，每年大约有1万多人次参加。

多年来，公司致力于推进开展精益六西格玛管理，在提效降本、强化管理方面，取得了实效。王洪江特别提到，绿带（入门级）培训是精益六西格玛项目实施的基础，通过对参加精益六西格玛项目的非绿带人员进行培训，使其掌握精益六西格玛工具方法，进行精益六西格玛项目实施。目前，首钢京唐公司已有2000多名学员接受过基础培训加绿带培训，通过绿带考试的达780余人，通过黑带（绿带的进阶级别）约80人。

趁着课间，记者进入一间教室，分成四组的50多名学员并没有下课休息，还在热烈地讨论着培训项目。所谓“项目”，即围绕解决生产或管理现场的实际问题成立一个团队，使用培训中学到的精益六西格玛的方法和工具，通过绘制流程图、寻找影响因子和筛选关键因子、进行假设检验分析，得出改进措施等，在一定时间内，集中集体力量和智慧攻克难关、释疑解惑、解决问题的过程。

培训老师王洪江站在播放着“精益六西格玛管理培训”授课内容的投影仪旁，身穿白衬衫、黑西服，举手投足透着专业和敬业。记者起初还以为他是公司外请来的培训讲师。后来经过了解才知道，王洪江和这天上午在学习中心内授课的其他培训顾问王皓、李虎都是首钢京唐公司职工。他们在完成各自本职工作之外，通过学习和考试，成为黑带流程专家，为管理、操作岗位人员提供精益六西格玛管理课程的专业培训。

在向王洪江了解培训情况的时候，记者的肩膀被人轻轻拍了拍，扭头一看，首先映入眼帘的是一个大大的笑脸。笑容来自首钢京唐公司能环部电气专业工程师关俊峰，他给记者递上一张便笺纸，上面写着此次培训的主题、内容和培训师姓名，这些正是记者采访最需要的素材。“你怎么知道我需要这些信息？”记者问道。关俊峰微微一笑：“我在旁边听你们聊，觉得你可能需要这些。所以，就把我知道的写下来，让你用起来方便些。”

主动对接、延伸服务，从关俊峰、王洪江、谭禄禄身上记者发现，在首钢京唐公司做一个合格的技术、管理岗位职工，不仅要具备较强的专业技能和创新能力，还要有足够的耐心细心、足够的透明度、足够的开放与合作精神，每个京唐职工，都是企业对外形象的重要窗口，也代表着首钢发展的“人文环境”。关俊峰非常认同这个观点。他说：“有时遇到客户找不到办事地点，我们京唐职工会主动上前一步，帮他指引方向。客户反映，来京唐，能感受到友人、亲人、家人一般的温暖。”这股温暖的力量，始终伴随着记者的采访行程。

首钢京唐公司建立、发展十余年来，以首钢实施搬迁和产品结构调整为契机，具备了临海靠港、设备大型、技术先进、布局紧凑、流程优化、生产高效、循环经济等优势，被业界誉为中国钢铁的“梦工厂”，是首钢在京津冀协同发展中发挥引领示范作用的成功范例。

在这样一座有“温度”的钢城里，最美的风景不仅在于高大的厂房、现代化的产线、驰誉业内的品牌产品，更在于文明友善的人心、开放包容的姿态、砥砺奋进的干劲、创新前行的活力。

从石景山到渤海湾，钢城的“神话”在延续……

（本文刊载于2017年7月14日《首钢日报》）

奋进中的京唐

——首钢京唐公司党委开启全面实现“四个一流”目标新征程纪实

杨　景

首钢京唐公司是首钢搬迁调整的重要载体，是疏解北京非首都功能、落实京津冀协同发展战略的示范。近年来，公司党委始终坚持“建设最具世界影响力钢铁厂”的使命担当，坚持“产品一流、管理一流、环境一流、效益一流”的建厂目标，坚决贯彻落实首钢集团党委决策部署，践行精细实的工作准则，走技术强企之路，在产品研发、运营管理、循环经济等方面取得了丰硕成果，先后荣获全国五一劳动奖状、第四届“中国工业大奖表彰奖”、第九届中华宝钢环境优秀奖、第五届“全国文明单位”等。2018年，在纪念改革开放40周年之际，在迎接首钢百年华诞之际，首钢京唐公司踏上了全面实现“四个一流”目标的新征程。公司党委以习近平新时代中国特色社会主义思想为指引，不忘初心，砥砺奋进，推进“大格局”“大党建”“大引擎”“大品牌”“大文化”的构建和践行，不断向建成最具世界影响力钢铁厂迈进。

纲举目张　开创“大格局”

阔步走进中国特色社会主义新时代，必须展现新作为赢得新超越。公司党委深入贯彻落实党的十九大精神，用世界眼光找准自身坐标，拓宽发展视野思路，立足企业做优做强，确定2020年全面实现“四个一流”目标，把首钢京唐公司打造成沿海第一钢铁厂。高瞻远瞩，取象于大，顶层设计，谋篇布局。公司党委系统谋划全局工作，制定了《全面实现“四个一流”目标三年工作安排意见》，书写了共享共赢的“京唐方案”，擘画了京唐发展宏伟蓝图。抓牢产品一流之关键，全面提升汽车板、镀锡板等战略产品研发、制造、服务水平，2020 年汽车用钢将达到 300 万吨；构筑管理一流之支撑，做到精细规范、协同高效，全面实现精益运营，2020 年劳动生产率将达到 1400 吨钢/(人·年)；强固环境一流之保证，能源高效转换、废弃物消纳利用达到世界领先水平，环保工作在行业、区域持续发挥示范作用；坚持效益一流之核心，以低成本生产高附加值产品，实现经济效益和社会效益双优。2018 年，聚焦全面实现“四个一流”目标，首钢京唐公司牢牢把握经营生产和工程建设双线并行局面，把做优做强落实到具体行动上，一方面强化内部经营管理，最大限度发挥现有装备及资源的能力，实现了时间过半效益过半；另一方面发扬敢吃苦、敢打硬仗的精神，坚持高水平、高质量标准，加快推进二期工程建设，确保中厚板 4300 产线年底投产，建成年产 1400 万吨钢的沿海钢铁大厂，进一步促进产业联合、区域协同，开创京唐建设最具世界影响力钢铁厂新局面。

旗帜引领　构建“大党建”

贯彻落实新时代党的建设总要求，坚持“大党建”思维，发挥党组织的领导核心和政治核心作用，把方向、管大局、保落实，推动公司在全面实现“四个一流”目标的新征程中行稳致远。聚合系统能效，横向协同，纵向贯通。践行新时代党的组织路线，层层签订党建责任书，制定党建工作任务清单，建立健全党建工作体系；以推进经营生产建设发展为中心，以党建工作指标体系考核评价、基层党委年度民主测评、月度绩效考核评价 3 个维度为考评依据，以组织、宣传、纪检监察、党办、工会、共青团专业为考评单元，构建“一三六”量化有效的基层党建工作考评体系，提升了基层党建工作质量，体系研究项目荣获北京市国企党建研究会 2017 年度课题调研一等奖。融合企业管理，规范建设，突出特色。创新开展基层党组织党建工作，推进2个基层党委党建品牌和9个特色党支部建设。公司炼钢部党委依托“六大零距离”工程，打造了“举旗领航，百炼成钢”党建品牌，其做法在北京《支部生活》刊载。热轧部党委积极营造“一件事、一群人、一起拼、一定赢”的干事创业氛围，3月2250产线班产和日产连续7次刷新纪录，促进党组织引领力凝聚力推动力转化成了战斗力创造力竞争力。各基层党组织还涌现出了“党员三个一”“一站式模式”等多种好经验好做法。公司党委深入开展党员“领跑计划”活动，要求每名党员都要在思想作风、业务技能、岗位业绩、遵章守制和服务群众等方面发挥先锋模范作用，做到每年提升一小步，五年提升一大步。活动中，党员带头或主导技术项目，获得专利授权95项、首钢科学技术奖20项、冶金行业奖4项、省级科学技术奖2项，党员提出并实施的合理化建议成果效益达7021.7万元，《首都建设报》对此项特色活动作了专门报道。契合长远发展，统筹规划，系统落实。围绕提高企业治理能力和水平，坚持把党建工作总体要求纳入公司章程，明确党组织在公司法人治理结构中的法定地位，围绕中心、服务大局，以高质量党建工作推动企业不断实现高质量发展。聚焦公司改革发展，以党建创新培育“质量变革、效率变革、动力变革”新动能。坚持以世界先进为标尺，建立涵盖主要工序68项指标的对标体系，持续与行业先进企业对标缩差，对标指标优秀率超过40%，向全面实现“四个一流”目标迈出了坚实的一步。

市场导向　打造“大品牌”

树立“打造首屈一指的钢”的品牌理念，以效益为中心，以市场为导向，凝练品牌核心价值，提升知名度、锻造美誉度，增强公司市场竞争力。优化产品结构，打造产品品牌。围绕战略产品，实施“精品+规模”制造模式，着力推进高档次、高技术含量、高附加值产品增量，2230酸轧产线首次成功轧制DP1180兆帕超高强钢，拓展了汽车用钢品种，为提高首钢超高强汽车板品牌影响力奠定了坚实基础。加大产品开发、认证及供货渠道拓展，汽车板已完成了宝马、大众等 17 家国内合资车企品牌认证。围绕新产品，实施“首发+领先”的研发模式，加快新镀层系列产品开发，填补首钢空白。2018 年，镀铝锌产品产量达到 2017 年全年的 4.6 倍，为提升产品市场竞争力打牢了基础。优化用户结构，打造服务品牌。坚持“从用户中来，到用户中去”，建立健全“掌握用户需求、科学设计技术工艺路线、及时交付产品、贴身用户服务”的服务体系，关注用户需求焦点，为用户创造价值。镀锡板在实现国内高端客户全覆盖的基础上，进一步扩大奥瑞金、中粮、昇兴等战略客户供货量。2018 年，红牛铁供货量同比提高 60.6%。家电板凭借稳定的产品质量和优质服务，为首钢赢得海尔优秀模块商最高奖“金魔方奖”。优化工艺结构，增强品牌优势。不断优化产品工艺，加强生产过程管控，镀锡板达到 45 万吨年设计制造能力；DR 材比例达到 23.9%，远远超过宝钢水平，品牌影响力迈入“第一方队”。持续推进 MCCR 产线项目建设，确保年底投产，生产 1000 兆帕级薄规格高强钢实现以热代冷，填补首钢热轧产品空白。

创新驱动　启动“大引擎”

坚持走技术强企之路，牢固树立“系统创新、持续创新、全员创新”理念，着力推进科技和技术创新，管理体系创新、群众性创新，打造引领发展的第一动力。推进科技和技术创新，勇立发展潮头。提升智能制造能力，7 月首架拆捆带机器人在冷轧 2230 连退产线上线投用，推进了信息技术与制造技术深度融合，为公司实现跨越发展迈出了坚实步伐。开展重点技术攻关，炼钢部 2 号转炉全炉役碳氧积达到 0.00178，达到国内领先、国际先进水平；铁耗比 2017 年降低 52.89 千克/吨，增加钢产量 45.4 万吨，增效 3.8 亿元，实现了高效、低耗、优质生产。推进管理体系创新，筑牢系统保障。加强技术创新交流，与韩国现代制铁签订第 3 个技术交流 MOU，与华北理工大学签署校企战略合作框架协议，为协同创新和人才培养提供了保障。推进精益管理，建立以“6S”、TPM 管理为基础、综合运用各类精益改善工具的 QTI 精益管理体系，进入全员快速改善新阶段。举办 2 期 QTI 改善骨干培训班，完成 16

项改善，实现经济效益 1368 万元，提升了职工自主改善意识和自我管理水平。推进基层群众创新，激发创造活力。发挥职工创新工作室、劳动竞赛、最佳操作法评比、合理化建议等载体作用，为职工提升素质、创新创效搭建平台。52 个职工创新工作室立项课题 325 项；评选出 80 项最佳操作法并推广应用；发动职工围绕经营生产献计献策，2018 年奖励合理化建议 2571 条，创造效益 2.1 亿元。

精神承载　践行“大文化”

始终坚定文化自信，增强弘扬社会主义核心价值观的自信自觉，坚持以职工为中心的取向依归，把职工对美好生活的向往作为出发点和落脚点，着力抓好精神文明和物质文明，不断增强职工获得感幸福感。加强文化引领。完善并形成涵盖企业目标、企业精神、企业作风以及“人才理念”“品牌理念”“管理理念”等 11 个文化理念的京唐特色企业文化体系；召开企业文化理念发布会，推进企业理念融入践行，为公司快速发展汇聚力量；打造“京唐故事”文化名片，通过 50 多个有温情、接地气的故事教育引导职工弘扬良好风尚，扩大京唐文化渗透力影响力。强化融媒体建设，融合电视、报刊、微信平台于一体，实现信息共享共览，更好地提升宣传载体的传播力、引导力、影响力。8 月份，首钢京唐微信综合影响力超过中铁十六局、北京铁路等微信公众号，在北京市国资委“首都国企新媒体排行榜中”位居第 12；微信图文消息平均阅读量达到 2000，居集团第一。加强文明创建。持续推进“心田”“家园”“鹊桥”三大暖心工程，开展系列普惠活动。两节送温暖，走访慰问职工 616 人次，落实送温暖专项慰问资金 76 万余元；实施困难帮扶，为困难职工申请了 37.3 万元首钢帮困基金，增强了职工归属感。加强民生服务。扎实推进民生工程，有序开展厂前 16 栋公寓房间的粉刷工作，推进中厚板、冷轧等餐厅智能化、自助化、品种多样化建设，打造融健身、观景于一体的文化主题公园，改善了职工居住生活环境，提升了公司发展品质。站在政治高度积极做好接收首秦转移职工工作，租赁首实大厦、鑫益大厦、水景公寓等1000余套房间作为职工宿舍，妥善安置1765名首秦职工入住、入厂、入岗。系列增进职工福祉举措，展现了真切的人文关怀和良好的文化氛围，让“有温度的京唐”温情满满，实现了公司发展与职工成长和谐共进，“全国文明单位”的“金字招牌”越擦越亮。

潮平岸阔，风正帆悬。大担当谋划大格局，大作为赢得大未来。面对新形势新任务，首钢京唐公司将牢记建设最具世界影响力钢铁厂使命，思想同心、目标同向、行动同步，大力弘扬改革创新精神，时刻保持奋发竞进状态，抖擞扬帆，蓄力前行，铸就首钢京唐公司改革发展新辉煌。